高职高专旅游类专业规划教材

旅游经济学

（第2版）

主　编　陈　燕

武汉理工大学出版社
·武　汉·

内容提要

“在工学结合的课程中，学习的内容是工作，通过工作实现学习”，根据这一职业教育理念和思想，我们在不断摸索适合“工学结合”理念的新型课程模式。本书共设计了11个学习情境，每个情境分为若干个任务，每个任务包括任务引入、知识链接、思考与讨论、案例回放、实训题、典型案例与常识补充。因此，本书既系统地阐述了工作情境下所要运用的旅游经济学基本内容、理论和方法，又通过若干任务的学习来实现旅游经济学理论与实证研究的结合。通过“任务引入”的“知识链接”阐述了旅游经济学最新基本理论，揭示旅游经济发展的基本规律；实证部分则以大量、具体的“典型案例”、“实训题”进一步拓宽思路，深化对情境状态下学习任务的理解。

本书系武汉理工大学出版社组织编写的旅游学科课程改革系列教材，可作为高等院校、职业院校、高等专科学校、成人高校等教材。

图书在版编目(CIP)数据

旅游经济学/陈燕主编. —2版. —武汉：武汉理工大学出版社，2017.7
（高职高专旅游类专业规划教材）
ISBN 978-7-5629-5530-6

Ⅰ.①旅…　Ⅱ.①陈…　Ⅲ.①旅游经济学-高等学校-教材　Ⅳ.①590

中国版本图书馆CIP数据核字(2017)第163837号

项目负责人：崔庆喜(027-87523138)　　**责任编辑**：雷　蕾
责任校对：王小平　　**封面设计**：芳华时代
出版发行：武汉理工大学出版社
社　址：武汉市洪山区珞狮路122号
邮　编：430070
网　址：http://www.wutp.com.cn
经　销：各地新华书店
印　刷：崇阳文昌印务股份有限公司
开　本：787×1092　1/16
印　张：19
字　数：486千字
版　次：2017年7月第2版
印　次：2017年7月第1次印刷
印　数：2000册
定　价：38.00元

凡使用本教材的教师，可通过E-mail索取教学参考资料。
E-mail：wutpcqx@163.com
凡购本书，如有缺页、倒页、脱页等印装质量问题，请向出版社发行部调换。
本社购书热线电话：027-87785758　87515778　87515848　87165708(传真)

第 2 版前言

本书是武汉理工大学出版社组编的“工学结合”职业教育模式的项目课程规划教材之一。

本书运用了“工学结合”现代职业教育的理念、思想与方法，突破了传统教材的格式和内容。学习目标和技能目标基于“工作过程”的课程模式，在此理念指导下形成了本书的编写特色：

1. 体例独特、富于创新

本书共设计了 11 个学习情境，每个情境分为若干个任务，每个任务都有任务引入、知识链接、思考与讨论、案例回放、实训题、典型案例与常识补充等环节。要求教师运用多媒体教学，培养学生的学习积极性；多从经济学的角度去考察、分析旅游学的有关问题；针对当前社会热点问题，剖析对旅游经济可能产生的影响。

2. 选材新颖、点面结合

本书既注重借鉴传统教学资源，又关注当代旅游发展的最新成果，突出其时代性。把工作情境与学习任务结合起来，每个情境都有学习目标和技能目标，每个任务都有思考与讨论、实训题，便于师生互动，了解学生对教学目标的掌握情况。还专门为教师提供了制作精美的教学课件，体现了对师生的全方位支持。

3. 文字简洁、通俗易懂

在内容编排上，尽量淡化理论，以够用为度，突出实用性，多用经典案例分析激发学生的学习兴趣。不仅体现专业性，还体现实用性，提高了学生在以后工作中解决实际问题的能力。

本书由江苏食品药品职业技术学院陈燕担任主编，开封文化艺术职业学院吴翔、萍乡学院罗小燕参与了部分章节的编写工作。本书在修订过程中，为反映行业发展动态，拓宽学术视野，参考了许多专家的观点并转载了一些网络资料，在此谨向他们表示诚挚的谢意。

由于编著的时间和水平有限，书中难免有不妥之处，恳请各位同行和广大读者在使用教材的过程中给予批评指正，并将意见及时反馈给我们，以便再修订时完善。

编　者

2017 年 4 月

目　录

学习情境一　绪　　论

学习目标

1. 了解人类社会旅游活动的产生和发展；
2. 熟悉旅游经济学的产生及其发展脉络；
3. 掌握旅游经济学的学科性质、研究对象、研究内容、研究方法。

技能目标

通过本部分的学习，能够对旅游经济学的学科性质、研究对象、研究内容以及研究方法有一个清晰的认识；能够运用旅游经济学的基本方法对旅游经济现象进行分析。

任务一　旅游经济学的产生和发展

任务引入

国人出游三十多年"行踪"

【管理方式】

1981 年 2 月，外联工作限定国旅总社和中旅总社两家统一负责。

1982 年 8 月，中国旅行游览事业管理总局更名为国家旅游局。

1985 年，颁布旅游产业第一部行政法规——《旅行社管理暂行条例》。

1996 年，国务院发布《旅行社管理条例》，将旅行社由三类分为国际旅行社和国内旅行社两大类，这一分类框架沿用至今。

2001 年，我国公布旅游业加入世界贸易组织，承诺降低外方投资旅行社门槛。

2008 年，《国务院关于修改〈全国年节及纪念日放假办法〉的决定》和《职工带薪年休假条例》开始实施。

2009 年 12 月 1 日，国务院下发了《关于加快发展旅游业的意见》，提出了设立"中国旅游日"的要求。

2011 年 4 月 12 日，国家旅游局副局长祝善忠正式宣布 5 月 19 日为"中国旅游日"。

2013 年 10 月 1 日，我国首部旅游行业法律——《旅游法》正式颁布实施，其中对于旅行社零负团费、强制购物等提出了规章制度，促使了旅游行业转型升级。

【饭店改革】

饭店是我国最早对外开放的行业，1979 年引进外资。当时的外经贸部最早批准的三个合资项目都是旅游企业，即北京建国饭店、北京长城饭店和中日航空食品公司。

1984 年 7 月，打破了非旅游部门办旅游的限制。

1988 年 8 月，国家旅游局发布了《中华人民共和国评定旅游（涉外）饭店星级的规定》。

2004 年，推出经济型饭店标准。

2006 年，全国共有星级饭店 13800 家，目前世界前十大饭店集团都已在中国落户。

2007 年，将社会旅馆纳入旅游统计和管理体系。

旅游饭店作为旅游业的支柱产业，经过多年的发展历程，饭店数量从少到多，产业规模从小到大，管理和服务水平从低到高，同样取得了非凡的成就。

【国内旅游】

1995 年，实行双休日制度。

1998 年，开始发行国债，中国的高速公路网开始形成，引发社会资金的进入和旅游景区建设的高潮。

2000 年 3 月，南方航空公司率先推出国内第一张电子客票。

2005 年 7 月，春秋航空公司成立，推出低成本航空的概念。

2006 年，国内旅游已达到 16.1 亿人次，人均一次以上。

2007 年年底，全球实现 100% BSP(Billing and Settlement Plan)电子客票的目标。

2008 年 7 月，大陆居民赴台旅游正式实施。

上海世博会和广州亚运会引领中国旅游业持续增长。

2016 年 6 月 16 日，内地首家迪士尼乐园——上海迪士尼正式开园。

我国国民人均年出游率从不到一次发展到超过两次，旅游消费实现了国民化，大众旅游时代已经到来。

【出境旅游】

1990 年 10 月，中国公民自费赴新加坡、马来西亚和泰国等三国旅游率先开放，以后目的地的数量逐步增加。

1991—1997 年，出境旅游人数以年均 17% 的速度增长，1997—2000 年增长率高达 30%。

2004 年 9 月，欧洲 29 国正式对中国公民开放旅游，欧洲游首发团启程。

2006 年，中国公民出境的旅游目的地（ADS）已达到 134 个，出境旅游比 2000 年增加了 3.5 倍，而因私出境旅游人数增加了 5 倍多。

2007 年，旅游业占中国 GDP（国内生产总值）的 4% 以上。2007 年，入境旅游人数达 1.32 亿人次，位居全球第四位；旅游外汇收入为 419 亿美元；国内旅游人数达 16.1 亿人次，旅游业总收入突破 1 万亿元人民币，达到 1.09 万亿元，成为具有重大转折意义的一年。中国旅游市场规模位居世界前列；出境旅游 4095 万人次，居亚洲第一位。中国有各类旅行社 1.97 万家、星级饭店 1.5 万座、各类景点景区 2 万余家，旅游就业总量达 6500 万人。

2008 年 6 月，我国公民赴美旅游首发团启程，中国公民出境的旅游目的地已达到 135 个。

2014 年，在线旅游企业掀起了大规模的“1 元门票”活动。携程以 2 亿美元入股同程，阿里巴巴打造旅游品牌"阿里旅行·去啊"。美国对中国推出十年多次往返签证。

2016年，英国对中国推出两年多次往返签证。英国脱离欧盟催热了英国旅游。

（资料来源：根据有关资料整理而成）

问题1：我国向世界开放旅游市场始于何时？这对我国旅游产业和我国旅游经济学的研究有何影响？

问题2：我国旅游产业体系的形成以及国内旅游需求和出境旅游需求的大量出现，大致从什么时间开始？对旅游经济学科研究产生什么影响？

知识链接

一、旅游经济活动的产生和发展

旅游经济活动是在旅游活动有了一定的发展，并具备了一定物质条件的前提下，才产生的一种社会活动。因此，要了解旅游经济活动的发展必须首先分析旅游活动的起源及发展。

（一）旅游活动的产生

1. 旅游活动

旅游是旅行和游览的结合。旅行是指人们离开居住地而到异地活动的行为，是一种为了生活、生存或某种特定目的而进行的被动性的活动；而游览则是以休闲为主的，以开阔视野、放松身心为目的的积极主动的行为，是一种追求享受、调节生活情趣的活动。因此，旅游是旅游者在可自由支配的时间内，为了达到一定的文化享受目的，如休闲、娱乐、保健、求知等，通过异地游览的方式所进行的一项社会活动，并由此而形成的一系列社会反应和社会关系。随着旅游活动的发展，出现了一系列不是单纯以游览为目的的旅游活动，所以可以宽泛地将旅游活动定义为：包含游览内容的旅行活动就是旅游活动。

旅游活动是以旅游者为主体，以旅游资源和旅游设施为客体，通过旅游者的流动来表现的一种社会经济和文化活动。旅游活动反映了人与自然、人与社会、人与人之间的关系。

2. 旅游活动的产生

旅游，作为一种社会活动，是随着社会生产的发展和社会分工的深化而逐渐发展起来的。早在原始社会时期，由于生产力水平低下，人们的生活条件极为艰苦，特别是各种自然环境变化所引起的各种灾害、民族部落之间的争斗，使人们不得不为生存而经常迁徙。尽管这种为生存而进行的空间移动还称不上是旅游，甚至也不是旅行，但它确实已经蕴涵了旅游的雏形。可以说，没有人类丰富的社会活动，是不可能孕育出旅游的。

促使人类旅游活动产生的前提条件是社会生产力的发展及社会分工的进步。从原始社会到封建社会，人类社会经历了三次大规模的社会分工，促使商品生产和交换活动迅速发展，市场空间不断扩大，生产力不断提高。于是，围绕以商品生产、商品交换、商务活动为中心的旅游活动就产生了。以后，伴随着私有制的产生及国家的建立，社会具有了组织旅行活动、改变交通运输条件等的能力，从而推动了旅游活动的发展，开始出现了以游览、观光为目的的旅游活动。于是具有现代意义的旅游活动就随着社会生产力的提高和社会经济的发展逐步产生和发展起来了。

在漫长的古代历史中，旅游的发展与当时的社会政治、经济及文化发展相适应，出现了各种各样的形式。例如，摩西出埃及，耶稣周游列国传教，古希腊的朝拜、祭祀，马可·波罗的出游以及以哥伦布、麦哲伦为代表的“环球航行”等，使西方的旅游活动一度达到高潮。而阿拉伯民族的经商往来、孔子周游列国、玄奘西域取经、鉴真东渡日本、郑和七下西洋、徐霞客遍游中华大地等，使东方旅游也一度达到古代旅游的顶峰。特别是东西方文化、经济的交流，使古代世界旅游达到了高潮。根据对古代旅行活动的考察，可以看出其具有以下特点：

(1) 古代旅游还没有商品化。古代旅游的目的和形式是多种多样的，如政治旅游、文化旅游、商务旅游、宗教旅游等。但是，这些旅游活动还不是以游览、度假及休闲为目的，因此还没有形成商品化活动，仅仅是从属于一定的政治、文化及其他目的的一种旅行而已。

(2) 古代旅游者仅限于少数富有者。任何旅游活动的产生都离不开一定的经济基础，古代社会由于生产力水平不高，经济不发达，旅游活动仅仅是达官贵人及少数富有者的行为，大多数人的旅游实质上仍是一种为生计而进行的奔波。因此，在古代社会中，越是富有者，其旅游活动就越多，并且带有游览、休闲的成分也相应增多。

(3) 古代旅游的范围极狭小。古代的交通工具十分落后，牛车、马车、木船是主要的交通工具。受交通条件限制，古代旅游活动的空间范围十分狭小，像马可·波罗的出游、哥伦布的环球航行、郑和的七下西洋等国际性的旅行，成为历史的壮举而被载入史册。

综上所述，从旅游的起源及其在古代社会漫长的历史发展来看，旅游活动并没有成为一种商品化的社会活动。究其原因，主要是生产力不发达，社会经济的发展水平还不可能促使旅游活动商品化。但是，由于古代社会中商品经济已有了发展，因此旅游活动中也孕育了旅游经济的萌芽。

(二) 旅游经济活动的形成及发展

旅游经济活动的形成是以商品经济的一定发展为前提条件的，亦即旅游经济活动的形成就是旅游活动向商品化发展的过程。从旅游经济活动的形成与发展历史看，现代旅游经济的形成主要发端于18世纪的产业革命。18世纪的产业革命，形成了以机器大工业为基础的社会化大生产，促使社会生产力得到了迅速的提高，促进了资本主义商品生产和交换的迅速发展，从而为现代旅游经济的形成与发展提供了物质技术基础和经济条件。

1. 产业革命为旅游经济活动形成打下了坚实的物质基础

产业革命促进了生产技术尤其是新式交通工具的出现，不仅使社会化大生产的规模从一国扩大到世界范围，市场空间范围扩展，而且汽船、火车的产生，为人们有意识、有目的的大规模旅游活动创造了物质技术条件。1769年，詹姆斯·瓦特发明了蒸汽机，成为新交通工具的动力。1807年，美国人富尔顿发明的汽船“克莱蒙顿特”号已在哈德森河上开始载人运货。1838年，英国蒸汽轮船“阿斯”号和“大西洋”号首次横渡大西洋成功，更是大大缩短了欧美之间的距离。1814年，英国的乔治·史蒂文森发明了蒸汽机车，1825年他建造的斯托克顿至林顿的铁路正式投入运营。1883年，德国工程师戴姆制造了汽油燃料内燃机，解决了交通运输工具的动力问题。自1886年德国人本茨发明汽车、1903年莱特兄弟发明飞机后，汽车和飞机的优点很快显现出来，并得到了迅速发展。新的交通工具加快了旅行速度、缩短了旅行时间、降低了交通费用、提高了运载能力，使人们外出旅游的范围得到拓展，给大范围地展开旅游活动提供了相应的物质条件保障，对旅游经济活动的产生和发展起到了重要的推动作用。

2. 工业革命促进了社会经济的发展，为旅游经济活动发展创造了巨大需求

(1) 资本主义商品经济的繁荣,促使商业旅游活动迅速发展。工业革命加速了社会生产力的发展,促进了资本主义商品经济的发展,促使商品交换发生了深刻的变革。资本主义国家为了攫取廉价的劳动力和原燃料,到处侵略扩张,建立殖民地,掠夺资源,倾销商品。随着国内商品交换及国际贸易的进行,许多商人辗转于世界各地,买进卖出各种商品,同时也对住宿、餐饮等提出相应的要求。于是,工商业越发达,人们对旅游商品的需求就越多,从而为旅游经济活动的形成创造了大量需求,促进了旅游活动的商品化进程。

(2) 社会财富的增加和闲暇时间的增多,促使人们产生了更多的旅游需求。工业革命促进了社会生产力的发展和劳动生产率的提高,使全社会和个人的剩余财富大量增加。社会必要劳动时间大大缩短,为人类旅游活动的产生和发展奠定了物质基础、提供了闲暇条件。一方面,新兴的资产阶级成为社会主流,他们思想开放,要求自由,选择旅游作为他们的享受方式之一;另一方面,产业工人有了多余的积蓄和闲暇时间,他们加入旅游者的行列成为可能。

(3) 人们渴望通过旅游来缓解枯燥的大机器生产、激烈的竞争而产生的巨大压力。工业革命改变了人们的工作性质,人们的工作由原来多样的农业生产劳动变为枯燥单一、重复性的大机器生产劳动。城市紧张的生活、快节奏的工作和嘈杂拥挤的环境以及激烈的竞争,给人们带来了巨大的压力,使得人们产生对清新、悠闲的自然环境的向往,希望通过旅游来缓解压力,调整身心状态。

3. 专门旅游服务机构的建立,是旅游经济活动形成的重要标志

在工业革命为旅游经济活动的形成奠定物质技术基础,大规模出游的物质条件成熟,资本主义商品经济发展为旅游经济活动创造大量需求的同时,人们由于缺乏旅游经验,迫切需要有提供服务的专门机构和人士来帮助他们完成旅游活动。于是,出现了为满足需求而形成的相应的旅游供给行业——专门从事旅游服务的机构。真正的旅游经济活动的形成,是在旅游需求与旅游供给之间起桥梁作用的旅行社出现以后才最终完成的。旅行社以盈利为目的,将旅游这一社会现象作为经营对象,从而产生了旅游业这一新兴行业,旅游经济应运而生。

1807 年,美国开辟了汽船内河航行的定期客运航班后,在欧美各国的内河中逐渐有许多蒸汽客轮运营。1822 年,英国的罗伯特·斯马托第一个办理汽船观光业务;1803 年,英国的利物浦和曼彻斯特之间开设了专门的火车客运业务;特别是英国的托马斯·库克,于 1845 年在英国的莱斯特成立了包括吃、住、行等业务在内的托马斯·库克旅行社,他是世界上第一位专职的旅行代理商。旅行社的诞生,使有组织地提供旅游活动所需的各种专门服务成为可能,从而促进了旅游活动的商业化进程,标志着旅游活动进入了商品化时代。自此之后,各种经营旅游业务的机构纷纷成立,其中著名的有 1857 年英国成立的登山俱乐部和 1885 年成立的帐篷俱乐部,1890 年法国、德国两国成立的观光俱乐部,此外还有意大利游览公司、加拿大的太平洋捷运公司、日本的国际观光局、德国的中欧旅行社等。于是现代旅游作为一种大规模的经济活动,逐渐成为社会经济活动的重要组成部分。

总之,旅游经济活动的形成,一是科学技术发展,具有一定物质技术基础,使得旅行时间缩短,大范围出游成为可能;二是社会经济发展,人们闲暇时间增多,收入增加,压力加大,产生旅游需求欲望;三是产业基础形成,专门为旅游者提供游览、休闲等旅游活动的服务机构出现,促进旅游活动的商业化进程,旅游活动和社会经济活动结合起来,旅游经济活动也就

相应地产生和发展起来。

二、旅游经济学的产生和发展

旅游经济学的产生和发展，是由旅游经济活动的发展以及旅游经济在国民经济中的地位和作用日益重要所决定的。

（一）旅游经济学的产生

旅游经济活动是伴随着旅游活动的产生和发展，在旅行社的推动下，在旅游需求与旅游供给的矛盾中所产生的各种行为。随着旅游人次的大幅度增加，旅游消费支出日益提高，旅游经济活动成为世界各国社会经济活动的一个组成部分，参与到整个社会经济的运行之中，人们开始关注对旅游经济问题的研究。为了研究这一运转过程及其运行规律，旅游经济学由此产生。

旅游经济学的产生可以追溯到19世纪末。1899年，意大利国家统计局局长博迪奥(L. Bodio)发表的《关于在意大利的外国旅游者的流动及其花费》的论文，是最早的旅游经济文献，揭开了旅游经济研究的序幕。首次从经济学角度对旅游现象做出系统剖析和论证的是意大利罗马大学的讲师马里奥蒂(A. Mariotti)。1927年，他将旅游经济讲座的内容整理后公开出版，次年又出版了该书的续编。这两部分书稿合称为《旅游经济学讲义》，对旅游经济进行了全面、系统的研究和讲授。马里奥蒂不仅对旅游地区的开发、旅游接待业的经营进行了系统研究，而且对旅游活动的形态、结构和活动要素进行了说明，第一次提出了旅游活动是具有经济性质的一种社会现象。1933年，英国学者奥格威尔出版了《旅游活动》，用数学统计方法科学地研究了旅游者的流动规律，并从经济的角度给旅游者下了定义。1935年，柏林大学旅游研究所所长葛留克斯曼(G. Glŭcksmann)出版了《旅游总论》，系统地论证了旅游活动的发生、基础、性质，论及了旅游的经济和社会影响，论述了促进旅游业发展的政策和手段。1942年，瑞士的汉克尔(Hunziker)和克拉蒲(Krapf)出版的《旅游总论概要》秉承了多学科旅游现象的思想，从经济学和社会学两方面对旅游活动和旅游经济现象进行了研究。这一时期人们对旅游经济的研究是探索性的，还未深入到研究旅游经济活动的本质和规律。

（二）旅游经济学的发展

第二次世界大战后，旅游业迅速发展并成为国民经济的重要行业。为了促进旅游业的大发展，提高服务质量，欧美许多国家建立了各种层次的旅游经济管理院校，并开设了旅游经济、旅游管理等学科。为了适应旅游经济发展及旅游教育的需要，欧美一些专家、学者在总结世界旅游经济及本国旅游业发展的基础上，对旅游经济活动、旅游经济现象和有关旅游经济的理论及方法进行了全面、深入的研究，发表和出版了具有一定水平的专著和论文，指导了世界及各国旅游经济的发展。归纳起来，主要包括以下几个方面：

1. 对旅游业的性质和旅游经济活动特点的研究

这方面的主要代表作有：1969年美国学者迈克尔·彼得斯的《国际旅游业》；1974年英国学者伯卡特的《旅游业的过去、现在和未来》；1980年美国学者伦德伯格的《旅游业》；1984年美国夏威夷大学教授朱卓仁的《旅游业》等。

2. 对旅游需求与供给的关系和旅游市场营销的研究

这方面的主要代表作有：罗伯特·门克因托希与夏希肯特·古普塔的《旅游的原理、实践与哲学》;布劳恩·阿切尔的《旅游需求预测》;瓦汉·克拉蓬与罗斯菲尔德的《旅游市场营销》等。

3. 对旅游业经济效益的研究

这方面的主要代表作有:1950 年日本学者田中喜一教授出版的论著《旅游事业论》;1955 年意大利学者特伊西的《旅游及旅游收入的经济理论》;1974 年澳大利亚工业局的《澳大利亚旅游业的经济意义》;1978 年前南斯拉夫学者马斯科维奇的《旅游经济学》,英国学者布劳恩·阿切尔的《发展中国家的旅游业:某些经济思考》和《旅游增值:目前研究水平》;1983 年亚太经社理事会政府间旅游发展会议文件《亚太经社理事会地区旅游业的经济作用研究回顾》《旅游经济作用分析:方法论》等。

4. 对旅游规划与资源开发的研究

这方面的主要代表作有:1978 年凯泽·赫尔伯的《旅游规划与发展》;朱卓仁的《度假地开发与管理》;新西兰坎特伯雷大学道格拉斯·皮斯的《旅游开发》;美国商业部经济发展局 1981 年的报告《通过发展旅游业创造经济增长与就业》;亚太经合组织理事会 1983 年的报告《通过标准分析促进旅游工程建设与发展》等。

其中,美国加利福尼亚州立理工大学名誉教授唐纳德·E. 伦德伯格、美国国际大学 M. 克里新纳莫斯、米克·H. 史泰文格合著的《旅游经济学》是目前国际上比较新的版本。全书共分为三篇:第一篇为旅游经济学导论,包括旅游概论和经济学在旅游中的应用;第二篇为旅游部门经济学,包括酒店业经济学、餐馆业经济学、航空业经济学、其他旅游部门经济学;第三篇为数学模型在旅游经济学中的应用,包括旅游消费的乘数效应、旅游需求预测和旅游计划分析等。

(三) 我国旅游经济学的研究进展

我国对旅游经济学的研究起步较晚,国外的旅游研究是同旅游现象的发育相联系,而我国的旅游研究则是与旅游产业的发育相联系。随着对外开放政策的实施,旅游业和旅游经济得到了蓬勃发展,由于缺乏旅游理论指导,旅游产业运行与管理受到某种程度的影响。为了指导中国旅游实践,国外旅游相关理论被引入。但是中国旅游产业发育的社会经济环境与国外先进旅游产业发育环境存在显著的差异,用国外的相关理论无法解释我国的一些旅游经济现象和问题,亦无法指导中国的旅游实践。为此,我国学术界、教育界和政府有关部门对旅游经济问题迅速展开研究,并取得了一定的研究成果。在 1980 年全国首届旅游经济研讨会上,出席会议的代表一致认为,为了适应我国旅游业和旅游教育事业的发展,应当建立我国的旅游经济学。自 20 世纪 80 年代以来,我国先后出版了多种不同版本的研究旅游经济学的著作。其中,1982 年王立纲、刘世杰出版了《中国旅游经济学》,提出了一些旅游经济的基本范畴,对我国旅游发展道路、旅游业的基本性质以及旅游资源开发等问题作了有益的探索,填补了我国旅游经济理论的研究空白。孔尚清主编的《中国旅游经济研究》一书,不仅对 1978 年以来我国旅游经济运行的方方面面进行了比较透彻的分析和总结,还就 20 世纪 90 年代我国旅游业的发展战略作了深入的探讨,是我国研究旅游经济学的重要著作之一。1993 年魏小安与冯宗苏主编的《中国旅游业:产业政策与协调发展》一书,从制定科学的旅游产业政策角度论述了我国旅游经济的各种结构。我国在旅游经济学的教材建设方面也取得很大成绩,比如林南枝和陶汉军、张辉(1991 年)、王大悟和魏小安(1998 年)等先后出版了《旅游经济学》教材。这些不同时期出版的论著、教材各有特色,一定程度上推动了我国的旅游教育发展，指导了旅游经济实践，我国对旅游经济学的研究正在逐步深入，方兴未艾。

归纳起来，我国的旅游经济研究大体经历了以下三个阶段：第一个阶段是1980—1990年，是创立旅游经济学科阶段。旅游经济学科的建立是在引进国外部分研究成果以及对世界旅游情况介绍的基础上，由高等院校完成的。第二个阶段是在20世纪90年代，随着我国旅游产业体系的形成以及国内旅游需求和出境旅游需求的形成，旅游经济学科的研究开始从点向面扩展，旅游研究开始从以经济学、管理学为主体，向经济学、管理学、社会学、市场学、地理学、环境学、人类学等学科方向发展，形成了比较完整的旅游学科研究体系。第三个阶段是近年来出现的，随着中国旅游经济体系的日趋完整以及中国旅游产业国际化演进的来临，人们开始注意从总体的角度，运用多学科的研究方法和观察视角来研究旅游现象。与此同时，研究者开始注意旅游经济学科的研究体系的建立和研究范式的讨论。

思考与讨论

1. 简述旅游活动与旅游经济活动的联系和区别。
2. 现代旅游经济形成的条件是什么？

案例回放

问题1：我国向世界开放旅游市场始于何时？这对我国旅游产业和我国旅游经济学的研究有何影响？

1978年我国实行对外开放的政策，饭店是我国最早对外开放的行业，1979年引进外资。作为发达国家的一个旅游目的地和商业投资地，我国向世界开放了旅游市场，商务旅游和观光旅游得到快速推进，以旅游目的地为主体、入境旅游为特征的旅游产业在我国主要旅游城市迅速发育。

旅游实践需要旅游相关理论给予支持。我国旅游产业的运行与管理由于缺乏旅游理论的指导而受到某种程度的影响。为此，国外旅游的相关理论被引入我国，以指导旅游实践。但是我国旅游产业的发展环境与国外有所不同，出现了国外理论指导我国旅游实践的偏差。在1980年全国首届旅游经济研讨会上，与会代表一致认为，为了适应我国旅游业和旅游教育事业的发展，应当建立我国的旅游经济学。我国学术界、教育界和政府有关部门对旅游经济问题迅速展开研究，并取得了一定的研究成果。从此我国旅游经济研究进入了发展的第一个阶段(1980—1990年)，即创立旅游经济学阶段。

问题2：我国旅游产业体系的形成以及国内旅游需求和出境旅游需求的大量出现，大致从什么时间开始？对旅游经济学科研究产生什么影响？

我国旅游产业体系的形成以及国内旅游需求和出境旅游需求的形成时间大致在20世纪90年代，比如：1990年10月，中国公民自费赴新加坡、马来西亚和泰国等三国旅游率先开放，以后目的地的数量逐步增加；1995年实行双休日制度，这些客观上促使国内和出境旅游的需求量迅速增加。此时经过多年改革开放，旅游产业体系基本形成。

随着我国旅游产业体系的形成以及国内旅游需求和出境旅游需求的大量出现，旅游经济学科的研究开始从点向面扩展，旅游研究开始从以经济学、管理学为主体，向经济学、管理学、社会学、市场学、地理学、环境学、人类学等学科方向发展，形成了旅游学科比较完整的研究体系。

实训题

调查你所在城市对外开放旅游市场的时间及改革开放以来旅游业的发展概况。

典型案例

中国旅游经济的发展现状

据国家统计局2008年国民经济和社会发展统计公报：2008年全年入境旅游人数130033万人次，其中过夜旅游者5305万人次(2007年5471.98万人次)。国际旅游外汇收入408亿美元(2007年419.19亿美元)，国内出游人数达17.1亿人次。三大旅游市场快速发展，使我国从旅游资源大国发展成为世界旅游大国，全年旅游总收入1.16万亿元，相当于全国GDP的3.9%。与此同时，旅游业带动了社会就业，近年来旅游从业人数占全国就业总人数的5%左右。旅游业已经成为国民经济新的增长点。入境旅游的发展，展示中国作为安全而有魅力的旅游目的地国家的形象。出境游快速发展，成为近年来我国发展双边交往的重要内容。2008年中国出境总人次数为4584.44万，为亚洲最大的客源国。在全球国际旅游增幅不足2%的情况下，中国出境人次数实现约12%的增长。如果没有2008年信用危机和金融危机的蔓延、商品和石油价格上涨、汇率大幅震荡以及冰雪灾害、汶川地震等如此多的“大事”和“难事”的影响(全球经济极端不稳定，又不景气)，中国的旅游发展会更快。截至2008年，开放中国公民出境旅游目的地国家和地区已有135个。旅游在我国政治、外交、经济、贸易、文化交流等方面以及对港、澳、台工作中都发挥了积极作用。

根据世界旅游组织预测，中国未来将成为世界第一大旅游接待国、第四大旅游客源国和世界最大的国内旅游市场。根据2014年8月国务院发布的《关于促进旅游业改革发展的若干意见》(以下简称《意见》)，预计2020年境内旅游总消费额达5.5万亿元，据此测算2013—2020年中国旅游行业收入增速为9.3%；国务院发展研究中心预测，2020年中国GDP有望达到100万亿元，保持年均7%的实际增长率。结合政府中性目标与我们基于整体经济背景下中国旅游行业成长前景的判断，预计2015—2020年中国旅游行业收入CAGR(年均复合增长率)范围将达20%左右，保持快速发展。在扩大内需、拉动投资、带动脱贫、促进区域经济发展和城镇化建设等方面，旅游业将发挥更为积极的作用。

(资料来源：① 孙晓胜，李志晖. 新华网，http：// news. sina. com. cn/o/2008-08-12/200216105576. shtml. ② 智研咨询发布的《2017—2022年中国旅游市场运行态势及投资战略研究报告》)

案例解析：

由“中国旅游经济的发展现状”可以看出，我国旅游业和旅游经济得到了蓬勃发展，我国已从旅游资源大国发展成为世界旅游大国。旅游业在我国政治、外交、经济、贸易、文化交流以及对港、澳、台工作等方面发挥了积极作用。旅游业已经成为国民经济新的增长点，不仅带动了社会就业，而且在扩大内需、拉动投资、带动脱贫、促进区域经济发展和城镇化建设等方面发挥着更为积极的作用。我国旅游产业的健康发展，必须有切合我国旅游经济发展实际的旅游理论来指导，我国学术界、教育界和政府有关部门对旅游经济问题的研究任重而道远。

常识补充

世界上第一家旅行社——托马斯·库克旅行社

英国人托马斯·库克被称为世界旅游业的开创者。1841 年，他包租了一辆列车，组织 500 多人参加一次禁酒大会，往返车费为每人 1 先令。这是世界上第一次团体包价旅游，同时也标志着世界旅游业由古代旅游阶段进入到近代旅游阶段。1845 年，他正式创办了世界上第一个为公众旅游服务的旅行社，从而开创了旅游活动产业化的道路。同年，他组织了第一次消遣性的观光旅游团(从莱斯特至利物浦)，参加的旅游者有 300 多人。库克本人对这次旅游进行了周密的计划，并事先亲自考察旅游路线，确定沿途的游览点，与各地客栈老板商定游客的吃住等事宜。回来后，他整理出版了《利物浦之行手册》，发给旅游者，成为早期的旅游指南。次年，他又组织了 300 多人到苏格兰集体旅游，并配有向导(相当于后来的导游)。旅游团所到之处，受到热烈欢迎。从此，托马斯·库克与他的旅行社的名字蜚声于英伦三岛。1851 年，他组织了 16 万多人参观在伦敦举行的第一次世界博览会。

1855 年，世界博览会在法国巴黎举行，库克又组织了 50 多万人前往参观，使旅游业第一次打破了国家的界限，走向世界。1864 年，托马斯·库克父子公司宣告成立，全面开展旅游业务。1872 年，库克组织了 9 位不同国籍的旅游者进行了为期 222 天的第一次环球旅游。这次环球旅游的成功受到世人的称颂。之后，库克又在欧洲、美洲、澳大利亚和中东等地区建立了自己的旅游服务网络。

（资料来源：中国雅虎知识堂. http://ks.cn.yahoo.com/question/1406122911394.html)

5 月 19 日为“中国旅游日”

为什么选择 5 月 19 日这天？理由有二：一是缅怀我国伟大的地理学家、旅行家和探险家徐霞客。徐霞客自 22 岁起就以惊人的毅力从事科学的地理考察和探险旅行，前后达 30 余年之久，足迹遍及大半个中国，著有《徐霞客游记》，而 5 月 19 日是《徐霞客游记》的开篇日。二是“5·19”谐音为“我要游”，贴近旅游宣传意境。

任务二 旅游经济学的学科性质和研究任务

任务引入

关于旅游经济学的研究对象，国内外学者有许多界定和描述

1. 王立纲、刘世杰(1982年)：旅游经济学的研究对象是旅游经济活动及其发展规律。

2. 黄辉实(1990年)：旅游经济学就是要研究旅游活动商品化过程中的各种错综复杂的经济现象和经济关系，即旅游者的最大利益、旅游供给者的最大利益和国家的最大利益这三者的经济关系和矛盾。

3. 张汝昌(1990年)：旅游经济学是研究在旅游活动过程中所发生的各种经济现象、经济过程之间内在本质的必然联系及其发展规律的科学。

4. 张辉(1991年)：旅游经济学是研究旅游劳务生产和流通的经济现象及其运动规律的科学，换句话说，旅游经济学是研究旅游活动中的经济现象、结构关系和经济规律的科学。

5. 王大悟、魏小安(1998年)：旅游经济学是研究旅游活动中的经济现象、结构关系和经济规律的科学。

6. 罗明义(1998年)：旅游经济学的研究对象是旅游经济活动过程中所反映的各种经济现象、经济关系及其内在的规律性。

7. 林南枝、陶汉军(2000年)：旅游经济学的研究对象是旅游经济活动中旅游产品的需求与供给之间的矛盾。旅游经济学主要研究旅游经济活动的运行及其运行过程中所产生的经济现象、经济关系与经济规律。

（资料来源：厉新建，张辉，等. 旅游经济学. 北京：中国人民大学出版社，2006）

问题1：对于旅游经济学的研究对象，你有什么认识？

问题2：为什么人们把旅游需求与旅游供给的内在矛盾作为旅游经济学研究的主要任务？

知识链接

各门学科有各自不同的矛盾规定性，从而决定了不同的学科有各自不同的研究对象。作为一门独立的学科，旅游经济学必须具有明确的研究对象、特有的专业术语和研究规范、基本的研究内容。

一、旅游经济学是一门多重交叉的边缘学科

由于旅游经济活动是人们生活中一种综合性的活动，涉及经济、政治、文化和社交等许多方面的内容，具有综合性的特点，因此旅游经济学实际上是一门新兴的边缘交叉学科。研究旅游经济不仅要以经济学、旅游学的理论为指导，还必须借助各种学科的理论及研究成果来丰富旅游经济学的研究内容。例如，运用心理学、地质学、地理学、社会学、资源学、统计

学、市场学等学科的理论和方法，来全面和科学地考察旅游活动在经济领域中的各种反映，加深对旅游经济内在规律及其运行机制的认识。另外，旅游经济学与文学、历史、艺术等学科的相关程度也很高，这些学科的知识对旅游的开发和经营有着重要的作用。从一定意义上说，旅游经济学实际上是一门多重交叉的边缘学科。

二、旅游经济学的研究对象

经济学研究社会经济生活中的一般经济现象及其运动规律，旅游经济学则是以经济学的一般理论为指导，研究社会经济生活中人们空间移动时所发生的经济现象的科学。

旅游是由旅游主体、旅游客体和旅游媒介体三个要素构成的，旅游活动以及旅游经济活动也都是围绕着这三个要素进行的。旅游主体即旅游者，是空间移动的主体，来自于旅游客源地；旅游客体主要包括由旅游目的地提供的景区、景点，各种旅游饭店等，它是旅游者移动的目的地；旅游媒介体主要包括各种旅行社以及帮助旅游者实现移动的交通设施，在旅游经济活动中成为联结旅游客源地与旅游目的地的联结体。旅游经济活动就是在此基础上展开的。旅游经济活动中的各种经济现象、经济关系以及经济规律都是三者关系的综合表现。因此，旅游经济学的研究对象就是旅游经济活动中，由旅游者的空间移动而引起的旅游客源地、旅游目的地和旅游媒介体等三者运动表现出的各种经济现象、经济关系以及经济规律。

旅游经济活动中旅游需求与旅游供给这一内在矛盾贯穿于旅游经济活动的全过程，它规定了旅游经济学既不同于经济学的分支，也不同于旅游学的其他学科。旅游供求矛盾外在表现为旅游主体、旅游客体和旅游媒介体三者之间利益上的矛盾，即旅游主体游客通过购买旅游产品要求获得身心上的最大享受和满足，旅游产品经营者通过销售旅游产品能得到最大利润，旅游目的地国家和地区政府通过支持旅游业的发展也需要取得最大的经济效益和社会效益。三者的利益既相互制约又相互依存，形成旅游经济运行的现实机制。如果三者的最大利益均能较好地实现，则旅游业便会得到顺利发展；如果任何一方的利益受到损害，旅游经济活动的运行就会不畅，旅游业就难以顺利而健康地发展。因此，旅游经济活动中旅游需求与旅游供给内在矛盾的具体表现也是旅游经济学研究的主要任务。

各个国家的经济条件、文化背景、地理环境不一样，各自的旅游经济特点也不相同。因此，人们在对旅游经济发展的一般规律进行研究的同时，更应该注重对各个国家旅游运动特殊规律的探索。我们研究旅游经济学的重要任务之一，就是在遵循旅游经济发展的一般规律的基础上，发展有中国特色的旅游事业。

三、旅游经济学的研究内容

旅游经济学研究的目的是通过对旅游经济活动运行中各个主要环节，各种经济现象、关系和规律的研究，揭示影响和作用于旅游经济活动的基本因素和经济关系的本质；探索支配旅游经济运行的内在机制和规律性；寻求获取旅游经济效益、社会效益及环境效益的最佳途径；为各级政府制定旅游发展规划及各项方针、政策和法规提供理论依据；使人们能够自觉地运用这些规律来推动旅游经济的发展。

旅游经济学以旅游经济活动中旅游客源地、旅游目的地和旅游联结体等三者运动表现出的经济现象、经济关系以及经济规律为研究对象。旅游经济发展是旅游经济活动中各种矛盾运动的结果，如旅游需求与旅游供给的矛盾、旅游供给各组成部分之间的矛盾、旅游经济部门与相关部门之间的矛盾、本国旅游经济与其他国家旅游经济的矛盾、旅游资源中开发及其保护的矛盾等。其中旅游供求矛盾是贯穿旅游经济活动全过程的主要矛盾，它决定了旅游经济活动中的其他一切矛盾。怎样分析和研究旅游供求矛盾及其具体表现形式？本学科运用经济学中宏观经济学和微观经济学的理论去分析旅游经济活动中的各种经济现象、经济关系以及经济规律问题；用消费理论分析旅游者在一定条件下的消费行为，从而得到最大限度的满足；用经济效益理论解释旅游企业如何利用有限资源生产旅游产品，从而得到最大经济效益。旅游经济活动中旅游市场的良性运转一定要满足各种不同利益，各种利益既相互矛盾，又相互依存，任何一方利益受损都会危及旅游经济活动的正常进行。旅游产业可持续发展要遵循市场经济规律，既要发挥市场调节机制，又需要政府宏观调控。因此，研究旅游需求与旅游供给这一主要矛盾的运动规律以及旅游经济活动中利益相关方的最大满足，是旅游经济学研究的主要内容。

根据以上想法和观点，本书的具体内容包括：

（一）旅游产品的开发（生产）及其供求矛盾运动与调节机制

旅游产品的需求与供给是旅游经济活动的前提，旅游产品不同于其他物质产品，旅游产品主要表现为无形的服务，而这种无形的服务又有其自身的特点。研究旅游产品的开发与供求关系时，首先要研究旅游产品的含义、构成、特点与旅游产品的使用价值和价值，把握旅游产品的生命周期，并根据旅游产品的市场供求及影响因素，制定合理的旅游产品开发、旅游产品的组合和营销策略，实现旅游产品供求平衡等。

旅游需求和旅游供给既相互适应，又相互矛盾。旅游需求与旅游供给之间平衡是相对的，不平衡是绝对的，正是这种矛盾统一关系不断促进着旅游经济的发展。因此，根据旅游市场上的需求和供给状况，分析旅游供求的变化及影响因素，掌握旅游供求的矛盾运动，运用经济的、行政的和法律的手段对旅游供求关系进行调节，达到它们之间暂时的、相对的平衡，以及了解决定和影响这一相对平衡的内部和外部因素及其作用的大小，是旅游经济学研究的重要内容。

（二）旅游产品消费与旅游市场

一般物质产品消费发生在生产活动之外（如服装、食品的消费），而旅游产品的消费和生产是同步的，旅游产品消费是旅游经济活动的重要环节。因此，必须研究旅游者的消费倾向、消费行为、消费结构及其影响因素，探寻旅游消费的合理化途径，以实现对旅游者消费的最大满足。

旅游经济学的研究对象就是由旅游者的空间移动而引起的旅游客源地、旅游目的地和旅游联结体三者运动表现出的经济现象、经济关系以及经济规律。旅游市场是旅游者和旅游企业进行旅游商品交换的场所。可以通过调节旅游市场使旅游者的旅游需求与旅游企业的旅游供给之间达到一种均衡状态。因此必须加强对旅游市场的研究，掌握不同细分市场的特点及竞争态势、旅游市场的均衡条件、旅游市场的运行及其策略、旅游市场的绩效分析；通过深入、细致的市场调研，进行合理的旅游目标市场定位；遵循旅游市场经济规律，进行合理的旅游市场营销组合，采取相应的市场开拓策略；遵循价格规律的要求，对旅游产品的价格进行合理的分类，掌握各种科学的定价方法和策略，积极促进旅游产品的销售和旅游市场的开拓。

（三）旅游收入、分配及旅游效益

旅游经济效益是政府和旅游经营者追求的主要目标。旅游活动产生的效益是综合效益，要从旅游活动的经济效益和社会效益的双重角度研究旅游投资的可行性、风险预测及其科学决策，研究旅游收入分配及旅游收入的乘数效用，研究旅游收入与效益的经济指标体系，并通过旅游的宏观和微观经济效益分析，探索提高旅游经济效益的途径，对国家、地方和企业的旅游经济效益的实现做出合理的评价，实现综合效益的最大化。

（四）旅游产业及其可持续发展

旅游经济不仅研究旅游经济现象及其运行机制，而且研究与旅游产业相关的一系列旅游经济活动。对旅游产业进行研究，即通过对旅游产业的概念、形成过程、结构及旅游经济产业化标志、旅游产业发展战略、旅游经济发展模式、区域旅游经济理论、区域旅游经济空间差异的研究，以期对制定旅游产业政策体系提供理论和实践的参考。要研究旅游循环经济与旅游可持续发展的关系，研究旅游循环经济发展战略与发展模式，并对我国旅游循环经济发展现状和构筑旅游循环经济体系的方法进行分析，为旅游业可持续发展探寻最佳模式和途径。

四、旅游经济学的研究方法

旅游经济学是一门综合性的学科，其研究内容十分广泛，涉及多种学科。要使旅游经济学的研究成果具有科学性、系统性，并能对实际工作具有指导意义，就必须采用科学的研究方法。马克思辩证唯物主义和历史唯物主义是研究任何学科（包括旅游经济学）必须遵循的基本指导思想和方法。旅游经济学的研究方法主要有：

（一）理论与实际相结合的方法

任何科学的理论都来源于实践，又对实践起指导作用。抽象的理论指导具体的实践，具体的实践又可以验证理论的正确性，并且通过新的实践的概况和总结，使理论更加丰富。旅游经济学在长期的旅游实践基础上产生，反过来又服务于旅游实践。

坚持理论与实际相结合，一方面，要求一切研究从旅游经济活动的客观实际出发，运用现代经济理论分析旅游活动中的各种经济现象和经济关系，解决旅游经济发展中的实际问题，揭示其发展变化的客观规律，并上升为科学的理论，用以指导旅游经济的实际工作；另一方面，必须以“实践是检验真理的唯一标准”为准绳，对旅游经济现象、经济关系及其经济规律进行科学总结和概括，再拿到实践中反复检验，并根据实践的发展进行完善和充实，才能使旅游经济理论体系不断成熟和发展。

在研究旅游经济学时，理论与实际相结合必须建立在旅游经济活动全局的基础上，既不能局限于旅游经济活动的某一方面，也不能局限于某一环节，它既包括国内旅游的实际，又包括国际旅游的实际。

（二）实证分析与规范分析相结合的方法

实证分析主要研究经济现象“是什么”，即单纯考虑经济活动的实际运作而不考虑社会道德对其的评价。实证分析时要注意避免片面性，即将个案或特殊事件概括为一般性很强的结论甚至一套理论。比如不能把对某地旅游市场的研究结论，当作适用全国乃至国际旅游市场的一般性结论，更不能从某特殊单体旅游企业的案例分析结论引申出适用于全行业的一般性结论。

规范分析就是研究经济活动"应该怎么样"。比如人们往往用是否公平和有效的竞争、有没有提高效率等来判断旅游经济中企业之间的竞争。再比如，在讨论世界遗产公园的门票该不该涨价的问题上，许多人认为不应该涨价，因为这是全国人民甚至是全世界人民的遗产，其教育功能是主要的，而门票涨价显然会剥夺许多经济能力较差的人受教育和旅游的权利，这样是不公平的。这就涉及价值判断的问题。

在旅游经济研究中，逻辑的推理必须有实践的支撑，否则这种推理和研究就失去了理论的解释意义。如旅游饭店的恶性削价竞争被认为是不健康的。竞争应该是公平的、有效的、能够改善效率的。但是只认识到这一步显然还不够，还要研究这些卷入恶性竞争的相关旅游供给企业的具体情况。如它们的产权、成本结构以及发展战略是怎样的，它们发动或者加入恶性价格竞争的真正目的或者原因是什么。再比如，大家普遍认为导游不该收受回扣，这会降低旅游服务水平，损害旅游者的利益。但我们更应该了解导游为什么会收受回扣，其背后有什么原因，造成这些问题的更深层次原因又是什么。只有弄清楚了这些"是什么"的问题，规范分析才有实际意义，才可以更好地评判"应该怎么样"。所以，旅游经济研究需要的是实证分析与规范分析相结合的方法。

(三) 定性分析与定量分析相结合的方法

旅游经济是一个复杂的系统，旅游经济活动中各种经济现象是质和量的统一。一方面，旅游经济的许多范畴具有量的规定性，在衡量旅游经济效应、优化系统效应、预测旅游需求的发展时，都需要将影响旅游经济的各个变量及其之间的关系用数学的语言表述出来，建立数学模型，通过数学计算来发现系统的规律，例如旅游供求的动态均衡、旅游供给价格弹性变化规律、旅游经济效益等。另一方面，旅游经济学中的范畴应具有质的规定性，才能区别各种不同的旅游经济现象。因此在旅游经济学的研究和学习中，必须把定性分析与定量分析有机地结合起来，通过定量分析揭示各种旅游现象之间的变动关系及发展趋势，为定性分析提供依据，达到事物的质和量的统一。因此，只有定性分析与定量分析相结合才能对旅游实际工作具有积极的指导意义。

(四) 静态分析与动态分析相结合的方法

在旅游经济学中，静态分析就是分析旅游经济现象的均衡状态以及有关的经济变量达到均衡状态所需要具备的条件，它完全抽掉了时间因素和具体变动的过程，是一种静止、孤立地考察旅游经济活动的方法。例如市场经济条件下旅游供求的短期静态均衡，是指旅游产品价格达到均衡价格时，旅游供给量与旅游需求量相等，即旅游供求均衡。它研究的是旅游产品价格决定着旅游供求的均衡交易量或者供求关系决定均衡价格等问题。

在旅游经济学中，动态分析则是对旅游经济变动的实际过程进行分析，其中包括分析有关旅游经济总量在一定时间过程中的变动，这些总量在变动过程中的相互影响和彼此制约的关系；旅游供求同时变动引起的动态均衡；旅游供给弹性问题等，这是一种在发展运动中研究的方法。

(五) 微观分析与宏观分析相结合的方法

旅游经济学中，微观分析是对旅游企业的分析，宏观分析是指社会大环境对于旅游企业经营的影响以及旅游企业对社会影响的分析。研究旅游经济学时，微观分析和宏观分析相结合，才能从大局上全面把握旅游业的发展方向和发展趋势，从而为旅游企业和社会的双赢创造条件。

（六）多学科知识相结合的方法

旅游经济活动是一项综合性的社会经济活动，涉及生活、生产诸多方面，所以旅游经济的研究必然要涉及经济学、旅游学、社会学、心理学、统计学等多学科的知识。在研究旅游经济学时，要拓宽思路，开阔眼界，注意学习和了解其他相关学科的理论研究及发展，充分运用各学科的最新研究成果，不断丰富本门学科的内容，提高旅游经济学的研究水平和实践的指导性。

（七）结构主义分析方法

旅游是一项包括食、住、行、游、购、娱等多种要素组合而成的综合性活动。旅游消费是从客源地向目的地的整体空间位移的消费，而旅游的相关供给能力又主要固定在旅游目的地，这就使得旅游经济分析中对供给结构进行分析显得非常重要。既然整体消费是空间位移的，那么所供给的对象物也应该是整体协调的，任何一方过剩或不足都会影响这些供给厂商的价值实现，因为旅游相关供给的实现首先遵循的是木桶原理。如果到某旅游地的交通运力无法在特定的时期内运送100万人次的旅游者，则这个地方即使拥有100万人次的客房接待能力，也会有部分客房被闲置，运力是其限制因素。

另外，旅游客源地与旅游目的地各有诸多旅游相关供给企业，包括旅行社、饭店、景区、运输业、娱乐业等。这些不同的旅游供给企业有不同的特点，在不同的地方又有不同的表现，客观上要求在进行旅游经济研究时要采取结构主义分析方法。

思考与讨论

1. 旅游经济学的研究对象是什么？请简要说明其内涵。
2. 旅游经济学的主要研究内容有哪些？
3. 简述旅游经济研究中定性分析与定量分析相结合的方法。

案例回放

问题1：对于旅游经济学的研究对象，你有什么认识？

旅游经济学的研究对象是社会经济生活中人们空间移动时所发生的经济现象，即研究由旅游者的空间移动而引起的旅游客源地、旅游目的地和旅游联结体等三者运动表现出的经济现象、经济关系以及经济规律。旅游经济活动中旅游需求与旅游供给内在矛盾的具体表现是旅游经济学研究的主要任务。旅游是由旅游主体、旅游客体和旅游媒介体三个要素构成的，旅游活动以及旅游经济活动也都是围绕着这三个要素进行的，旅游经济活动中的各种经济现象、经济关系以及经济规律都是三者关系的综合表现。

问题2：为什么人们把旅游需求与旅游供给的内在矛盾作为旅游经济学研究的主要任务？

因为旅游经济活动中旅游需求与旅游供给这一内在基本矛盾贯穿于旅游经济活动的全过程，它规定了旅游经济学既不同于经济学的分支，也不同于旅游学科的其他学科。旅游需求与旅游供给之间矛盾的外在表现是旅游主体、旅游客体和旅游媒介体三者之间利益上的矛盾。即旅游主体游客通过购买旅游产品要求获得身心上的最大享受和满足，旅游产品经营者通过销售旅游产品能得到最大利润，旅游目的地国家和地区政府通过支持旅游业的发展也需要取得最大的经济效益和社会效益。三者的利益既相互制约又相互依存，形成旅游经济运行的现实机制。如果三者的最大利益均能较好地实现，则旅游业便会顺利发展；如果任何一方利益受到损害，旅游经济活动的运行就会出现不畅，旅游业就难以顺利而健康地发展。因此，旅游经济活动中旅游需求与旅游供给内在矛盾的具体表现也是旅游经济学研究的主要任务。

实训题

国内外旅游经济学的产生及其发展综述。

1. 实训目的：培养学生收集、整理旅游信息和资料的能力，提高学生利用资料分析、解决问题的能力。培养学生合作学习、自主学习的意识。

2. 实训方法：案例讨论。

3. 实训场地：多媒体教室。

4. 实训步骤：

(1) 教师简单介绍国内外旅游经济学的产生及其发展，提出实训要求；

(2) 学生分组收集、整理资料，交流讨论，制成 PPT；

(3) 推举发言人在课堂陈述观点，其他学生补充，各组之间相互提问、交流；

(4) 教师把握讨论进度及方向，引导学生运用所学知识，分析、解决实际问题，对学生的分析进行讲评、拓展；

(5) 要求学生写出旅游经济学发展综述报告。

常识补充

经济学与旅游经济学

经济学是一门研究如何将有限资源进行合理配置的社会科学，是研究人类社会各个发展阶段中各种经济活动、各种经济关系及其运行、发展规律的科学。现代经济学大体可以分为理论经济学、经济发展史、经济思想史、经济数量的分析及其计量方法、应用经济学等分支学科。

理论经济学是论述经济学的基本概念、基本原理，以及经济运行和发展的一般规律，为各个经济学科提供基础理论的学科。它分为宏观经济学与微观经济学。宏观经济学以整个国民经济为视野，以经济活动总过程为对象，考察国民收入、物价水平等总量的决定和波动。微观经济学研究市场经济中单个经济单位即生产者（厂商）、消费者（居民）的经济行为，包括供求价格平衡理论、消费者行为理论，在不同市场类型下厂商成本分析与产量、价格决定理论，生产要素分配决定收入分配理论等。应用经济学主要指应用理论经济学的基本原理，研究国民经济各个部门、各个专业领域的经济活动和经济关系的规律，或对非经济活动领域进行经济效益、社会效益的分析而建立的经济学科。

旅游经济学就是运用经济学、旅游学、心理学、地质学、地理学、社会学、资源学、统计学、市场学等学科的理论和方法，分别从微观和宏观两个视野，对由旅游者的空间移动而引起的旅游客源地、旅游目的地和旅游联结体等三者运动表现出的经济现象、经济关系以及经济规律进行研究的一门多重交叉的边缘学科。

木桶原理

木桶原理又称短板理论，也即“木桶定律”，其核心内容为：一只木桶盛水的多少，并不取决于桶壁上最高的那块木板，而恰恰取决于桶壁上最短的那块木板。根据这一核心内容，“木桶理论”还有两个推论：其一，只有桶壁上的所有木板都足够高，木桶才能盛满水。其二，只要这个木桶里有一块木板不够高度，木桶里的水就不可能是满的。

木桶原理可以启发我们思考许多问题，比如旅游企业各个行业合理、协调、均衡发展以及旅游企业团队精神建设的重要性。在一个团队、一个行业里，决定这个团队或行业战斗力强弱的不是那个能力最强、表现最好的人，而恰恰是那个能力最弱、表现最差的落后者。因为最短的木板对最长的木板起着限制和制约作用，决定了这个团队、行业的战斗力，影响了这个团队、行业的综合实力。也就是说，要想方设法让短板子达到长板子的高度或者让所有的板子维持“足够高”的相等高度，才能完全发挥团队作用，充分体现团队精神。

学习情境二　旅游产品与开发

学习目标

1. 了解旅游产品的价值和使用价值，旅游产品各构成部分之间的关系，旅游产品的生命周期；

2. 熟悉旅游产品开发、旅游产品营销、旅游产品策划；

3. 掌握旅游产品的概念、特点，旅游商品的概念、分类。

技能目标

根据当地旅游资源特点，设计开发一种旅游产品、旅游商品及旅游线路。

任务一　旅游产品的概念和特点

任务引入

珍妮特(Janet)和理查德・霍金斯(Richard Hawins)，一对从美国中西部 Midwest 来的退休老夫妇，他们是旅游业的顾客，也是游客。他们最近的旅游是沿阿拉斯加州东南海岸进行船游。他们付给杰克逊(Jackson)旅行社 3000 美元得到一个团体包价旅游。他们的花费包括：从居住地到旅游开始地温哥华的机票、在船上和陆地宾馆里合计十个晚上的住宿费、一个溪谷漂流(White-water)旅游和一个越过密斯提湾(Misty Fjords)的水上飞机游。在他们交付的费用中，也包括了所有的行李搬运工和当地导游的小费。霍金斯夫妇将另外支付在陆地上的餐费以及进入阿拉斯加印第安艺术中心和一个位于文化中心的俄罗斯东正教的米彻尔大教堂的门票等费用。

（资料来源：王鹏飞．旅游产品设计基础．北京：首都师范大学出版社，2005）

问题 1：霍金斯夫妇购买的是整体旅游产品还是单项旅游产品？有什么特点？

问题 2：霍金斯夫妇将另外支付费用购买的产品属于什么产品？

知识链接

旅游产品是旅游活动商品化、社会化产物，是一切旅游经济活动存在和发展的基础，因此旅游产品是研究旅游经济问题的切入点。

一、旅游产品的概念

旅游产品是指为满足旅游者旅游活动的需要而在一定地域上被生产或者开发出来的以供销售的物质产品与劳务产品的总和。由于旅游需求和旅游供给之间的矛盾是旅游经济过程中的主要矛盾，因此对旅游产品概念的理解应从旅游需求和供给两方面去把握。

从旅游需求方即旅游者的角度来看，旅游产品是指旅游者花费一定的时间、费用和精力所获得的一段旅游经历，这个经历包括旅游者从离开常住地开始，到旅游结束归来的全部过程中，对所接触的事物、事件及所接受的各种服务和产品的综合感受。从旅游供给方即从旅游经营者的角度来看，旅游产品是指旅游经营者凭借一定的旅游资源和旅游设施，向旅游者提供的、能满足其旅游活动需要的各种产品和服务。

作为旅游经济的一个专门概念，旅游产品不是指旅游者在旅游过程中所购买的某一单项产品或服务，也不是指旅游者所购买的各种产品和服务的简单叠加，而是指在一次旅游活动中实现并由一系列单项产品和服务有机联系、紧密配合的综合产品。因此，旅游产品有整体旅游产品和单项旅游产品之分。整体旅游产品是满足旅游者旅游活动中全部需要的物质产品和服务，如一条旅游线路或某一旅游目的地的全部活动，归纳起来有六类，即食、住、行、游、购、娱。单项旅游产品则主要指旅游者在旅游活动中所购买的有关住宿、餐饮、交通、游览、娱乐等单方面的产品和服务。在整体旅游产品中，各单项旅游产品在时间上有明显的时序性，在空间上有明确的定点性。

二、旅游产品的特点

旅游产品作为一种以服务为主的综合性产品，除了具有一般物质产品的基本属性外，综合了服务产品的所有特性，同时还具有自己独特的产品特征。

（一）无形性

旅游产品是一种服务性产品，而服务性产品的基本特征是无形性。旅游产品的无形性表现在三个方面：

首先，旅游产品的无形性表现在旅游产品的主体内容是旅游服务。当旅游者到达旅游目的地享受到旅游服务时，才能感受到旅游产品的使用价值。而当旅游者在选择旅游目的地时，见不到旅游产品的形体，也无法对旅游产品的质量作出评价，旅游产品只是通过旅行社、报刊、杂志、电视、因特网等宣传媒体留给旅游者的一种印象。

其次，旅游产品的无形性还表现在旅游产品的价值和使用价值不是凝结在具体的实物上，而是凝结在无形的服务中。只有当旅游者在旅游活动中享受到交通、住宿、餐饮和游览娱乐的服务时，才能认识到旅游产品使用价值的大小。也只有当旅游者消费这些服务时，旅游产品的价值才真正得以实现。

最后，在一次旅游经历过程中，旅游者买到的主要是对一次经历、一次体验的感受和回忆，即旅游者所得到的有趣经历和新的感受等身心的满足，这种满足或由此而形成的印象都是无形的。针对旅游产品的这一特征，旅游目的地和旅游企业应树立起自身和产品的信誉，加强旅游产品的宣传促销，以优质的服务和良好的形象换取旅游消费者的认可。

（二）不可转移性

不可转移性是旅游产品不同于物质产品和一般服务性产品的特征。决定旅游产品具有不可转移性的原因主要有：

首先，旅游产品和旅游服务所凭借的旅游资源和大部分旅游设施所处的空间位置是相对不变的。这样，旅游产品交换的场所必须是在旅游资源和大部分旅游设施所存在的空间内，也就是只有旅游者前来旅游目的地，旅游产品的交换才可能顺利进行。在旅游产品的交换过程中，流动的不是旅游产品，而是旅游者。

其次，旅游产品的不可转移性还表现在产品销售后的所有权上。对于一般的产品交换，消费者因支付了货币而有了产品的所有权，消费者就有了自由处理该产品的权力，他可以随意将其带走。而旅游产品交换的过程中，旅游者通过支付货币所拥有的仅仅只是对该产品的暂时的、在特定时间和特定环境里的使用权，而不是所有权。

为此，旅游企业要在旅游竞争中占有优势、尽快实现旅游产品的价值，必须拓宽旅游产品信息流通的渠道，同时方便旅游者自由出入旅游目的地；要不断提高旅游产品硬件的档次，努力提升旅游服务的质量，努力减小旅游者预期的旅游产品与其所消费的旅游产品之间的差距。

（三）不可储存性

由于旅游生产和旅游消费在时空上的同一性，因此当没有游客购买和消费时，以服务为核心的旅游产品就不会生产出来，也就无法像其他有形产品那样，在暂时销售不出去时可以贮存起来，留待以后销售。如果随着时间的推移，旅游产品没有实现对应时间上的交换价值，就会造成人力、财力、物力和资源的浪费，并且损失的价值永远也得不到补偿，因为机会已经丧失，设施、人员已闲置，资金已被占用。旅游产品的这一特点要求旅游企业对其产品实行差别定价以及运用各种营销手段来驾驭市场需求，尽量缓解供求不平衡问题。

（四）生产与消费的同步性

旅游服务产品都是在顾客来到生产现场时才进行生产并交付顾客使用。旅游服务产品的生产涉及生产者和消费者的共同参与。旅游者消费该旅游产品的过程，也就是旅游企业生产和交付该旅游产品的过程。一般的有形产品，其生产、交换和消费可以在不同的空间内进行。对于旅游产品来说，旅游资源和旅游设施是提供旅游产品必须依靠的平台，这样旅游产品只能在旅游目的地被生产出来，因其不可存储，旅游产品在目的地被生产出来也必须在目的地被消费掉。也就是说，旅游产品必须在同一时间和同一空间内被生产出来，并被消费掉。该产品在生产和消费方面具有同一性。这一特点意味着旅游服务人员的一言一行、一举一动，甚至其作为服务者的衣着、仪表，都会对该项产品服务的质量以及对顾客的满意度产生影响，从而也决定了质量控制在旅游企业经营中的重要性。

（五）综合性

旅游产品的综合性根源于旅游活动，旅游活动的社会性和旅游需求的复杂性决定了旅游产品的综合性。旅游产品能够提供吃、住、行、游、购、娱等多种服务，构成合理而完整的产品体系，其中既包括物质的、精神的产品，又包括非劳动产品和自然物。因此，旅游产品的综合性首先表现在其组成内容和属性上的综合。

旅游产品的综合性还体现在它的生产和经营牵涉众多的部门和行业上。旅游产品的供给一方面会受到旅行社业、旅游饭店业、交通运输业以及景点景区经营业的直接影响；另一方面又会受到工业、农业、建筑业和金融、卫生、通信及其他相关产业和部门的间接影响，这些产业和部门为旅游产品的供给提供了必要的保证。它们有的以物质产品的生产为主，有的以非物质产品的生产为主，既涉及经济部门，又涉及非经济的政府部门和其他组织、社会与自然因素。

旅游产品综合性的特征要求供给方在旅游产品的开发规划过程中，要全面规划、统筹安排。既要注重单项旅游产品的规划开发，又要注重旅游产品体系的完整性和结构的合理性；既要注意旅游资源的开发和旅游设施的建设，又要努力提高旅游服务人员的素质，提高他们提供旅游服务的技能、技巧，更要正确处理整体利益与局部利益、眼前利益与长远利益之间的关系。

三、旅游产品的价值和使用价值

（一）旅游产品的价值

价值是商品的经济本质，旅游产品之所以是商品，是因为它具有价值属性。旅游产品的价值实体和其他任何商品的价值实体一样，都是人类无差别的、一般的、抽象的劳动。旅游产品的价值与一般商品相同，也主要由两个部分组成：一是转移价值，即旅游服务所凭借的建筑物、服务设施的折旧，向游客提供饮食和日用品的原材料消耗等，它们是旅游从业人员或其他行业的人员过去所创造的价值的转移，属于社会总产品的转移价值；二是新增价值，包括支付旅游从业人员用以维持劳动力再生产所需消耗物质资料的价值和旅游从业人员创造的剩余价值。从价值决定和价格形成的角度来看，旅游产品的价值有其特殊的性质，主要表现在以下几方面：

1. 旅游产品价值量的确定主要以质量为标准

旅游服务是旅游产品的核心，旅游服务质量的好坏直接影响旅游产品价值的实现。在服务设施和服务条件相同的情况下，高水平的旅游服务反映旅游产品的质量好、价值大；低水平的旅游服务反映旅游产品的质量差、价值小。旅游服务质量的优劣虽然与投入劳动量的多少有一定关系，但更重要的是与从业人员的文化素质、性格修养、职业道德水平密切相关，它们主要反映了旅游服务的水平和质量，而与劳动量投入的多少无直接相关关系。因此，只有提供高质量的旅游服务，才能保证旅游产品价值的有效实现。

2. 旅游产品价值量的确定具有垄断性

旅游资源是旅游产品构成的重要基础，旅游资源的种类和特色，决定了在价值量的计算上存在较大差异。如人文景观中的历史文物古迹，除了是前人劳动的结晶外，历代人们的维修保养也付出了大量劳动，其价值难以估量，从而使这些旅游资源具有无法替代的历史价值，这种价值不能以消耗多少劳动量来衡量，而这种价值的不可估量性反映在价格上即为垄断性。社会制度、风土人情、传统生活方式等社会现象则是经过漫长的历史演变积累而成的，其中蕴藏着人类的智慧与创造，是人类脑力和体力劳动的结晶，并具有无法模拟的独特性，社会价值和历史价值不可替代，在价格上同样表现为垄断性。又如某些原始状态的自然旅游资源因没有凝结任何人类劳动而没有经济学意义上的价值，但只要经过开发，由于其特殊的价值和唯一性，其价值量很难用消耗多少劳动来确定，从而形成垄断价格。

3. 旅游产品的价值量随旅游产品的组合而有变化

旅游产品中的旅游设施，同市场上的其他物质产品一样，其价值也是由凝结于其中的社会必要劳动量来决定的。但是，由于这些设施受旅游经济活动的特点所影响，因而在旅游产品的组合过程中其价值量也会发生变化而产生新的附加值。这是因为旅游者在旅游活动过程中享受这些设施的环境条件和服务内容要比其他活动优越得多，而这些环境条件和服务内容是旅游从业人员用劳动创造出来的，因而其价值和价格自然也就要高些。

（二）旅游产品的使用价值

商品的使用价值，是指其能满足人们在物质或者精神方面的某种需求。而旅游产品的使用价值除了具备这种属性外，还具有区别于其他产品的特殊性质，具体表现在以下几方面：

1. 旅游产品使用价值的多效用性

一般物质产品只能满足人们的某种需要，如一块手表的使用价值主要用于计时，一支钢笔的使用价值主要用于写字。而旅游产品作为一种综合性的产品，其使用价值是综合的和多方面的，能满足旅游者从物质到精神方面的多种需要，从提供基本的如食、住、行等物质生活需要，到能满足人们更高层次的观光、游览、娱乐、交流等心理需要。

2. 旅游产品使用价值的多层次性

一个完整的旅游产品应根据旅游者的需要、旅游产品的成本及旅游市场的供求状况等，制定出高、中、低等若干档次的产品规格及相应的价目表，无论是哪一规格档次和价格的旅游产品，其使用价值都必须是多层次性和综合性的，能满足不同消费层次的旅游者的需求。

3. 旅游产品使用价值的重复性

旅游产品的服务性决定了其使用价值可以在不同时期重复使用，甚至在较长时期内发挥有效性。一方面，旅游产品的交易不涉及所有权的转移，销售方出让的主要是以旅游资源和旅游设施作为凭借而生产的旅游服务。同一旅游产品既不能由任何人随意携带，也不能为某一旅游者个人独占和享受，因此旅游产品可以供许多旅游者同时使用。另一方面，旅游服务的提供是一种现场服务，因此随着加强对旅游资源的保护、开发和利用，随着旅游从业人员素质的不断提高，旅游产品不仅可以在较长时期内重复使用，而且其效用和功能还会不断完善和提高。

4. 旅游产品的使用价值包括基本部分和附属部分

在旅游产品的使用价值构成中，既有构成旅游产品使用价值中必不可少的基本部分，如餐饮、住宿、游览等，也有构成旅游产品使用价值中偶然产生的附属部分。如旅游者在旅途中突发疾病，旅游经营者及时提供了医护条件及相应服务，虽然这种服务不属于旅游产品使用价值的基本部分，但其属于附属部分，因而一旦发生，旅游经营者也要义不容辞地提供。

综上所述，旅游产品与一般商品一样满足价值规律，但由于它独特的、历史的、社会的、自然的因素，使其价格除了主要由其价值决定外，还受制于旅游产品各部分所体现的人与人的关系和垄断因素的作用。

思考与讨论

1. 旅游产品具有哪些特点？
2. 简述旅游产品的价值和使用价值的特殊性。

案例回放

问题 1:霍金斯夫妇购买的是整体旅游产品还是单项旅游产品？有什么特点？

整体旅游产品是指满足旅游者旅游活动中全部需要的物质产品和服务,如一条旅游线路或某一旅游目的地的全部活动,包括食、住、行、游、购、娱等六个方面。霍金斯夫妇购买的团体包价旅游属于整体旅游产品,旅行社将他们从居住地到旅游开始地温哥华的机票、在船上和陆地宾馆里合计十个晚上的住宿费、一个溪谷漂流(White-water)旅游和一个越过密斯提湾(Misty Fjords)的水上飞机游、所有的行李搬运工和当地导游的小费等各种单项旅游产品组合起来,形成了整体旅游产品。

旅游产品具有无形性、不可转移性、不可储存性、生产与消费的同步性、综合性等特点。霍金斯夫妇在沿阿拉斯加州东南海岸进行船游的过程中,食、住、行、游、购、娱等各项活动中所获得的身心愉悦和导游服务是无形的、不可储存的且具有综合性,阿拉斯加州东南海岸的旅游资源具有不可转移性,而且旅游经营者的服务与霍金斯夫妇的消费是同步的。

问题 2:霍金斯夫妇将另外支付费用购买的产品属于什么产品？

霍金斯夫妇另外支付在陆地上的餐费以及进入阿拉斯加印第安艺术中心和一个位于文化中心的俄罗斯东正教的米彻尔大教堂的门票等费用,属于单项旅游产品。

实训题

以你所在城市某一旅行社推出的旅游产品为例,谈谈你对旅游产品概念的理解。

典型案例

旅游产品名目繁多且无标准让游客迷茫

时下,各家旅行社打出的广告中,令人费解的新的“产品”名字层出不穷。据调查,目前各旅行社打出的线路产品广告中,使用率比较高的是“常规游”“品质游”以及“豪华游”,其次还有诸如“精彩×日游”“纯玩×日游”“购物游”“精华游”“经典在线游”……足有数十种之多,令人眼花缭乱。

(资料来源:慎丽华.旅游经济学导论.北京:中国经济出版社,2002)

你认为这些名目繁多的旅游产品名字对旅游者有利还是有弊,为什么？如何解决？

案例解析:

应该说弊大于利,无统一旅游产品“标准”,难保旅游质量。随着服务业的发展,出台旅游产品的质量标准势在必行。就像旅游酒店可按星级划分一样,旅游产品也可以规范为“经济团”“品质团”“豪华团”三大阵容。其中,“经济团”可安排住两星级或准两星级酒店、餐标15元左右、有一定的购物;“品质团”则住三至四星级酒店、不购物、餐标20～30元;豪华团则需住五星级酒店。或将旅游产品分为五等,从二心级至六心级分别是“动心系列”“安心系列”“舒心系列”“贴心系列”“倾心系列”。每个标准都详细阐述了旅游中各个环节的服务细节标准，包括酒店星级及距市区位置、正餐餐标，以及购物次数、自费项目等。

常识补充

狩猎旅游产品

随着游客旅游需求的多元化，野外狩猎活动逐渐受到人们的关注和喜爱。通过有序、合法的狩猎，既领略了狩猎的乐趣，又放松了身心。

狩猎旅游是以射猎野生动物为主，兼观光游憩、休闲度假于一体的特殊专题旅游项目。拥有大面积的天然场所，如草原、森林和丰富的动物资源是开发狩猎旅游的必要条件。狩猎旅游现在主要以地区性活动为主，但跨国越洲的国际性狩猎旅游的发展也较快。其特点是：① 狩猎旅游是一项高额消费的娱乐活动，其准猎证、旅行费、执照费等各种狩猎费用十分昂贵，非一般旅游者能够承担。② 狩猎旅游对动物资源有特殊要求，所在国或地区在开发这一旅游项目的同时，必须适当保护当地的动物资源，以防止乱捕滥杀及对珍稀动物的盗猎。欧美经济发达国家是世界主要的狩猎旅游客源地，有的国家拥有猎人数十万甚至上百万，为一些资源国家提供了充足客源和巨额收益。

世界狩猎旅游的目的地主要是非洲，那里拥有大面积荒漠草原，野生动物品种丰富、数量多。扎伊尔南部大草原、肯尼亚的内罗毕、坦桑尼亚的野生动物保留地塞卢斯以及乌干达等都是世界著名的狩猎旅游中心。中国具有发展狩猎旅游的良好条件，内蒙古、东北和西部森林、草原和荒漠地带拥有丰富的动物资源，现已在黑龙江、浙江千岛湖等地筹建了一批饲养、生产、狩猎、旅游观赏相结合的多功能狩猎场。

（资料来源：http://focus.hotelpropertychina.com/Shtml/20090611/20090611174655.shtml.）

任务二　旅游产品的构成及关系

任务引入

D1：南京乘机赴昆明，入住酒店。　宿：昆明

D2：游阿诗玛的故乡——石林(含大小石林、望峰亭等)、七彩云南。晚乘车赴大理。　宿：大理

D3：早餐后游金花的故乡、旅游的天堂——大理，乘船游洱海，观大理四大名景(风、花、雪、月)，欣赏白族歌舞表演(掐新娘)，品“一苦二甜三回味”的白族三道茶，上南诏风情岛，远观苍山雪、大理古城、洋人街等。　宿：大理

D4：早餐后乘车至丽江，途游白族银器手工艺作坊——新华民族村，游世界文化遗产——丽江古城、四方街，体会小桥流水人家的感觉。　宿：丽江

D5：早餐后乘车至中甸，途游长江第一湾、虎跳峡，游独克宗古城、吉达姆草原。　宿：香格里拉

D6：森林公园一日游：属都湖、碧塔海、霞给民族文化村，中餐后返丽江。　宿：丽江
D7：雪山一线：云杉坪、甘海子、白水河，从丽江赴大理，再乘车返昆明。　宿：车上
D8：早餐后游览鲜花市场，乘机返回南京。结束愉快之旅。

问题：试从旅游产品构成角度对该旅游线路进行分析。

知识链接

对旅游产品的构成可以从不同的角度进行分析，比较常见的是从市场营销、旅游需求和旅游供给入手分析旅游产品的构成。

一、旅游产品的一般构成

现代市场营销理论认为，一切产品都由产品的核心部分、形式部分和延伸部分组成。核心部分是指产品满足消费者需求的基本效用和核心价值；形式部分是指构成产品的实体和外形，包括款式、质量、商标、包装等；延伸部分是指随产品销售和使用而给消费者带来的附加利益。旅游产品是一种综合性产品，其产品内涵和构成内容十分丰富。因此，根据现代市场营销理论，旅游产品的一般构成也同样由核心部分、形式部分和延伸部分组成。

（一）旅游产品的核心部分

旅游产品的核心部分是指旅游吸引物和旅游服务，它是满足旅游者从事旅游活动最基本的需要，也是整个旅游产品的基本部分。

旅游吸引物是指一切能够吸引旅游者的旅游资源及各种条件，它既是一个地区能否进行旅游开发的先决条件，也是旅游者选择旅游目的地的决定性因素，还是构成旅游产品的基本要素。旅游吸引物的存在形式，既可以是物质实体，也可以是某个事件，还可能是一种自然或社会现象。旅游吸引物按属性可划分为自然吸引物、人文吸引物、特产吸引物三大类。自然吸引物包括气候、森林、河流、湖泊、海洋、温泉及火山等自然风景资源；人文吸引物包括文物古迹、文化艺术、城乡风光、民族风情及建设成就等人文旅游资源；特产吸引物则主要包括土特产品、风味佳肴、旅游工艺品等。

旅游服务作为旅游产品的核心部分，是依托旅游资源和旅游接待设施向旅游者提供的各项服务。旅游产品除了在餐饮和旅游活动中消耗的少量有形物质产品外，大量的是接待服务和导游服务。按照旅游活动的过程，旅游服务可分为售前服务、售时服务和售后服务三部分。售前服务是旅游活动前的准备性服务，包括旅游产品设计、旅游线路编排、出入境手续、货币兑换等；售时服务是在旅游活动过程中向旅游者直接提供的食、住、行、游、购、娱及其他服务；售后服务是当旅游者结束旅游后离开目的地时的服务，包括送到机场、车站，办理有关离境手续，托运行李、委托代办服务等。

（二）旅游产品的形式部分

旅游产品的形式部分是指旅游产品的载体、质量、特色、风格、声誉及组合方式等，是旅游产品核心部分向生理或心理效应转化的部分，属于旅游产品向市场提供的实体和劳务的具体内容。

旅游产品的载体主要指各种旅游接待设施、景区景点、娱乐项目等，是以物化劳动表现出来的具有物质属性的实体。尽管有的旅游吸引物，如阳光、气候、海水、森林、名山大川等

属于自然生成物，不包括任何人类劳动的成分，但这些自然物是旅游产品不可缺少的自然基础；而文物古迹、园林景观、文化遗址、历史名胜等则属于古代人类的劳动结晶，蕴含丰富的文化价值，也是旅游产品必不可少的载体。

旅游产品的质量、特色、风格及声誉是依托各种旅游资源、旅游设施而反映出来的外在价值，是激发旅游者的旅游动机、吸引旅游者进行旅游活动的具体形式。由于旅游资源和旅游接待设施等方面的差别，从而形成了不同的旅游产品。

各种功能和类型相异的旅游产品有各自特殊的组合方式，但组合的目的是要把产品要素有机地组织起来，形成不同的旅游线路和旅游活动，满足旅游者多样化和个性化的需求。因此，旅游产品的组合方式也是旅游产品的形式部分之一。

（三）旅游产品的延伸部分

旅游产品的延伸部分是指旅游者购买旅游产品时获得的优惠条件、付款条件及旅游产品的推销方式等，是旅游者进行旅游活动时所得到的各种附加利益的总和。虽然延伸部分并不是旅游产品的主要内容，但旅游者在旅游过程中购买的是整体旅游产品，因而在旅游产品核心部分和形式部分的基本功能确定之后，延伸部分往往成为旅游者对旅游产品进行评价和决策的重要因素。

旅游经营者在进行旅游产品营销时，应注重旅游产品的整体效能，除了要突出旅游产品核心部分和形式部分特色外，还应通过巧妙的构思和设计以及正确的管理方法，树立旅游品牌，从而增加景区的吸引力，在旅游产品的延伸部分上形成差异，给游客提供超出其预期的额外价值，提高游客的满意度，以赢得市场竞争的优势。

二、旅游产品的需求构成

旅游产品是一种直接面向旅游者的最终消费品，因而从消费需求角度出发，可以从旅游者需求程度和消费内容两方面来分析旅游产品的构成。

（一）基本旅游产品

基本旅游产品是指旅游者在旅游活动中必须购买的，而且需求弹性较小的旅游产品，如游览、住宿、饮食、交通等都是旅游活动中必不可少的。它们的需求弹性小，这部分的消费构成是旅游目的地旅游收入较为稳定的部分。

（二）非基本旅游产品

非基本旅游产品是指旅游者在旅游活动中不一定购买的，而且需求弹性较大的旅游产品，如旅游购物、医疗保健服务、通信服务等。非基本旅游产品在特定的情况下可以转化为基本旅游产品，例如一些旅游消费者到被称为“购物天堂”的香港旅游，其旅游的主要目的是购物，购物对这些旅游者来说就是基本旅游产品。

基本旅游产品和非基本旅游产品的划分有助于旅游经营者针对不同的旅游消费需求，提供不同内容的旅游产品，满足旅游者的多样性消费需求；也有助于旅游者在选择和购买旅游产品的过程中，有计划地调整自己的消费结构和消费水平，使旅游活动更加轻松舒适，以达到有益身心的旅游目的。

三、旅游产品的供给构成

从旅游经营者的角度看，旅游产品由旅游资源、旅游设施、旅游服务、旅游购物品和旅游便捷性等多种要素构成。

（一）旅游资源

旅游资源是指在自然和人类社会中一切能够吸引旅游者进行旅游活动，并为旅游业所利用、开发而产生经济、社会、生态效益的各种事物和因素。它既是一个地区能否进行旅游开发的前提条件，又是吸引旅游者的决定性因素。

旅游资源按其属性一般分为自然旅游资源和人文旅游资源两大部分。自然旅游资源是指天然存在并能给人以美感的自然物象和生态环境，包括各种地文景观、山水风光、生物景观、气象天体等；人文旅游资源是指社会环境中一切吸引人们进行旅游活动的各种人文景观，包括各种古迹、建筑、民俗风情、宗教、园林、文化娱乐和旅游商品等。

已开发的旅游资源作为旅游活动的对象物，其本质就具有吸引旅游者的功能，与其他资源相比较的最大差异就是能够激发旅游者的旅游动机，并促成旅游行为。根据不同旅游资源的特点，通过开发和组合可以为旅游者提供各种观光游乐、休闲度假、科学考察、探险寻密、文化交流等旅游活动，以满足人们丰富生活、增长知识、陶冶情操等多方面的需求。旅游资源是旅游业赖以生存和发展的基础；旅游资源的开发合理得当，会使旅游资源得到延续利用，并产生良好的经济效益、社会效益和生态效益，促进旅游业的持续发展。

（二）旅游设施

旅游设施是实现旅游活动而必须具备的各种设施、设备和相关的物质条件，也是构成旅游产品的必备要素。旅游设施一般分为专门设施和基础设施两大类。

专门设施是指旅游经营者用于直接服务于旅游者的凭借物，通常包括游览设施、餐饮设施、住宿设施、娱乐设施等。游览设施指旅游景区、景点中供人们登临、游览、憩息的各种设施和设备；餐饮设施是指为旅游者提供餐饮服务的场所和设备，包括各种餐馆、冷饮店、咖啡厅、饮食店等；住宿设施是旅游者在旅行途中的“家”，是能够提供多种服务功能的饭店、度假村、别墅、帐篷、旅馆等；娱乐设施是指各种歌舞厅、音乐厅、健身器械、游乐园等。

基础设施是指为旅游活动有效开展而必不可少的各种公共设施，包括城镇（风景区）道路、桥梁、供电、供热、通信、给排水、排污、消防、环境保护和环境卫生，以及城街区美化、绿化、路标、路灯、交通工具、停车场等，是旅游业赖以生存和发展的基础。基础设施虽然不是专门为旅游者提供服务，但在旅游经营中它是保证旅游部门和企业正常运转的前提条件，上述专门设施都是建立在这些基础设施的基础之上的，如果没有这些方面的设施和设备，上述专门设施的功能就不可能得到有效的发挥。

（三）旅游服务

旅游服务是旅游产品的核心，旅游经营者除了向旅游者提供餐饮和旅游商品等少量有形物质产品外，大量提供的是各种各样的接待、导游等服务。从服务产品的产生过程划分，旅游服务的内容主要包括服务观念、服务态度、服务项目、服务价格、服务技术等。服务观念是旅游从业人员的价值观。服务所体现的是一种人与人的关系，因而服务观念是从事服务工作的前提。只有建立完整的、合乎实际的服务观念，达到社会认知、自我认知和工作认知的协调一致，才可能具有积极主动的服务精神和服务态度。服务态度是服务工作的外在集中表现，不仅表现出服务人员对旅游者的尊重和理解，而且表现出服务人员的气度修养和文明素质，因此是旅游者关注的焦点，也是提高旅游服务质量的重要内容。服务项目是依托旅游服务设施向旅游者提供的各种服务。服务项目内容的多少和服务效率，不仅决定着是否能为旅游者提供方便、快捷和高效的服务，而且是增强旅游企业竞争力的关键所在。服务价格是旅游服务内容和质量的货币表现形式，与服务内容和质量有着密切的关系。通常，质价相符，旅游者满意；质优价低，旅游产品的竞争力强；质低价高，旅游者不高兴。因此，不同的价格反映着所提供的不同等级的服务，这是国际旅游业的通行原则。服务技术是搞好旅游服务工作的基础，高超而娴熟的服务技术会成为一种艺术表演，满足了旅游者的旅游需求，使旅游者从中获得享受，并提高了旅游企业的形象和信誉。因此，服务技术水平的高低就成为评判旅游企业服务质量的标准。

（四）旅游购物品

旅游购物品是指有实用性、纪念性、礼品性的各种物质形态的商品，亦称为旅游商品。旅游购物品反映了旅游目的地国家或地区的文化和艺术，能够使旅游者更好地了解旅游目的地国家或地区的文化传统，并留下美好的回忆。旅游购物品主要有旅游工艺品、旅游纪念品、文物古玩、金银玉器、土特产品及书法绘画等。由于旅游购物品的种类多、纪念意义大、消费潜力大，因此是旅游产品的重要组成内容，也是旅游创汇的重要组成部分。

（五）旅游便捷性

旅游便捷性是旅游产品构成中的基本因素之一，它不仅是联结旅游产品各组成部分的中心线索，而且是旅游产品能够组合起来的前提性条件，具体表现为进入旅游目的地的难易程度和时效标准。旅游便捷性的具体内容主要包括：一是有良好的交通通达条件，如现代化的交通工具和方式，国际和国内交通运输网络衔接与联系的方便程度等；二是通信的方便条件，包括通信设施具备与否，其配套状况、规模、能力以及线路布置等是否方便、快捷；三是出入境签证手续的难易、出入境验关程序、服务效率和咨询信息等，这不仅影响到旅游目的地的客流量大小，而且对旅游产品的成本、质量、吸引力等都有重要的影响；四是旅游目的地社会的承受能力，主要指当地社会公众对旅游开发的态度、社会公众舆论、社会治安、社会管理水平、人口密度、交通管理等状况。这些都是影响旅游便捷性的重要因素。

四、旅游产品的内外部关系及相互转化

旅游产品构成复杂、内容丰富，彼此相互制约、相互依存，也可以相互转化。各类旅游产品内部之间的关系主要体现为互补关系和替代关系。在一定条件下，旅游产品之间的互补关系和替代关系可以相互转化。

（一）旅游产品的互补关系

旅游产品的互补关系是指组成旅游产品各部分之间互为条件、互相依存、相互促进、共同发展的关系。这种关系的存在，使各旅游企业和部门之间会出现一荣共荣、一损共损的局面。

旅游产品内部之间的互补关系主要体现在两个方面：第一，功能不同的各个组成部分，如交通、住宿、餐饮、观光、购物以及休闲健身等，其存在和发展都以其他部分的存在和发展为前提，各部分只有按照一定的比例发展，共同满足旅游需求，才能实现和谐共生、互利共赢，从而使整个行业进入良性的发展态势。第二，各功能不同的组成部分之间在经营成果方面也是相互制约、相互影响的，某一个环节的旅游产品销量增加了，必然会带动与之相关的旅游产品的销量增加；相应的，该环节旅游产品的销量下降，也会给其他相关旅游产品的销售带来一定的负面影响。如旅游者运量的增加会增加旅游交通部门的经济效益，同时也会

给目的地带来更多的旅游者，他们在旅游目的地进行旅游活动必然要消费各种旅游产品，从而带动其他行业和部门共同发展；反之亦然。一个拥有众多旅游吸引物的地区，如果饭店的数量少或服务质量低劣，会直接影响旅游者的游娱情趣，不仅会使该地区的旅游业和娱乐场所的经营受到影响，而且使飞往该地区飞机的机座利用率及其他服务部门的经营都受到损失。

旅游产品这种内在的互补关系是由旅游需求综合性决定的，只有组成旅游产品各部分按比例均衡发展，才能发挥旅游产品的整体效用。同样，组成旅游产品各部分的任一企业都会由于游客的需要，使该企业内部存在互补关系。如一座饭店的客房部、餐饮部、商品部、娱乐部及其他服务部门之间，只有按比例配备设施和提供相应的服务，把功能各异的部门有机组合，才能满足客人住宿期间对休息、饮食、娱乐、安全的需要，发挥饭店产品的整体效用。

除旅游产品内部存在互相补充的关系外，旅游产品各部分与其他部门之间也存在同样的联系。如饭店服务的存在和发展必须以建筑、轻工、纺织、农业、教育等部门相应的发展为前提，没有这些部门的投入，饭店服务所凭借的物质条件不存在，饭店产品也就无法存在。反过来，旅游经济的发展也必然会带动和促进这些部门的发展。旅游产品与各相关行业产品的这种依存关系，反映旅游业的发展必须建立在国民经济发展的基础上，必须与国民经济众多经济与非经济的部门同步发展。如果脱离国民经济相关行业的发展现状或发展速度超前飞跃，势必会由于旅游产品内某些部分的短缺而影响旅游产品的整体效用，给旅游业的经营带来重重困难。

（二）旅游产品的替代关系

旅游产品间的替代关系是指旅游产品中功能相同或相近的单项旅游产品在满足旅游者需求的过程中所出现的可以彼此相互替代的关系。如旅游饭店方面，包括一般旅馆、商务旅馆、汽车旅馆、度假村、农舍式小屋及招待所等多种规格和档次的设施。这些设施都为满足游客的住宿需要提供服务。对同一顾客而言，这些设施之间只能选择其一下榻，住进A饭店就不能同时再住进B饭店，显然各饭店之间存在替代关系。这种关系也反映在同一饭店的不同客房之间或不同餐厅之间。一位顾客住进201客房就不能同时住进202客房，在中餐厅就餐就不能同时在西餐厅用餐。因此，提供相同或相近旅游产品的旅游企业或部门间，竞争不可避免，旅游产品内部之间的彼此替代成为一种必然。但对不同目标市场而言，由于旅游需求的差异性很大，在规模、档次、服务水平相差较大的同种功能设施之间，这种关系就不明显。在非意外的情况下，豪华团的旅客不会住进招待所，而青年背包游客也不会住进五星级饭店。同样，旅游产品构成中其他功能相同的设施之间，对同一目标市场也都存在互相替代的关系。

除了旅游产品内部存在替代关系外，旅游产品之间，尤其是旅游资源相同而目标市场又近似的旅游产品间，相互替代性明显，彼此竞争更加激烈。如历史文化名城西安、洛阳和开封之间就存在相互替代的关系。

（三）旅游产品互补与替代关系的相互转化

旅游产品内部各组成部分之间的互补与替代关系并不是绝对不变的。在一定条件下，这种互补与替代关系可以相互转化。

1. 互补关系向替代关系的转化

互补关系向替代关系的转化主要是旅游企业经营多元化发展促成的。在市场经济条件下，旅游企业为了扩大盈利空间，分散经营风险，在竞争中获得优势，就必须不断调整自己的经营范围，为旅游者提供高效、经济的服务。当旅游企业向旅游者提供多样化的“一条龙”服务时，互补关系就有可能转化成替代关系。旅游产品中的交通和住宿服务，分别由交通和旅馆业提供，彼此是互补关系。但为了获得竞争优势，各企业都根据市场需求不断地改进产品结构，向顾客提供方便、舒适、快捷、经济的“一条龙”服务。如饭店增加接送顾客从饭店往返于机场、车站和旅游景点的交通服务；而有些国际航运公司增营饭店业务，以方便国际、长途游客转机夜宿的需要。如此，旅馆和交通部门的互补关系便转化为替代关系。饭店和航空公司这种做法的目的是方便顾客，为本行业争取客源，而不是改变原来的经营内容。又如旅馆业的经营必须依靠副食部门提供服务，而副食部门也要依靠旅馆行业的发展来增加自己的销量。它们之间也是互补关系。但一般大饭店为方便经营，自己建立副食品基地，把与副食部门的互补关系转化为了替代关系。同样，旅游产品各构成中功能相同的设施，在一定条件下也都可以发挥其相互替代的特点以弥补暂时性供需失衡的矛盾，如飞机运力不足时可用火车代替。旅游企业的多种经营和集团化是互补关系向替代关系转化的主要原因。

2. 替代关系向互补关系的转化

如在汉文化圈内各国或地区的传统文化、风土人情有近似之处，旅游产品间存在着替代关系。因此，中国、东南亚各国及中国香港、台湾地区间的国际旅游产品，在国际旅游市场上呈现激烈竞争的现象。如果各旅游目的地国家或地区采用联合营销策略，统一编排旅游线路，简化旅游手续，使游客的多次购买、多次旅游变为一次购买连续旅游，既方便游客，又有利于各旅游目的地发展。如中国旅行社组织的为期半个月的西欧九国联合旅游产品，从中国香港起飞—阿姆斯特丹—布鲁塞尔—法兰克福—卢森堡—科隆—巴黎—罗马—梵蒂冈—比萨—佛罗伦萨—圣马力诺—威尼斯—维也纳—荷兰—中国香港，就是一例。它把西欧各国的著名旅游城市、旅游景点联合起来，使西欧文化趋同的替代关系转化为互补关系，把各国的产品组成一个旅游产品，这样，既方便了游客，为游客节约了时间和费用，又有利于九个国家旅游业的发展。近年来许多经营者正是利用旅游产品内外部替代与互补关系的相互转化改进经营方式，以赢得更多的游客。

旅游产品的替代关系和互补关系的转化表明：各个旅游企业提供的旅游产品都是总体旅游产品的有机组成部分，它们在数量上、质量上和档次上的不同组合，使其成为一个个有机的整体；它们是旅游产品中不可或缺的部分，共同构成了旅游产品的外部形象。

思考与讨论

1. 简述旅游产品的构成。
2. 简述旅游产品的内外部关系及相互转化过程。

案例回放

问题：试从旅游产品构成角度对该旅游线路进行分析。

旅游线路中有基本旅游产品（如名胜古迹、自然奇观、高原水域、文化古城、宗教圣地、少数民族风情参观）和非基本旅游产品（如购物）。旅游线路中飞机、大巴、轮船等不同交通工具的使用，能够满足方便、快捷、舒适的要求，也实现了旅游产品内外部关系的转化。

实训题

1. 调查你所在城市各家旅行社推出的旅游产品，对其进行旅游产品内外部关系及其相互转化的分析。

2. 根据当地旅游资源的特点设计开发出一条旅游线路和一种旅游购物品。

典型案例

替代关系与互补关系的转化

A、B两个企业经营的是同一类型旅游景区，A企业经营的景区景观质量明显优于B企业。在旅游淡季，它们之间为争夺客源而产生的竞争十分激烈，B企业常常处于不利地位，在这种情况下，它们之间是替代关系。但是到了旅游旺季，A企业经营的景区常常爆满，其承载力受到严峻挑战，为了避免超载可能给景区质量造成的消极影响，A企业可以采取分流的方式，将部分旅游者介绍到B企业经营的景区，这样既保护了自己的旅游资源，又照顾了B企业。在这种情况下，A、B企业之间的替代关系可能转化成为互补关系。

常识补充

旅游产品的组合

旅游产品是一种组合性产品，即对构成旅游产品的各种要素进行有机组合，形成不同的旅游线路和旅游活动，满足旅游者多样化和个性化的需求。因此，旅游产品的组合方式也是旅游产品的形式部分，不同的组合方式形成不同的旅游产品。常见的旅游产品组合方式有以下三种：

1. 全面全线型组合。这是针对全部旅游市场各种旅游需求的旅游产品组合，包括观光、度假、购物、商务、宗教等旅游产品线，以满足各种旅游市场的旅游需求。

2. 专项系列型组合。它是根据旅游地自身条件，向一部分专门市场推出的专项组合的旅游产品。如旅行社推出的文化系列旅游，就是满足游客在武术、戏剧、气功、书法、绘画、烹饪、艺术等方面旅游的需要。

3. 专业型组合。它是针对某些特定市场的需求来组合各种旅游产品。如针对一些游客的特殊兴趣来组合一些参与性强和具有探险性、竞技性的旅游产品，如地质考察、生物考察、摄影、体育、探险旅游等。

任务三 旅游产品开发

任务引入

穿越沙漠成了旅游产品

穿越沙漠曾经是少数人的探险活动，如今登上了旅行社的产品目录单。

日前，南京两家旅行社将“穿越巴丹吉林沙漠”做成了旅游产品，并由去年成功穿越四大沙漠的陈建国担任领队。这条线路由苏式旅行社和江苏青旅共同推出。青旅国内部经理徐坚介绍说，巴丹吉林沙漠位于内蒙古自治区西部的阿拉善盟，总面积达 4.7 万平方千米，是我国第三、世界第四大沙漠。迄今为止，世界上只有 23 人驾车穿越过此沙漠，其中唯一的女性是南京晨报记者。这一沙漠并非如一般人所想象的只有飞沙走石。它以高山、鸣沙、多湖、奇泉“四奇”闻名中外。整个行程为 5 天，游客挑战自我的同时，能欣赏到不少奇观，因此作为“旅游线路”也是不折不扣的。“沙漠之旅”推向大众市场，一般人能否承受其活动强度呢？虽然是“沙漠之旅”，但是除了有高血压、心脏病及身体状况不良者，身体健康的一般人都能接受这一强度。同时，这一线路的另一亮点是，将由知名的探险人担任领队。

（资料来源：穿越沙漠成了旅游产品. 南京晨报. 2006 年 7 月 28 日）

问题：试分析为什么穿越沙漠成了旅游产品？

知识链接

一、旅游产品的生命周期

产品生命周期是指某种产品从投入市场开始到最后退出市场的过程，这个过程大体要经历投入、成长、成熟、衰退的周期性变化。旅游产品也有生命周期，其生命周期一般也包括四个阶段：投入期、成长期、成熟期和衰退期。区分旅游产品生命周期各个阶段有两个关键要素：销售额和利润，以及在变化过程中两者之间的关系。在旅游产品生命周期的不同阶段，这两个要素会呈现出不同的特点。

（一）旅游产品的投入期

旅游产品的投入期也叫推出期、介绍期或引入期，是旅游产品进入市场的初始阶段。这个时期，产品刚刚投入市场，尚未被旅游者和中间商了解和接受，生产设计还有待进一步改进，因此产品的销售量增长缓慢而没有规律。又加上企业对外宣传促销的费用较高，导致经营成本较高，利润较低，甚至亏损。不过在这一阶段，旅游企业面临的竞争压力往往较小。

（二）旅游产品的成长期

在这一阶段，旅游产品已经基本定型并形成一定的特色，前期的宣传促销开始出现效果，产品逐渐被消费者所接受。因此旅游产品在市场上具有一定的知名度，销售量稳步上升，销售成本大幅度下降，利润得以大幅度提高。同时，其他旅游企业看到该旅游产品的市场销售情况很好，就纷纷进入市场提供相同的产品，从而使旅游市场上开始出现竞争。

（三）旅游产品的成熟期

在这一阶段，旅游产品的潜在顾客逐步减少，大多数顾客属于重复性购买，旅游产品的市场需求量逐渐达到饱和。旅游产品的销售量逐渐达到最高点，销售额增长幅度越来越小，利润增长也达到最高水平，并有逐渐下降的趋势。由于很多同类旅游产品进入市场，扩大了旅游者对旅游产品的选择范围，使旅游市场竞争十分激烈，加上一些新产品对原有旅游产品的替代作用，使旅游产品差异化成为旅游市场竞争的核心。

（四）旅游产品的衰退期

在旅游产品的衰退期，由于新的旅游产品已进入市场并逐渐代替老产品，旅游者或丧失了对老产品的兴趣，或产生对新产品的兴趣，除少数名牌旅游产品外，大多数旅游产品的销售量逐渐减少；同时旅游市场竞争加剧而迫使旅游企业降价销售旅游产品，导致销售额和利润增长率急剧下降，利润迅速减少，甚至出现亏损。这时，旅游企业若不迅速采取有效措施使旅游产品进入再成长期，以延长旅游产品的生命周期，该旅游产品将随着旅游市场的激烈竞争，以及销售额和利润额的持续下降而被迫退出旅游市场，从而使旅游产品的生命周期终结。

根据以上对旅游产品生命周期的分析，可以看出旅游产品都有一个类似“S”形的生命周期规律。由于旅游产品在不同生命周期阶段具有不同特点，因此必须针对旅游市场需求而及时进行旅游产品的更新换代，适时开发新的旅游产品或改造原有旅游产品，才能保持旅游产品的市场生命力，促进旅游经济稳定、持续地发展。

二、旅游产品的开发内容

旅游产品的开发主要包括两个方面的内容：一是对旅游地的规划与开发；二是对旅游路线的设计和组合。

（一）旅游地开发

旅游地是旅游产品的地域载体，旅游地规划与开发是一项系统工程，旅游地产品开发要以最有效地利用资源、最大限度地满足市场需求和有利于市场竞争为目标。

旅游地开发通常有以下几种形式：① 以自然景观为主的开发。必须以严格控制建设容量和密度，不允许破坏自然景观为前提，使人工造景建筑与自然环境协调一致。② 以人文景观为主的开发。主要凭借丰富的文化历史古迹和现代建设成就，通过维护、修缮、复原等工作使其具有旅游功能。③ 原有资源创新及开发。利用原有资源和开发基础的优势，进一步扩大和丰富旅游活动内涵和项目，提高吸引力。④ 非商品性旅游资源开发。一般是指民族风情、传统风俗、文化艺术等，对这类旅游资源开发，要处理好开发与传承关系，与有关部门联合进行挖掘、整理、改造、加工，在这些基础上开发成各类旅游产品。⑤ 利用现代科技手段进行旅游开发。这是运用现代科学技术所取得的一系列成就，经过精心构思和创意设计，再创造出特色旅游项目，如“迪士尼乐园”“水下大世界”等，开拓和丰富了旅游活动的内容与形式。

（二）旅游路线开发

旅游路线是旅游产品的具体表现形式，是旅游地向外销售的具体形式，是把旅游资源、旅游吸引物、旅游设施和旅游服务综合地联系起来，以满足旅游市场需要为目的，与旅游者消费水平相适应的组合性创造劳动。

旅游路线的开发设计有以下若干类型：① 按旅游者旅游行为特征，可以分为周游型和逗留型旅游线路。周游型旅游线路中包含的旅游目的地数量较多，旅游者多为观光旅游者。逗留型旅游路线包含的旅游目的地较少，旅游者多为度假、参与会议等旅游者。② 按其使用交通工具，可以分为航海旅游路线、航空旅游路线、铁路旅游路线、汽车旅游路线、徒步旅游路线等。③ 按服务对象的不同，可以分为包价团体旅游路线、散客旅游路线、家庭旅游路线。④ 按旅游路线的天数，可以分为一日游路线和多日游路线。⑤ 按旅游路线跨越的空间尺度，可以分为跨区域旅游路线、中程旅游路线、短程旅游路线。

三、旅游产品的开发策略

旅游产品是一个极为宽泛的概念，它可能是一个单项的产品，如一个景点、一间客房、一件旅游纪念品等，也可能是复合产品，如某一条旅游线路、某项包价旅游产品、某个旅游目的地等。在当今竞争激烈的旅游市场上，无论是单项旅游产品还是复合旅游产品，都需要不断创新，增强自身的旅游吸引力，以满足人们不断变化的旅游需求。旅游企业或旅游目的地只有不断开发旅游新产品，才能在旅游市场中保持一定的市场份额和占有率。

旅游产品的开发策略就是针对迅速变化的旅游市场需求，根据自身专业特色、人力资源、企业财力和旅游目的地的旅游资源特色等，不断开发和推出各种旅游新产品，或者对已有的旅游产品进行改造提升，满足旅游者日益增长和变化的需求。目前运用较广泛的旅游产品开发策略主要有以下四种：

（一）抢先策略

抢先策略是指抢在其他企业之前，将新产品开发出来并投放到市场中去，从而使企业处于领先地位。采用抢先策略的企业，必须要有较强的研究、自我创新与开发能力，还要有足够的人力、物力和财力。但开发出来的旅游产品大多数不是以实物形态存在，因而难以申请专利保护。新旅游产品投放市场获得成功后，很快会被其他企业竞相模仿，众多的竞争者会蜂拥而至加入竞争，由于跟进者省去了研发费用，往往会以更优惠的条件夺走客源。除此以外，新旅游产品投入市场后，不仅与竞争对手的现有旅游产品形成竞争，而且会挤占本企业现有旅游产品的部分市场，从而加快本企业现有产品的“老化”速度。有时新产品在旅游市场尚未站稳脚跟，现有产品却被自己的新产品挤出了市场，因此存在一定的风险。此策略一般为大型旅游企业所采纳。

（二）紧跟策略

紧跟策略是指旅游企业一旦发现市场上出现了竞争力强的产品或技术领先的产品就迅速跟进，仿用先进技术，在产品的成长初期就将新产品投入市场。采用这一策略，就必须时刻注意对市场信息进行收集、处理和迅速反应，而且还要具有较强的、高效率的研究与开发能力，大多数中小型旅游企业都采取这一策略。

（三）寻找“空穴”策略

旅游者多层次的需求与旅游企业提供的产品、服务之间始终存在着差距，包括时间上、技术上与服务质量上的差距。这种差距，即旅游者需要而企业尚未生产、正待开发填补的市场空白区域，即所谓的“空穴”。这是小型企业的希望所在。小企业力量单薄，无力与大企业正面竞争，只能盯着大企业尚未占领的“空穴”，乘虚而入，达到其以小胜大、以弱胜强的目的，也可起到对大型旅游企业产品、服务的补充作用。

（四）优势延伸策略

优势延伸策略是指旅游企业利用自身所具备的资源优势，如人力、物力、地理优势等，对现有的旅游产品进行深度加工、派生变型、传统发掘等，由此深化旅游产品的内涵，延长旅游产品链，从而将企业优势发挥得淋漓尽致。小企业可根据自身情况选择采用此策略。

思考与讨论

1. 如何认识旅游产品生命周期及其不同阶段的特点？
2. 结合实际，讨论开发旅游产品的策略。

案例回放

问题：试分析为什么穿越沙漠成了旅游产品？

旅游产品策略是旅游市场营销策略的基础，所要解决的是根据旅游者需求"假造价值"的问题。在旅游市场上，旅游产品的经济生命周期有越来越短的趋势，旅游者越来越关注旅游产品的质量、关注旅游产品的"生态化"问题，旅游企业应从游客需求出发，设计出受市场欢迎的旅游产品。

实训题

针对当地旅游资源特色，进行旅游产品的线路设计比赛，并说出特色以及线路客源、市场状况。

典型案例

打造闽南版"纳西古乐"

非物质文化遗产是文化旅游资源的重要组成部分。南音成功入选《人类非物质文化遗产代表作名录》，让泉州古城拥有了世界级文化品牌，也让泉州的文化旅游产业迎来了难得的发展契机。

与丽江纳西古乐相比，泉州南音的历史更为久远。在1977（国际）文化创意机构首席顾问陈非看来，纳西古乐在包装宣传后成为当地旅游的一大亮点，达到"不到丽江不算到云南，不听纳西古乐不算到丽江"的效果，它的保护方式、宣传方式和营销方式就有值得借鉴之处。

陈非认为，南音可以尝试与其他传统文艺"联姻"。譬如，引导南音表演进入市区的茶馆、茶楼、茶庄，与铁观音茶艺演出互相融合，游客可以一边品铁观音清韵，一边聆听悠扬古乐。以兴建南音博物馆为契机，开辟南音旅游线路，引荐国内外旅客前来旅游、参观、欣赏，可考虑在南音博物馆内开辟"南音演绎馆"，由知名的南音社团定期演出，或带领游客到街头巷尾体验南音"弦友"自娱自乐的独特风情，让游客形成"不到泉州不算到福建，不听南音不算到泉州"的意识。

（资料来源：打造闽南版"纳西古乐".泉州晚报.2009年11月7日）

你认为南音还可以开发哪些旅游产品？

案例解析：

可以根据南音的特点进行开发。由于南音的表演形式较为单一，与现代社会欣赏音乐的要求存在差距，它节奏平缓、音高适中，与人的生理节奏合拍，满足人们放慢紧张的生活节奏、释放压力的养生需求，因此可配上专职医护人员从医学疗养的角度为游客提供养生服务，此类旅游产品将有较好的市场前景。

常识补充

旅游策划的八种借"势"法

（一）借事件之势

借事件之势就是借助某一事件的影响进行旅游策划，以达到自己的目的。

比如1999年在云南举行的世博会，这虽然是一个世界性的会议，在云南举行之前已经在二十多个地方举行过了，但都没有留下什么硬性旅游资源。可云南不一样，他们趁势而动，不但在世博会举行期间提出了"人与自然——迈向二十一世纪"这样响当当的口号，而且以大手笔征地218公顷，建立了一个集古今中外园艺为一体的昆明世博园，从而使世博会的召开为云南留下了一笔永久的资产，这就是借事件策划的典范之作。借事件策划的范例还有很多，又如2003年的"非典"，这个突如其来的事件确实给中国旅游业带来了很大的打击。可是，在"非典"事件已经接近尾声，许多地方仍为"非典"带来的损失而叹息时，湖南却率先行动，在风景秀丽的南岳衡山敲响了全面恢复旅游的"希望之钟"，这同样是借事件策划的佳作。2004年，世界旅游小姐年度大赛决赛在长沙举行，组委会巧借世界旅游小姐云集长沙之势，在年度皇后决赛暨颁奖晚宴上大胆策划了一个"天价皇后席"，结果以一桌卖了30万元的高价引起了一片惊呼。

（二）借决策之势

借决策之势也可称为借政策之势，主要是指借助各级政府的重大旅游决策而进行旅游策划。

旅游业是一个政府主导产业，政府的决策对旅游业的发展至关重要。政府决策一般是针对全行业而言的，但精明的策划人总是可以从中发现商机，抢住先机，趁势而为，取得佳绩。比如说我国加入WTO之后，国外的旅行社进入我国已是大势所趋，只是进入的时间问题。国外的旅行社虽然规模很大，但针对中国市场来说，他们大多有一个容易忽视的问题，那就是他们一般都没考虑知识产权的保护，对产品没有进行商标注册。我国加入WTO不久，广东一家实力并不雄厚的旅行社抢得先机，率先在国家商标局抢注了"运通"旅游类商标，"运通"是美国最大的旅行社，也是全球最大的旅行社，这一抢注合理、合法，但它意味着今后美国"运通"要进入我国就必须要向这家旅行社付商标使用费了，这就是借国家决策之势的典范。又比如2004年，国家旅游局决定将红色旅游作为一个重点来发展，决策一出，湖南、江西等省便率先行动，启动了红色旅游。湖南省人民政府联合国家旅游局、团中央在韶山组织了声势浩大的“中国红色之旅游、百万青少年湘潭韶山行”大型主题活动；江西组织了“新世纪、新长征、新旅游——2004中国红色之旅万里行”活动，由十多台专车组成的车队从瑞金出发，沿途穿越15个省（市、自治区），历时两个月，行程为3万余千米，这同样是借决策之势的典范之作。

（三）借时间之势

借时间之势就是借助某一特殊的、有重大纪念意义的时间进行旅游策划，以达到自己的目的。

特殊的时间往往具有特殊的意义。2000年是个千禧之年，在2000年即将结束、2001年新年即将到来的那一刻，更是一个十分重要的时刻，许多优秀的策划人就是抓住了那一刻的商机大做文章，策划了许许多多有意义的活动，如倾听千禧钟声、迎接新千年的第一缕阳光、迎接新千年万人大狂欢等。著名策划家，人称“创意九段”的陈放先生早在1993年就敏感地意识到了千禧年的商机，竟策划出了几百套方案，其中包括泰山点千年圣火、钱塘观千年大潮等，而且这些方案有大部分还实施了。陈放先生的这些方案就是借时间之势进行旅游策划的经典。

每年春节是我国传统的节日，南岳自古就有大年初一老百姓到大庙烧头香的习俗，以前大家也没怎么在意，可是自1992年开始，南岳区利用春节这一国家法定的节日和群众烧头香这一习俗，相继举办了“发达香火”“平安香火”“吉祥香火”等主题香火活动，不但使节日增添了新的内容，也为区里增加了许多收入。又如以前每年也有五一放假、十一放假，但游客并不多，可自从将“五一”和“十一”的假期由一天变成一周，且名曰“旅游黄金周”之后，这两个节日就一直成为了最火爆的旅游时期。此外，政府或企业举行的一些重大庆典活动也可以成为旅游策划的“引线”，如香港、澳门的回归庆典，三峡工程的竣工庆典，都是策划旅游活动的好时机。

（四）借人物之势

借人物之势就是指借助于某一名人的影响，策划出相应的活动或开发项目，以达到自己的目的。

人物可以分为古人和今人，只要他们有一定的影响，都可以“为我所用”。借人物来策划旅游的事例数不胜数。从借古人来说，不但中国古代的皇帝、大臣们，皇后、贵妃们，文人墨客们，能工巧匠们的故居、陵墓现在大多已经成为旅游景点了，就连古代神话传说中孙悟空、猪八戒、七仙女、嫦娥等人物也都成了重要的旅游资源。山东的孔子国际文化节、湖南的蔡伦科技发明节等都是借名人造势的典范。从借今人造势来看，这方面的例子更多。孙中山的故居、毛泽东的故居、周恩来的故居、蒋介石的故居，这些名人的故居都成了著名的旅游目的地。金庸先生是著名的武侠小说大师，他的作品在华人中流传甚广。在金庸的一部作品中有一个关于“五岳联盟”的故事，说的是东岳、西岳、南岳、北岳、中岳五大名山的掌门人共同结盟，组成了一大帮派。“五岳联盟”这本是金庸小说中的故事，可是，2003年，南岳区联合其他四岳假戏真做，真的成立了一个现代旅游营销意义上的“五岳联盟”，引起了旅游界、新闻界的轰动，这就是借人物之势营销的典范之作。

（五）借山水之势

山有山的走势，水有水的走势；借山水之势，就是利用自然界山水的大致走势，稍加点缀，营造新的景点，策划大的活动。

山水是旅游策划永不枯竭的源泉。没有山水，就没有我们的血肉之躯；没有山水，也就没有了我们心灵的家园。"来自于尘土，又将复归于尘土"，人对于自然山水的钟爱是永恒的钟爱。对于旅游策划者来说，山水是永远也作不完的大文章。作山水的文章要善于从常人眼里的沟沟坎坎中去发现不同寻常的东西，寻找山水的卖点。近年来，关于利用山水而成就的旅游策划数不胜数，张家界的飞机穿越天门洞就是利用了天门山顶的那个天然山洞，那山洞如果没有那一次穿越，也许永远只是一个任人评点的山洞，可是那一次穿越之后，那个山洞便与挑战与冒险连在一起了，成了大自然留给人类的一道战书。阿迪力南岳走钢丝、猛洞河国际漂流节，这些同样是利用山水大做文章。四川乐山大佛是个著名的景点，乐山大佛所在的那座山的山势被人发现也像一尊卧佛之后，经媒体的炒作，卧佛又成了新的景点，这就是借势成景的典范。

（六）借建筑之势

借建筑之势就是指利用古代或现代的建筑物而策划出来的活动或景区（景点）项目。

建筑是人类文化的立体体现。我国是一个有五千多年文明史的文明古国，自古以来，我国人民创造了十分丰富而又独特的建筑文化。作建筑的文章首先是要作好古建筑的文章。如现存的古代书院、古代寺庙、古代民居、古代宫殿都是我们策划景观、景点的好原料。平遥古城、凤凰古城、湘西的王村、岳阳的张谷英村就是利用古建筑策划出来的景点。北京的故宫、长城，西安的华清池、碑林更是利用古建筑促进旅游发展的典范之作。也可以将现代建筑策划成为好的景观、景点，如上海的东方明珠电视塔，北京的人民大会堂、毛泽东纪念馆就是利用现代建筑开发旅游业的典范。

（七）借特产之势

借特产之势就是指利用一地的特产策划出旅游活动项目或旅游产品开发项目、旅游景区（景点）建设项目，促进旅游业的发展。

特产也是旅游策划的重要资源。我国地大物博，物产十分丰富。由于地理位置的不同，各地的物产千差万别。同时，由于各地的经济条件、民间习俗不同，各地还形成了一系列具有浓厚地方特色的加工产品，如东北的皮革、大连的服装等。利用特产策划大的旅游项目和旅游节会活动已经成为近年来旅游策划的一种时尚。如吐鲁番的葡萄节、海南的椰子节、大连的服装节、湖南常德桃花源的桃花节、石门的柑橘节等就已经成为有一定影响的，以特产为基础的旅游节会活动。

（八）借民俗、宗教之势

借民俗之势就是指借助一地的民风民俗，策划出旅游活动项目或旅游产品开发项目、旅游景区（景点）建设项目，促进旅游业的发展。

民俗也是一种重要的旅游文化资源。我国有五十六个民族，各民族都有自己独特的民俗风情，如苗族和土家族的摆手舞、哭嫁等风俗，蒙古族的摔跤风俗等，这些民间风俗习惯只要稍加整合，就可以成为独具魅力的景观、景点和旅游节会活动。如张家界的土家族民族风情园，就是将土家族的民风民俗及建筑集中到一处进行展示；又如云南等地的火把节、蒙古族的摔跤节等也都是利用民风民俗而策划的节日。

全世界有一半以上的人是信仰宗教的，我国也一直是采取宗教信仰自由的政策，规定了宗教的三自方针，即自传、自教、自养，规定了不得在宗教活动场所以外宣传宗教。但由于宗教对其信教群众的独特的吸引力，因此，即使是在宗教活动场所内策划一些宗教与旅游相结合的活动，对外界的影响也是很大的。如南岳区策划的“做一天和尚念一天经”活动和南岳磨镜台的“千年佛教论坛”活动就有很大的反响。

（资料来源：中国广告网．旅游策划的八种借“势”法）

任务四　旅游商品

任务引入

2015年我国旅游纪念品市场分析

随着我国旅游市场的火爆升级，如今国内旅游业发展水平已经迈上了新的台阶。去一个地方旅游，总想带回一些浓缩地方特色的旅游纪念品作留念，这样也带动了旅游纪念品市场的发展。据悉，旅游纪念品是一个庞大的市场，面对新形势下的竞争与产业的变化和挑战，下文是对2015年我国旅游纪念品的市场分析。

据有关旅游纪念品的市场分析获悉，在旅游发达的国家和地区，旅游纪念品的市场份额占到“吃、住、行、游、购、娱”整个产业链的40％～60％，其消费潜力很大。目前，绍兴柯桥区的旅游景点众多，文化底蕴深厚，加大对旅游纪念品的研发，把抽象意识的文化历史概念，通过实物载体表现出来，不仅有助于丰富和完善旅游产业的经济结构，而且是宣传绍兴柯桥旅游的好形式。

目前，柯桥区的各大景点全力提升旅游纪念品的文化品位和层次，提升旅游文化产品的附加价值，使旅游纪念品成为旅游收入的重要组成部分，成为拉动旅游业增长的新亮点，取得了不俗成绩。但与旅游业发达的地区比，柯桥区的旅游纪念品市场也存在一些问题：比如品种结构单一，除了绍兴黄酒，真正能够突显地方特色的新型旅游纪念品不多，大多数商家出售的旅游纪念品都没有跳出玉器、檀香扇子、书法绘画、真丝围巾的范畴；再如缺乏展示平台，各大景点出售旅游纪念品主要以小商铺为主，没有形成大的纪念品集散中心，更缺少一些有特色的专卖店，难以形成旅游亮点。此外，不少旅游纪念品的价格定位也不准。人们外出旅游，购买纪念品的随意性很强，但过于贵重的商品往往不被人接受，百元以内、方便携带的特色纪念品最受游客欢迎。所以，旅游产品不能动辄定价数百元，让游客望而却步；也不能只销售廉价产品，难以产生太大的经济和社会效益。

笔者以为，目前旅游纪念品已成为旅游经济二次收入的重要组成部分。发展旅游纪念品市场，不仅能增加旅游综合收入，而且可以为旅游产业向纵深和更高层次发展奠定基础。特别是柯桥区内旅游资源丰富，文化积淀深厚，山水风光、名士文化、古城特色，这都是古人留给我们的“金饭碗”，迫切需要既能反映地方特色，又有较高文化内涵的高品质旅游纪念品与之相匹配。因此，在现有基础上，我们要着力在以下四个方面创新、创优：

一是融合地方文化。旅游纪念品开发必须与地方历史文化相结合，要做到不仅能观其表，还能意其韵。产品的文化背景挖掘得越深，其市场魅力就越大，产品的附加值就越高，顾客的购买欲望就越强。像传统的柯桥王星记扇子就可以在与地方特色融合上多动脑筋，比如将栩栩如生的各类绍兴师爷形象搬到扇面上就是一个不错的创意。想当年，绍兴师爷“扇子轻摇，计谋不断”，“师爷扇”是对绍兴师爷文化的一种深入挖掘，只要制作精良，包装雅致，一定会成为各大景点的热销商品。这些年，铜镜、绢扇、越窑青瓷已成为柯桥区旅游工艺品中的“新三宝”，游客的认可度越来越高，这些主力产品也可以考虑植入更多的地方文化元素，形成名人、名胜、山水、风景等系列，肯定会让游客爱不释手。

二是提高产品档次。旅游纪念品既要有美丽的外表，制作精巧、实用，还要新奇，有一定收藏价值。根据这一原则，一些旅游纪念品店铺完全可以与柯桥区的民间艺人合作，发展有较高档次的特色旅游纪念品经营，做到“粗件细作，精件精作”，满足有较高审美情趣，又有一定经济实力的游客的收藏需求，也为柯桥区传统工艺美术产品焕发生机贡献力量。更多最新旅游纪念品市场分析信息请查阅中国报告大厅发布的旅游纪念品市场行情监测及投资可行性研究报告。

三是注重服务引客。既要重视延伸服务，请有相当功底的艺术家展示才艺，让散落在民间的工艺品、纪念品更充分地走向市场等，又要加强对旅游纪念品商店服务人员在服务礼仪、服务技巧、商品知识等方面的培训，并经常督促他们利用业余时间学习文化渊源、风俗人情等方面的知识，在员工中形成“我们卖的是商品，也是文化”的理念，现场讲解，现场展示，既提高游客的购买兴趣，又做出各自的特色。

四是重视店铺规范。建议旅游主管部门加强和介入对旅游商店的管理，统一门头、标识，督导检查并剔除不合格产品，推荐富有文化内涵和历史底蕴的特色产品，并对符合要求的店铺授牌悬挂旅游定点商店牌匾，增强可信度，拉动旅游纪念品的销售。

此外，如果条件许可，还可以在一些游客集中的景点设立旅游纪念品展示中心。展示中心除集中销售地方特色旅游纪念品外，还可加强对各主要景点的集中展示与销售宣传。在条件允许的情况下，展示中心还可以考虑增强游览趣味和参与互动性，让非遗传人等现场表演具有地方特色的手工技艺，并让游客在表演者的教习下亲自动手参与其中，制作个性纪念品。展示中心还可配套一些快捷、实惠的特色小吃餐饮服务，使展示中心发展成为兼具展、销、宣、演、食的综合旅游实体。

旅游产业具有极大的发展空间，发展旅游纪念品市场大有可为。这中间，关键在于我们的主管部门和广大的从业人员积极地用心尽力。

（资料来源：搜狐公众平台．2015 年 8 月）

问题：如何挖掘当地文化特色，开发出具有特色的旅游纪念品？

知识链接

一、旅游商品的概念

旅游商品是指旅游者在旅游地或异地购买并携回使用、送礼、收藏或在旅途中使用、消费的物品，包括各种工艺品、文物复制品、土特产品、文化艺术品、旅游纪念品、日用品等。旅游商品具有实用性、纪念性、礼品性和收藏性，是旅游经济活动中不可缺少的因素和旅游者游览活动的延伸与继续，也是衡量一个国家和地区旅游业发达程度高低的标志，对旅游业发展具有重要意义。

旅游商品既具有一般商品的共性，又具有其特殊性，主要表现有以下几个方面：

（一）销售对象不同

旅游商品的销售对象不是大众化的，大众对此的热情也不高，销售的主要对象是旅游者。一般商品的销售对象是普通社会大众。

（二）旅游商品的品种、档次、特色要求不同

旅游本身就属于人们基本生活需要满足以后的较高档次的需求，而旅游商品又是旅游者旅游过程的一个缩影或者点缀，因此对商品的品种、档次、造型、包装等方面都有更高的要求。另外，旅游商品在一定程度上反映了旅游地的经济水平、文化影响和内涵等，对旅游地起到宣传促销的作用，所以对旅游商品的开发有着更高的要求。

（三）销售网点的布局不同

旅游商品的销售网点主要根据旅游者可能活动的空间进行分布，如在城市的繁华商业地带、旅游风景点、名胜古迹附近、宾馆饭店及购物中心等。

（四）经营活动的波动性大

旅游商品是旅游活动的一个重要组成部分，而旅游活动本身又具有脆弱性、波动性、季节性等特点，这些会对旅游商品的销售产生绝对性的影响，同时游客购物的偏好也是影响旅游商品生产和销售的直接原因。

二、旅游商品的分类

旅游商品主要的销售对象是旅游者。旅游者的构成十分复杂，有可能是老年人或青年人，商人或教师，还有可能是政府要员或专家学者；他们的兴趣、爱好不尽相同，这些促使旅游商品种类繁多、内涵丰富。但大体上可以分为以下几类：

（一）旅游纪念品

旅游纪念品是指以旅游景点的文化古迹、著名历史人物、历史事件或自然风光为题材制作的带有纪念性的各种各样的商品，如旅游纪念章、泰山石、无锡泥人、世博会吉祥物等。这类商品品种多、题材广泛、数量大，具有文化性、地域性、纪念性强等特点，所以最受旅游者欢迎，在旅游商品中占有重要地位。

（二）工艺美术品

工艺美术品也称工艺品，是以美术技巧制成的各种与实用相结合并有欣赏价值的物品。中国工艺美术品类繁多，分十几大类，数百小类，品种数以万计，花色不胜枚举。大类包括陶瓷工艺品、雕塑工艺品、玉器、织锦、刺绣、印染手工艺品、花边、编结工艺品、地毯和壁毯、漆器、金属工艺品、工艺画、首饰等。工艺美术品凝聚着传统工艺和地方文化及特色，深受旅游者喜爱。

（三）土特产品

土特产品指旅游目的地出产的、反映该地地方特色的产品，包括各种有地方特色的名酒、名茶、名贵中药材、畜牧产品和其他农副产品。这些既可馈赠亲友，又可自用和留作纪念，因具有一定地域垄断性和“绿色”性，为广大旅游者喜爱。

（四）文物古玩及仿制品

文物古玩及仿制品包括不属于国家禁止出口的古玩及仿制袖珍品、出土文物复制品等。这一类商品反映我国一定时期的历史文化、生产力水平等，文化特征明显，一般价格较高，但

深受一些专业人士喜爱，在国际旅游中具有较强的创汇能力。

（五）旅游日用品

旅游日用品指旅游者在旅游活动中购买的具有旅游实用价值、既服务于旅游又方便于旅游的生活日用品，如草帽、手杖、折伞、扇子、服装等。这类商品既有实用价值又兼具纪念意义，可以引起旅游者日后的愉快回忆，对旅游产品的宣传和促销起到辅助作用。

三、旅游商品的开发设计

旅游商品属于非基本旅游产品，需求弹性较大。北京工业设计促进中心提供的数据显示，目前国内的购物消费仅占旅游消费的20%，国际上旅游商品的消费平均已占全部旅游消费的40%，发达国家更是高达60%。因此，注重旅游商品的开发以及开发出高质量、高水平、高品位的旅游商品，可挖掘旅游经济的潜力，提高旅游目的地的经济效益，增加旅游收入。旅游商品的开发设计具体应注意以下几点：

（一）切准市场脉搏，凸显文化内涵

任何产品的开发设计都是为了适应市场，赢得消费者。旅游商品作为旅游市场的延伸，具有潜在的高附加值，其开发设计更具重要性。旅游者来自不同的地区，文化背景、年龄和职业的不同形成了不同的消费心理和消费类型。旅游纪念品若想充分吸引消费者，毋庸置疑，在开发设计时就要深入研究旅游者的消费需求，切准市场脉搏。我国大多数旅游目的地都有各自独特、灿烂、悠久的历史文化，在旅游商品开发设计中融入这些地方文化元素，不仅承载了深厚的文化底蕴、民族民间传统，而且渗透出浓郁的地域特色和品牌优势，凸显特定地区的独特文化内涵。

旅游商品的设计要进行改良、创新，包括造型设计、材料、制作工艺、加工手段及营销方式的创新。只有不断创新，才能刺激旅游者的消费，适应市场变化，使之与相对固定的经典纪念品相辅相成，构成多维商品结构。

中华世纪坛是国内在旅游商品开发上起步较早的景点之一，世纪坛既是旅游景点又具有博物馆的功能，因此它在旅游商品开发上兼顾了两方面——市场需求和文化内涵。以2008年世纪坛举办的“古典与唯美——西蒙基金会藏欧洲19世纪绘画精品展”为例，该展当时就根据消费人群的特点，充分挖掘展览中作品的艺术元素，开发出了书签、画片、仿真油画、铅笔盒、橡皮、丝巾、魔方、拼图等约20个大类别的旅游商品，市场反应和售出情况非常好。

（二）美观、实用、时尚

根据旅游者消费行为调查，一些比较美观、小巧、实用的旅游商品深受旅游者的欢迎。一般纪念品在投入市场前半年就要开始设计，提炼出具有代表性、有影响力、受欢迎的元素。比如美国大都会博物馆选取文物类元素就特别巧妙：几枚古钱币，组合成了精致的手链；巨大的羊头，转换成小巧的项链坠。他们不是单纯地复制微缩文物，而是提炼设计元素，让商品既美观又实用。

（三）良好的创作环境

政府、相关机构和企业应积极扶持并开展旅游商品的设计开发工作。通过举办开发设计比赛，推出有影响、受欢迎的旅游商品。如2008年北京市旅游局在全市建立了7家旅游纪念品示范店，统一品牌为“北京礼物”。“北京礼物”店要求70%是自己景区特色的旅游产品，30%是北京市旅游商品大赛获奖并能进行批量生产的纪念品。2009年通过“中国设计交易市场项目”促成了世界著名的Alessi设计公司为故宫博物院进行皇城文化系列产品的开发，以西方的角度诠释东方文化，使故宫的形象更国际化。通过政府和企业合作组织，将促使更多优秀的专业开发队伍加入到旅游商品开发设计的行列中，在全国各地形成百花齐放的格局，为开发具有地方代表性的旅游商品营造良好的创作环境。

旅游商品不是单纯的商品，它浓缩着一个地方的民俗风情，沉淀着一次旅行的记忆，对旅游纪念品推陈出新，传承旧工艺，提出新理念，开发新种类，设计出具有浓郁地域文化特色的新时代旅游商品，完善中国旅游业市场，宣扬地域文化特色，以及拉动中国经济发展都有积极意义。

思考与讨论

1. 与一般商品相比，旅游商品有哪些特点？旅游商品有哪些类型？
2. 举例说明旅游商品开发设计应注意哪些方面。

案例回放

问题：如何挖掘当地文化特色，开发出具有当地特色的旅游纪念品？

绍兴柯桥区旅游商品不仅类型、层次多样，可以满足不同爱好、目的和收入旅游者的需要，还真实地反映了地区文化特色、地方特产和经济能力。旅游商品的丰富、质量的好坏、样式新颖程度在很大程度上会影响旅游效果和旅游目的地形象，也是旅游开发、发展的见证，是旅游目的地文化和经济实力的真实写照。通过深入挖掘当地文化特色并融入现代元素和生态理念，这样开发出来的旅游商品才能受到国内外旅游者的追捧；不应追求量，而应从质上作好文章。

实训题

调查你所在城市旅游商品的种类，分析这些旅游商品的特色和不足，提出改进意见。

典型案例

红豆杉“保健杯”是在云南丽江地区许多旅游景点推出的一种旅游产品，由于其独特的卖点——抗癌降压的保健功效，迎合了人们追求健康的心理，很快成为云南市场上超过玉器、药材的第一大旅游商品。笔者在一次从丽江返回大理的途中发现：全车25名成人游客，在导游的推荐与劝导下，19人购买了红豆杉“保健杯”，4人购买了玉器、首饰、中药材和茶叶，2人什么东西都没有购买。在旅游商品购买者人群中，红豆杉“保健杯”购买者的比例接近80%。据业内人士反映，整个云南西线旅游的购物情况也大致如此。

（资料来源：价值中国.魅力与陷阱：一个生态旅游产品的营销解析）

试分析红豆杉“保健杯”的营销魅力在何处。

案例解析：

红豆杉“保健杯”的营销魅力在于迎合了旅客对原生态和养生保健情有独钟的消费需求。红豆杉树独有的治癌有效成分紫杉醇，使其成为一种十分珍贵的自然资源。这种珍稀树种仅仅分布在我国云南西北高原深山河谷之中，自20世纪80年代以来，外国人就大肆走私我国该种宝贵的资源，现在这种树种已经非常少见。紫杉醇的提取方法和工艺非常尖端和复杂。中国科学家在研究中发现紫杉醇有效成分的一个显著特征就是易溶于水，因此，用红豆杉树加工制成的杯子盛水或盛酒则是人们利用该有效成分的最佳途径。许多游客听后觉得言之有理，产品的神奇功效和原理就像一个磁场，激发了游客购买的欲望。

常识补充

2016上海旅游纪念品发布　东方明珠等四高建筑“大变身”

2016年“老凤祥杯”旅游纪念品设计大赛于2016年12月26日举行颁奖仪式。最终一组以上海“四高”建筑为元素的桌面文具系列设计获得最具商业价值奖。

本次大赛以“上海记忆”为主题，自2016年6月份启动以来，共收到全国各地参展作品1000多件，最终组委会从创新性、艺术性、多元性、实用性等角度评选出12件作品进入决赛。2016年拔得头筹的是一套名为“微上海”的桌面文具四件套，它以东方明珠、金茂大厦、环球金融中心、上海中心“四高”建筑为设计元素，制作成人们常用的圆珠笔、吸铁石、订书机、转笔刀，既好看又实用。同时，大赛选择了与视觉中国设计师平台独家合作，该平台聚集了1.5万名签约设计师，直面设计和创意产业，更具有市场意识。

2017年的旅游纪念品（礼品）行业发展走势有三个特点：一是传承创新为主流；创新设计产品领衔行业发展。二是市场推崇工匠精神、品质产品；潮流趋向轻奢雅致、色彩偏向柔和低调。三是科技艺术与实用功能融合的智能化产品。专家们认为，这三个特点带来了下一年度旅游纪念品（礼品）流行趋势的变化。这种变化可归纳为“智能、谐趣、分享”，被称为2017年度旅游纪念品（礼品）流行趋势的关键词。

（资料来源：东方网，2016-12-26）

学习情境三　旅游需求与供给

学习目标

1. 了解旅游需求、旅游供给的内涵，旅游供求矛盾运动；
2. 熟悉旅游需求、旅游供给的影响因素，弹性的概念；
3. 掌握旅游需求、旅游供给的规律。

技能目标

能运用旅游供求规律对旅游市场进行分析。

任务一　旅游需求分析

任务引入

从少林文化的国际力量看旅游需求

1. 普京造访少林寺——魅力少林，嘉客盈门

据河南日报报道，2006 年 3 月 22 日俄罗斯总统普京的造访，使一直活跃在国际视野的少林寺更加受到世界瞩目。事实上，在普京来少林寺之前，已经有美国、日本、新加坡、意大利、巴西等几十个国家的各界要人和民间团体前来参观交流。

2004 年 4 月 22 日，俄罗斯国防部长伊万诺夫参观了少林寺后对方丈释永信说："我练过中国功夫，中国武术很神奇伟大。"

2005 年 5 月，年过八旬的美国前国务卿基辛格出现在少林寺景区，在他观看了少林武术表演后，起身、双手合十向武僧表示感谢。

2005 年 5 月，参加国际旅游小姐冠军总决赛的 70 多个国家和地区的佳丽云集嵩山少林寺，为中华绝技少林功夫所倾倒。

2005 年 7 月，为中国功夫所吸引，并成为少林寺俗家弟子的奥运体育画家查尔斯·比利奇创作的《少林功夫》五幅组画，在嵩山少林寺大客堂展出。

2."少林洋弟子"归山朝圣

到禅宗祖庭嵩山少林寺归山朝圣，已成为美国少林拳法联盟"国庆假期"(7 月 4 日是美国独立日)的一种神圣仪式。

据新华社报道，2006 年 7 月 4 日，500 名来自美国少林拳法联盟的"少林洋弟子"们，身

着标有“少林拳法”的统一黑色练功服，一大早冒雨来到嵩山少林寺归山朝圣。他们在少林寺山门前宽阔的广场上整齐列队，恭候方丈法驾。9点20分，在美国少林功夫大师、少林寺弟子延谛和延灯的陪同下，释永信方丈走出山门，500名美国“少林洋弟子”按照中国佛教礼仪顶礼叩拜，释永信大师致辞欢迎美国弟子们回家。据介绍，美国少林拳法联盟是美国最大的民间武术组织，在校学生达4万多人，在册会员达20多万人，成员有教师、商人、医生、律师、军官、影视明星、政界要人等。

问题1：从旅游需求的影响因素角度，分析说明少林寺嘉客盈门、吸引众多“洋弟子”归山朝圣的原因。

问题2：从旅游目的地的旅游需求影响因素角度，谈谈少林寺旅游吸引力日益增大的原因。

知识链接

需求和供给是经济学中最基本的两个概念。旅游需求是社会经济发展的产物，是旅游经济活动的前提；旅游供给源于旅游需求，又在一定程度上激发旅游需求。旅游需求和旅游供给的矛盾运动构成了旅游经济活动的运行过程。

一、旅游需求的内涵

（一）旅游需求的概念

从经济学意义上说，需求是指在一个时期内，消费者愿意并且能够以一定价格购买的商品和劳务的数量。需求与需要不同，需要是指人们在一定条件下对某种事物渴求满足的欲望，是产生人类一切行为的原动力；需求则仅仅是指有支付能力的那部分需要。

当人们有了休闲、度假、游览、观光等旅游欲望时，旅游需求就产生了。旅游需求就是在一个特定时期内和一定价格水平下，具有一定支付能力和余暇的人们，为了满足旅游欲望而可能购买的旅游产品的数量。简言之，旅游需求就是旅游者对旅游产品的需求。正确理解旅游需求这一概念，必须掌握以下几点：

1. 旅游需求表现为旅游者对旅游产品的购买欲望

旅游需求是旅游者渴求进行旅游活动的一种欲望，表现为对旅游产品购买和消费的欲望，是激发旅游者的旅游动机及行为的内在动因，是人们的一种自主的、能动的主观愿望。但旅游需求仅仅是旅游者希望购买旅游产品，即对旅游产品的购买欲望，而非旅游者实际购买的产品。这种购买欲望能否实现，最终取决于旅游者的支付能力及是否有足够的余暇和旅游经营者能否提供其需要的旅游产品。

2. 旅游需求表现为旅游者拥有闲暇时间时对旅游产品的购买能力

旅游消费需要在一段时间内完成，如果旅游者没有余暇，旅游消费将无从谈起。旅游购买能力是形成现实旅游需求的基本条件，它是指人们在其收入中用于旅游消费支出的能力，通常用个人可自由支配收入来衡量。个人可自由支配收入是指在人们的全部收入扣除必须缴纳的税金和必需的生活及社会消费支出后，可能用于旅游消费的货币量。在其他条件不变的情况下，个人可自由支配收入越多，则人们对旅游产品的需求就相对越大。此外，一定的旅游产品价格也是影响旅游购买能力的重要因素。因此，必要的闲暇和购买能力是使旅游需求转化为最终购买旅游产品行为的两个重要前提。

3. 旅游需求表现为旅游市场中的一种有效需求

在旅游市场中，有效旅游需求是指既有购买欲望，又有支付能力和余暇时间的需求，三者缺一不可。它反映了旅游市场的现实需求状况，是分析旅游市场变化和预测旅游需求趋势的重要依据，也是旅游经营者制订经营计划和营销策略的出发点。凡是只有旅游欲望而无支付能力、闲暇时间，或者只有支付能力、闲暇时间而无旅游欲望的需求，均为潜在需求。前一种潜在需求只能随社会生产力的发展和人们收入水平的提高才能逐渐转换为有效需求；而后一种潜在需求是旅游经营者开发的重点，即通过有效的市场营销策略，如广告、宣传、人员促销等，使其转化为有效的旅游需求。此外，旅游产品的价格也是影响旅游者购买能力的重要因素。

(二) 旅游需求的特点

旅游需求与一般商品需求相比具有以下特点：

1. 整体性

旅游需求是一种整体性需求。旅游者在旅游活动过程中，都不是只考虑某一方面的旅游产品或服务，而是将多种有关的旅游产品和服务综合起来进行考虑。一次旅游活动的完成，要涉及食、住、行、游、购、娱等多个方面，这种需求的实现要依靠众多旅游企业通力协作才能予以满足，客观上需要政府对旅游企业进行宏观调控。

2. 季节性

旅游需求具有较强的季节性，形成了旅游的淡季、平季、旺季。从客源地看，不同的国家有不同的社会风俗习惯和不同的休假制度，闲暇时间的空间分布会有较大的区别。从旅游目的地看，受风俗习惯以及自然条件的限制，目的地的人文及自然景观除了表现为截然不同的吸引力外，往往具有明显的季节性。旅游吸引物的季节性导致了旅游需求的季节性，给旅游经营带来了困难。旅游旺季时供不应求，而淡季时供大于求，因而产生旅游设施的非均衡使用现象，严重影响旅游经济效益。

3. 地域性

从旅游客源地的角度看，旅游需求表现为地域的集中性。由于旅游需求规模与经济发展水平的密切关系，旅游者往往来自经济较发达国家或地区。从旅游目的地的角度看，旅游需求在地域上表现为热点地区和冷点地区共存，即多数游客往往前往交通发达、旅游设施齐全、旅游吸引物知名度高的著名风景名胜区和历史文化名城。旅游冷、热点地区的形成除了有旅游吸引物吸引力的强弱因素外，也有游客对旅游吸引物的认知、从众心理以及旅游地旅游信息传递差异的因素。旅游者的从众心理造成热点更热、冷点难以升温，如果旅游信息传递不畅，旅游者不能很好地了解冷点地区信息的话，就会进一步加剧冷热不均的状况。因此，旅游冷点地区一定要做好旅游形象策划和传播，加大传播力度，做到人无我有、人有我特，对外扩大知名度、提升美誉度，赢得游客青睐。

二、旅游需求的影响因素

旅游需求除了受到旅游动机、可自由支配收入、闲暇时间及交通条件等基本因素的直接影响外，还受到政治、经济、文化、法律、自然、社会心理、家庭等各种因素的影响。归纳起来，影响旅游需求的因素主要有三个方面：客源地方面的因素、目的地方面的因素和客源地与目的地双方相互关联的因素。

（一）客源地方面的因素

1. 人口因素

人口是影响旅游需求的最基本因素之一，因为旅游本身就是人的一种行为，人口数量、素质、分布及构成影响旅游需求的规模和消费结构。

人口数量、素质及其变化是影响旅游需求及其变化的重要因素。人口数量影响旅游市场的规模。随着社会生产力的发展，人们生活水平的不断提高，参加旅游的人数越来越多。人们的文化素养及受教育程度与旅游欲望是成正比的。通常，旅游者的文化素养及受教育程度等都会直接影响旅游需求的内容和结构的变化。

人口分布的城乡状况也对旅游需求产生影响。城市居民的旅游需求远远高于乡村居民的旅游需求，原因有三个：一是城市居民的收入比农村居民的收入高，有产生旅游需求的经济基础；二是城市人口较稠密，环境质量较差，工作压力大，迫使城市居民外出旅游以寻求环境的调节；三是城市交通发达、信息迅捷及其他相关条件，也使城市居民的出游率远高于农村。

人口的年龄、性别及职业构成也影响着旅游需求的产生和发展。从人口的年龄构成看，不同年龄的人对旅游有不同的需求。从人口性别看，一般男性旅游者比女性旅游者多。从职业构成看，不同职业的人有不同的旅游需求。职业不同，决定了收入、闲暇时间和公务出访机会不同，影响人们个性的形成和发展，构成人们爱好的差异，旅游需求和动机也不同。

2. 经济因素

经济条件是产生一切消费需求的基础，没有丰富的物质基础和良好的经济条件，旅游需求便不可能产生。国家经济发展水平、人们收入分配、旅游产品价格、外汇汇率等都直接和间接地影响着旅游需求的规模和结构。

国家经济发展水平通常是用国民生产总值(GNP)来衡量的。旅游客源国的国民生产总值高，旅游需求就会多，旅游规模和结构就相应提高和变化。在现实经济生活中，人们的收入水平及可自由支配收入的多少不仅影响旅游需求数量，而且影响旅游需求的规模和结构。

从价格方面看，旅游需求与旅游产品价格具有负相关关系，即当旅游产品价格上升时，旅游需求量就下降；当旅游产品价格下跌时，旅游需求量就会上升。

3. 社会文化因素

不同国家具有不同的文化背景，在价值观念、风俗习惯、语言文字、宗教信仰、审美情趣和艺术等方面存在着差异，进而影响对旅游产品的需求，对旅游活动的感受也会有较大的差异。在研究旅游需求时，必须注意分析旅游者所在不同国家或地区的社会文化差异，以及由于社会文化因素影响所形成的消费习惯和需求心理，尽可能适应旅游者的消费习惯和爱好，投其所好、避其所忌，促使旅游需求不断增加。

（二）目的地方面的因素

1. 旅游资源、旅游设施与旅游服务等供给因素

目的地旅游供给状况不仅决定着旅游需求能否实现以及能够在多大程度上实现，而且决定着旅游需求的规模、类型和结构。旅游供给因素是影响旅游需求的重要因素。

在各种旅游供给因素中，首要的是旅游资源的赋存状况。旅游资源的数量、类型、质量

和空间分布状况等对旅游目的地的吸引力起着决定作用，它是吸引游客来访的主要动力。

旅游吸引力的强弱还受诸如旅游设施完善程度、交通条件、旅游服务能力和目的地居民态度等因素的影响，并最终取决于以旅游资源为依托开发而成的旅游产品是否符合旅游者的需要。这是因为现代旅游是一种以娱乐为主体的较高层次的消费活动，充分满足旅游者的旅游消费，必须依靠旅游产品的内涵以及一定程度的旅游设施和服务水平。

旅游供给与旅游需求相辅相成，旅游供给刺激需求产生，而旅游需求则促使旅游供给转换成经济能量，二者相互作用，相互促进。

2．旅游形象策划与宣传力度

作为旅游需求的内在动力——旅游动机的形成与旅游地的吸引力、知名度和美誉度有着直接关系。旅游地的知名度和美誉度除了与其自身旅游资源的赋存状况和质量等级有关外，在一定程度上，还与其形象策划和对外传播力度有着紧密的关系。旅游目的地如果对旅游形象和市场运作精心策划、大力宣传，突出特色、不断创新，提高自身的美誉度、知名度，使目的地旅游形象深入人心，必定会对人们产生强烈的吸引力，使潜在的旅游者成为现实的旅游者，达到旅游需求数量增加的目的。如开封清明上河园，以宋代张择端的《清明上河图》为蓝本，集中再现了北宋东京民俗风情和繁华景象，迎合了人们追寻北宋都城繁华的心理需求。景区在突出主题宣传“一朝步入画卷，一日梦回千年”、精心构建数字化网站扩大网络营销的同时，先后策划承办了菊花花会文艺晚会、大型焰火晚会、菊花小姐大赛、民俗文化节暨民间艺术表演大赛、中国开封2009清明文化节等一系列大型活动。在旅游旺季前往主要客源地展示清明上河园的主题民俗、民风、民情等大型广场活动，尤其是推出的大型水上实景演出“大宋·东京梦华”，让观众融入实景演出之中，更加真切地感受到了北宋文化的生命脉动。清明上河园进行的多次成功的市场化运作、网络营销和主题宣传，提高了其知名度和美誉度，增强了旅游吸引力。

3．通货膨胀因素

旅游目的国的通货膨胀就意味着旅游产品价格的上升，旅游需求量的下降。特别是在目的国的通货膨胀程度高于客源国或高于其他旅游目的国的情况下，该目的地的旅游需求量的下降就会更加明显。

（三）客源地与目的地双方相关因素

1．距离因素

客源地与目的地之间的经济距离对旅游需求的产生有着直接的重要影响。从客源地看，经济距离越大，旅游者出行的阻力也越大，旅游需求量就会递减；从目的地看，经济距离越大，则该目的地的吸引力相对就越小。在旅游市场上，随着客源地与目的地之间经济距离的加大，旅游需求量会呈现逐渐递减的变化趋势，这就是旅游需求量的距离衰减规律。

客源地与目的地的文化距离对能否满足游客的旅游需求有直接影响。不同国家和民族具有不同的文化背景，在价值观念、风俗习惯、语言文字、宗教信仰、审美情趣和艺术等方面存在着差异。这些对人们旅游动机的产生、旅游活动的感受以及对旅游方式、旅游内容和旅游目的地的选择影响很大。在研究旅游需求时，必须注意分析旅游者所在国家或地区的社会文化差异性，以及由于社会文化因素影响所形成的消费习惯和需求心理。

2．政治法律因素

政治稳定性是激发旅游需求不断增加的重要因素。不稳定的政治环境，游客需要承担各种风险，造成旅游需求量下降。2008 年泰国政局不稳，民众大规模反政府示威集会使其旅游业遭受重创。2009 年 4 月泰国旅游局公布，旅游收入因为政治动乱而减少 1900 亿泰铢（约 364.8 亿人民币），旅游收入可能下降 35%，入境旅客也将减少 320 万人次。

此外，客源国和目的国之间有无外交关系、双方关系的好坏以及有关法律、法规等，对旅游需求产生着直接或间接的影响。

3. 货币汇率因素

汇率又称汇价或外汇行市，它反映着两个不同国家货币之间的比价。旅游目的国同客源国间的货币汇率变化对入境旅游需求有直接的影响。

实际上，国际汇率的变化不仅直接影响到国际旅游需求，同时对国内旅游需求也会产生影响。主要表现为当一个国家的货币贬值时，意味着其出国旅游的费用增加，其居民的出国旅游需求便会减少，很多人会转而在国内旅游，从而使国内旅游需求增加。

三、旅游需求规律

旅游需求的产生和变化受多种因素的制约和影响，但对旅游需求具有决定性影响的因素主要是旅游产品的价格、人们可自由支配收入状况及闲暇时间。旅游需求量变化的规律性主要反映为旅游需求与价格、人们可自由支配收入和闲暇时间的相关性和变动关系。

（一）旅游需求量与旅游产品价格呈反方向变化

旅游产品价格是决定和影响旅游需求量的首要因素。在影响旅游需求量的其他因素不变的情况下，旅游需求量总是随旅游产品价格的涨落而发生相应的变化。当旅游产品价格上涨时，旅游需求量就会下降；当旅游产品价格下跌时，旅游需求量就会上升。旅游需求量与旅游价格之间的关系，反映在坐标图上就形成了旅游需求价格曲线（如图 3-1 所示）。

在图 3-1 中，纵坐标代表旅游产品的价格，横坐标代表旅游产品的数量。曲线 $D\text{-}D$ 为旅游需求价格曲线，P_0、P_1、P_2 代表不同的旅游价格，Q_0、Q_1、Q_2 代表不同的旅游需求量。当某一旅游产品的价格为 P_0 时，人们对该旅游产品的需求量为 Q_0；当产品的价格上升到 P_1 时，人们对该产品的需求量就会减少到 Q_1；当产品的价格下降到 P_2 时，人们对该产品的需求量则会增加到 Q_2。因而旅游需求价格曲线 $D\text{-}D$ 是一条自左上方向右下方倾斜的曲线，表示旅游需求量与旅游产品价格呈反向变化的规律。此规律用函数表示为：

$$Q_d = f(P)$$

式中　Q_d——一定时间内的需求量；

P——该时期内旅游产品的价格；

$f(P)$——两者之间的函数关系。

（二）旅游需求量与人们可自由支配收入呈同方向变化

旅游需求量与人们的可自由支配收入也有着密切的关系。在其他因素既定的情况下，人们可自由支配的收入越多，对旅游产品的需求量就越大；人们可自由支配的收入越少，对旅游产品的需求量就越小，二者之间的关系反映在坐标图上形成旅游需求收入曲线（如图 3-2 所示）。

在图 3-2 中，纵坐标代表人们的可自由支配收入，横坐标代表旅游产品的数量。曲线 $D\text{-}D$ 为旅游需求收入曲线，I_0、I_1、I_2 代表不同的可自由支配收入，Q_0、Q_1、Q_2 代表不同的旅游需求量。当人们的可自由支配收入为 I_0 时，人们的旅游需求量为 Q_0；当人们的可自由支

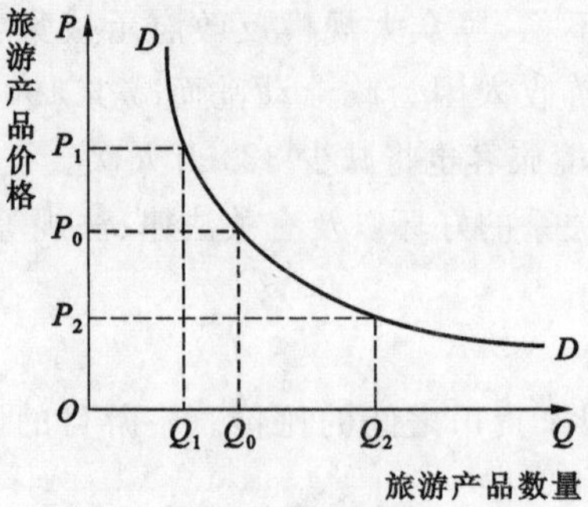

图 3-1　旅游需求价格曲线

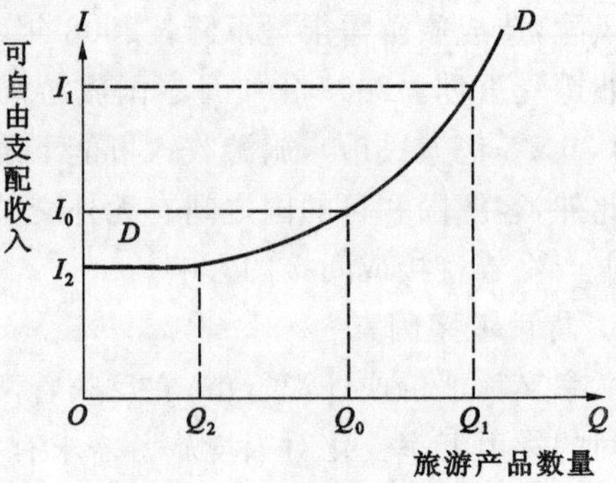

图 3-2　旅游需求收入曲线

配收入上升到 I_1 时，旅游需求量就会上升到 Q_1；当人们的可自由支配收入下降到 I_2 时，旅游需求量就会下降到 Q_2。因而旅游需求收入曲线 D-D 是一条自左下方向右上方倾斜的曲线，表示旅游需求量与人们的可自由支配收入呈同向变化的关系。此关系用函数表示为：

$$Q_d = f(I)$$

式中　Q_d——一定时间内的旅游需求量；

I——人们的可自由支配收入；

$f(I)$——两者之间的函数关系。

（三）旅游需求量与人们的闲暇时间呈同方向变化

闲暇时间是旅游需求产生的必要条件，尽管它不属于经济的范围，但它同样与旅游需求关系密切。闲暇时间不仅对旅游需求的产生具有决定性作用，而且直接影响着旅游需求量的变化。在其他条件具备的情况下，人们的闲暇时间增多，对旅游产品的需求量会相应增加；当人们的闲暇时间减少时，对旅游产品的需求量则相应减少。因此，旅游需求量与人们的闲暇时间呈同方向变化。

（四）旅游需求的变化

旅游需求的变化主要有两种：旅游需求量的变化和旅游需求水平的变化。

在其他影响因素不变的情况下，旅游产品价格的变化，使得需求量发生相应的变化，表现为在同一条需求曲线上，需求量移动到不同的点，这种沿着需求曲线的点的移动，被称为旅游需求量的变化。

旅游需求除了与旅游产品的价格呈反向变化外，还受其他各种因素的影响而变化，如旅游者的偏好、收入水平、相关商品的替代效应等。在旅游产品价格既定的条件下，由于其他因素的变动而引起的旅游需求变化，称为旅游需求水平的变化。

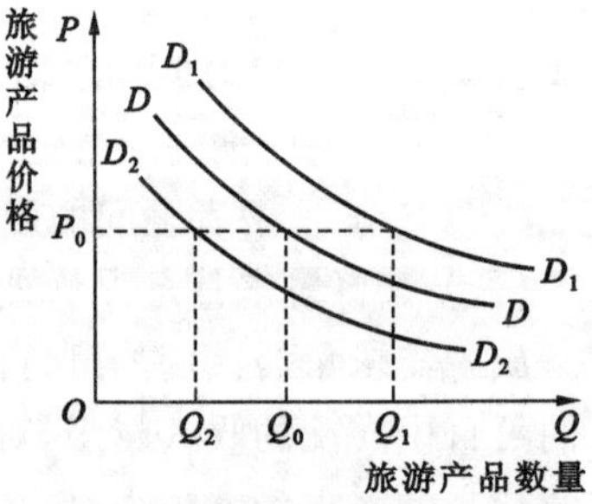

图 3-3　旅游需求曲线的变动

例如在图 3-3 中，当人们的可自由支配收入增加时，在旅游产品价格 P_0 不变的情况下，就会增加旅游需求量，从而引起旅游需求曲线 D-D 移到 D_1-D_1，并使旅游需求量由 Q_0 增加到 Q_1；反之，当人们可自由支配收入减少时，在旅游产品价格 P_0 不变的情况下，就会减少旅游需求量，从而引起旅游需求曲线 D-D 左移到 D_2-D_2，并使旅游需求量由 Q_0 下降到 Q_2，这种变化就表现为旅游需求水平的变化即需求曲线位移。

综上所述，旅游需求规律为：在其他因素不变的情况下，旅游需求量与人们的可自由支配收入和闲暇时间呈同方向变化，而与旅游产品的价格呈反方向变化。

思考与讨论

1. 何谓旅游需求？如何正确理解这一概念？
2. 旅游需求产生的条件是什么？
3. 旅游需求有何特点？旅游需求的影响因素有哪些？

案例回放

问题1：从旅游需求的影响因素角度，分析说明少林寺嘉客盈门、吸引众多"洋弟子"归山朝圣的原因。

旅游需求是总体上的旅游者的购买行为。影响旅游需求的因素，除旅游者自身的旅游动机、收入水平、闲暇时间等条件外，其他如自然、人口、经济、社会文化、政治法律、旅游资源等外部因素也会综合影响旅游者的需求。

千年古刹少林寺蕴涵了深厚的中国传统文化，少林功夫已于2006年入选国家非物质文化遗产名录。作为中国传统文化之一的少林文化已深入各国人民的心中，定格于人们记忆的深处。作为增进了解的纽带、传播友谊的载体、中国文化对外交流的一个窗口，少林寺自身独特的资源优势已成为阐释厚重河南的文化品牌，架起与各国人民交流的桥梁，少林功夫已成为最具代表性的中国文化元素之一，其文化魅力吸引了越来越多嘉宾的造访和众多"洋弟子"的归山朝圣。

问题2：从旅游目的地的旅游需求影响因素角度，谈谈少林寺旅游吸引力日益增大的原因。

旅游目的地的旅游需求影响因素主要包括旅游资源、旅游设施与旅游服务在内的旅游供给因素；旅游形象策划与宣传力度以及通货膨胀因素等。

首先，在目的地各种供给因素中，首要的是旅游资源的赋存状况，它是吸引游客来访的主要动力。少林功夫已入选国家非物质文化遗产名录，成为最具代表性的中国文化元素之一；少林寺已成为阐释厚重的河南文化品牌，具有较高的旅游吸引物质量等级。加上少林寺服务设施完善、交通便利、服务能力强和当地居民态度友好，少林寺对游客具有极强的吸引力。

其次，旅游欲望的形成与旅游地的知名度和美誉度有着直接关系。旅游地的知名度和美誉度除了与其自身旅游资源的赋存状况和质量等级有关外，还与其形象策划和对外传播力度有紧密的关系。为了弘扬中国文化，宣传少林功夫，少林僧人在走出国门、参加国际性宗教学术会议和佛教法事活动的同时，通过全球巡演，讲经论法，拍摄少林题材的影视作品，在网站上公布《易筋经》、《洗髓经》、七十二绝技等少林武功秘籍等各种成功的市场化运作，使少林文化深入各国人民的心中，提高了少林寺的知名度和美誉度，增强了旅游吸引力。与此同时，大型原创民族舞剧"风中少林"、大型户外实景文化演出"禅宗少林音乐大典"向世人展示了禅武文化的魅力，人们更加真切地感受到了少林文化的生命脉动，由此引发许多人特地到少林寺拜师学艺，感受少林文化的魅力。

实训题

收集资料，以我国改革开放三十年前后、黄金周等节假日调整前后旅游需求量变化为例，说明旅游需求影响因素及闲暇时间、可自由支配收入与旅游需求量的关系。

1. 实训目的：提高学生利用多种渠道（互联网、图书馆）收集、整理旅游信息的能力。通过对我国改革开放三十年前后、黄金周等节假日调整前后旅游需求量变化的对比，帮助学生进一步理解旅游需求影响因素和旅游需求规律。培养学生合作学习、自主学习、学以致用的意识。

2. 实训方法：案例讨论。

3. 实训场地：多媒体教室。

4. 实训步骤：

(1) 教师讲解旅游需求影响因素、旅游需求规律等理论知识后，要求学生以小组为单位收集有关我国改革开放三十年前后、黄金周等节假日调整前后旅游需求的变化资料，交流讨论，制成PPT。

(2) 推举发言人在课堂展示收集的有关旅游需求变化的资料，陈述观点，其他学生补充。各组之间相互提问、交流。

(3) 教师把握讨论进度及方向，引导学生运用所学旅游需求的理论知识，分析我国目前旅游需求迅速增加的原因，说明旅游需求随着人们可自由支配收入、闲暇时间的增加而增加的关系。

(4) 学生写出实训报告。

常识补充

需求与需求量

需求是各个价格下消费者愿意购买的某种商品的各种数量；需求量是指在一定价格下消费者愿意且能够购买的某种商品的数量。需求是在一定的经济社会条件下，针对每一个可能的价格，消费者愿意购买的数量，所以它是一条曲线，每一个价格对应一个消费数量。需求量是一个具体的数量，即需求曲线上面的一个点，是针对一既定价格的具体消费数量。需求可以反映这个经济社会的一些基本情况，比如消费习惯、物价水平、消费者预期等；而需求量只是一个简单的数量，只能说明需求数量的大小。

任务二 旅游供给分析

任务引入

德国工业旅游独树一帜

德国素以工业强国著称，也是老牌的工业化国家。德国的鲁尔区工业遗产旅游风貌改造，成为世界城市更新与旅游开发的典范。德国的鲁尔区是德国传统的煤铁工业基地，形成了规模较大的城市群。在其心脏地带的埃森，过去的厂房、矿区，被打扮和改成了音乐厅、体育馆、博物馆；随之相配套的餐饮、住宿、交通、娱乐业蓬勃兴起，每年吸引世界各地近100万人次前来参观、体验与考察；德国汽车工业世界一流，集中了宝马、奔驰、奥迪、大众这些大牌的汽车商，德国的汽车博物馆以及汽车工业旅游格外引人注意。如奔驰汽车公司建立的奔驰博物馆，成为德国工业旅游的亮点。

奔驰、宝马是许多人向往的名车。德国奔驰博物馆展示了奔驰100多年来的辉煌与荣耀，已经成为德国工业旅游线路中不可缺少的一个亮点。奔驰总厂与博物馆相连，博物馆免费向游人开放，每年接待约40万人次。博物馆共三层，里面陈列着产于1886年的世界第一批汽车以及第一辆梅赛德斯、各型豪华车与赛车。博物馆提供像电话一样的语音导游器，它储存有多国语言，包括中文。只要按动键钮，就可以听到各种车型的介绍，十分方便。不管是在一级方程式银箭赛车还是最新款的家用轿车面前，游人都看得如痴如醉，无不为德国高度发达的汽车工业赞叹。在博物馆的商店中，精美的车模又引得众人纷纷解囊，花几欧元或者几十欧元带一辆“奔驰”去送亲朋好友或收藏纪念，这又成了博物馆的不菲收益。

（资料来源：胡小武.传承与升华——城市旅游开发与营销战略.南京：东南大学出版社，2008）

问题1：结合德国工业旅游的兴起，谈谈如何理解旅游供给的概念。

问题2：德国工业旅游吸引游客的亮点是什么？

知识链接

一、旅游供给的内涵

（一）旅游供给的概念

经济学意义上的供给是指一定时期内、一定条件下生产者愿意而且能够向市场提供的商品数量。在旅游经济中，旅游供给则是指在一定时期内、一定价格下旅游目的地（或经营者）愿意而且能够向旅游市场提供的旅游产品的数量，具体包括旅游业经营者向旅游者提供的旅游资源、旅游设施和旅游服务等。有效的旅游供给既要有市场，又要有提供旅游产品的意愿，还要有生产这种产品的能力。正确理解旅游供给的概念应把握好以下几点：

1. 旅游供给的目的是为了满足旅游需求

旅游供给与旅游需求是互相对应的，旅游供给的前提条件是旅游需求。因此，旅游经营者必须以满足旅游者的需求为经营目标，安排具体的经营活动。同时，旅游供给还应以旅游需求作为具体依据，建立起一整套适应旅游活动需要的体系，以达到满足旅游需求这一目的。

2. 旅游供给必须是有效的供给

旅游供给必须是一种有效的供给，即旅游经营者愿意并可能提供的旅游产品。尽管旅游需求决定了旅游供给的内容，但这仅是一个前提条件。要真正提供有效的供给，一方面取决于旅游经营者的生产成本与价格水平的比较，另一方面取决于生产者现已掌握的生产手段和技术。如果旅游经营者已具备生产能力，但由于价格太低，生产者不会愿意提供产品；反之，生产者由于价格合适而愿意提供产品，但由于生产手段和技术的限制目前不能生产该产品。因此，有效的供给必须是生产者的意愿与可能性相结合的供给。

（二）旅游供给的构成

旅游供给是由多种因素构成的，旅游产品是旅游供给的具体体现。根据旅游目的地总体旅游产品的构成情况，旅游供给可分为基本旅游供给和辅助旅游供给。

基本旅游供给是指一切直接与旅游者发生联系，能让旅游者在旅游活动过程中亲自接触和感受的旅游产品，是旅游经营者直接针对旅游者需要而开发和提供的旅游产品，包括旅游吸引物、旅游设施、旅游服务，它们构成了旅游供给的核心部分。

辅助旅游供给是指旅游目的地的基础设施，它是旅游者在旅游过程中必须使用的，但其主要服务对象是当地居民的旅游供给部分，包括目的地的公用事业设施，如银行、医院、治安管理机构；基本服务设施，如交通、通信、供水、供电、供气、排污系统以及其他城市公用设施。它是旅游活动得以进行的物质前提，是旅游供给中不可缺少的组成部分。

需要指出的是，基本旅游供给与辅助旅游供给的划分具有约定俗成的相对性，没有一定之规，如旅游区的交通常常被划入基本旅游供给范围，而旅游区以外，且到达旅游区必须经过的交通则被划归辅助旅游供给。

（三）旅游供给的特点

旅游产品是一种特殊的综合性产品，除了具有一般产品的市场供给特征外，旅游供给与一般商品的供给相比较，主要有以下特点：

1. 旅游供给的多样性

旅游需求的多样性决定了旅游供给的多样性。旅游产品的使用价值在于满足旅游者的生理和精神需求，这种需求因人而异、千差万别，从而使旅游供给较之物质产品的供给具有多样性的特征。这就要求旅游供给者应充分认识旅游者各种物质和精神方面的需求，在大力开发传统性大众旅游产品的同时，也应积极开发针对特殊旅游者的个性化旅游产品。

2. 旅游供给的产地消费性

一般物质产品的消费是产品通过流通环节离开生产地而消费的，但在旅游供给中，由于旅游产品的固定性或者说不可移动性，旅游者要消费旅游产品，就只能到旅游供给的产地即旅游目的地进行消费。因此在规划物质产品生产时，通常必须考虑交通运输问题，以保证原材料和产品的正常运入、运出；而在规划旅游产品的生产和供给时，则应重点考虑旅游景区、景点的环境容量、交通条件及旅游接待能力，它们直接影响着旅游供给的数量和水平。

3. 旅游供给的关联性

旅游需求是一种综合需求，游客在旅游过程中的食、住、行、游、购、娱等方面的需求，仅靠单一旅游企业的供给是无法满足的，必须由各行各业的各个部门协同均衡来完成。据统计，旅游每完成一项供给要直接涉及的行业有十几个，间接涉及的行业有70个左右，就整体而言，旅游关联部门高达130个左右，关联度之高为现有各产业部门之首。

4. 旅游供给的持续性和脆弱性

一般的物质产品生产出来并提供给消费者之后，产品就发生了转移，当该产品再次被需要时，必须通过再生产来连续不断地提供。如果再生产停止，则物质产品的供给也就停止。而旅游供给中的一些组成部分，如景区、景点、宾馆、饭店等旅游产品，一旦建成就能在较长一段时间内保持持续的供给；有的甚至可以永续利用，即使被旅游者使用过，产品也不发生转移。同样，生产一般物质产品的工厂若受到破坏，则可以通过另建新厂来恢复供给；而旅游产品或景点一旦遭受破坏，则往往难以复原且直接影响供给能力，甚至可能使某种旅游产品的供给能力永久丧失。

5. 旅游供给的非贮存性

旅游供给的非贮存性是由旅游产品生产与消费的同一性所决定的。通常，物质产品可以用产品储存作为调节供求矛盾的手段，实现产品的供求均衡。但对旅游产品来讲，由于旅游产品生产、交换与消费的同一性，使旅游产品既不能先于消费而生产，也不可能通过旅游产品贮存来调节旅游供求矛盾，只能通过增加旅游者数量或相应提高旅游供给能力，实现旅游产品的供求均衡。

二、旅游供给的影响因素

旅游供给的构成包括旅游资源、旅游设施、旅游服务、旅游购物等要素。除了以上要素对旅游供给的增加或减少产生重要的影响外，还有许多因素会影响旅游供给。旅游供给的影响因素主要有以下几个方面：

（一）旅游资源及其环境容量

旅游资源是旅游产品开发的基础，是旅游供给的基本要素。旅游经营者只有把旅游资源优势作为旅游供给和旅游经济增长的依托，以市场为导向，通过对旅游资源的合理开发，向旅游市场提供具有特色的旅游对象物，才能实现旅游资源优势向经济优势转换。

旅游环境容量一般指旅游地的极限负荷能力，即一定时期内，会对旅游目的地的自然、社会、文化、经济以及旅游者感受质量等方面带来无法接受的目的地旅游业规模最高限度。对旅游资源的开发不是无限的，它要受旅游环境容量的限制。因此，旅游目的地的旅游环境容量在很大程度上决定和影响着旅游供给的规模和数量。

（二）旅游产品和相关产品的价格

旅游业是以盈利为主要目的的经济性产业，旅游供给量与旅游产品价格之间存在一定的关系。一般情况下，旅游产品的价格提高，旅游经营者在同样的成本投入中可获得更多的利润，会刺激旅游经营者增加旅游供给量；反之，旅游产品的价格下降，则会导致旅游经营者的利润减少，从而减少旅游产品的供给量。

旅游产品的供给量除受自身价格变化的影响外，还会间接地受其他相关产品价格变化的影响，包括替代品和互补品的价格。例如，如果飞机票涨价，而旅游目的地的旅游价格不变，则意味着旅游产品的相对价格降低了，相对利润也随之减少。这必然引起社会要素资源的重新配置，进而影响到旅游产品供给量的变化。

(三) 社会经济发展水平

旅游业不仅是一项综合性经济产业，也是一项依赖性很强的产业。旅游业的发展需要有完善的旅游基础设施，而基础设施的发展和改善需要大量的人力、物力和财力的投入。一国或地区只有随着社会经济的发展，才有能力开发旅游资源，扩建旅游设施，形成旅游综合接待能力，构成一定数量和质量的旅游产品。另外，社会经济的发展还会影响旅游供给者的心理预期，如果社会经济发展良好，就会增加供给；如果社会经济发展前景不好，就会减少供给。社会经济发展的状况和水平不仅为旅游供给提供各种物质基础保证，而且一定程度上决定着旅游产品的供给数量和质量。

(四) 政府政策因素

国家或地方政府的旅游方针、宏观政策是影响旅游供给的重要因素，是不断提高旅游综合能力的生命线，也是促进旅游经济发展的重要力量。国家或地方政府大都对旅游业的发展采取扶持优惠政策，以促进旅游业的发展。特别是有关旅游经济发展的战略与规划，扶持和鼓励旅游经济发展的各种税收、投资、补贴、信贷、价格、社会文化等政策，不仅对旅游经济发展具有重要的作用，而且直接影响到旅游供给的规模、数量、品种和质量。

政府应对旅游业进行宏观调控，规划旅游业的发展，引导旅游经营者的投资等，以确保其结构层次的合理性，从而扩大旅游企业的总体接待能力。

三、旅游供给规律

旅游供给的变化受多种因素的影响和制约。在市场经济条件下，决定旅游供给变化的主要因素有旅游产品的价格、生产要素的价格、旅游供给能力等，它们与旅游供给之间的不同变化就形成了旅游供给规律。

(一) 旅游供给量变化的规律性

旅游产品的价格是影响旅游供给量的主要因素。一般来说，在影响旅游供给的其他因素不变的情况下，由于旅游经营者追求利润最大化目标，旅游产品的价格提高，旅游供给量就会增多；旅游产品的价格降低，旅游供给量就会减少。这种旅游产品供给量随该产品价格的涨落而增减的规律就是旅游供给规律。旅游供给量与旅游价格之间呈同向变化关系也是一种函数关系，称为旅游供给函数。用公式表示为：

$$S = f(P)$$

式中　S——旅游供给量；

P——旅游产品的价格；

f——两者之间的函数关系。

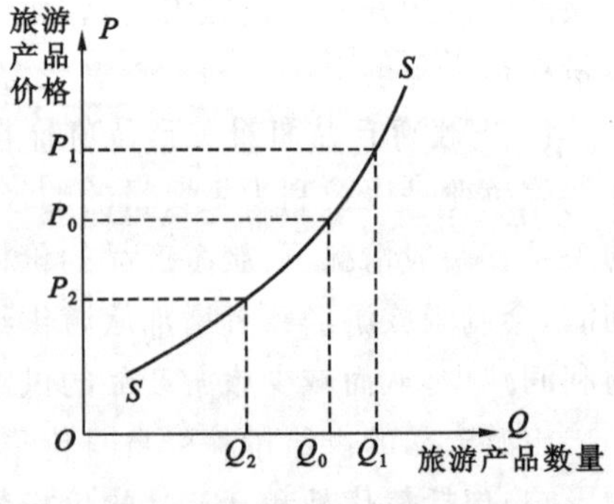

图 3-4　旅游供给价格曲线

一定时期内旅游供给量与旅游价格之间呈同向变化关系，用旅游供给曲线反映，如图 3-4 所示。以上是假定在不考虑其他因素变化的情况下，旅游商品价格的变化将引起旅游供给量沿着旅游供给曲线发生上下移动。旅游供给量与旅游产品价格呈同方向变化的规律，是由旅游经营者追求利润最大化目标所决定的。在旅游产品生产技术和各种生产要素价格既定的情况下，如果旅游产品价格上升，就意味着利润增加，旅游经营者就会投入更多的生产要素来生产和经营旅游产品，从而使旅游产品的供给量增加；反之，在旅游产品生产技术和各种生产要素价格既定的情况下，如果旅游产品价格下降，就意味着利润减少，旅游经营者就会减少生产要素的投入，或者把生产要素转投入其他产品的生产，从而使旅游商品的供给量减少。

（二）旅游供给能力的相对稳定性

旅游供给能力是指在一定条件下(包括时间和空间等)，旅游经营者能够提供旅游产品的最大数量。旅游产品是一种以服务为主的综合性产品，旅游供给能力是以接待旅游者数量多少来反映的，不像物质产品是以产品数量多少来反映。旅游供给量与旅游产品价格的同方向变化并不是无限制的，即旅游供给能力在一定条件下是既定的，从而决定了旅游供给量的变动也是有限的，特别是旅游供给的环境容量限制，决定了旅游供给在一定时间、一定空间条件下，其供给量必然受到旅游供给能力的制约。一旦达到最大旅游供给能力，即使旅游产品价格再高，旅游供给量也是既定不变的。这种关系如图 3-5 所示。

在图 3-5 中，当旅游供给量小于 Q_C 时，旅游供给量将随旅游产品价格的变化而同方向变化，即当旅游价格由 P_0 上升到 P_1 时，旅游供给量由 Q_0 上升到 Q_1；当旅游供给量达到 Q_C，即达到最大旅游供给能力时，无论旅游产品的价格如何变化，即当价格大于 P_2 时，旅游供给量仍不会发生变化。由此可见，旅游供给具有相对稳定性。

（三）旅游供给水平变化的规律性

旅游供给除了受价格因素的影响外，还受其他多种因素的影响。在旅游产品价格不变的情况下，其他因素发生变化，将导致旅游供给曲线向左或向右平行移动。在旅游产品价格既定的条件下，由于其他因素的变动而引起的旅游供给变动，称为旅游供给水平的变动，如图 3-6 所示。

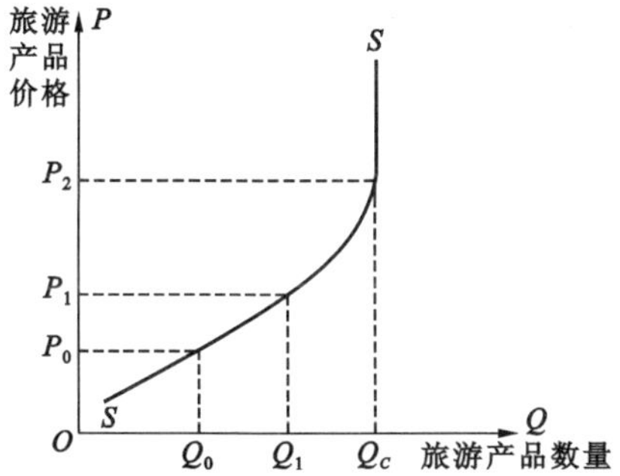

图 3-5　有限制的旅游供给价格曲线

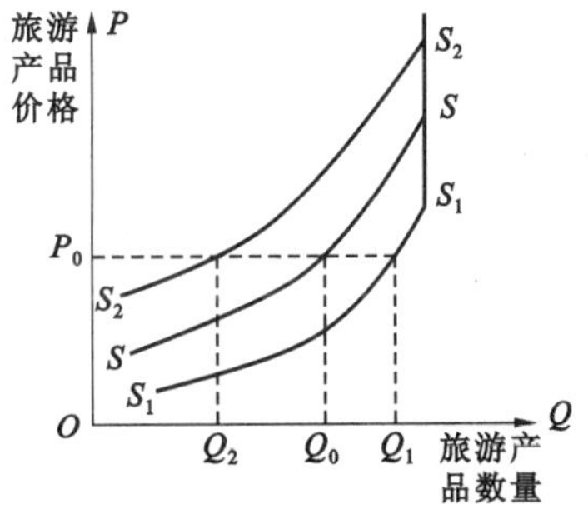

图 3-6　旅游供给曲线的变动

在图 3-6 中，曲线 S-S 为原旅游供给曲线，即在其他因素不变的情况下，旅游产品价格变化将导致旅游供给量沿着旅游供给曲线 S-S 发生移动。假定旅游产品的生产技术水平不变，旅游价格 P_0 为既定条件，若生产要素价格下降，必然引起旅游产品成本下降，使旅游供给水平增加，从而引起旅游供给曲线由 S-S 右移到 S_1-S_1，供给量增加到 Q_1；反之，若生产要素价格上升，必然引起旅游产品成本上升，使旅游供给水平减少，从而引起旅游供给曲线由 S-S 向左移至S_2-S_2，供给量减少到 Q_2。

上述情况表明，当旅游价格不变时，其他因素不会影响旅游供给曲线的形状，而只是使旅游供给曲线发生位置的移动。一般说来，影响旅游供给曲线左右移动的因素有技术因素、生产要素、投入成本及政府税收。

思考与讨论

1. 如何理解旅游供给的概念？旅游供给包含哪些内容？
2. 旅游供给有哪些特点？
3. 影响旅游供给的因素有哪些？

案例回放

问题1:结合德国工业旅游的兴起,谈谈如何理解旅游供给的概念。

在旅游经济中,旅游供给是指在一定时期内、一定价格下旅游目的地(或经营者)愿意而且能够向旅游市场提供的旅游产品的数量。要正确理解旅游供给的概念应把握好以下两点:首先,旅游供给的目的是为了满足旅游需求。旅游供给与旅游需求是互相对应的一组概念。旅游供给的前提条件是旅游需求。其次,旅游供给必须是有效的供给,即旅游经营者愿意并可能提供的旅游产品。

德国工业旅游的蓬勃兴起正是旅游经营者为了满足许多人怀旧,对世界著名工业区以及奔驰、宝马等名车的向往,希望前往参观、体验与考察的旅游需求。在原来德国著名的工业区鲁尔区的心脏地带埃森,利用过去的厂房、矿区,将其装修和改成了音乐厅、体育馆、包括汽车博物馆在内的各类博物馆,并投资兴建了与之相配套的餐饮、住宿、交通、娱乐等设施,从而每年吸引世界各地近100万人次的来访。很明显,德国工业旅游的兴起也印证了旅游供给概念的两个基本点:首先是旅游供给的目的是为了满足旅游需求;其次是旅游供给必须是有效的供给,即旅游经营者愿意并可能提供的旅游产品。

问题2:德国工业旅游吸引游客的亮点是什么?

德国汽车工业世界一流,集中了宝马、奔驰、奥迪、大众这些大牌的汽车商,因此德国的汽车博物馆以及汽车工业旅游格外引人注意。比如奔驰汽车公司建立的奔驰博物馆,成为德国工业旅游的亮点。

实训题

1. 绘图说明旅游供给的规律。
2. 根据旅游供给的特点、影响因素及其供给规律,调查分析本地区旅游开发的基本情况。

典型案例

“焦作现象”引发旅游新理念

河南焦作原是一个靠煤起家、因煤发展的资源枯竭型城市。现在焦作以云台山、青天河、神农山、青龙峡、峰林峡五大景区组成的云台山世界地质公园闻名遐迩,是中国优秀的旅游城市。

近年来，焦作市以丰富的旅游资源为依托，把旅游业作为第三产业的龙头来抓，经过七年时间的努力，焦作旅游业异军突起，快速发展。2006年，全市共接待游客950万人次，门票收入2.65亿元，旅游业占GDP的比重由2000年的不足1%猛增到2006年的10.5%。焦作还荣获了“焦作山水”“云台山世界地质公园”“太极圣地”“世界杰出旅游服务品牌”等众多旅游知名品牌称号。2005年，焦作市由资源枯竭型城市成功转向绿色旅游城市的转型经验被编入普通高中地理教科书。焦作旅游业的快速发展及其取得的显著成就被业界称为“焦作现象”，受到了各级领导的充分肯定，得到了业界权威人士的广泛认可，赢得了广大游客的高度赞誉。

焦作旅游业快速发展有很多因素起了作用，其政府的勇于开拓、善于创新以及“大战略、大构想、大投入、大促销、大扶持”等措施起了至关重要的作用。焦作旅游为打开客源市场而制定的专列包机优惠政策，早在2000年就率先推出的旅游“大篷车”，在北京召开的焦作旅游服务征求意见会，举办“焦作现象”国际研讨会，请世界旅游评估中心评估焦作旅游服务等，年年都有新气象。几年来，全国先后有560多个市县旅游考察团来到焦作考察交流，焦作市旅游局局长许长仁也先后应邀到全国40多个地市介绍焦作发展旅游业的做法和经验。“焦作现象”被收录到《中国旅游绿皮书》。

（资料来源：杨圣学.“焦作现象”引发旅游新理念. http://www.sina.com.cn，2007年8月23日）

案例解析：

由焦作旅游发展的成功经验可以看出：国家或地方政府的旅游方针、宏观政策是影响旅游供给的重要因素，是不断提高旅游综合能力的生命线，也是促进旅游经济发展的重要力量。在旅游产业已逐渐成为各国、各地区经济发展中重要产业的今天，国家或地方政府大都对旅游业的发展采取扶持优惠政策，以促进旅游业的发展。特别是有关旅游经济发展的战略与规划，扶持和鼓励旅游经济发展的各种税收政策、投资政策、信贷政策、价格政策、社会文化政策等，不仅对旅游经济发展具有重要的作用，而且直接影响到旅游供给的规模、数量、品种和质量。

常识补充

三问旅游“供给侧改革”　看完你就都懂了

最初听到“供给侧改革”这个词时，很多人脑海中第一个想法可能是：这个词读起来，应该怎么断句？随着“供给侧改革”成为一个高频词，对于大多数人，这样的专业术语都需要一个名词解释。实际上，用旅游来解读“供给侧改革”会更加通俗易懂，在旅游行业实行供给侧改革也是正当其时。

什么是“供给侧改革”？

在2015年11月10日召开的中央财经领导小组第十一次会议上，习近平总书记提出了“供给侧结构性改革”概念：“在适度扩大总需求的同时，着力加强供给侧结构性改革，着力提高供给体系质量和效率，增强经济持续增长动力。”

2016 年 1 月 11 日，在国务院旅游工作部际联席会议第三次全体会议上，国务院副总理汪洋强调，要深入贯彻十八届五中全会和中央经济工作会议精神，适应和引领经济发展新常态，加快转变旅游发展方式，着力推进旅游供给侧改革。“供给侧改革”被不断提及，这个词究竟是什么意思？

众所周知，社会主义初级阶段的主要矛盾是“人民日益增长的物质文化需要同落后的社会生产之间的矛盾”，为了解决这个矛盾，我国以前通过扩大内需、拉动消费的方式来刺激经济，侧重于“需求侧”，而现在，中央明确要把调控的重点转向“供给侧”，这将成为经济增长的新方法，从供给、生产端入手，解放生产力，提升竞争力，促进经济发展。

旅游为什么要进行“供给侧改革”？

“供给侧改革”被屡屡在国家层面提及，那它和旅游有何关系？旅游市场的“大蛋糕”该怎样做好？汪洋在国务院旅游工作部际联席会议第三次全体会议上曾说，当前，我国居民消费步入快速转型升级的重要阶段，旅游业正迎来黄金发展期；同时，旅游业也处于矛盾凸显期，旅游产品供给跟不上消费升级的需求，政府管理和服务水平跟不上旅游业快速发展的形势。

正如汪洋所说，对于旅游业来说，由于市场的不断扩大，丰富的低端旅游产品供给已经无法满足人们的高质量的出游需求，将供给侧改革放到旅游业，则必将获得发展新机遇，发挥新作用，担当新使命。驴妈妈旅游网创始人洪清华认为，旅游供给侧改革的重点是怎么满足中高端消费人群，“以前是需求端的管理，刺激消费，现在是供给不足的问题。解决供给侧了，需求端自然就解决了。”

国家旅游局规划专家王兴斌也提到，持续旺盛的国民旅游市场表明，当前制约旅游业发展的主要因素不是需求不足，而是供给侧结构不合理、不平衡，不能适应需求侧多元化、升级型的市场消费。目前旅游业中存在的种种“矛盾凸现”现象，看上去是市场问题，但归根到底是供给侧结构的问题。如团队旅游市场中的乱象之所以久治不愈，是线性观光产品雷同与泛滥，旅游供应商进入门槛过低，良莠并存、甚至劣胜优汰的结果。

“持续多年出境旅游火热、国际入境旅游低迷，说明国内旅游供给与环境既不能满足部分国民的出游需求，也不适应国际游客的需要。今年以至十三五期间，着力推进结构侧改革，促进了旅游产业结构转型，提高旅游供给体系的质量和效率，已成为我国旅游发展的主要课题。”王兴斌说。

旅游供给侧改革怎么改？

旅游供给侧改革，企业是中坚力量。在洪清华看来，具体到旅游行业，供给侧改革要从景区收入结构和产品服务两方面入手。“门票经济需要改变，进入休闲度假时代，景区需要改变收入结构，其次是要生产好的产品和服务。互联网时代，只有用户认可的价值才是价值。”

同程旅游创始人吴志祥则认为，旅游业的供给侧改革主要围绕产品转型升级和技术创新进行，技术创新也是旅游行业进行供给侧改革的重要内容。“OTA（在线旅行商）天然具有的“互联网+”属性，通过将互联网技术应用于更多的旅游消费场景，如支付方式、虚拟现实等技术的应用，旅游和其他产业（如医疗、教育、文化、娱乐）的跨界融合，能够使游客的旅游体验得到极大的延展和深化。”

“对于政府来说，要把旅游业供给侧结构改革置于地方国民经济的全局之中，因地制宜、统筹谋划，搞活存量与做优增量并举，提升已有产品与开发新业态并重，防止盲目上马形成新的产能过剩。坚持产业融合、复合利用，尽量依托现有的文化、教育、体育、医疗、农林、工矿、水利、交通、村镇和街区等各类社会旅游资源，开发与民众生活融为一体的大众休闲产品与新颖人文旅游产品，在推进供给侧改革中深化资源共享、产业融合。”王兴斌提到。

他说，旅游供给侧改革是一块硬骨头，既紧迫又艰巨，将贯穿于十三五整个时期。目前全国旅游经济总量已相当可观，虽然人均占有量尚待提高，但优化质量与效益更为重要，“要适当淡化产业发展的速度与规模指标，增长速度高一个百分点、低一个百分点已并不重要，更不要相互攀比。创造‘令人心动的有效供给’和‘让人心安的产品质量’，应成为旅游人的新心态与新担当。”

（资料来源：人民网-旅游频道.2016年01月18日）

任务三　旅游供求弹性

任务引入

西班牙马罗卡岛旅游发展的启示

20世纪60年代后，随着旅游资源的开发，西班牙贝里瑞群岛中的马罗卡岛由一个贫困小岛逐渐成为著名的度假旅游胜地。岛上50%的居民从事旅游业，80%的国民收入来自旅游业。岛上居民家庭拥有汽车数量居西班牙首位，失业率在西班牙最低。

20世纪70年代后，马罗卡岛旅游业发生了变化。首先是世界性石油危机使油价上涨，提高了产品成本，人们用于基本生活支出的费用上升，而可自由支配的收入在下降，游客开始削减旅游开支预算。为此，马罗卡岛开始寻找新的解决办法，如建造廉价公寓替代正规饭店客房，广泛采用旅馆高层建筑技术，尽可能在单位面积上增加床位数等。建筑成本的降低使住宿设施数快速增长，并且超过了游客增长速度，旅游接待能力出现了供过于求的局面。其次，20世纪80年代末期，该岛的主要客源国英国发生了严重经济危机，导致岛上旅游人数锐减，客源市场不断萎缩。最后，岛上出现各类环境和资源问题：① 马罗卡地下水资源稀缺，岛上过度开发使净水水位不断下降，海水随之大量涌入，原有的净水资源受到污染，水资源更加稀缺。② 游客带来了大量的垃圾。岛上外来游客产生的垃圾量要比当地居民产生的垃圾量高出50%。③ 大量扩张的旅游设施破坏了旅游资源，海滩和沼泽消失在钢筋水泥中，岛上80%的海岸地带被占用，许多珍奇动植物濒临绝境，马罗卡岛对旅游者的吸引力越来越小。

为控制旅游业严重下滑局面，当地政府采取了以下积极措施：制定旅游发展总体规划，并颁布法律严格控制岛上旅游设施建设；改善现有旅游设施，保证旅馆内外有足够空间安排绿地，建设体育设施和休息活动空间，提高住宿设施的舒适程度；开辟海上游艇活动区域，分流岛上游客，减轻岛上旺季的拥挤压力；开辟原始自然风光区，保持大自然的原始魅力；开展田园旅游，增强旅游活动的参与性和娱乐性；建设高尔夫球场以提高荒地利用率，并通过高尔夫球场吸引高消费的旅游者；调整海岛夏季人满为患的状况等。这些措施与对策在实施中逐步显现出应有的效果。

（资料来源：田里.旅游经济学.北京：高等教育出版社，2002）

问题1：结合马罗卡岛旅游发展情况，如何理解旅游市场上的旅游需求弹性和旅游供给弹性？

问题2：根据所学有关旅游需求和旅游供给的理论，分析马罗卡岛旅游发展值得借鉴的经验。

知识链接

一、弹性的概念

弹性原是物理学中的概念，意指某一物体对外界力量的反应力。在经济学中，弹性主要用来表明两个经济变量变化的相关关系。弹性就是指一种自变量百分比变化而引起的因变量百分比变化。弹性的大小可用弹性系数来表示，弹性系数是指因变量 y 的相对变化与自变量 x 的相对变化之比。

在经济学中，弹性一般可分为点弹性和弧弹性。

（一）点弹性

点弹性是指当自变量变化幅度很小时(即在某一点上)引起的因变量的相对变化，用计算公式表示如下：

$$E=\frac{Q_y/y}{Q_x/x}$$

式中 E——弹性；

y——因变量；

x——自变量；

Q_y——因变量增量；

Q_x——自变量增量。

（二）弧弹性

弧弹性是指自变量变化较大时，为了掌握自变量在某一段范围变动对因变量变动的相应影响，取自变量在这一段范围内平均数对因变量平均数的相对变化量，用计算公式表示如下：

$$E_a=\frac{\dfrac{y_1-y_0}{(y_1+y_0)/2}}{\dfrac{x_1-x_0}{(x_1+x_0)/2}}$$

式中 E_a——弧弹性；

y_0、y_1——变化前、后的因变量；

x_0、x_1——变化前、后的自变量。

点弹性与弧弹性的根本区别在于：点弹性是指因变量相对于自变量某一点的变化程度，而弧弹性是指因变量相对于自变量某一区间的变化程度。

二、旅游需求弹性

（一）旅游需求弹性的含义

根据经济学的弹性概念，所谓旅游需求弹性，是指旅游需求对各种影响因素变化的敏感性，即旅游需求量随其影响因素的变化而相应变化的状况。由于旅游产品的价格、人们可自由支配收入和相关旅游产品价格是影响旅游需求的基本因素，因此，旅游需求弹性一般可划分为旅游需求价格弹性、旅游需求收入弹性和旅游需求交叉价格弹性。

（二）旅游需求价格弹性及其系数

旅游需求价格弹性是指旅游需求量对旅游产品价格变化的反应及变化关系。根据旅游需求规律，在其他影响旅游需求因素不变的情况下，旅游需求随旅游产品价格而反方向变化。为了测量旅游需求量随旅游产品价格的变化而相应变化的程度，就必须正确计算旅游需求价格弹性系数。所谓旅游需求价格弹性系数，主要指旅游需求量变化的百分数与旅游产品价格变化的百分数的比值。

$$\text{需求价格弹性}=\frac{\text{需求量变化的百分数}}{\text{价格变化的百分数}}$$

由于旅游需求量与旅游价格的变化方向相反，故其弹性系数为负。为讨论问题方便，通常用绝对值来表示。由于旅游产品价格的变化程度有两种情况，故其需求价格弹性系数亦分点弹性和弧弹性两种，用 E_{dP} 表示。

则旅游需求价格弹性系数：

点弹性：

$$E_{dP}=\frac{Q_1-Q_0}{Q_0}\bigg/\frac{P_1-P_0}{P_0} \tag{3-1}$$

弧弹性：

$$E_{dP}=\frac{Q_1-Q_0}{(Q_1+Q_0)/2}\bigg/\frac{P_1-P_0}{(P_1+P_0)/2} \tag{3-2}$$

式中　E_{dP}——旅游需求价格弹性系数；

P_0、P_1——变化前、后的旅游产品价格；

Q_0、Q_1——变化前、后的旅游需求量。

点弹性反映的是旅游产品价格变化很小时（趋近于零）引起旅游需求量的直接变化程度，即需求曲线上某一点的弹性系数。其计算公式为式(3-1)。

弧弹性反映的是旅游产品价格变化较大时（在需求曲线上从一点到另一点）旅游需求量的平均变化程度，即需求曲线上某一段变化的弹性系数。其计算公式为式(3-2)。

【例 3-1】　某景点对旅游团提供一定旅游者数量折扣：当团队人数为 10 人时，门票价为 20 元；当团队人数为 20 人时，门票价为 10 元。试计算团队人数为 20 人时的门票需求价格弹性系数，以及团队人数在 10～20 人之间的门票需求价格弹性系数。

【解】　当团队人数为 20 人时，需求价格弹性是点弹性；而团队人数在 10～20 人之间时，需求价格弹性为弧弹性，可根据有关公式计算出门票的两种需求价格弹性系数。

因为：

$$Q_0=10\quad Q_1=20;\quad P_0=20\quad P_1=10$$

点弹性：

$$E_{dP}=\frac{Q_1-Q_0}{Q_0}\bigg/\frac{P_1-P_0}{P_0}=\frac{20-10}{10}\bigg/\frac{10-20}{20}=-2$$

弧弹性：

$$E_{dP}=\frac{Q_1-Q_0}{(Q_1+Q_0)/2}\bigg/\frac{P_1-P_0}{(P_1+P_0)/2}=\frac{20-10}{(20+10)/2}\bigg/\frac{10-20}{(10+20)/2}=-1.0$$

从上述例题可以看出，由于旅游产品价格与旅游需求量成反向关系，因而，旅游需求价格弹性系数为负值。根据旅游需求价格弹性系数 E_{dP} 的绝对值大小，通常可区分为五种情况：

(1) 当 $|E_{dP}|=0$ 时，表示完全缺乏弹性，即无论旅游产品的价格如何变化，需求量的变化为0。

(2) 当 $|E_{dP}|<1$ 时，表明旅游需求弹性不足(或称缺乏弹性)，即旅游需求量的变化小于旅游产品价格的变化，也就是说旅游价格变动对旅游需求量的影响较小。此时，旅游价格若发生变化，只会引起旅游需求量较小幅度的变化。因此，在旅游需求弹性系数小于1的情况下，适度提价可以增加总收益，降价则会在一定程度上减少总收益。

(3) 当 $|E_{dP}|=1$ 时，表明旅游需求具有单位弹性，即旅游需求量与旅游产品价格发生同比例的变化。此时，旅游产品价格若有所变化，旅游需求量则发生相同比例幅度的变化。因此，在旅游需求价格弹性系数等于1的情况下，提价不会增加总收益，降价也不会减少总收益。

(4) 当 $|E_{dP}|>1$ 时，表明旅游需求富有弹性，即旅游需求量的变化大于旅游产品价格的变化，也就是说旅游价格变动对旅游需求量的影响较大。旅游收入是旅游价格与游客量的乘积，此时提价便会引起旅游需求量较大幅度的减少，从而减少总收益；降价则可以刺激旅游需求量的剧增，从而增加总收入。旅游价格每变动1%，旅游需求量的变动幅度大于1%。

(5) 当 $|E_{dP}|=\infty$ 时，表示完全富有弹性，即价格变化为0，需求量变化不为0。

一般而言，生活必需品的需求价格弹性较小，而奢侈品或高档消费品的需求价格弹性较大。如生活中必不可缺的食盐、糖、粮等日常消费品，当价格变化时，其需求量亦有所变化，但变化的百分比较小，故而 $|E_{dP}|$ 较小。而奢侈品并非人人必需，其价格的细微变化都有可能激发或抑制人们的购买欲望，其需求量变化较大，因而 $|E_{dP}|$ 较大。发达国家，收入水平较高，闲暇亦多，一般档次的旅游消费已成为人们生活中的一部分，因此其旅游需求价格弹性往往较发展中国家小。而在发展中国家，由于经济水平不高，旅游消费属于一种满足高层次需求的消费，属非基本生活需求的享受性消费，其价格的细微变化可能激发或抑制人们的旅游消费欲望，则需求量变化较大，因而其旅游需求价格弹性亦较大。当然，对于发达国家不同档次的旅游产品，其需求价格弹性也不同。对于经济型旅游消费，一般情况下发达国家旅游需求价格弹性较小；而对于豪华型旅游消费，其价格的些微变化就会引起旅游需求量较大幅度的变化，因此，其旅游需求价格弹性较大。

(三) 旅游需求收入弹性及其系数

旅游需求不仅对旅游价格的变化具有敏感性，而且对人们的可自由支配收入变化也有灵敏反应。旅游需求收入弹性就是指旅游需求量对人们可自由支配收入变动的反应程度。旅游需求收入弹性系数是指旅游需求量变化的百分数与人们可自由支配收入变化的百分数的比值，用 E_{di} 表示。

则旅游需求收入弹性系数：

点弹性：

$$E_{di} = \frac{Q_1 - Q_0}{Q_0} \bigg/ \frac{I_1 - I_0}{I_0} \tag{3-3}$$

弧弹性：

$$E_{di} = \frac{Q_1 - Q_2}{(Q_1 + Q_2)/2} \bigg/ \frac{I_1 - I_0}{(I_1 + I_0)/2} \tag{3-4}$$

式中 E_{di}——旅游需求收入弹性系数；

I_0、I_1——变化前、后的可自由支配收入量；

Q_0、Q_1——变化前、后的旅游需求量。

点弹性反映的是可自由支配收入变化很小时(即 I_1-I_0 趋于 0 时)，旅游需求量变化的程度。其计算公式为式(3-3)。

弧弹性反映的是可自由支配收入变化较大时，旅游需求量随可自由支配收入在一段弧上平均变化的程度。其计算公式为式(3-4)。

【例 3-2】 某旅行社通过旅游团队的旅游消费与旅游者收入的调查，得到以下基本数据：当旅游者收入为 3000 元/月时，旅游者年均出游 2 次；当旅游者收入为 5000 元/月时，旅游者年均出游 4 次。试计算旅游需求收入的点弹性。

【解】 根据题意，按旅游需求收入弹性系数计算公式计算如下：

$$E_{di} = \frac{Q_1 - Q_0}{Q_0} \bigg/ \frac{I_1 - I_0}{I_0} = \frac{4-2}{2} \bigg/ \frac{5000-3000}{3000} = 1.5$$

计算结果表明，由于旅游需求量随人们可自由支配收入的增减而相应增减，因此旅游需求收入弹性系数始终为正值。这一正值表明当收入上升百分之一时引起旅游需求量增加的百分比；或者当收入下降百分之一时引起需求量下降的百分比。

从理论上看，E_{di} 也有五种情况：

(1) 当 $E_{di}=0$ 时，表示完全缺乏弹性，即无论人们可自由支配收入如何变化，需求量变化为 0。

(2) 当 $E_{di}<1$ 时，表明旅游需求弹性不足(或称缺乏弹性)，即旅游需求量变化小于人们可自由支配收入的变化，也就是旅游需求量对收入变化的敏感性小。此时人们可自由支配收入发生一定增减变化，只能引起旅游需求量发生较小程度的增减变化。

(3) $E_{di}=1$ 时，表明旅游需求具有单位弹性，即旅游需求量与人们可自由支配收入发生同比例的变化，表示旅游需求量变动的百分比与人们可自由支配收入变动的百分比相等。

(4) 当 $E_{di}>1$ 时，表明旅游需求富有弹性，即旅游需求量的变化大于人们可自由支配收入的变化。也就是说人们可自由支配收入变动对旅游需求量的影响较大，说明旅游需求量对收入变化的敏感性大，因而人们可自由支配收入发生一定增减变化，会引起旅游需求量发生较大程度的增减变化。

(5) 当 $E_{di}=\infty$时，表示完全富有弹性，即收入变化为 0，需求量变化不为 0。

从经济学的角度看，高层次消费品的需求收入弹性都较大。旅游活动是满足人们高层次生活的需求，所以旅游需求收入弹性一般都比较大。但不同形式的旅游，其旅游需求收入弹性也会有所差别。商务旅游与豪华旅游相比缺乏收入弹性；探亲访友旅游也缺乏收入弹性。发达国家与发展中国家相比，其旅游需求收入弹性不一。发达国家的旅游消费通常是生活消费的组成部分，一般情况下旅游需求量变化的百分比小于可自由支配收入变化的百分比，故其旅游需求收入弹性系数小于1。而在发展中国家，由于生活水平较低，旅游消费对于大部分人来说是高层次消费，故收入的微小变化会引起需求量更大幅度的变化，其旅游的需求收入弹性系数大于1。当然在发达国家中，对于经济档与豪华档的旅游产品，其旅游需求收入弹性亦不一样，前者的需求收入弹性系数小于1，而后者的需求收入弹性系数大于1。

一般而言，旅游产品属正常商品范畴，故其需求收入弹性系数皆大于0。但是，随着社会生产力的发展和人民生活水平的提高，有些旅游项目的收入弹性是负值，这说明在某些市场上其旅游产品可能是低档品，比如大众市场的旅游、长途公共汽车旅游等。

（四）旅游需求交叉价格弹性及其系数

旅游产品是一种由食、住、行、游、购、娱所组成的综合性产品，它既表现为一个整体的产品，又表现为由若干产品组成的系列，而每一种要素都能构成独立的单项旅游产品。因此，从旅游需求的角度看，旅游产品既具有替代性，又有互补性。

1. 替代性与互补性的概念

所谓旅游产品的替代性，就是指相同性质而不同类型的旅游产品在满足旅游消费需求之间具有相互替代的关系，例如宾馆、度假村、招待所、公寓、临时帐篷都是为满足游客住宿需求而提供的基本设施，而各种不同类型的住宿设施随着价格变化可以互相替代。

所谓旅游产品的互补性，就是指旅游产品各部分的构成是互相补充和互相促进的，即某一部分的存在和发展必须以其他部分的存在和发展为前提，或者某一部分旅游产品作用的有效发挥必须以其他部分的存在及配合为条件。例如，航运公司的旅客增加，必然使旅游饭店和旅游餐饮的人数也相应增加；但如果旅游饭店仅有住宿而没有餐饮，则旅游饭店的服务功能就不能有效地发挥。

正是由于旅游产品具有替代性和互补性的特点，因而某种旅游产品的需求量不仅对其自身的价格变化有反应，而且对其他旅游产品的价格变化也有反应。所以，旅游需求交叉价格弹性就是指某一种旅游产品的需求量对其他旅游产品价格变化的敏感性。旅游需求交叉价格弹性系数正是用于表示这种敏感性，它是一种旅游产品需求量变化百分比与另一种旅游产品价格变化百分比之比。其计算公式如下：

$$E_{xy} = \frac{Q_{x1} - Q_{x0}}{Q_{x0}} \Big/ \frac{P_{y1} - P_{y0}}{P_{y0}}$$

式中 x——一种旅游产品；

y——另一种旅游产品；

E_{xy}——旅游需求交叉价格弹性系数；

P_{y0}、P_{y1}——变化前、后的旅游产品价格；

Q_{x0}、Q_{x1}——变化前、后的旅游需求量。

2. 旅游产品替代性和互补性的确定

根据旅游产品具有替代性和互补性的特点，计算出来的旅游需求交叉价格弹性系数 E_{xy} 通常有三种情况：

(1) 当 $E_{xy}>0$ 时，两者互为替代品。那么旅游产品 y 价格下降将会引起对旅游产品 x 的需求量减少；反之，旅游产品 y 价格上涨则将引起其替代旅游产品 x 的需求量增加。因此，替代品的需求量与该商品的价格呈正方向变动，故 $E_{xy}>0$。

(2) 当 $E_{xy}<0$ 时，两者互为补充。旅游产品 y 价格下降将会引起对旅游产品 x 的需求量增加；反之，旅游产品 y 价格上涨则将引起对旅游产品 x 的需求量减少。因此，其互补品的需求量与该旅游产品的价格呈反方向变化，故 $E_{xy}<0$。

(3) 当 $E_{xy}=0$ 时，两商品成独立关系。当产品 x、y 互不相关时，x 价格上涨，则对 y 的需求量影响甚微，说明两种旅游产品之间的关系不大，其 E_{xy} 趋向于 0。

【例 3-3】 假日饭店上个月将标准客房价格从每间 400 元提高到 450 元，使本月饭店餐饮部就餐客人从每天 160 人减少到 120 人，试计算餐饮部的交叉价格弹性系数。

【解】 由于旅游饭店的餐饮与入住旅游者有联系，因而，通过计算餐饮的旅游需求交叉弹性系数，即可知道旅游饭店餐饮与住宿是替代关系还是互补关系。计算如下：

$$E_{xy}=\frac{Q_{x1}-Q_{x0}}{Q_{x0}}\Big/\frac{P_{y1}-P_{y0}}{P_{y0}}=\frac{120-160}{160}\Big/\frac{450-400}{400}=-2$$

从计算结果看，由于餐饮的旅游需求交叉弹性系数是负数，因此旅游饭店餐饮与食宿具有互补性。因此，对住宿采取价格策略时，必须同时考虑对餐饮的影响。

3. 旅游产品替代性和互补性的相互转化

在实际旅游经济活动中，旅游产品的替代关系与互补关系并不是绝对的。在一定条件下，两者之间可能相互转化，即原来是替代关系的旅游产品转化为互补关系，原来是互补关系的旅游产品转化为替代关系。例如，航空、铁路、公路运输本来是相互替代的，但为了开拓国内外旅游市场而把它们有机配套起来，于是就从替代关系转化为互补关系；同理，旅游汽车公司与宾馆原来提供的服务是互补关系，但如果宾馆建立相应的附属车队，以扩大服务内容，则旅游汽车公司与宾馆就由互补关系转化为替代关系。因此，旅游产品的替代关系与互补关系，不仅对旅游需求产生一定的影响，而且是旅游企业拓宽经营范围，实行资源优化配置，提高经济效益的有效途径。

三、旅游供给弹性

（一）旅游供给弹性的含义

旅游供给弹性是指旅游供给变动对各种影响旅游供给的因素变动的敏感性，即旅游供给量的变动随其影响因素的变动而相应变动的状况。由于旅游供给不仅受旅游产品本身价格的直接影响，而且受到生产规模变化、生产成本和旅游环境容量等多种因素的影响，因而，旅游供给弹性包括旅游供给价格弹性、旅游供给交叉弹性、旅游价格预期弹性等。下面着重分析旅游供给价格弹性和旅游价格预期弹性。

（二）旅游供给价格弹性

旅游供给价格弹性是指旅游供给量对旅游产品价格变化的反应及变化关系。根据旅游供给规律，在其他影响旅游供给的因素不变的情况下，旅游供给量是随旅游产品价格而同方向变化的。为了测量旅游供给量随旅游产品价格的变化而相应变化的程度，就必须计算旅游供给价格弹性系数。所谓旅游供给价格弹性系数，是指旅游供给量变化的百分数与旅游产品价格变化的百分数的比值，用 E_{SP} 表示。其计算公式如下：

点弹性：

$$E_{SP}=\frac{Q_1-Q_0}{Q_0}\Big/\frac{P_1-P_0}{P_0} \tag{3-5}$$

弧弹性：

$$E_{SP}=\frac{Q_1-Q_0}{(Q_1+Q_0)/2}\bigg/\frac{P_1-P_0}{(P_1+P_0)/2} \tag{3-6}$$

式中 E_{SP}——旅游供给价格弹性系数；

P_0、P_1——变化前、后的旅游产品价格；

Q_0、Q_1——变化前、后的旅游供给量。

一般情况下，由于旅游供给量与旅游产品价格的变化方向相同，因此旅游供给价格弹性系数始终表现为非负值。

【例 3-4】 某旅游度假饭店对外提供家庭配菜（两荤两素），当每份收费为 20 元时，每天销售数量为 50 份；当每份收费为 25 元时，每天销售量为 80 份。计算价格为 25 元时的旅游供给点弹性系数，价格为 20～25 元时的旅游供给弧弹性系数。

【解】 根据旅游供给价格弹性系数的计算公式，可计算出该旅游度假饭店的旅游供给价格点弹性系数和弧弹性系数如下：

$$E_{SP}=\frac{Q_1-Q_0}{Q_0}\bigg/\frac{P_1-P_0}{P_0}=\frac{80-50}{50}\bigg/\frac{25-20}{20}=2.4$$

$$E_{SP}=\frac{Q_1-Q_0}{(Q_1+Q_0)/2}\bigg/\frac{P_1-P_0}{(P_1+P_0)/2}=\frac{80-50}{(80+50)/2}\bigg/\frac{25-20}{(25+20)/2}=2.1$$

根据旅游供给价格弹性系数的大小，可以区分出五种情况（如图 3-7 所示）：

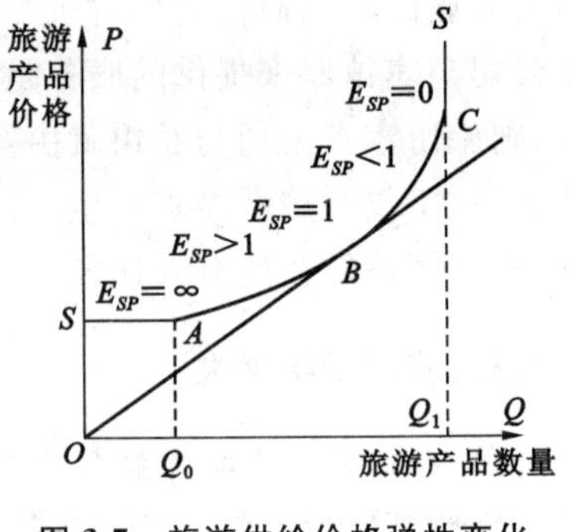

图 3-7 旅游供给价格弹性变化

（1）当 $E_{SP}=0$ 时，旅游供给完全无弹性，表明无论旅游产品的价格如何变动，旅游供给量的变化均为 0。一些特殊历史遗迹，如长城、故宫等就完全无弹性。

（2）当 $E_{SP}<1$ 时，旅游供给缺乏弹性，表明旅游价格的大幅度上涨或下跌，对旅游供给量变化的作用不强。

（3）当 $E_{SP}=1$ 时，旅游供给具有单位弹性，表明旅游价格的变化幅度与旅游供给量的变化幅度完全一致。

（4）当 $E_{SP}>1$ 时，旅游供给富有弹性，表明旅游价格稍有变化，便会引起旅游供给量大幅度的变化。一般的餐饮、旅游设施有此规律。

（5）当 $E_{SP}=\infty$ 时，旅游供给完全富有弹性，或称旅游供给具有无限价格弹性，表明在既定的旅游产品价格条件下旅游供给量可任意变化。

需要注意的是，不同旅游产品的供给弹性大小不一，在不同的时期，旅游供给弹性也不同。在一个较短的时间内，受资源、技术、设施等条件的制约，旅游价格的变化只会引起旅游供给量较小幅度的变化，故其价格弹性系数较小；在一个较长的时间内，旅游目的地会针对旅游价格的上涨设法增加旅游设施和基础设施，旅游价格的变化则会引起旅游供给量较大幅度的变化，故其价格弹性系数较大。

在旅游经济运行中，由于旅游业的特殊性，旅游供给弹性通常较小。特别是在旅游业已具相当规模或者旅游环境容量已趋于饱和的情况下，一个旅游目的地要想迅速扩大旅游供给则相对比较困难。这是因为，首先旅游供给包含着一定的生产过程，需要时间；其次旅游供给的增加涉及旅游服务设施和基础设施的增建或扩建，以及旅游从业人员的补充和培训，需要有关部门的共同配合，并受到人力、财力、物力和时间限制；最后，旅游供给的扩大同时也会受到当地旅游景区的生态环境容量以及社会、技术等众多因素的制约，很难通过有效的方式迅速增加供给量，因而旅游供给弹性通常较小。

（三）旅游价格预期弹性

旅游价格预期弹性是指旅游产品未来价格的相对变动与当前价格相对变动之比。旅游价格预期弹性无论对于旅游者还是旅游经营者来讲，都是决策的一个重要影响系数。

旅游价格预期弹性公式：

$$E_f = \frac{\Delta F/F}{\Delta P/P}$$

式中　E_f——旅游价格预期弹性系数；

F——未来价格；

P——现行价格。

1. 对于旅游者而言

（1）当 $E_f>1$ 时，表明旅游者预期未来价格的相对变动将大于现行价格的相对变动，旅游者的现期旅游需求增加。

（2）当 $E_f<1$ 时，表明旅游者预期未来价格的相对变动将小于现行价格的相对变动，旅游者会持币待购从而引起现期旅游需求减少。

但由于旅游需求同时受闲暇时间因素的影响，因而旅游价格预期弹性对于旅游需求的影响相对较小，即旅游价格预期弹性系数一般较小。

2. 对于旅游经营者来讲

对于旅游经营者来讲，旅游价格预期弹性的作用就相对较大。

（1）当 $E_f>1$ 时，表明旅游经营者预期未来价格的相对变动将大于现行价格的相对变动，为了保持经营的稳定性，旅游经营者就会减少现期的旅游供给量，并加大投入以期提高未来的旅游供给量，从而获得更多的经济收益。

（2）当 $E_f<1$ 时，表明旅游经营者预期未来价格的相对变动将小于现行价格的相对变动，即旅游市场价格稳定，于是旅游经营者就会扩大宣传促销，以努力增加现期的旅游供给量，尽快在近期获得更多的收益。

因此，把握好旅游价格的预期弹性变化，对于旅游经营者来讲是至关重要的。

【例 3-5】 某旅行社推出一特色旅游产品，对外报价为 250 元/人，但由于游客剧增而使实际价格上升到 300 元/人；根据预测，下年该特色旅游产品的需求量将持续上升，故旅行社将对外报价提高到 320 元/人，并预定产品价格将随旅游市场的供求变化而有 25%的浮动。试计算该旅游产品的旅游价格预期弹性系数，并作出分析。

【解】 根据题意可知：

$$P = 250, \quad \Delta P = 300 - 250; \quad F = 320, \quad \Delta F = 320 \times (1 + 25\%) - 320$$

则有：

$$E_f = \frac{\Delta F/F}{\Delta P/P} = \frac{[320 \times (1 + 25\%) - 320]/320}{(300 - 250)/250} = \frac{0.25}{0.2} = 1.25$$

分析计算结果可知，由于旅游产品的价格预期弹性系数 E_f 为 1.25，大于 1，旅游者预期未来价格可能提高，因此对现期旅游产品的购买量会进一步增加；而旅游经营者则会在满足现期旅游产品供给的同时，加大投入以增加未来旅游产品的供给量，以期获得更多的经济收益。

思考与讨论

1. 何谓点弹性？何谓弧弹性？怎样理解旅游需求弹性？
2. 如何确定旅游产品的替代性和互补性？
3. 何谓旅游需求价格弹性？何谓旅游供给价格弹性？何谓旅游价格预期弹性？

案例回放

问题 1：结合马罗卡岛旅游发展情况，如何理解旅游市场上的旅游需求弹性和旅游供给弹性？

在一定时间内，旅游供给能力是既定的，而旅游需求则受人们收入水平、消费方式、时间、气候季节交替、社会环境等多因素的影响，具有较大的不确定性和随机性。由马罗卡岛的旅游发展经验可以看出，在旅游市场上，只要旅游目的地能够提供富有吸引力的旅游产品，游客有一定的闲暇时间和自由支配收入，旅游需求就有可能增加，旅游需求弹性较大。但是旅游供给设施特别是固定旅游设施建设必须有长远的规划和建设周期，有的还需要花费大量的资金，所以短期内旅游供给不可能发生大的变化，因此旅游供给的弹性小。

问题 2：根据所学有关旅游需求和旅游供给的理论，分析马罗卡岛旅游发展值得借鉴的经验。

(1) 旅游供给是指在一定时期内、一定价格下旅游目的地（或经营者）愿意而且能够向旅游市场提供的旅游产品的数量，包括旅游经营者向旅游者提供的旅游资源、旅游设施和旅游服务等，其中旅游资源是旅游供给的核心。马罗卡岛之所以成为世界著名的旅游胜地，就是因为其拥有宁静的环境、金黄色的海岸沙滩、银白色的盐田、绿色的沼泽、农田和胡吉花等宝贵的旅游资源。这些是该岛旅游供给的核心，必须合理规划，充分考虑旅游环境容量，进行保护性的开发和利用。

(2) 旅游供给具有关联性、固定性和非贮存性；旅游需求具有整体性、敏感性、高弹性等特点，同时旅游需求和供给又受多种因素的影响。关联性是指由于旅游需求是一种综合性需求，旅游供给要满足这种综合性需求，需要各个部分相互协调配合，其中某个部分一旦发生变化，就会引起整个旅游市场的变化。如马罗卡岛的旅游业因为主要客源国英国的经济危机、世界性石油危机等因素的影响而受到沉重的打击。而固定性和非贮存性也使得即使旅游需求发生重大的变化，供给也不可能随着旅游需求的转移而移动或贮存到旅游需求旺盛的地方或者时间。

(3) 旅游产品有其生命周期，只有不断开发新的旅游项目及旅游活动，不断创新旅游供给，有效地引导旅游需求，对旅游供求关系进行调控，一定程度上缓解旅游供求矛盾，才能保持旅游产品旺盛的竞争力。

(4) 旅游需求和旅游供给规律表明，旅游需求和旅游供给的数量都是随着旅游价格的变化而变化的。比如马罗卡岛在旅游发展初期旅游的投资回报比较丰厚，外来投资大量涌入，使得旅游供给量急剧增长。当供给设施发展速度超过了游客增长速度时，旅游接待能力出现了供过于求的局面。于是，降价成了必然的选择，以此来刺激旅游需求，吸引游客。

实训题

1. 试用图示分析和比较旅游需求价格弹性的五种情况，并用实例加以说明。

2. 机票代理点对某航线报价的预订价格为 980 元/张，但春运的提前到来使旅客剧增，实际价格上升到 1120 元/张；根据预测，春运期间机票价格将持续上升，故机票代理点将对外报价提高到了 1320 元/张，并预期机票价格将随供求变化而有 20%的浮动。试计算该航线的机票价格预期弹性系数，并作出分析。

3. A 景区的门票价格定为 100 元，每天有 200 人前来参观旅游；如果将门票价格下调为 80 元，则旅游者人数可达到每日 260 人。试计算当旅游者人数为 260 人时的门票需求价格弹性系数以及旅游者人数在 200～260 人时的门票需求价格弹性系数，并分析景区要增加经济效益应该提价还是降价。

常识补充

经济学是如此简单和有趣——献给大众的经济学

经济学家认为：当需求价格弹性系数大于 1，即需求量变动的比例大于价格变动的比例时，需求是富有弹性的；当需求价格弹性系数小于 1，即需求量变动的比例小于价格变动的比例时，需求是缺乏弹性的；如果需求价格弹性系数正好是 1，从而需求量与价格同比例变动，需求是单位弹性。那么我们如何判断一条需求曲线的弹性大小呢？这里我们需要记住一条原则：需求曲线越平坦，需求的价格弹性系数就越大；需求曲线越陡峭，需求的价格弹性系数就越小。

必需品倾向于需求缺乏弹性，而奢侈品倾向于需求富有弹性。当小麦、面粉的价格上升时，也许人们会节约一些小麦、面粉，但不会大幅度地减少他们所消费的小麦、面粉数量。与之相反，当汽车价格上升时，汽车需求量会大幅度减少。原因是大多数人把面粉作为必需品，而把汽车作为奢侈品。当然，一种商品是必需品还是奢侈品并不取决于物品本身固有的性质，而是取决于买者的偏好。对于一个非常喜欢汽车的汽车迷来说，汽车也可能是需求缺乏弹性的必需品。

现在我们考虑：某种商品的价格上升，销售该商品的总收入会不会增加呢？这个问题的答案取决于需求的价格弹性。

如果需求是缺乏弹性的，那么，价格上升引起总收入增加。例如某种商品的价格从 12 元上升到 15 元，使需求量只从 100 下降到 90，那么，总收入从 1200 元增加到 1350 元。价格上升引起总收入增加，是因为价格上升的比例大于数量减少的比例。缺乏弹性的需求：价格上升，总收入增加。

如果需求富有弹性，我们得出的结果相反：价格上升反而引起总收入减少。例如某种商品的价格从 12 元上升到 15 元，需求量从 100 减少为 60，那么，总收入从 1200 元减少到 900

元。由于需求富有弹性，需求量减少的比例远远大于价格上升的比例。也就是说，总收入减少是因为数量减少的比例大于价格上升的比例。富有弹性的需求：价格上升，总收入减少。

由这两个例子我们可以得出一个一般规律：

(1) 当需求价格弹性系数小于1时，价格上升使总收益增加，价格下降使总收益减少。

(2) 当需求价格弹性系数大于1时，价格上升使总收益减少，价格下降使总收益增加。

(3) 在需求弹性系数等于1的特殊情况下，价格的变动不影响总收益。

案例研究：风景区门票的定价

如果你是某一个著名风景区的负责人，你的财务经理告诉你，公司缺乏资金，并建议你考虑改变门票价格以增加总收益。你将怎么办呢？你是要提高门票价格，还是降低门票价格？

如果旅游的需求是缺乏弹性的，那么，提高门票价格会增加总收入。如果旅游的需求是富有弹性的，那么，提高价格就会使参观者人数减少，导致总收入减少。在这种情况下，你应该降价。

为了估算需求的价格弹性，你需要用历史资料来研究门票价格变化时旅游人数的逐年变动情况，或者用其他风景区旅游人数的资料来说明门票价格如何影响旅游人数。在研究时，你还需要考虑影响旅游人数的其他因素，例如天气、人口、收入等，以便把价格因素独立出来。最后，这种分析会提供一个需求价格弹性的估算，你可以用这种估算来决定对门票问题作出什么反应。

（资料来源：南山.经济论坛，2008年8月5日）

任务四　旅游供求平衡

任务引入

“国庆后北京游”价格将降三成以上

“十一”北京游火热，“国庆后北京游”市场也提早启动。记者近日从携程旅行网以及多家旅行社了解到，国庆节后北京游产品价格全面下调，部分线路甚至有最低三折的限额特价优惠，北京双飞4日自由行最低只要七八百元。国庆黄金周未报上名的以及错峰旅游的市民有了超值出游的机会。

昨天携程旅行网度假业务总监唐一波介绍说，国庆期间北京游预订情况火爆，十月二日之前和中秋节后形成了出游高峰。进京航班机票和经济型酒店也十分抢手，价格大幅上涨。记者近日也从多家旅行社获悉，北京游产品报价水涨船高，北京游主流的4到6日游，价格基本在2000元到3900元之间，比平时上涨不少。

“节后很多热门线路降价幅度在三成以上，最高近一半。”唐一波表示，节后酒店、机票价格将下降，“十一”后北京线路产品的报价明显下调，差价可达千元。据了解，携程旅行网还推出“60周年游北京”特卖会，多个热门产品二至七折。如“老京城＋新奥运”4日团队游、“京风京韵”4日团队游，价格为1600元左右，比国庆黄金周期间下调不少；北京4日特惠自由行包含往返经济舱机票、指定酒店住宿费用，报价七八百元，相当于打了三折。北京城内以及周边一日游也有特价，如"居庸关长城十十三陵一日游"，价格从一百元降到三十元。

（资料来源：刘梦雪．扬子晚报，2009 年 9 月 25 日）

问题 1：国庆前后"北京游"价格涨落说明什么问题？

问题 2：十一后北京线路产品的报价下调将对旅游供求起何作用？

知识链接

一、旅游供给与旅游需求的矛盾运动

旅游供给与旅游需求是对立统一的关系，两者贯穿于旅游经济活动始终，是旅游经济活动的两个侧面，分别代表着旅游市场上的卖方和买方；它们通过旅游产品价格有机地结合起来，从而形成了旅游供给与旅游需求既相互依存又相互矛盾的运动规律。

从旅游供给与旅游需求的相互依存关系看，旅游供给必须通过有支付能力的需求才能实现。旅游供给的规划和发展都要以旅游需求为前提，离开旅游需求所制定的供给发展必然是盲目的。而旅游供给又是旅游需求实现的保证，它提供旅游需求以具体的活动内容，只有旅游供给的不断发展，人们不断扩大的旅游需求才能得到满足。从旅游供给与旅游需求矛盾的角度看，旅游需求者希望以最低的价格购买旅游产品，而旅游供给者则希望价格越高越好。供求双方由于利益的不同，导致旅游需求与旅游供给并不总是一致，于是便产生了旅游供求矛盾。在旅游市场上，由于受多种因素的影响和作用，旅游供求之间常常表现为不平衡。

在一定时间内，旅游供给能力是既定的，而旅游需求则受人们收入水平、消费方式、时间、气候季节交替、社会环境等多因素的影响，具有较大的不确定性和随机性。在旅游市场上，旅游供给的既定性与旅游需求的多变性必然导致旅游供求之间的矛盾。旅游供求矛盾主要表现在数量、质量、时间、空间和结构等方面。

（一）旅游供给与旅游需求在数量方面的矛盾

旅游供求在数量方面的矛盾主要表现为供给能力与需要接待人数之间的矛盾。旅游需求量具有不稳定性和随机性的特点。旅游供给能力在一定的时间内是有限的，并具有相对稳定性。旅游需求则随着人们收入水平、消费水平与消费结构的变化而变化，同时受社会政治经济状况的制约、季节交替的影响，具有不稳定性和随机性的特点。因此，旅游供给的相对稳定性和旅游需求的变动性之间的矛盾，导致在一定时间内必然出现旅游供给总量与旅游需求总量之间的不平衡，从而形成旅游市场上供不应求或供过于求的状况。

（二）旅游供给与旅游需求在质量方面的矛盾

由于旅游供给的发展是以旅游需求为前提，因此旅游供给的发展一般总是滞后于旅游需求的。旅游供给要跟上旅游需求内容、水平的变化，就需要追加一定的资金投入和建设时间；此外，受社会价值准则和道德规范的限制，有的旅游需求也不能得到相应的旅游供给。再加上旅游供给也有自己的生命周期，随着设施的磨损和老化，即使不断地局部更新，也难以阻止旅游设施在整体上的衰老和落伍，从而使旅游供给的质量下降，落后于旅游需求的要求。

（三）旅游供给与旅游需求在时间方面的矛盾

旅游供给与旅游需求在时间分布上不相适应，从而形成旅游旺季与淡季。旺季时，游客人满为患，供不应求；淡季时，游客寥寥无几，供过于求，相当一部分的旅游接待设施闲置，其价值难以实现。因此，旅游供给的常年同一性与旅游需求的时间性、旅游资源的季节性之间的巨大反差，形成了旅游供给与旅游需求在时间方面一定程度的矛盾和冲突。

（四）旅游供给与旅游需求在空间方面的矛盾

这一矛盾是指在供求总量基本平衡的条件下，旅游供求在不同地区间的不平衡，即旅游热点地区供不应求，旅游冷点地区供大于求。由于各个地区旅游资源的类型不同，旅游资源的丰富程度、吸引力和知名度不一，旅游设施亦有很大差别，由此形成了游客流向和流量在空间上的差异。而旅游资源在位置上的固定性和容量的有限性与旅游需求在空间上的流动性和变动性的矛盾，导致了旅游供求在空间上的矛盾。

（五）旅游供给与旅游需求在结构方面的矛盾

旅游供求的结构矛盾是指旅游供求在构成上不相适应，主要表现为：旅游供给类型或项目与旅游需求不相适应；旅游供给档次或等级与旅游需求不相适应；旅游供给方式与旅游需求不相适应；旅游供给质量与旅游需求不相适应。由于旅游者的组成不同，旅游活动中的兴趣爱好各异，民族习惯、宗教信仰、支付能力、消费水准等方面千差万别，就形成了旅游需求的复杂多样、灵活多变的特点。而一个地区，甚至一个国家的旅游供给，不管怎样周全规划和配备，总不可能做到面面俱到、一应俱全。旅游供给的稳定性、固定性与旅游需求的复杂性、多样性之间的鲜明反差，就形成了旅游供给与需求在结构上的冲突，这就要求旅游目的地国家或地区必须按照旅游需求多样性、复杂性特点，推动旅游产品多样化开发与发展。

二、旅游供给与旅游需求的均衡

由于旅游供给与旅游需求具有多方面的矛盾冲突，因此要实现旅游供给与旅游需求的均衡，就必须把两者结合起来考察，以探寻旅游供给与旅游需求的规律。

（一）旅游供给与旅游需求的静态均衡

在市场条件下，旅游产品价格是决定旅游需求与旅游供给的根本性因素。根据旅游需求规律和旅游供给规律，旅游产品价格越高，则旅游产品需求量越少，而旅游产品供给量就越多；反之，旅游产品价格越低，则旅游产品需求量越多，而旅游产品供给量则越少。因此，旅游产品价格决定着旅游需求和旅游供给的均衡交易量，而旅游需求和旅游供给两种矛盾力量共同作用的结果又形成旅游产品市场上的均衡价格。旅游产品市场上的均衡价格和均衡交易量形成旅游需求与旅游供给的静态均衡。

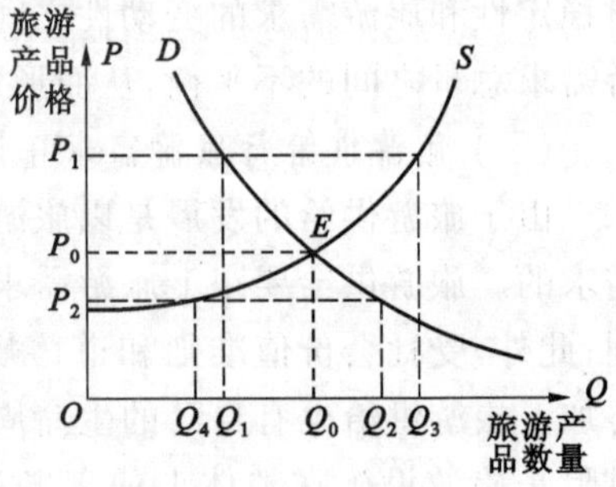

图 3-8　旅游供给与旅游需求平衡

如图 3-8 所示，横坐标 Q 表示旅游供给量或需求量，纵坐标 P 表示旅游产品价格，在平面直角坐标系中描绘出需求曲线 D 和供给曲线 S。设需求曲线 D 与供给曲线 S 相交于均衡点 E。在 E 点，供给量与需求量相等，称为旅游供求平衡，这时相对应的价格 P_0 称为均衡价格；相对应的旅游产品数量 Q_0 称为均衡产量。

当 $P_1 > P_0$（实际旅游产品价格 P_1 高于均衡价格 P_0）时，旅游需求量减少到 Q_1，而旅游供给量增加至

Q_3，旅游市场上出现供大于求（$S>D$），即 $Q_3-Q_1>0$。

当 $P_2<P_0$（实际旅游产品价格 P_2 低于均衡价格 P_0）时，旅游需求量增加到 Q_2，而旅游供给量减少至 Q_4，旅游市场上出现供不应求（$D>S$），即 $Q_4-Q_2=-(Q_2-Q_4)<0$。

在实际中，总是希望通过采取措施，使 Q_3-Q_1 或 Q_4-Q_2 尽可能接近于零。

（二）旅游供给与旅游需求的动态平衡

旅游供给与旅游需求的均衡实际上是动态均衡。虽然旅游供给一旦形成，使用周期较长，并且有相对稳定性，但在一定旅游供给范围内，仍然会随着旅游产品价格的变化而变化。对于旅游供给和旅游需求之间的动态均衡，可采用供给曲线与需求曲线的变动来研究。为简单起见，假定供给曲线与需求曲线在移动时形态不变，旅游供给与旅游需求的动态均衡有以下三种情况：

1. 旅游需求变动引起的动态均衡

社会生活结构调整，工作日减少，休假日增加，需求曲线右移（由 D_0 到 D_1），在旅游供给水平不变的情况下，旅游供求均衡点右移（由 E_0 到 E_1），带动旅游供给量增加（由 Q_0 到 Q_1），均衡价格也相应增加（由 P_0 到 P_1）。图 3-9 所示是旅游需求变动引起的动态均衡。

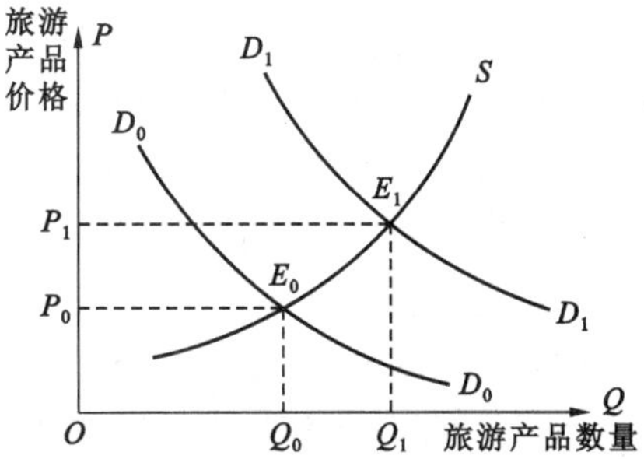

图 3-9　旅游需求变动引起的动态均衡

2. 旅游供给变动引起的动态均衡

社会生产结构调整，如第一、第二产业因生产率的提高，富余人员转入第三产业，这时出现在价格不变的条件下社会能提供更多的旅游供给，或者地区性的旅游业迅速发展，使旅游供给曲线右移（由 S_0 到 S_1），在旅游需求水平不变的情况下，旅游供求均衡点右移（由 E_0 到 E_1），均衡量增加（由 Q_0 到 Q_1），而均衡价格下降（由 P_0 到 P_1）。图 3-10 所示是旅游供给变动引起的动态均衡。

3. 旅游供给与旅游需求同时变动引起的动态均衡

旅游供给和旅游需求同时变动的情况较复杂，因为它们既可按同方向变动，又可按不同方向变动；既可按同比例变动，又可按不同比例变动。若旅游供给和旅游需求同时增加，会引起供给曲线与需求曲线同时向上移动，使旅游供求均衡点上移（由 E_0 到 E_3），并在旅游均衡供给量 Q_0 不变的条件下，导致均衡价格上涨（由 P_0 到 P_3）。图 3-11 所示是旅游供求同时变动引起的动态均衡。反之，若旅游供给和旅游需求同时下降，会引起供给曲线与需求曲线同时向下移动，使旅游供求均衡点相应下移，并在旅游均衡产量不变的条件下，导致均衡价格向下跌。至于旅游供给和旅游需求按照不同方向或不同比例变化，则引起供给曲线与需求曲线有不同变化，从而导致旅游供求均衡点、旅游均衡产量、旅游均衡价格产生不同的变化和特点。

（三）旅游供求规律

根据以上分析，可把市场经济条件下的旅游供求规律概括如下：

（1）旅游需求和旅游供给共同决定旅游产品价格，即旅游均衡价格就是旅游需求量等于旅游供给量时的价格，与旅游均衡价格相对应的旅游供求量被称为旅游均衡产量。

（2）旅游产品价格影响和决定着旅游需求和旅游供给的数量。当旅游产品价格上涨时，旅游供给增加，而旅游需求减少，旅游市场上出现供过于求；当旅游产品价格下跌时，旅

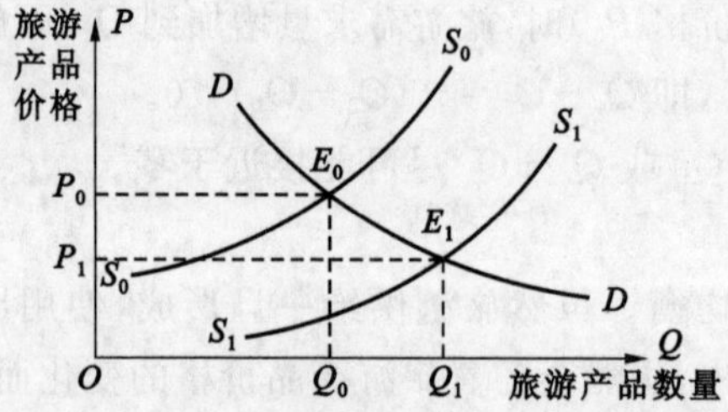

图 3-10　旅游供给变动引起的动态均衡

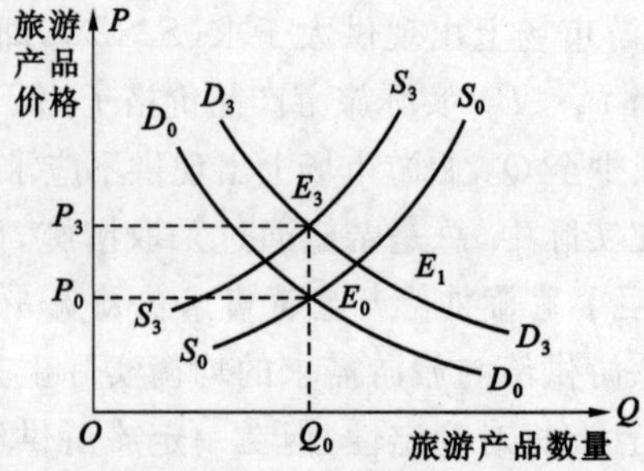

图 3-11　旅游供求同时变动引起的动态均衡

游供给减少，而旅游需求增加，于是旅游市场上出现供不应求。

（3）旅游均衡价格和均衡产量与旅游需求呈同方向变动。即旅游需求增加，则旅游均衡价格提高，旅游均衡产量增加；旅游需求减少，则旅游均衡价格降低，旅游均衡产量减少。

（4）旅游均衡价格与旅游供给呈反方向变动，而旅游均衡产量与旅游供给呈同方向变动。即旅游供给增加，则旅游均衡价格降低而旅游均衡产量增加；旅游供给减少，则旅游均衡价格提高而旅游均衡产量减少。

（5）旅游需求和旅游供给同时增加或同时减少，会引起旅游均衡产量同方向变动，而这时旅游均衡价格则有提高、降低或不变三种可能性。

（6）旅游需求和旅游供给不同方向或不同比例增加或减少时，会引起旅游均衡点、旅游均衡产量、旅游均衡价格有不同的变化和特点。

思考与讨论

1. 旅游供求之间存在哪些矛盾？
2. 旅游供求有哪些规律？
3. 如何实现旅游供求的均衡？
4. 请结合旅游供求规律及旅游供求均衡有关知识，分析九寨沟淡、旺季门票价格浮动的原因及其意义。

九寨沟门票恢复旺季票价 220 元

随着气温转暖，各地旅游逐渐升温，国内部分景区门票价格将恢复到旺季价格。据了解，从 4 月 1 日起，九寨沟景区将恢复旺季门票价格，门票由之前执行的淡季 80 元门票、80 元观光车票，恢复到旺季 220 元的门票价格及 90 元的观光车票价格。同时，之前施行的二次进沟政策也将进行相应的调整。执行旺季票价后，游客进入九寨沟景区将多花费约 260 元。

九寨沟每年的旅游旺季为 4 月 1 日到 11 月 15 日；淡季为 11 月 16 日到 3 月 31 日。九寨沟旺季门票价格为 220 元/人；淡季门票价格为 80 元/人。观光车票旺季价格为 90 元/人；淡季价格为 80 元/人。

（资料来源：马丽娅. 4 月九寨沟门票恢复旺季票价 220 元. http://www.yunnan.cn，2009 年 3 月 26 日）

案例回放

问题 1:国庆前后“北京游”价格涨落说明什么问题?

国庆前后“北京游”旅游价格涨落表明,由于 2009 年国庆节和中秋节合并放假 8 天,使得国内闲暇时间较为集中,受此影响,旅游需求增加,但旅游供给短时间内又无法增长,旅游供给无法满足旅游需求,因此通过上调旅游价格来限制一部分需求,缓解旅游供求矛盾。节后旅游需求减少,旅游价格随之回落。

问题 2:十一后北京线路产品的报价下调将对旅游供求均衡起何作用?

根据旅游供求规律,十一后北京线路产品的报价下调,将会刺激旅游需求的增加,缓解因假期结束、旅游需求减少导致的旅游供给大于旅游需求的矛盾,以使旅游供求保持平衡。

实训题

西班牙马罗卡岛旅游发展的启示

1. 实训目的:应用旅游需求与旅游供给的内在矛盾及均衡发展规律分析区域旅游发展。

2. 实训方法:案例讨论。

3. 实训场地:多媒体教室。

4. 实训步骤:

(1) 教师讲解有关旅游需求和旅游供给的理论后,要求学生分组收集、整理有关西班牙马罗卡岛旅游发展资料,交流讨论,制成 PPT。

(2) 学生小组代表展示收集的有关西班牙马罗卡岛旅游发展的有关图片,介绍有关西班牙马罗卡岛的旅游发展状况;讨论当地政府应该采取的措施,并与当地政府实施的措施相比较。

(3) 各组推举发言人在课堂陈述观点,分析西班牙马罗卡岛在旅游发展中存在的问题与矛盾,其他学生补充。各组之间相互提问、交流。

(4) 讨论过程中教师把握讨论进度及方向,引导学生运用所学知识,分析、解决实际问题;对学生的分析进行归纳、拓展,总结区域旅游发展中解决旅游供求矛盾的方法与措施。

(5) 要求学生写出实训报告。

典型案例

法定节假日调整对我国旅游业的影响分析

2007 年 12 月,国务院将国家法定节假日由 10 天增加至 11 天,三个黄金周保留两个,取消一个,同时将除夕、清明节、端午节和中秋节四个民族传统节日纳入国家法定节假日。

新的法定节假日的特征

1. 时间上分布更均匀。调整后的国家法定节假日，将3个黄金周变成了两个黄金周和5个3天的小长假，使集中的出游人群得到分流，有效淡化了旅游旺季和淡季之间的界限，对部分景区、时段供需矛盾起到了很好的缓解作用。同时，调整后的国家法定节假日在时间上增加了1天，也体现了政府对老百姓的关心。

2. 注重民族传统节日，顺应人们的情感需求。将传统节日纳入国家法定节假日，可以充分地发挥其巨大的文化功能和社会功能，让这些传统节日的精神内涵在我们的时代生活中得以延续和发扬光大，有利于中华文化的传承，增强中华儿女的情感认同、民族认同，顺应了人们的情感需求。同时，将传统节日定为法定节假日，将推动中华民族文化繁荣，使得中国文化和旅游与世界有更多的交流。

法定节假日调整对旅游业及居民社会生活的影响分析

1. 对旅游消费需求的影响。小长假增加势必使长线游、短线游的比例发生新的变化，人们将更加倾向于选择短线就近出游。在新的节假日方案中，中秋节、清明节这些传统节日使人们旅行出游时将更倾向于选择与这些传统节日相关联的线路。由于“五一”黄金周的取消，长线旅游受到一定程度的抑制。

2. 对旅游产品供给的影响。中国有许多地区还保持着一些长达百年以上的重大节日民俗文化传统。如清明假日，不少地方就结合清明扫墓踏青的风俗推出了有特色的系列民俗活动，如放风筝、荡秋千、寻根祭祖等。高速公路网的建设、健全以及家用汽车数量的快速增长，大大提高了人们短程、短期旅行的便利程度，周末（小黄金周）出游、城郊游等短途旅行将更为便捷、更为频繁。对旅行社而言，最明显的就是其长短线产品结构的调整，大城市1000千米以内的郊区游、农家游、周边游等国内游将大规模上升。

3. 对旅游经营管理的影响。以往的经营管理较多地围绕着黄金周，研究如何应对大规模人流的集中消费。旅游企业淡季时由固定员工进行管理维护，黄金周期间雇用临时工。实施新的节假日后，这就要求景区一年要经常搞活动、不断有卖点，企业的经营成本要提高。对旅游政府管理部门而言，以往也会针对黄金周推出一些特定的管理措施，如建立全国黄金周旅游预报统计系统，对一些城市和景区进行监测。随着五一黄金周的取消，对以往黄金周模式下的旅游景点的宣传方式、给旅行社的折扣、黄金周门票涨价、淡季降价等运营模式，将带来一次大的变革。

4. 对旅游出游模式的影响。新的节假日方案，增加了清明、端午、中秋三个3天假期以及春节放假起始时间至除夕的节假日调整工作在增强传统文化影响力、符合广大群众过节需求的同时，也增加了假日的次数，使节假日分布趋向合理，将使旅游者出游时段的选择更加理性、分散，客流的空间、时间分布将更加均衡，有利于人们的假日消费由集中消费转为“分散式”消费，可以更个性化地安排自己的假日。

（资料来源：刘思敏，程海涛，龙京红. 法定节假日调整对我国旅游业的影响分析. 中国网china.com.cn，2009年7月17日）

常识补充

1. 旅游供给不是单一企业的孤立行为，而是一个完整的体系，其各个组成部分具有内在制约的关联性特征。人们不能只看旅游景区行业的生产能力是否能够满足旅游者的需求，因为如果住宿不能满足需求，景区的生产能力是无法有效发挥的；我们也不能只看住宿行业的供给能力是否能满足旅游者的需求，因为如果交通设施跟不上，旅游者就无法进入旅游目的地，住宿设施再多、再好、再便宜，也没有旅游者光顾。同样，我们也不能只看旅游交通行业的运送能力是否能够满足旅游者的需求，因为如果景区接待能力不足，旅游者进入旅游目的地也不能顺利地游览。系统组成中任何一个部分的供需力量对比都可能影响到另一个部门的供给能否实现，从而决定着目的地系统供给能力的实现程度，并最终影响目的地旅游经济的质量。因此旅游供求平衡不仅指数量、质量、时间、地域的相互均衡，而且要特别注意供求之间结构的均衡。

2. 如果旅游目的地的饭店供给为1000个床位，而旅游者需求仅为800个床位，那在这个需求不足的市场中，我们应不应该继续增加饭店床位的供给呢？一般都认为，在需求不足的情况下再增加供给只能是投入越大，亏损越大，因此毫无疑问是不应该再增加供给了。不过，在市场经济环境中，谁被淘汰而谁又能成为市场中的佼佼者是由市场来决定的，应不应该增加供给须由作为市场主体的企业决定。因为如果企业的供给不被市场认可，那么企业提供的供给就不能转化为企业的利润，企业就会亏损，这时企业就会慎重进行投资决策；如果某些企业提供的产品特别受市场欢迎，那么尽管整个市场是需求不足的，但这些企业仍然可以增加供给，从而扩大各自的市场份额。同时，我们需要注意需求供给的结构。这1000个床位中各类星级的比例如何？旅游者的800个需求中有700个是三星级以下的话，显然三星级以下的床位供给是不足的，应该考虑增加供给。

（资料来源：厉新建．旅游经济学．北京：中国人民大学出版社，2006）

学习情境四　旅游消费

学习目标

1. 了解旅游消费的内涵、特征,旅游消费结构的影响因素;
2. 熟悉旅游消费结构实证分析;
3. 掌握旅游者旅游消费效果最大满足,边际分析法、无差异分析法。

技能目标

能运用边际分析法、无差异分析法分析生活中一些经济现象。

任务一　旅游消费的内涵与特征

任务引入

刺激旅游消费是拉动内需的重要手段

在当前经济下行压力加大、传统消费热点增长乏力的形势下,住房、汽车等新的消费热点培育成本较高,时间较长,旅游业作为一种极富韧性的产业,在受到各类突发事件和自然灾害冲击后,能够在较短时间内恢复市场。国内外实践表明,应对经济“严冬”,与建筑、房地产、汽车等行业相比,旅游业启动更快、成本更低,有望成为“回暖”最快的行业之一。美国连续 17 个月经济衰退,旅游消费却未受大的影响;中国旅游业多次遭遇突发性事件,亦均在事后不久迅速恢复。旅游业关联度高、产业链长,对相关行业带动性强,与其相关的行业超过 110 个,旅游消费对民航、公路、铁路、商业、住宿、餐饮、文化娱乐等都有明显的拉动作用。其中,旅游消费对住宿业的贡献率超过 90%(即在住宿业收入中 90%以上来自游客),对民航和铁路客运的贡献率超过 80%,对公路客运的贡献率超过 60%,对文化娱乐的贡献率超过 50%,对餐饮业和商品零售业的贡献率接近 40%。根据世界旅游组织测算,旅游业直接收入 1 元,会给国民经济相关行业带来 4.3 元的增值效益。

大力刺激旅游消费,将有利于通过宏观调控提高整体效益,有效地将“保增长、扩内需、调结构”和“重民生”目标有机结合起来,充分发挥“多赢效应”。

(资料来源:国家统计局.甘肃省统计信息网,2009 年第 3 期)

问题:结合案例谈谈你对旅游消费的理解。

知识链接

一、旅游消费的概念

旅游消费是指人们在旅行游览过程中，为了满足其自身发展和享受的需要而消费的各种物质资料和精神资料。旅游消费是在人们基本生活需要满足之后而产生的更高层次的消费需要。

旅游消费涉及旅游者在整个旅游活动过程中的食、住、行、游、购、娱等各项消费，是一个复杂的过程，我们可以将它分解成以下几个方面：

1. 旅游吸引物的消费

旅游消费中最重要的是对旅游吸引物（旅游景点）的消费。它在整个消费支出中所占的比重可能不大，但其他各种消费都是围绕它而产生的。

2. 相关旅游设施的消费

旅游消费是一种异地体验性消费。期间为了到达目的地，必须借助一定的交通工具，到达目的地后，还需要消费相应的住宿设施服务和餐饮服务等。因此，如果没有这些方面提供的有效支持，旅游活动很难实现，旅行成本亦会增加。

3. 旅游购物消费

旅游者如果想为自己的旅游体验留下一些物化见证的话，还会涉及购物消费的问题。购物消费影响着旅游者对整个旅游行程和旅游活动的整体评价。

二、旅游消费的特征

（一）旅游消费的综合性

旅游消费的综合性表现在三个方面：

1. 旅游消费对象具有综合性

旅游消费的对象形式多样、品种繁多，既有精神产品，又有物质产品；既有劳务性产品，又有非劳务性的自然产品，是物化旅游产品和旅游服务的综合体。其中，物化的旅游产品有旅游景点、旅游纪念品、地方土特产、旅游日用品等；旅游服务有餐饮服务、客房服务、导游服务、商务服务等。

2. 旅游消费过程具有综合性

旅游活动是以游览为中心的活动，为此，旅游者需要凭借旅游交通工具才能到达旅游目的地进行旅游观光或者休闲度假娱乐，在旅途中还必须解决吃饭、住宿问题，还要购买一些旅游日用品或纪念品等。所以，旅游消费是集食、住、行、游、购、娱于一体的综合性消费过程。

3. 旅游消费效果具有综合性

旅游消费不仅满足了旅游者的精神智力发展及享受的需要，而且满足了旅游者的基本生存需要。因此，旅游者在消费旅游产品中所获得的效用，既有保健性的，也有文化性的；既有享乐性的，也有纪念性的等多种。

（二）旅游消费的劳务性

旅游消费是一种以劳务为主的消费，当然也包括一部分实物消费。在旅游过程中，旅游者固然需要消费一些以实物形态存在的旅游自然资源产品，但是这些自然资源如果离开人类创造并附着于它上面的人文资源和劳务活动，人们将失去进行旅游活动的前提条件。

（三）旅游消费的生产和消费的同一性

一般的物质商品生产、交换、消费是相对独立而有序的环节，先有商品的生产、交换，最终才有消费者的消费。旅游商品是一种以服务为主的商品。旅游服务的提供也就是旅游产品的生产过程和交换过程，同时也是旅游产品的消费过程。当旅游者前来消费时，旅游商品的生产才能开始进行。消费结束，生产也立即停止。所以，旅游消费的同一性特点也决定了旅游消费的异地性，即旅游者必须离开常住地，到异地进行消费。

（四）旅游消费的不可重复性

旅游商品的使用价值对于消费者来说在时间上具有暂时性，在消费时具有非独占性。旅游者购买旅游商品，只是获得了它暂时的使用权，并没有获得它的所有权。在旅游者消费某旅游商品时，其他旅游者同样也可以进行消费，而一旦旅游活动结束，旅游消费活动立即停止。旅游商品中的服务部分时间性尤其突出，以后再故地重游，旅游时间、游客心情、旅游服务等都有所不同，所以表现为旅游消费的不可重复性。

（五）旅游消费的互补和替代性

旅游消费的综合性，使得构成旅游消费对象的各个部分具有互补的性质。例如，假设杭州中国国际旅行社接待了10名从桂林赴杭州的美国旅游者，这10名旅游者除了消费导游服务外，还要支付从桂林至杭州的交通费，在杭州必须支付的住宿费、餐饮费、购物费等。因此，一项旅游消费的实现必然伴随着众多的其他项目旅游消费的产生。旅游消费这个特点要求有关部门互相配合，加强合作，以利于提高经济效益。

旅游消费的替代性是指旅游消费对象每一构成部分之间的相互替代的性质。例如，某旅游者从甲地到乙地乘了飞机，就不会再乘火车、轮船。到了乙地后，若青年旅行社安排他的旅游活动，他就不再会接受中旅或国旅提供的导游服务。若他住进了度假旅馆，一般就不会再入住其他旅馆。由此可见，旅游消费中的替代性是十分明显的。而旅游者在选定某种成分以后，势必舍弃其他成分，因而这种替代性加剧了旅游业的竞争。

三、旅游消费的作用

旅游作为一种高级消费方式，对于促进人们全面发展、提高劳动力素质、提高劳动生产率和促进经济发展等，都具有重要的作用，主要表现在以下几方面：

（一）旅游消费是社会再生产过程中的重要环节

消费是促进国民经济循环的动力，在生产、交换、分配和消费的四个环节中，生产是起点，消费是终点。如果把社会再生产看做是一个周而复始、不断更新的过程，那么消费是第一个生产过程的终点，又是第二个生产过程的起点。旅游消费不仅是旅游者对物质产品的消费，而且包括对精神产品服务的消费。通过消费，一方面使这些产品的价值和使用价值得到实现，另一方面对旅游所需的物质产品和精神产品的再生产提出了新的要求。生产和消费相互依存，互为前提，生产和消费相互创造了对方。旅游消费在社会再生产过程中的重要作用还表现在：旅游消费的扩大，不仅要求原有的旅游企业和部门进一步发展，要求增加一批新的旅游企业和部门，而且要求向旅游业提供产品和服务的其他部门和行业也要相应地发展，从而促进整个社会经济的繁荣。旅游消费的扩大，必然刺激社会多生产符合旅游者需求的旅游产品，开发更多的有吸引力的旅游资源，增设新颖、健康的旅游项目，从而进一步推动旅游业自身的发展。

（二）旅游消费是高质量劳动力再生产的创造因素

完成生产过程的两个重要因素是生产资料和劳动力。前者是生产条件的客观因素，后者则是保证物质资料再生产的必要条件，是生产过程中起决定作用的最活跃的主观因素。劳动力再生产是物质资料再生产的先决条件，现代化大生产需要社会提供与之相适应的高质量、高水平的劳动力，要求劳动者具有专业技能，广博的文化知识，高度的主动性、敏捷性和创造性，以及健康的体魄和饱满的精力。为此，不仅需要满足劳动者基本生存的需要，不断改善劳动者的物质生活条件，而且要大力发展德、智、体几方面的教育，以提高劳动者的品德及文化素质。旅游消费也是一种潜移默化的思想品德及文化素质教育，能使人们陶冶身心、增进健康、开阔视野、增长知识，有利于高质量劳动力的再生产。近几年，一些经济发达国家已逐步把旅游消费作为劳动力再生产的一个促进因素而予以鼓励。旅游消费能使劳动者的体力和智能得到恢复和发展，激发劳动者的生产热情，使劳动者在各自工作岗位上全面地发挥自己的才能，从根本上提高社会的劳动生产力。

（三）旅游消费是普及现代化生活设施的桥梁

旅游活动是一种娱乐性、享受性的消费活动，旅游服务的目的在于最大限度地满足旅游者精神发展和享受的需要。因此，旅游服务所凭借的物质资料，如交通工具、住宿条件、旅游设施设备等，都必须具有现代化程度高，以及舒适、方便、卫生、安全等特点。这些特点决定了在科学技术不断发展的情况下，生产中的某些民用新产品在其普及于人们日常生活之前，首先在旅游业的经营中被采用，例如空调机、微波炉、冰箱等耐用消费品在家庭普及之初，已在旅游业中被广泛运用。这些表明，旅游消费在普及现代化生活设施、转变人们的消费观念中起到了桥梁作用。

（四）旅游消费是旅游产品价值得以实现的手段

旅游产品只有在消费中才能得到最后的完成。这是因为：第一，旅游消费是旅游产品生产的目的和对象。生产取决于需要，而需要的形成和发展又在很大程度上取决于消费的发展，从某种意义上说，消费需要和消费水平决定了生产的发展方向和发展速度。第二，旅游消费是使旅游产品价值实现的最后行为。如果没有旅游消费，旅游产品就卖不出去，旅游产品的价值就不能实现，旅游经济的运行就难以顺利进行。第三，旅游消费又是对旅游产品的最终检查。如果旅游产品不符合消费需要，旅游产品就会滞销，旅游经济就不能顺利运转。因此，通过旅游消费还可以检验整个旅游经济结构是否合理，旅游经济效果是否理想，旅游业是否健康、持续地发展。

思考与讨论

1. 旅游消费具有哪些基本特征？
2. 旅游消费在旅游经济中有何重要作用？

案例回放

问题：结合案例谈谈你对旅游消费的理解。

旅游消费是指人们在旅行游览过程中，为了满足其自身发展和享受的需要而消费的各种物质资料和精神资料。旅游消费是在人们基本生活需要满足之后而产生的更高层次的消费需要。

实训题

请结合实际谈谈旅游消费效果的综合性。

典型案例

我国连续四年成为世界第一大出境旅游消费国，2017年春节旅游约3.5亿人

我国连续四年成为世界第一大出境旅游消费国，出境游人数、花费日益增长。有人认为，相比于境内游，境外游有更多的获得感；甚至有媒体称："国内景点'宰'客，导致旅游冷了国内火了境外"。为何人们会有这样的感觉？事实确实如此吗？请看记者调查。

出境游有多火？中国连续四年成为世界第一大出境旅游消费国；中低价位的出境游很具吸引力。到国外旅游，已不是什么稀罕事儿。河南郑州的李先生，春节就带家人去了趟缅甸旅游。为什么选择去国外？"一方面是想让孩子走出国门见见世面，另一方面，三亚等国内热门景点很抢手，我害怕'拥挤'。"李先生说，"十一"假期曾自驾游去北京，"人挤得像参加歌星演唱会似的，走都走不动！"

郑女士在北京一家事业单位工作，去年和丈夫四次带孩子外出旅游："春节去的新加坡；'五一'游了美国西部；'六一'逛了珠海东澳岛，'十一'去了澳大利亚。""今年春节去了新西兰。"郑女士坦言，"在签证顺利、时间允许的情况下，我会首选境外游。"

"选择境外游，首先是因为旅游产品更丰富。"郑女士说，自己更多考虑"亲子游"，国外的旅游产品如环球影城、迪士尼乐园等，供孩子玩的项目更多。"更何况，国内旅游景区太拥挤，心里没安全感；不少景点的硬件设施也不够人性化。"郑女士举例说，前几年孩子还小时，国内景区很少设母婴室，给孩子喂奶特别麻烦。

在国内旅游，郑女士还担心遇到欺诈。前不久，郑女士父母从湖南长沙老家到凤凰古城旅游。最近的高铁站是怀化南站，但转车"特别折腾"，"一些黑旅行社打着正规旅行社招牌揽客。"郑女士说，"旅游公共服务不到位，给不法分子牟利提供可乘之机，也给游客带来安全隐患。"

旅游日益成为人们休闲、消费的重要方式。同时，我国出境游人数、花费日益增长。根据国家旅游局及市场研究机构的数据，2016年，全国45.6亿人次旅游；出境游达1.22亿人次；中国连续四年成为世界第一大出境旅游消费国。

获得感从何来？差异性、境外购物是重要的吸引因素；但出境游并不构成对国内旅游的分流。“出境旅游的确呈现出强劲增长势头”，北京第二外国语学院旅游管理学院院长厉新建认为，“前几年，出境游人次几乎每年都有两位数的增长。基数达到上亿人次的情况后增长放缓，但去年也有4.3%。这也体现了出境游的受欢迎程度。”

“从旅游心理学的角度说，境外旅游产品具有差异性，能让旅行者有更多的获得感，某种程度上更具优势。”中国社会科学院旅游研究中心学术顾问李明德说，“旅游是一种审美活动。越是具有差异性的旅游产品，越能使游客感到新奇，也就越能给游客带来满足感。国内游，哪怕是东北人到海南的新奇体验，也远不如异国风光、异域风情的差异性大。”

在中国社会科学院旅游研究中心副主任戴学锋看来，“出境游”的红火，某种程度是部分游客被“挤”出去的结果：“人们对旅游品质的诉求不断提高，新的需求不断涌现。但国内旅游供给跟不上——住不好、吃不好、行不好、玩不好，许多方面的公共服务还不够到位……”

戴学锋的看法得到不少认同。“客观而言，国内旅游拥挤、产品开发模式欠缺，一方面市场创新不足、秩序还有些混乱，另一方面产品价格过高、质量较低，在消费支出相近的情况下，出境旅游显然具有更强的吸引力。”厉新建补充说，“境外购物也是重要的吸引因素。”

日益红火的出境游，是否真的“冷了”境内游市场？李明德不以为然：“某种程度上说，出境游并不构成对国内旅游的分流。出境游人数增加的同时，境内游人数没有下降。”数据也印证了他的观点。国家旅游局消息称，2016年全年国内旅游44.4亿人次，同比增长11%；出境旅游人数1.22亿人次，同比增长4.3%。“出境旅游人数只占到旅游总人数的2.7%，增长速度也没有国内游快。”李明德表示。“再如春节，全国共接待游客3.44亿人次；出境游总量仅约615万人。完全不是一个量级。”

“出境游在我国只处于初级阶段。它的增长和我们的国情相适应，是必然趋势。”李明德解释道，“中国经济越来越发达，百姓钱袋子鼓了，也有闲暇，有消费意愿，出境手续也越来越便利……从各种角度来说，‘出境游热’还会继续升温。”

国内游咋提升？扩大供给、提升服务质量、释放企业活力，国内游能更有魅力。戴学锋认为，出境游的红火，越来越使中国游客和世界充分接触、互动，有助于中国和国外的交流，有助于国民吸收、借鉴西方优秀文化，了解世界的发展；同时也有助于把中国优秀文化传播出去，“总的来说，出境游的正向作用大于负向作用。”但在全球经济下行的大环境下，扩大国内旅游的“内需”显得非常重要。那么，有没有可能把游客留在国内消费？怎样才能把游客留在国内呢？

“国内游有自己的独特优势。我们国家地大物博、历史悠久，旅游资源丰富独特。熟悉的环境、熟悉的语言、社会稳定、治安良好所带来的安全感，也是无可比拟的。”戴学锋认为，要想把游客留在国内，首先是要扩大旅游供给。“和每年40亿的旅游人次相比，几百家5A旅游景区远远不够。”戴学锋解释说，这当然不是说多“升格”景区就够了，而是“要准确把握大众旅游由初级向中高级阶段演化的阶段特征，把握市场需求，挖掘旅游消费热点，开辟新的旅游领域”。戴学锋举例说，像近年来自驾游、休闲游等个性化旅游活动，就要加强引导；房车、邮轮、游艇等高端旅游消费也须推动。

“还要提升旅游服务质量，旅游服务要和国际接轨。”李明德说，“比如加强硬件建设，如游客咨询中心、集散中心、停车场、通往景区道路、酒店等，让游客吃好、睡好、行好、玩好。”事实上，国家旅游局近年来以全域旅游理念推进落实旅游供给侧改革，狠抓以厕所革命为代表的旅游公共服务，游客满意度已有明显提升。

“政府部门也应当加快政策创新，释放企业活力，充分利用中国庞大的旅游市场需求培育本国旅游企业品牌。”厉新建也建议。

改革供给侧适应新需……

旅游是人民生活水平提高的一个重要指标。近年来，出境游、境内游的人数均不断增加，旅游日益成为人们休闲、消费的重要方式。但我们更应注意到，人民群众对旅游品质的诉求不断提高，新的需求不断涌现，消费分层明显加速，个性化、自助化、休闲式旅游消费渐成主流。

然而，我国旅游市场的供给却显然并未跟上消费升级的步伐，旅游产品和服务难以满足新的旅游消费要求，供求矛盾比较突出。这也是为何屡屡传出“国内景点不给力，导致旅游冷了国内火了境外”论调的原因。准确把握当下人们旅游的特征和需求，从供给侧深化改革和创新，已成为我国旅游业必须面对的重要课题。

（资料来源：人民日报，2017-02-10）

常识补充

现代社会消费新趋势

一、感性消费趋势

美国著名的未来学家托夫勒曾指出，“一直为经济学家们所忽视”的是“一种与满足心理需求相联系的经济”。今天，这种“与满足心理需求相联系的经济”已经融入了我们的生活。我们把以满足心理感受为主要目的的消费现象称为“感性消费”。在感性消费条件下，当代消费者的消费心理正呈现出一种新的特点和趋势。

1. 个性消费的复归

之所以称为“复归”，是因为在过去相当长的一个历史时期内，工商业都是将消费者作为单独个体进行服务的。在这一时期内，个性消费是主流。只是到了近代，工业化和标准化的生产方式才使消费者的个性被淹没于大量低成本、单一化的产品洪流之中。另一方面，在短缺经济或近乎垄断的市场中，消费者可以挑选的产品本来就很少，个性因而不得不被压抑。但当消费品市场发展到今天，多数产品无论是在数量还是在品种上都已极为丰富，个性消费的现实条件已初步具备。

2. 消费主动性增强

在社会分工日益细化和专业化的趋势下，即使在许多日常生活用品的购买中，大多数消费者也缺乏足够的专业知识对产品进行鉴别和评估，但他们对于获取与商品有关的信息和知识的心理需求并未因此消失，反而日益增强。这是因为消费者对购买的风险感随选择的增多而上升，而且对单向的“填鸭式”营销沟通感到厌倦和不信任。

3. 对购买方便性的需求与对购物乐趣的追求并存

一部分工作压力较大、紧张度高的消费者会以购物的方便性为目标，追求时间和劳动成本的尽量节省。特别是对于需求和品牌选择都相对稳定的日常消费品，在这一点上尤为突出。然而另一些消费者则恰好相反，由于劳动生产率的提高，人们可供支配的时间增加。一些自由职业者或家庭主妇希望通过购物消遣时间，寻找生活乐趣，保持与社会的联系，减少心理孤独感。因此他们愿意多花时间和体力进行购物，而前提必须是购物能为他们带来乐趣，能满足心理需求。这两种相反的心理将在今后较长的时间内并存和发展。

4. 价格仍然是影响消费心理的重要因素

虽然营销工作者倾向于以各种差别化来减弱消费者对价格的敏感度，避免恶性削价竞争，但价格始终对消费心理有重要影响。例如微波炉降价战：作为市场领导者的格兰仕拥有技术、质量和服务等多方面的优势，到最后却也被迫宣布重返降价竞争行列，为市场占有率而战。这说明即使在当代发达的营销技术面前，价格的作用仍旧不可忽视。只要价格降幅超过消费者的心理界限，消费者也难免不怦然心动。

二、绿色消费趋势

这一趋势是指消费者要求自身的消费活动要有利于保护人类赖以生存的自然环境，维护生态平衡，减少和避免对自然资源的过度消耗与浪费，实现可持续消费。绿色生活是新世纪的时尚，它体现着一个人的文明与素养。每个人都应当选择有利于环境保护的生活方式——绿色消费来实现这种"绿色生活"。

什么是绿色消费？绿色，代表着生命，代表着健康，是充满希望的颜色。绿色产品代表无污染、无公害、可持续、有助于消费者身体健康的产品。我们所提倡的绿色消费，是指在社会消费中，不仅要满足我们这一代人的消费需求和安全、健康，还要满足子孙万代人的消费需求和安全、健康。绿色消费有三层含义：

(1) 倡导消费者在消费时选择未被污染或有助于公众健康的绿色产品；

(2) 在消费过程中注重对垃圾的处理，不造成环境污染；

(3) 引导消费者转变消费观念，向崇尚自然、追求健康方面转变。

随着人们环境保护意识的提高，再加上环保先觉者的倡导，绿色观念正潜移默化地影响着人们的行为模式，绿色消费也在我们的生活中悄然兴起，人们在追求生活舒适的同时开始注重环保。买食品，可以选择有绿色食品标志的蔬菜、肉食；购家电，有无氟冰箱、超静音空调、低辐射电视机；装修家居，有对身体无害的绿色涂料、绿色地板。追求绿色，崇尚自然，反对挥霍浪费，避免破坏环境，可谓人心所向，大势所趋。

保护环境，崇尚"绿色"已成为现代消费者的基本共识和全球性的消费发展趋势。

三、休闲消费趋势

由于休闲生活涉及人们多方面需求的满足，因此，现代消费者对休闲的重视程度不断提高，休闲在社会生活方式中占有越来越重要的地位。与此相适应，在消费活动中，人们一方面努力提高自身的收入水平，增加旅游、娱乐、教育、社交等非商品性消费的支出，以便丰富和改善休闲生活的内容与质量；另一方面，人们也在不断寻求新的消费方式，以求创造和占有更多的休闲时间。近年来，电视购物、网上购物、邮购等快捷便利的现代购物方式受到越来越多消费者的青睐；少次、批量购买日常生活用品正在成为大多数家庭的购买行为模式；礼品直送、查询、咨询、搬家、家庭教育、保健、家庭服务等在消费支出中的比例迅速上升；DVD、高清晰度液晶电视、数码相机、笔记本电脑、个人电脑、健身器材迅速普及；以移动电话为代表的现代通信设备大规模进入家庭；美容美发、化妆品、文学艺术、影视娱乐、书报杂志、业余教育、旅游等高文化消费日趋走俏。上述消费趋向表明，现代消费者对休闲生活的需要大大增加，已经把增加更多的休闲时间和提高休闲生活质量作为消费行为的重要导向。

随着经济的发展，人民生活水平的提高，消费者的需要、消费者的消费观念以及整个社会的消费趋势呈现出高质化、个性化的特点，更强调生活质量和环保理念。笔者对现代社会的消费趋势的简单总结，对于商业、企业或者普通消费者都有一定的借鉴意义，希望他们与时俱进适应这个时代的变化。

（资料来源：http://www.92to.com/xinli/2016/01-31/1101796.html.）

任务二　旅游消费结构

任务引入

大学生旅游消费结构

据观察，大学生旅游有较明显的倾向。能休闲散心兼有文化底蕴的风景点是很多学子的首选。在这些旅游胜地游玩的过程中，大学生的旅游消费同样具有明显的侧重点。

首先，游玩是最大的消费。在旅游的吃、住、行、购物、游玩中，超过一半学生都乐意选择把钱用在游玩上。畅玩旅游景点，门票占支出相当大的比例。

第二大消费是购物。出门旅游要买各种纪念品。特色的旅游商品是赠送佳品。

接下来的依次是吃、住、行。关于吃，绝大部分学生倾向于好吃或便宜的原则。每到一个地方，学生会搜寻各种特色小吃。在住宿上，大多数学生选择50～100元/(人·天)的住宿标准。

08中文的小张同学说："清明3日游，给我最大的感觉就是累。一直在走啊走，我们从泰山走到曲阜，晚上爬泰山；第二天又跑到曲阜，转了大半个老城区。旅游花钱最多的部分就是门票。住宿，我们6个人才花了90块钱。至于购物，我们几乎没买什么纪念品。我们最大的收获也许是满满的照片以及对古老文化氛围的感受。"

07工管的高同学说："清明节，我选择留守青岛，到黄岛转了一圈，去看了看梅园。最近又去中山公园看樱花。消费主要是在门票上。"

另外，一位不愿透露姓名的同学去了烟台旅游。他回来说："在烟台旅游，花费最高的是住宿。旅馆太贵了。烟台的衣服、首饰都好漂亮，所以购物的花费比较多。门票倒没怎么花钱，公园啊，沙滩啊，都是免费的。"

在日渐商业化的中国，历史文化古迹和古迹独有的韵味与意义正在人们的生活中慢慢淡化。经典历史文化旅游点一直是高校学子旅游的首选。

春光明媚之时，旅游路上，充满朝气的大学生永远是一道亮丽的风景。

（资料来源：郭秋林. 旅游消费结构. 海之子网站）

问题1：什么是旅游消费结构？

问题2：影响旅游消费结构的因素有哪些？

知识链接

一、旅游消费结构概述

（一）旅游消费结构的概念

旅游消费结构是指旅游者在旅游过程中所消费的各种类型的旅游产品及相关消费资料的比例关系。旅游消费结构是旅游消费发展到一定时期的结果，反映着旅游者消费中旅游产品的质量、数量及比例关系，是衡量一个国家或地区旅游业发展水平的重要标志之一。

（二）旅游消费结构的分类

(1) 从满足人们旅游需求的不同层次出发，可分为生存消费、享受消费和发展消费。

旅游生存消费是指人们在旅游活动中用来满足基本生活需要而进行的消费，如食、住、行等方面的消费；旅游享受消费是指人们在旅游活动中为了提高生活质量，使旅游生活更愉快、更舒适，以增进身心健康的消费；旅游发展消费是指人们在旅游活动中增长知识、开阔眼界，保证人们的体力与智力获得发展所需要的消费。观赏、学习、娱乐等方面的消费是用于满足游客精神享受和个人发展需要的，属于旅游享受消费和发展消费。旅游享受消费与一般意义上的享受消费既有相同之处，又有不同之处。相同之处在于两者都是为了满足精神享受；不同之处在于前者包含发展的因素，而后者含有奢侈的成分。旅游者在游览、观赏和娱乐中，既增长了知识，又陶冶了情操，因而享受与发展相互交融。事实上，旅游发展消费往往与享受消费交织在一起。

(2) 根据旅游消费的物理形态不同，可分为有形旅游物质消费和无形旅游服务消费。

有形旅游物质消费和无形旅游服务消费为旅游核算提供了物质上的保证。有形旅游物质消费是指在旅游活动中以物质形态存在的旅游产品的消费。无形旅游服务消费是指在旅游活动中对体验、感受等无形服务的消费，这部分消费贯穿于旅游消费过程的始终。

(3) 从旅游消费对旅游活动的重要性出发，可分为基本旅游消费和非基本旅游消费。

基本旅游消费是指进行一次旅游活动所必需的而又基本稳定的消费，如旅游住宿、饮食、交通、游览等方面的消费；非基本旅游消费是指并非每次旅游活动都需要的并具有较大弹性的消费，如旅游购物、医疗、通信消费等。

二、旅游消费结构的影响因素

旅游消费不是人类生存的必要消费，它属于人类高级享受和发展需要的消费。因此，它的需求弹性较大，很多因素都会影响旅游消费的数量和质量。除了国际上政治、经济、环境或气候变化等因素的影响外，旅游者的收入水平、年龄、性别、职业和受教育程度以及风俗习惯、兴趣爱好等，都是影响旅游消费结构的因素。此外，旅游供给国或目的地服务范围、服务项目、服务质量、服务态度和旅游各部门的协调配合能力，以及社会治安等也都是影响旅游消费构成的因素。概括起来，影响旅游消费的主要因素有以下几项：

（一）旅游者的收入水平

旅游消费是满足人们高层次需求的消费。即使人们有了旅游的需求，也只有当人们的收入在支付其生活费用之外，尚有一定数量的节余时，才能使需求变为现实。旅游者的收入水平越高，购买旅游产品的经济基础就越好。所以，收入水平决定着消费水平，也决定着需求的满足程度，从而决定着消费结构的变化。旅游者的收入越多，旅游需求就能满足得越充分，就能促使旅游消费从低层次向高层次发展。如国际旅游者中的政府官员、商人、学者、教授、医生的收入比较高，他们旅游时要住高级宾馆、吃美味餐食、乘飞机坐头等舱、出入乘汽车等。而一般小职员、中小学教师、工人、农民的消费水平与消费结构就大不一样，他们在旅游中以观赏游览为主，对住宿、饮食和交通的需求不高，其中不少人是身背背包的徒步旅游者和自备帐篷的旅游者。

（二）旅游者的构成

旅游者的年龄、性别、文化、职业、风俗习惯、兴趣爱好都是影响旅游消费结构的因素。通常，青年人对饮食要求多而不精，而对游览娱乐性的开支则较大；老年人对住宿、饮食、交通的要求比较高；妇女的旅游消费中以购物消费所占比重最大；而政府官员、商人、参加会议的旅游者则要求现代化的旅游设施设备、高质量的饮食和服务。此外，旅游者的收入和带薪假日长短的不同，影响着旅游者的停留天数和消费数量；旅游者的文化、习俗又影响着旅游者的爱好、兴趣，致使对旅游产品的内容和质量要求各异。总之，旅游者构成的每一因素，都不同程度地影响着旅游消费结构。

（三）旅游产品的结构

生产发展水平决定消费水平，产品结构从宏观上制约着消费结构。向旅游者提供的住宿、餐饮、交通、游览、娱乐和购物等各类旅游产品的生产部门是否协调发展，旅游产品的内部结构是否比例恰当，都是影响旅游消费结构的因素。特别是在国民经济中，向旅游业提供服务的各相关产业部门的结构如果搭配不合理，没有形成一个相互协调、平衡发展的产业网，就会导致旅游产品比例失调，各构成要素发展不平衡，从而不仅不能满足旅游者需求，反而造成供求失衡，破坏了旅游产品的整体性。例如，交通工具短缺、航线航班奇缺会使游客进不来、出不去或者进来了又散不开。而旅游设施设备不足、游娱网点过少又使旅游者来了无住处、住下了又无处游或者旅游项目单调、枯燥，旅游资源缺乏吸引力等。这些情况都会使旅游产品在旅游市场上失去竞争能力，丧失客源。因此，旅游产品结构决定着旅游消费结构，决定着旅游者的消费水平和消费数量。

（四）旅游产品的质量

发展旅游业不但需要一定数量的旅游产品，而且需要高质量的产品。如果旅游产品的数量符合旅游需求的总量，但其质量差、生产效率低、使用价值小，则仍然不能满足旅游者的消费需求，并且必然要影响到旅游消费的数量和结构。提高旅游产品的质量包括三个方面：一是向旅游者提供称心如意、物美价廉的旅游产品，即提供的旅游产品要满足适销、适量、适时和适价的要求。二是旅游服务效率，即对每一项旅游服务都要求做到熟练敏捷，为旅游者节约时间，提供方便。三是旅游服务的态度，即在旅游服务过程中要礼貌、热情、主动、周到。只有提高旅游产品质量，使旅游者获得物质与精神上的充分满足，提高他们的消费水平，才能使旅游消费结构日趋完善。

（五）旅游产品的价格

旅游产品价格的变化影响着旅游者的消费数量和消费结构。由于旅游产品的需求弹性大，因此当旅游产品的价格上涨而其他条件不变时，人们就会把旅游消费转向其他替代商品的消费，使客源量受到很大影响。反之，若旅游产品价格下跌，或者旅游价格不变而增加了旅游产品的内容，人们又会把用于其他商品的消费转向旅游。因此，旅游产品价格的变化不仅影响旅游消费构成，而且影响旅游需求量的变化。

（六）旅游者的心理因素

旅游者的消费习惯、购买经验、周围环境都不同程度地影响着消费结构。消费方式的示范性及旅游者的从众心理也影响旅游者的支出投向，如历史上兴起的温泉旅游热、海滨旅游热及现代的文化旅游热等。

三、旅游消费结构实证分析

南京旅游消费结构

南京作为中国历史文化名城，具有丰富的旅游资源，也拥有比较繁荣发达的旅游业。那么这是否就意味着南京的旅游消费也非常合理呢？下面从旅游消费结构的角度对南京的旅游消费进行分析。

通过调查，主要得出以下结论：

1. 基本消费制约非基本消费

抽样调查发现，南京国内旅游者吃、住、行、游四项基本旅游消费之和为67.63%；非基本旅游消费中购物所占比例最大，为25.86%，剩余的6.51%为娱乐、邮电通信等。

数据表明，南京国内旅游者的基本消费大于非基本消费。如果再考虑目前不断提高的消费价格指数，特别是和“行”直接相关的燃油价格，和“食”直接相关的肉类价格，和“住”直接有关的房产价格等的上涨，可以预测，在未来较长一段时间内，“行、游、食、住”四项旅游基本消费在南京国内旅游消费结构中的比例还会继续加大，这种失衡的增长会导致旅游消费增值空间缩小以及旅游者消费热情的降低。

2. 单一的景点类型制约消费空间拓展

南京作为华东地区最重要的旅游目的地，具有丰富的旅游资源，但是旅游资源类型比较单一，特别是星级旅游景区的资源类型相对集中，这直接影响了旅游消费的结构和水平。

南京旅游资源主要以自然资源和人文资源为主，休闲娱乐类旅游资源较少，特别是全国知名的景点几乎清一色的为文化类景点。文化类景点基本以观光为主，需要较高的文化层次和专业知识才能从中品味出乐趣，再加上较高的票价，两者作用使得这类景点的重游率较小，这不利于旅游消费结构的优化升级。就重复消费率较高的休闲娱乐类景点而言，无论数量和质量都还远远不够。珍珠泉景区仅仅停留在吸引本市旅游者的层面上；海底世界主题公园的客源也主要是本省旅游者；玄武湖景区因缺乏明确的定位，游客接待量一直不太理想。

3. 购物旅游缺乏品牌和创意

目前发达国家和地区的旅游购物消费已占游客总支出的60%以上，在国内旅游购物发展水平较高的城市，其旅游购物消费已占游客总支出的40%左右，而南京购物消费支出只占游客总支出的25%，与国际和国内许多旅游发达城市存在较大差距。

南京旅游商品缺少品牌和创意。游客希望旅游商品更有新意，更有文化品位。但南京的传统旅游商品不是包装过时，就是内容老套：盐水鸭包装太简单；金箔画内容单调；雨花石几十年来都是放一碗水泡着。既有特色又有品位的旅游商品，如云锦，价格普遍较高，使大众消费者望而却步。同时，大量具有开发潜质的旅游商品未被开发。如夫子庙民间艺术大观园内的秦淮民间艺术品：彩灯、剪纸、折扇……这些商品附加值高、便于携带又极具南京地方特色，但是目前仍然藏在深闺，没有得到足够重视。

那么，如何对南京市的旅游消费结构进行优化呢？

1. 创新南京城市形象

来自南京大学社会学系的一份调查报告显示：76%的人认为南京“缺乏新兴旅游景点”；59%的人认为南京“没有做足旅游产业文章”；55.4%的人认为南京“旅行社品牌意识不够”；43.9%的人认为南京“导游素质不行”。而且去过4个和4个以上省会城市及直辖市的被调查对象对此回答的比例更高。分析原因，笔者认为很关键的一点在于南京的城市形象还一直停留在“六朝古都、十朝都会”这个叫了几百年的口号上。如果南京旅游业还继续以中山陵、夫子庙、总统府等一批老的历史景点一统天下，在行业管理上不进行有力的改进，南京的旅游消费结构将不会得到很大的改善。反观周边城市，诸如杭州“东方休闲之都”、“爱情之都”，上海“东方时尚之都”，苏州“东方威尼斯”等旅游新形象的定位都是值得南京旅游管理部门深刻思考和学习的。

2. 改善旅游资源结构，提升旅游消费层次

南京旅游资源丰富，但结构比较单一，主要以观光类的文化景点为主，应加大其他类别旅游资源的开发，特别是生态旅游和休闲旅游。

发达国家的休闲旅游占整个旅游比重的50%左右，而我国仅为20%；同样，世界生态旅游每年以20%～25%的速度增长，是旅游产品中增长最快的部分。这组数据说明休闲旅游和生态旅游是未来旅游发展的趋势。休闲旅游和生态旅游产品在消费次数和消费层次上都比其他旅游产品更具优势，这有利于改善南京现有旅游消费结构中存在的不足。

3. 加大旅游购物市场的建设力度

旅游者购买旅游纪念品的动机无非两类：一类是自己购买作为留念，另一类是购买赠送他人。赠送他人又可分为高、中、低档。针对以上需求，在旅游纪念品开发上就应增加品种和拉开档次，以满足不同的消费需求。

南京拥有丰富的旅游纪念品开发素材，如丰富的民间艺术、大量的历史遗迹和民间传说、南北交融的美食等，这些难能可贵的素材应该充分、高效地利用起来。针对一个素材可以开发一系列产品，这一系列产品可以从材料、功能、包装、工艺上进行区别，这样，既能丰富产品品种，又能促进产品的升级更新。

思考与讨论

1. 旅游消费结构可以划分为哪些类型？
2. 如何实现旅游消费结构的合理化？

案例回放

问题1：什么是旅游消费结构？

旅游消费结构是指旅游者在旅游过程中所消费的各种类型的旅游产品及相关消费资料的比例关系。旅游消费结构是旅游消费发展到一定时期的结果，反映着旅游者消费中旅游产品的质量、数量及比例关系，是衡量一个国家或地区旅游业发展水平的重要标志之一。

问题 2：影响旅游消费结构的因素有哪些？

影响旅游消费结构的因素主要有：

(1) 旅游者的收入水平；

(2) 旅游者的构成；

(3) 旅游产品的结构；

(4) 旅游产品的质量；

(5) 旅游产品的价格；

(6) 旅游者的心理因素。

实训题

结合自己的某一次旅游经历，谈谈在本次旅游活动中你的旅游消费结构。

典型案例

2016 年中国旅游消费的主要特征

(一)旅游消费与日常生活融合加快，大众旅游上升为国家战略

2016 年 3 月，国务院总理李克强在政府工作报告中提出“要落实带薪休假制度，加强旅游交通、景区景点、自驾车营地等设施建设，规范旅游市场秩序，迎接正在兴起的大众旅游时代。”根据这一总体发展方向，全年国家、地方连续出台一系列促进、升级旅游消费的政策措施。

2016 年，旅游加入到以采购电器、服装、生活用品为主题的“双十一”促销战中，成为人们日常采购的主要对象。为备战“双十一”市场，途牛在 10 周年三天大促中，销售额同比增长 294%，活动参与人数突破 960 万。途牛旅游网 2016 年二季度财报显示，80%的在线旅游产品订单是通过移动端完成的。

这些数据表明，国民旅游消费正趋向常态化、日常生活化，居民旅游消费变得更加频繁，购买决策时间进一步缩短，决策过程越来越简化，逐渐趋同于生活用品的购买。

其中，以亲子游、爸妈游为代表的家庭旅游成为旅游消费市场主力。中国旅游研究院居民出游意愿调查显示，家庭旅游占比达 60%，其次为好友组织的出行，占比在 20%左右。根据途牛旅游网的数据监测，2016 年最受欢迎的亲子游线路集中在主题公园、嘉年华、房车营地等旅游产品。桂林、三亚、丽江是最受欢迎的爸妈游线路。

(二)自由行成为主要出行方式，自驾游、乡村游持续升温，带动全域旅游示范工作顺利开展

根据中国旅游研究院分析，当前国内、入境、出境旅游三大市场的自助游客比例分别为

93%、82%、61%。国内自驾游、乡村游等旅游形式成为出游常态。

自驾成为旅游出行的主要交通选择。中国旅游研究院与中国电信联合进行的乡村旅游调研显示，近7成的游客选择自驾的方式到乡村旅游。途牛旅游网监测数据显示，2016年1—11月期间，排名前五的国内自驾游线路中，4条线路以主题公园为主要出游目的地。

乡村旅游是长假旅游消费的重要选项。经中国旅游研究院与中国电信联合测算，2016年国庆期间，全国乡村游游客人数达1.29亿人次，在5.93亿总旅游接待人次中占比21.7%，成为长假出行的主要消费选择。国庆期间乡村游中，跨省市出行比重达53.75%，过夜人次占比58.19%。受访的46.42%游客表示每月到乡村旅游一次。重庆、北京、广州、成都是乡村游的主要客源地。

（三）旅游消费市场在增量不断扩大的同时，旅游消费需求进一步提档升级，以邮轮游、海岛游、冰雪游等为代表的度假旅游消费增幅巨大

中国旅游研究院的游客调查显示，2016年度假休闲动机的游客比例已超过七成。邮轮、海岛旅游，避暑旅游，冰雪旅游等度假旅游消费增势显著。其中，邮轮旅游市场的消费潜力巨大。途牛发布的《中国在线邮轮市场专题研究报告2016》显示，2016年我国在线邮轮市场的收入规模有望突破18亿元。中国游客总数位居全球邮轮游客数量的第8位，但中国邮轮市场的渗透率只有0.05%，未来有巨大的发展潜力。途牛、同程、携程是在线邮轮交易规模排名前三的在线旅游运营商。报告还显示，伴随着国内邮轮母版图的扩大，邮轮游客源地范围正逐渐向内地延伸，武汉、西安、成都、重庆等中西部地区成为未来最具成长潜力的邮轮客源市场。

另外，品质团、定制游成为旅游消费升级新标志。历年《旅游抽样调查统计》显示，我国城乡居民国内旅游人均消费水平逐年增加，人均旅游消费增长至2016年的880元。随着消费能力的提升，越来越多的游客追求品质团、定制游等高品质旅游产品。途牛旅游网经营的以品质团为特色的牛人专线业务，2016年收客量同比增长77%。其定制旅游业务同样增长显著，2016年7—9月和10—11月，途牛定制游收客量分别同比增长67%、66%。

常识补充

恩格尔系数

恩格尔系数(Engel's Coefficient)是食品支出总额占个人消费支出总额的比重。

19世纪德国统计学家恩格尔根据统计资料，对消费结构的变化得出一个规律：一个家庭的收入越少，家庭收入中(或总支出中)用来购买食物的支出所占的比例就越大；随着家庭收入的增加，家庭收入中(或总支出中)用来购买食物的支出比例则会下降。推而广之，一个国家越穷，每个国民的平均收入中(或平均支出中)用于购买食物的支出所占比例就越大，随着国家的富裕，这个比例呈下降趋势。

国际上常常用恩格尔系数来衡量一个国家和地区人民生活水平的状况。根据联合国粮农组织提出的标准，恩格尔系数在59%以上为贫困，50%～59%为温饱，40%～50%为小康，30%～40%为富裕，低于30%为最富裕。在我国运用这一标准进行国际和城乡对比时，要考虑到那些不可比因素，如消费品价格比价不同、居民生活习惯的差异，以及由社会经济制度不同所产生的特殊因素。对于这些不可比问题，在分析和比较时应做相应的剔除。另外，在观察历史情况的变化时要注意，恩格尔系数反映的是一种长期的趋势，而不是逐年下降的绝对的倾向。它是在熨平短期的波动中求得长期的趋势。

在社会保障中，恩格尔系数还被用来确定一个地区的社会最低生活保障额度。用家庭食品消费的绝对支出/恩格尔系数得出所需消费支出，可得出最低生活保障金额。

任务三　旅游消费效果分析

任务引入

广西：春节黄金周旅游消费拉动内需效果明显

广西壮族自治区旅游局的统计数据显示，刚刚过去的春节黄金周，广西旅游市场购销两旺，扩大内需、促进消费效果明显。

春节期间，广西各地纷纷推出各种民俗表演和游乐活动，“民俗游”走俏黄金周。同时，广西启动了“广西人游广西”活动，大规模进行景点推荐，并出台了酒店住宿、景区门票打折等一系列优惠措施，大大刺激了城乡居民新春出游的消费热情。

据广西旅游部门统计，春节期间，广西各地共接待旅客340多万人次，旅游景点总收入近13亿元，分别比2008年春节黄金周提高了20%和35%；与增长最快的2007年春节黄金周相比，也分别有11%和15%的增长。

（资料来源：新华网.2009年2月2日）

问题1：什么是旅游消费效果？

问题2：旅游消费效果具体可以表现在哪些方面？

知识链接

一、旅游消费效果的定义及分类

（一）旅游消费效果的定义

在旅游消费中，要消耗一定量的物质产品与劳务，即旅游消费的“投入”；而通过旅游消费使人们的体力和智力得到恢复和发展，精神得到满足，即旅游消费的“产出”。在旅游者的消费过程中，投入与产出、消耗与成果、消费支出与达到消费目的之间的对比关系，就是旅游消费效果。用公式表示为：

$$旅游消费效果=\frac{旅游消费活动的成果}{旅游消费支出}=\frac{旅游消费活动的成果}{劳动消耗（物化劳动+活劳动）}$$

（二）旅游消费效果的分类

（1）按旅游消费的研究对象划分，可分为宏观旅游消费效果和微观旅游消费效果。

宏观旅游消费效果是把所有旅游消费作为一个整体，从社会角度研究旅游产品的价值和使用价值；分析旅游消费的状况、旅游者的满足程度、旅游消费对社会生产力及再生产的积极影响，以及对社会经济发展所起的促进作用等。微观旅游消费效果是指旅游者通过旅游消费，在物质上和精神上得到的反映，如旅游消费能否达到旅游者的预期效果，旅游者能否获得最大满足等。

(2) 按消费的投入产出关系划分，可分为直接旅游消费效果和间接旅游消费效果。

直接旅游消费效果指的是一定的旅游消费投入直接取得的旅游消费成果，如旅游者花钱乘车实现了空间位移等。间接旅游消费效果是指一定的旅游消费投入，其旅游消费效果并不直接显示出来，而是潜在的反映，如旅游陶冶情操，提高人们的素质等。

二、旅游者旅游消费的最大满足

旅游消费效果最直接的体现，就是反映为旅游者消费的最大满足。所谓旅游者消费的最大满足，是指旅游者在支出一定时间和费用的条件下，通过旅游消费获得的精神上与物质上的最佳感受。同一种旅游活动给予不同旅游者的满足程度往往因人而异，这要根据每个旅游者的性别、年龄、职业、经历、习惯、心理等各种不同因素所反映的主观印象去评价。也就是旅游者在旅游过程中的感受与其主观愿望相比较，即旅游者的最大满足和在旅游过程中实际所得与主观愿望的最大相符程度。

我们可以用边际效用分析法和无差异曲线分析法来研究旅游消费的最大满足。

（一）边际效用分析法

1. 边际效用递减

任何一种消费品的效用，是指消费者消费该消费品所感到的满足，它包括客观的物质属性和消费者的主观感受。其总效用是指从消费一定量某种物品中所得到的满足程度的总和，以 *TU* 表示。其边际效用是指某种物品的消费量每增加一单位所增加的满足程度，以 *MU* 表示。某消费品的总效用和边际效用的关系可以通过表 4-1 和图 4-1 来表示。

如图 4-1 所示，*MU* 曲线是向右下方倾斜的，它反映了边际效用递减规律；*TU* 曲线是以递减的速率先上升后下降的。当边际效用为正值时，总效用曲线呈上升趋势；当边际效用递减为零时，总效用曲线达到最高点；当边际效用继续递减为负时，总效用曲线呈下降趋势。

表 4-1 某物品的总效用与边际效用表

某物品的量	总效用 *TU*	边际效用 *MU*
1	30	30
2	50	20
3	65	15
4	75	10
5	83	8
6	89	6
7	93	4
8	96	3
9	96	0
10	94	−2

边际效用递减规律指在一定时间内，在其他商品的消费数量保持不变的条件下，消费者从某种商品连续增加的每一消费单位中所得到的效用增量，即边际效用，是递减的。例如，一个必须走完一段路程，但只走了一半却已饿得瘫倒在地上的人，需要 5 个馒头才能吃饱。第一个馒头可以使他站立起来继续行走，因而其边际效用是最大的。后面几个馒头的边际效用依次递减。到开始吃第五个馒头时，他已八九分饱了，因而对于他走完那段路程来说，几乎是可有可无的了，故边际效用最小。

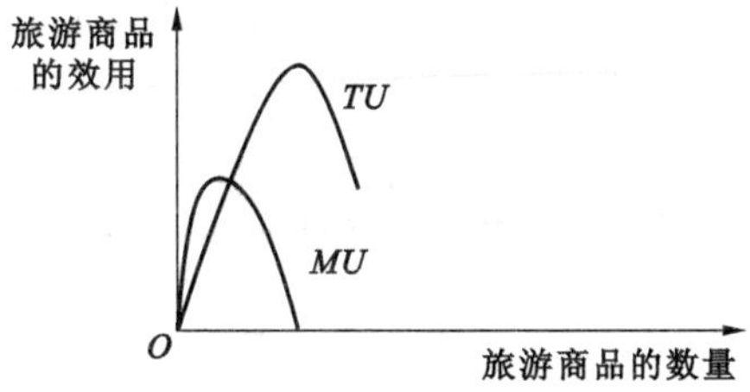

图 4-1　旅游商品的数量与效用关系图

2. 消费者最大效用均衡

旅游者购买和消费旅游商品并非越多越好，而是要以合理的比例均衡购买和消费旅游商品，才能达到旅游消费的最大满足。旅游消费者可自由支配收入是稳定的，在旅游市场上各种旅游消费品的价格也已知。为了使旅游者达到旅游消费的最大满足，旅游者一定要使其所购买的各种旅游消费品的边际效用与它所支付的货币量成正比例关系，或者说使其购买的每个单位旅游商品所获得的边际效用都相等。

用公式说明为：

$$P_xQ_x + P_yQ_y = M$$

$$\frac{MU_x}{P_x} = \frac{MU_y}{P_y}$$

其中，旅游者的货币收入为 M，购买并消费 x 与 y 两种旅游商品，x 与 y 的价格为 P_x 与 P_y，所购买的 x 与 y 的数量分别为 Q_x 与 Q_y，x 与 y 所带来的边际效用为 MU_x 与 MU_y。

假定某个消费者每天的收入只有 4 美元，只购买面包和饮料两种商品，试问他对这两种商品各购买多少才能获得最大效用？

表 4-2 列出了面包和饮料的总效用与边际效用。

表 4-2　面包和饮料的总效用与边际效用

面包(每个 1 美元)				饮料(每瓶 1 美元)			
购买量	总效用	边际效用	边际效用/价格	购买量	总效用	边际效用	边际效用/价格
1	9	9	9	1	4	4	4
2	16	7	7	2	7	3	3
3	20	4	4	3	9	2	2
4	23	3	3	4	10	1	1

根据均衡条件的公式，这位消费者购买 3 美元的面包和 1 美元的饮料这个组合时，总效用达到最大，即 20＋4＝24。

3. 旅游者最大效用均衡

旅游者的旅游消费最大满足也遵循同样的原则。

假设小王预算基本花完 600 元，准备去上海和杭州旅游，上海旅游每天的费用为 100 元，杭州旅游每天的费用为 60 元，请问小王应该如何决策才能达到效用最大？

上海与杭州旅游的总效用与边际效用见表 4-3。

表 4-3　上海与杭州旅游的总效用与边际效用

上海				杭州			
购买量	总效用	边际效用	边际效用/价格（每百元）	购买量	总效用	边际效用	边际效用/价格（每百元）
1	20	20	20	1	14	14	23.3
2	38	18	18	2	27	13	21.7
3	54	16	16	3	39	12	20
4	68	14	14	4	50	11	18.3
5	80	12	12	5	60	10	16.7
6	90	10	10	6	69	9	15
7	98	8	8	7	77	8	13.3
				8	84	7	11.7
				9	90	6	10
				10	95	5	8.3

根据表 4-3,小王的旅游组合可汇总成表 4-4。

表 4-4　小王上海、杭州旅游效用汇总

组合	天数（上海）	天数（杭州）	边际效用/价格（上海）（每百元）	边际效用/价格（杭州）（每百元）	总效用（上海）	总效用（杭州）	总效用和
一	0	10	0	8.3	0	95	95
二	1	8	20	11.7	20	84	104
三	2	6	18	15	38	69	107
四	3	5	16	16.7	54	60	114
五	4	3	14	20	68	39	107

（二）无差异曲线分析法

1. 无差异曲线的定义

无差异曲线用来表示两种商品或两组商品的不同数量组合点的轨迹。无差异曲线分析与边际效用分析的区别在于:无差异曲线并不表示消费者所获得的效用的绝对值,而只是表示产生同等效用的商品组合。

如表 4-5 所示,设现有两种商品 X 和 Y,它们有六种组合方式,这六种组合方式可以给消费者带来同样的满足。

表 4-5　X 与 Y 商品的组合

组合方式	商品 X	商品 Y
A	5	30
B	10	18
C	15	13
D	20	10
E	25	8
F	30	7

根据表 4-5 可以作出图 4-2。图中,横轴表示 X 商品的数量,纵轴表示 Y 商品的数量。

2. 无差异曲线的特征

(1) 无差异曲线是一条向右下方倾斜且凸向原点的曲线,其斜率为负值,表明在增加一种商品的消费时,必须减少另一种商品的消费,两种商品不能同时增加或减少。

(2) 在同一平面图上有无数条无差异曲线,如图 4-3 所示。每一条无差异曲线代表一种满足程度,不同的无差异曲线代表不同的满足程度,离原点越远的无差异曲线所代表的满足程度越大,即 $I_1<I_2<I_3$。

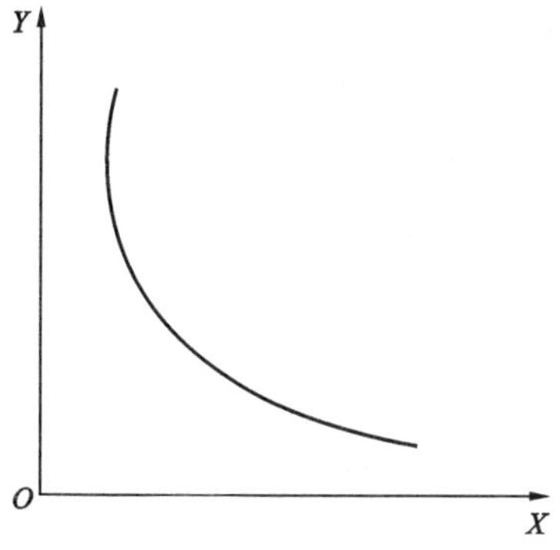

图 4-2　无差异曲线图(一)

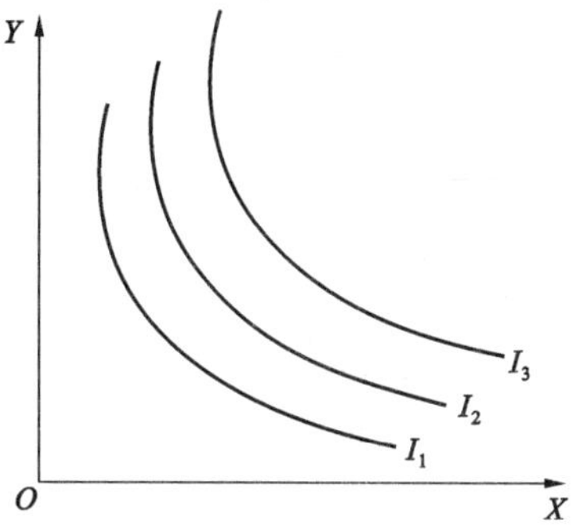

图 4-3　无差异曲线图(二)

(3) 任意两条无差异曲线不能相交。假设可以相交,其交点就具有同等的效用水平,这就是说,两条无差异曲线可以有相同效用水平,显然,这和前提是相矛盾的,因而是不可能的。

3. 开支预算线

无差异曲线只是表示消费者主观上对两种商品不同组合的偏好。要决定消费者对这两种商品的购买量,还必须知道与这个消费者购买行为有关的客观因素:商品的市场价格和消费者用于购买这两种商品的总支出。

开支预算线是指在收入与商品价格既定的情况下,消费者所能够购买到的各种商品数量的最大组合。

例如,消费者收入为 70 元,X 商品的价格为 2 元,Y 商品的价格为 3 元,连接 A、B 两点的直线 AB 被称为开支预算线。在开支预算线的下方,为开支预算线允许的范围,上方为超出开支的范围,如图 4-4 所示。

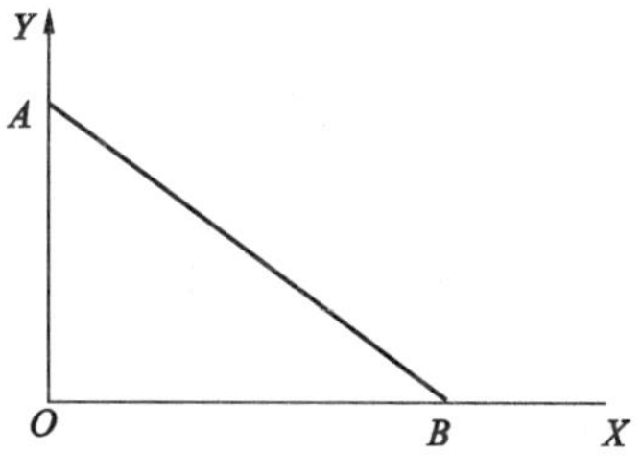

图 4-4　开支预算线

4. 无差异曲线分析

旅游者消费的最大满足,即旅游者在支出一定时间和费用的条件下,通过旅游消费获得物质和精神上的最大满足和感受,是旅游者在旅游活动中心理感受与主观愿望的最大相符程度。根据前面的分析,如图 4-5 所示,要实现旅游者消费的最大满足,就是要选择旅游消费预算线与无差异曲线 U_1 的切点 M。在无差异曲线 U_2 的 N 点上,虽然实现了旅游者较小的旅游消费效用,但没有用完旅游消费预算支出,因而未达到旅游者旅游消费的最大满足;在无差异曲线 U_3 上的 T 点,虽然可以最大地满足旅游者的旅游消费效用,但由于其超出了旅游者的旅游消费预算,因此不可能实现旅游者消费的最大满足。

【例 4-1】 小李有 8 天的假期，准备花 500 元去杭州和上海进行旅游，杭州旅游日平均费用为 50 元，上海旅游日平均费用为 80 元，那么小李如何选择才能达到最大满足？无差异组合表见表 4-6。

表 4-6 杭州、上海旅游无差异组合

组合方式	A	B	C	D
上海(天)	1	2	3	4
杭州(天)	10	7	5	4

小李在进行选择时，主要考虑 3 个方面的因素：一是无差异组合；二是 500 元的开支限制；三是只有 8 天的假期。将上述因素在图 4-6 中表示出来。

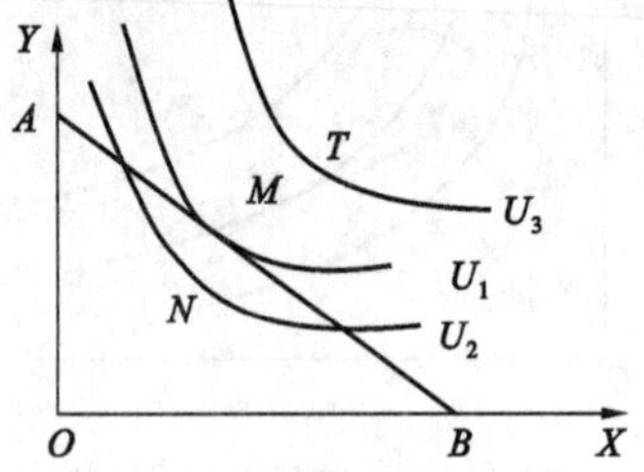

图 4-5 无差异组合曲线图(一)

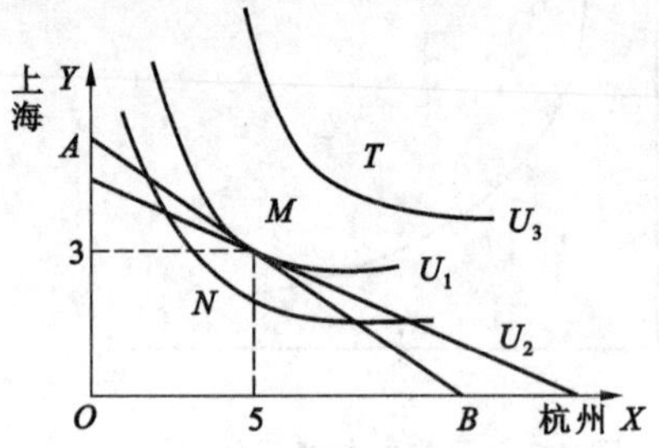

图 4-6 无差异组合曲线图(二)

旅游者外出旅游，有时要对不同旅游目的地进行组合选择。

从图 4-6 中可看出，无差异曲线、预算限制线、时间限制线相切于点 M，小李选择上海旅游 3 天，杭州旅游 5 天，达到旅游消费的最大满足。

当然在现实生活中，旅游者消费最大满足的选择不仅要考虑收入、年龄、爱好等个人因素，还要考虑旅游目的地旅游资源、服务质量、产品价格、旅游政策、社会安定等因素。旅游者的每一次旅游行为，都是对这些因素的综合考虑。

思考与讨论

1. 如何衡量和分析旅游消费效果？
2. 评价旅游消费效果有哪些内容和要求？

案例回放

问题 1：什么是旅游消费效果？

在旅游消费中，要消耗一定量的物质产品与劳务，即旅游消费的“投入”；而通过旅游消费使人们的体力和智力得到恢复和发展，精神得到满足，即旅游消费的“产出”。在旅游者的消费过程中，投入与产出、消耗与成果、消费支出与达到消费目的之间的对比关系，就是旅游消费效果。

问题 2：旅游消费效果具体可以表现在哪些方面？

旅游消费效果具体可以表现在旅游者的满足程度、旅游消费对社会生产力及再生产的积极影响，以及对社会经济发展所起的促进作用，旅游消费能否达到旅游者的预期效果，比如陶冶情操、增长知识、获得最大满足等。

实训题

1. 假设购买一个单位的生活用品需要200元，国内、国际旅游平均每天花费100元，某旅游者想以2000元购买一部分生活用品，并外出旅游一次。他在购买生活用品和消费旅游商品之间如何搭配组合？表4-7为该消费者可以获得满足的组配方式。

表4-7　某消费者获得同等程度满足的消费组配方式

组配方式	甲	乙	丙	丁
旅游商品(天数)	5	10	15	20
生活用品(单位)	18	5	4	3

2. 假定游客计划到上海、杭州两地旅游，表4-8所示几种搭配方案都能使他感到满足。假定在上海旅游，每日平均费用为240元；去杭州旅游，每日平均花费为150元。那么，根据该游客1500元的旅游预算，他应在两地各停留多少天才能得到最大限度的满足？

表4-8　游客获得同等程度满足的各种搭配方案

组配方式	*A*	*B*	*C*	*D*
上海旅游(天数)	1	2	3	4
杭州旅游(天数)	10	6.8	5.8	5

典型案例

假设某个旅游者准备购买X与Y两种旅游商品，已知两种旅游商品的价格分别为$P_x=10$元，$P_y=20$元，该旅游者的收入为100元，并将其全部用于购买X和Y两种旅游商品。两种商品的边际效用MU_x和MU_y如表4-9所示。此旅游者应该购买多少X、多少Y才能得到最大限度的满足？

表4-9　商品X和Y的边际效用表

Q	1	2	3	4	5	6	7	8	9	10
MU_x	5	4	3	2	1	0	−1	−2	−3	−4
MU_y	6	5	4	3	2					

根据收入约束条件的限制，可得出可购买X和Y这两种商品的不同数量组合，及相应的MU_x/P_x与MU_y/P_y和总效用，如表4-10所示。

由表4-10可以看出：只有$Q_x=4$，$Q_y=3$的组合，才既符合收入条件的限制，又符合$MU_x/P_x=MU_y/P_y$的要求。此时，X商品所带来的总效用为14，Y商品所带来的总效用为15。购买X与Y商品带来的总效用为14+15=29，在各种购买量组合中实现的总满足程度最大，也就是实现了消费均衡。

表 4-10 消费者购买 X 和 Y 两种商品的数量组合表

组合方式	MU_x/P_x 与 MU_y/P_y	总效用
1. $Q_x=10, Q_y=0$	$-4/10\neq 0/20$	5
2. $Q_x=8, Q_y=1$	$-2/10\neq 6/20$	18
3. $Q_x=6, Q_y=2$	$0/10\neq 5/20$	26
4. $Q_x=4, Q_y=3$	$2/10=4/20$	29
5. $Q_x=2, Q_y=4$	$4/10\neq 3/20$	27
6. $Q_x=0, Q_y=5$	$0/10\neq 2/20$	20

常识补充

边际效用(Marginal Utility)

西方经济学中边际效用价值论(主观价值论)的价值尺度是指满足人的最后的也即最小欲望的那一单位的效用。

效用价值论在17—18世纪上半期资产阶级经济学著作中已有明确表述。英国经济学家N.巴本曾用物品的效用来说明物品的价值。意大利经济学家F.加利亚尼明确指出,价值是物品同人的需求的比率,价值取决于交换当事人对商品效用的估价,或者说,由效用和物品的稀少性决定。18世纪下半期和19世纪初,劳动价值理论得到发展,效用价值论处于踏步不前的状况。19世纪30年代以后,边际效用价值论逐渐发展。英国经济学家W.F.劳埃德在1833年提出,商品价值只表示人对商品的心理享受,取决于人的欲望和人对物品的估价。人的欲望和估价会随物品数量的变动而变动,并在被满足和不被满足的欲望之间的边际上表现出来,从而实际上区分了总效用和边际效用。

同时期,爱尔兰经济学家M.朗菲尔德也认为,物品市场价格总是由能够引起实际购买的最低限度需求强度来调节的。1854年德国经济学家H.H.戈森提出人类满足需求的三条定理:① 欲望或效用递减定理,即随着物品占有量的增加,人的欲望或物品的效用递减。② 边际效用相等定理,即在物品有限的条件下,为使人的欲望得到最大限度的满足,务必将这些物品在各种欲望间作适当分配,使人的各种欲望被满足的程度相等。③ 在原有欲望已被满足的条件下,要取得更多享乐量,只有发现新享乐或扩充旧享乐。这三条定理后来被称为"戈森定理"。19世纪70年代,英国经济学家W.S.杰文斯、奥地利经济学家C.门格尔和法国经济学家L.瓦尔拉斯各自独立提出比较完整的边际效用价值论,成为边际效用价值论的创始人。19世纪80—90年代,边际效用价值论发展为两个支流:一支是以奥地利的门格尔及其学生F.von维塞尔和E.von柏姆-巴维克为代表的心理学派,另一支是以瓦尔拉斯及其继承者V.帕雷托为代表的数理学派。在帕雷托等人用无差异曲线分析效用后,边际效用价值论又分为基数效用论和序数效用论。

根据边际效用价值论,价值是一种主观心理现象,起源于效用,又以物品稀缺性为条件。

人对物品的欲望会随欲望的不断满足而递减。如果物品数量无限,欲望可以得到完全的满足,欲望强度就会递减到零。但数量无限的物品只限于空气、阳光等少数几种,其他绝大部分物品的数量是有限的。在供给有限的条件下,人们不得不在欲望达到饱和以前的某一点放弃他的满足。为取得最大限度的满足,应把数量有限的物品在各种欲望间做适当分配,使各种欲望被满足的程度相等,这样,各种欲望都要在达到完全满足之前的某一点停止下来。这个停止点上的欲望必然是一系列递减的欲望中最后被满足的最不重要的欲望,处于被满足与不被满足的边际上,这就是边际欲望;物品满足边际欲望的能力就是物品的边际效用。由于这个边际效用最能显示物品价值量的变动,即随物品数量增减而发生相反方向的价值变动,因此,边际效用可以作为价值尺度。"边际效用"一词,由维塞尔首创,用来概括满足人的最后的也即最小的欲望的那一单位的商品的效用,后被沿用下来。

在经济学中,效用是指商品满足人的欲望的能力,或者说,效用是指消费者在消费商品时所感受到的满足程度。在对这种"满足程度"的度量上,分出了基数效用和序数效用两大派别。基数效用论者采用边际效用分析方法,序数效用论者采用无差异曲线分析方法。

基数效用论者将效用分为总效用(Total Utility)和边际效用(Marginal Utility)。总效用是指消费者在一定时间内从一定数量的商品的消费中所得到的效用量的总和。边际效用是指消费者在一定时间内增加一单位商品的消费所得到的效用量的增量。

价值悖论

边际效用理论还可以解释经济学中著名的"价值悖论"。价值悖论(Paradox of Value)又称价值之谜,指有些东西的效用很大,但价格很低(如水);有些东西效用的很小,但价格很高(如钻石)。这种现象与传统的价格理论不一致。这个价值悖论是亚当·斯密在200多年前提出的,直至边际效用理论提出后才给人一个令人满意的答案。解释这一问题的关键是区分总效用和边际效用。水给我们带来的总效用是巨大的,没有水,我们无法生存。但我们对某种物品的消费越多,其最后一个单位的边际效用也就越小。我们用的水是很多的,因此最后一单位水所带来的边际效用就微不足道了。相反,相对于水而言,钻石的总效用并不大,但由于我们购买的钻石极少,所以它的边际效用就大了。根据边际效用理论,消费者分配收入的方式是使一切物品的每元支出的边际效用相等。人们也是根据这一原则来把收入分配于水和钻石上的:钻石的边际效用高,水的边际效用低,只有用钻石的高价格除以其高边际效用,用水的低价格除以其低边际效用,用于钻石和水的每元支出的边际效用才能相等。所以,钻石价格高、水的价格低是合理的。或者说,人们愿为边际效用高的钻石支付高价格,为边际效用低的水支付低价格是一种理性的行为。"物以稀为贵"的道理正在于"稀"的物品的边际效用高。

学习情境五　旅游市场与开拓

学习目标

1. 了解旅游市场的作用，旅游市场细分原则、意义；
2. 熟悉旅游市场的特征，旅游市场调研；
3. 掌握旅游市场的概念，旅游市场细分方法，旅游目标市场定位，旅游市场绩效分析。

技能目标

1. 能运用旅游市场细分有关知识，对当地旅游市场进行细分以及目标市场定位；
2. 能掌握市场调研方法。

任务一　旅游市场概述

任务引入

2017年中国旅游市场前瞻

1. 出国游增势良好：国家旅游局预计，2017年全年国内旅游人数48.8亿人次，同比增长10%；出境旅游人数1.23亿人次，同比增长4%。总体而论，中国出境游市场总量会持续上涨，增速减缓。其中，出国游在2017年会继续保持高速增长，赴港澳台市场回稳。

2. 海岛游火热：从2016年的数据看，海岛游市场火热，2016年，中国赴关岛的游客增长率为11%，达到26000人。截至2016年11月的数字中，斐济的游客总数较2015同期上升了5%。其中，中国上升25.8%，远远超过了其他客源地的涨幅。海岛游的热度将会延续，尤其是在秋冬季节的小长假期间，关岛、斐济等岛屿将迎来越来越多的中国游客。

3. 澳洲市场或有进一步突破：2016年美澳目的地涨幅较为突出，尤其是新西兰，涨幅超过40%，美国、澳大利亚也都有超过15%的增长率。2017年是中澳旅游年，2017年的中澳旅游市场将有进一步的突破。恐袭阴影之下，2016年的欧洲市场除了西班牙、希腊等个别国家外，可谓是集体陷落：瑞士、意大利、法国、荷兰均下降15%左右，而比利时全年下跌达53%。然而，由于欧洲一直以来都是很多中国人梦想中的旅游目的地，因此未来一年如若没有重大突发事件干扰，欧洲市场或将迎来转机。

4. 新兴目的地崛起：2016年出现的新兴热门目的地市场，如捷克(＋10.1%)、阿联酋(10.1%)、柬埔寨(＋34.8%)等，市场潜力不容小觑。在中国游客走遍世界各地最著名的景点之后，越来越多的人开始偏向于寻求新的目的地、新的文化体验，未来的小众旅游目的地市场会逐渐增多，目的地分散化趋势也将更明显。

（资料来源：全国旅游市场网）

问题1：什么是旅游市场？

问题2：旅游市场的功能有哪些？

知识链接

一、旅游市场的概念

市场是社会生产力发展到一定阶段的产物，哪里有商品生产和商品交换，哪里就有市场。早期的旅游活动并不是以商品形式出现的，而是一种社会现象。随着生产力的发展，社会分工的深化，商品生产和商品交换得到了发展，旅游活动逐渐商品化了。因为，一方面社会中出现了旅游活动的购买者；另一方面形成了专门为旅游者提供服务的行业。于是出现了以旅游者为一方的旅游需求者和以旅游经营者为另一方的旅游供给者，两者间的经济联系就构成了旅游商品交换。随着旅游商品交换的发展，旅游市场也随之产生并扩大。旅游市场是旅游产品交换的场所，是旅游供求均衡的机制。旅游市场的概念有广义和狭义之分。

（一）广义的旅游市场

广义的旅游市场是指在旅游产品交换过程中反映的各种经济行为和经济关系的总和。在现代旅游经济中，旅游市场反映了旅游需求者与供给者之间、旅游需求者之间、旅游供给者之间的关系，集中反映了旅游产品实现过程中的各种经济关系和经济行为。

（二）狭义的旅游市场

狭义的旅游市场是指在一定时间、一定地点对某种旅游产品具有支付能力的购买者。从这个意义上说，旅游市场就是旅游需求市场或旅游客源市场。

平时所提到的旅游市场往往指的都是旅游市场的狭义概念，也就是客源市场，这是由客源市场的重要性决定的。没有客源，任何市场都形成不了。旅游者作为旅游活动的主体，它的存在是旅游业生存和发展的前提。旅游业的存在和发展在某种意义上说就是为了满足旅游者的需求，为旅游者提供全方位的服务。顾客光临购买之时，也就是企业走向赢利之时。也就是说，只有首先满足客人的需要，才能进而满足企业的需要。在很大程度上，这两方面是统一的。现实旅游市场的形成必须具备四个基本要素，即旅游者、旅游购买力、旅游购买欲望和旅游购买权利。

1. 旅游者

旅游市场大小取决于该市场上人口数量的多少。一个国家或地区总人口多，则潜在的旅游者就多，需要旅游产品的基数就大，因此，人口的多少反映了旅游产品潜在市场的大小。

2. 旅游购买力

旅游市场大小取决于购买力。购买力是指人们支付货币购买旅游产品的能力，它是由收入水平决定的，没有足够的支付能力，旅游者便无法成行。

3. 旅游购买欲望

旅游市场大小还取决于购买欲望。购买欲望是潜在购买力变成现实购买力的重要条件，没有购买欲望，即使有购买力也不能形成旅游市场。

4. 旅游购买权利

旅游购买权利是指旅游者可以购买某种旅游产品的权利。就国际旅游市场而言，由于国际复杂烦琐的关系，或旅游目的国、旅游客源国单方面的政策限制，如不发放旅游签证或限制出境等，即使人们有旅游消费欲望，有旅游支付能力，但由于旅游权利受阻而无法形成国际旅游市场。

旅游市场的四个要素是密切联系、缺一不可的。其中人口（旅游者）因素是前提，没有旅游者就没有市场；人口多而居民可自由支配收入又高的国家和地区才是真正具有潜力的市场；有了人口和收入，还必须使旅游产品符合旅游者的要求，引起其购买欲望，并在具备旅游权利的情况下，使潜在旅游市场变成现实旅游市场。

二、旅游市场的特征

旅游市场是一种服务市场，销售的是旅游产品。旅游产品不同于一般的商品，它是由旅游资源、旅游设施、旅游服务等多种要素组成的特殊产品，其中既有有形的物质要素，又有无形的非物质要素。由此决定了旅游市场不同于一般的市场，它具有自身独有的特点。

（一）旅游市场的整体性

当今的旅游市场是一个全球性的统一市场。旅游市场的整体性有两层意思：一方面，旅游市场的整体性是由世界范围的旅游需求与旅游供给所决定的。理论上讲，市场对产品的选择有世界性的自由，不受地域、政治、民族局限等的限制，与传统产品消费心理不同的是，它是“求异”而非“趋同”。另一方面，旅游需求是对旅游产品和服务的整体需求。

（二）旅游市场的波动性

旅游业作为一种综合性社会经济现象，它影响和被影响的因素几乎涉及整个社会的方方面面，许多社会因素都可能对旅游需求以及旅游地产生很大的影响，而且这种影响常常是全球关联的作用。战争、政治风波、治安、民族歧视、经济水平等，都可能导致旅游市场的关联性的波动，既可能引起旅游流向的变化、市场结构的变化，又可能引起消费结构的变化。

（三）旅游市场的多样性

旅游市场的主体是旅游者，而旅游者的需求是多种多样的，因而形成旅游市场的多样性。这种多样性主要表现在以下几方面：首先，旅游产品种类的多样性，即不同国家、地区的自然风光和人文景观的不同，必然形成不同的旅游产品，从而使旅游者从中获得的经历与感受也不同。其次，旅游需求的多样性，即旅游者多种多样的偏好引起供给方面的多样性变化，使旅游产品种类更加多样，以更好地满足旅游者的需求。最后，旅游产品购买形式和交换关系的多样性，即包价旅游、散客旅游、包价与零星购买相结合的旅游等。旅游市场的多样性不仅反映了旅游市场发展变化的特点，而且在很大程度上决定着旅游经营的成败。

（四）旅游市场的指向性

旅游供给与旅游需求之间的矛盾关系，同普通产业市场有一个根本性的区别，就是它不像普通商品的生产是适应市场和迎合市场、以市场为主导的。旅游市场可以让需求去适应供给。旅游产品有“不可移动”的特征，旅游产品在地点上不可移动，在所有权上不可转移。更为主要的是，旅游产品的特色是它具有独占的吸引市场的元素。所以它可以让需求去适应它、指向它。旅游消费求新求异的普遍心理，是这个特征的理论根基。普通产品生产讲究

“市场主导”，旅游产品主张“引导市场”，让游客去主动适应它，而非普通商品的供给适应需要。

（五）旅游市场的季节性

旅游市场的季节性来自旅游目的地和客源地两个方面。以自然旅游资源为主的旅游地，受自然气候的影响，产生季节性特征，例如哈尔滨的冰雪节、海滨旅游、漂流旅游等具有明显的季节特征。客源国和客源地的风俗、节假日制度也使旅游市场出现“季节性”变化。因此旅游市场的需求量在时间分布上的不均衡以及旅游供给在时间及季节分布的不均衡导致了旅游市场具有很强的季节性，造成旅游资源和设施在旺季供不应求，而在淡季，部分设施和人员却闲置。所以，旅游目的地国家或地区应根据旅游市场“淡旺季”的不同特点做出合理安排，努力开发淡季旅游市场的需求，把大量的潜在旅游需求转化为现实的旅游需求；合理组织好旺季旅游市场的供给，以减少或消除季节性的影响，使旅游市场向淡旺季均衡化方向发展。

三、旅游市场的作用

旅游市场是社会经济高度发展的产物，是旅游业赖以生存和发展的条件，它对旅游经济的发展起着十分重要的作用，具体表现在以下几个方面：

（一）纽带作用

旅游市场是联结旅游供给者和旅游需求者的纽带。旅游供给者通过市场为自己的产品找到买者，旅游需求者通过市场选择并购买自己感兴趣的旅游产品，因而旅游市场是实现旅游供给者和需求者之间交换的桥梁。旅游市场把旅游需求和供给衔接起来，解决了供求之间的矛盾，从而更好地满足旅游者的需求，更充分地发挥旅游接待设施的能力，促进旅游经济的健康发展。

（二）杠杆作用

旅游市场是调节旅游供求平衡和旅游经济活动的重要杠杆。首先，在旅游市场上，当出现供求矛盾时，旅游经济活动就会受到影响，就会引起旅游市场竞争加剧和价格波动，就要通过市场竞争机制和价格机制的作用，调节生产和消费，使供求重新趋于平衡。其次，通过旅游市场调节，可以使旅游行业各个部门和企业根据旅游供求状况，按比例配置各种资源，进一步实现社会经济资源的优化配置。

（三）检验作用

在旅游经济活动中，旅游者因支付一定的旅游费用而成为旅游服务的权利享有者；旅游企业则因获得一定的旅游收入而成为旅游服务的承担者。在旅游市场中，这种权利与义务、服务与被服务的相互关系，是通过买卖的形式而实现的。因此，旅游费用价格高低、旅游服务质量好坏、旅游住宿等级如何、旅游交通和旅游景点状况如何都必然反映到旅游市场上来，旅游市场成了检验旅游企业经营管理的一面镜子。旅游者在决定是否对旅游产品进行购买之前，在旅游市场上必然要对旅游费用、食宿、交通、景点做出种种选择，只有适合旅游者需求的产品，才是他们愿意购买的旅游产品。旅游企业在旅游市场竞争中，只有认真地调查研究，看到自身经营管理方面的优势和劣势，充分总结成功的经验和汲取失败的教训，才能不断改善和提高旅游企业的经营管理水平和服务质量，提供旅游者易于接受、乐于消费的旅游产品。

（四）信息作用

旅游市场通过自身传递信息，为旅游目的地国家或地区制定旅游业发展规划和经济决策提供依据。作为旅游企业，一方面将旅游产品信息传递给市场，激发旅游需求欲望；另一方面根据市场反馈的旅游需求信息和市场供求状况，调整发展战略和旅游产品价格，组织生产适销对路的旅游产品，市场信息为旅游企业提供了经营决策的依据。作为旅游者，一方面将需求信息传送到市场，为旅游经营者开发旅游产品提供依据；另一方面也从旅游市场上获取信息，产生和调整旅游需求。总之，旅游市场通过信息传导和反馈功能，综合反映旅游市场的供求变化和旅游经济的发展状况。

四、旅游市场机制

（一）旅游市场机制的概念

旅游市场机制是指旅游市场中的交换双方在交换活动中形成的相互影响、相互制约的内在联系形式。具体来讲，就是各旅游市场主体在旅游市场上进行经济活动而形成的供求、价格、竞争、风险等要素有机结合、相互影响、相互制约的运动过程，具体表现为供求机制、价格机制、竞争机制、风险机制的共同作用过程。

（二）旅游市场机制的分类

1. 旅游供求机制

旅游供求机制是指旅游供给和旅游需求之间通过竞争而形成的内在联系和作用形式，也是旅游供求关系在旅游市场中的规律性反映。旅游供求机制的作用主要表现在三方面：第一，旅游供求机制可以及时、灵敏地反映旅游经济运行的内在矛盾，反映旅游市场上供求双方的变化及发展态势，从而为旅游者和旅游经营者提供信号和指示方向，调节旅游市场的供求平衡。第二，旅游供给机制依靠其他机制的配合作用，可以有效实现合理配置社会经济资源的功能，从而调节旅游市场供求结构的平衡。第三，国家可以通过旅游供求机制对旅游经济进行宏观调控，促进旅游业可持续发展。

2. 旅游价格机制

旅游价格是旅游产品价值的货币表现，它既是旅游者与旅游经营者之间进行旅游产品交换的媒介，又是衡量旅游经营者生产和经营旅游产品的劳动耗费量的尺度。在市场经济条件下，旅游价格机制对旅游经济活动的运转的作用是多方面的。对旅游者来说，旅游价格机制是调节旅游需求方向和需求规模的信号。对旅游经营者来说，旅游价格机制是旅游市场竞争和旅游供给调节的重要工具。对政府宏观管理来说，旅游价格机制一方面为国家制定旅游政策、调节旅游经济的运行提供必需的信息，另一方面自发地调节旅游总供给和总需求之间的平衡。

3. 旅游竞争机制

竞争是商品经济的产物。旅游竞争机制是指旅游市场中，各旅游经营者之间为了各自的利益而相互争夺客源，从而影响旅游供求及资源配置方向的运动过程。旅游竞争机制作为市场机制的基本要素之一，其核心内容是争夺旅游者。争夺中间商也是旅游竞争机制的重要内容。争夺旅游者和中间商的目标又集中表现为提高旅游市场占有率，因为旅游市场占有率的高低变化对旅游供求和旅游价格分别产生着决定和影响作用。

4. 旅游风险机制

旅游风险机制是指旅游经济活动同盈利、亏损和破产之间的相互联系及作用的运动形式。旅游风险机制作为旅游市场机制的重要部分，是一种无形的市场强制力量，促使每个旅游经营者承认市场竞争的权威，从而自觉地对市场信号做出灵敏的反应，形成适应旅游市场竞争的自我平衡能力。同时，旅游风险机制利用市场利益的动力和破产压力的双重作用，促使旅游经济主体合理化，按照旅游需求经营适销对路、质优价廉的旅游产品。

思考与讨论

1. 旅游市场有哪些特点？
2. 旅游市场的功能有哪些？

案例回放

问题 1：什么是旅游市场？

广义的旅游市场是指在旅游产品交换过程中反映的各种经济行为和经济关系的总和。狭义的旅游市场是指在一定时间、一定地点对某种旅游产品具有支付能力的购买者，从这个意义上说，旅游市场就是旅游需求市场或旅游客源市场。

问题 2：旅游市场的功能有哪些？

(1) 纽带作用；(2) 杠杆作用；(3) 检验作用；(4) 信息作用。

实训题

调查当地旅行社或旅游景点的经营状况，分析旅游市场在其经营中的特点和功能。

典型案例

TripAdvisor 分析：全球旅游六大趋势

趋势一：寻求新的旅游体验

2016 年，所有年龄层的游客都将寻求从未试过的新体验，从邮轮旅游乃至独自旅行。从全球范围看，69％的游客将在 2016 年计划新的旅程。2016 年，1/5 的人会登上邮轮，17％的人会尝试独自旅行，15％的人会尝试首次探险旅游。

趋势二：旅游消费更多只因“值得”

从全球范围内看，2016 年游客的旅游消费将比上一年的消费更高。1/3 的游客在 2016 年的旅游计划中将会提高预算——而这与大多数人所猜想的不一样的是，其原因并不是旅游成本的上升。游客的旅游预算之所以上升，主要因为整体的价值认可度(提升了)，游客们感觉假期旅游有益于健康。在增加旅游预算的游客中，49％的人说其原因是他们和他们家人应享受更好的旅游，31％的人则认为此举(增加预算)对其身心健康很有意义。

2016 年，澳大利亚游客将是旅游消费最高的群体，他们计划中的平均旅游预算超过了 10800 美元，相比之下，全球的旅游预算均值仅为 5600 美元。

趋势三：根据文化因素和特价优惠来选择旅游目的地

目前影响游客选择旅游目的地的因素很多，不同国家游客的情况也有所不同。而价格和旅游套餐选择一直都有很大影响，一半的游客会根据特价优惠之类的因素来选择旅游目的地。从全球范围看，47％的游客表示，他们选择去一个地方旅游，是因为该国家或地区的文化因素和风土人情；而 21％的游客表示，其选择一个旅游目的地的原因，纯粹是某家酒店提供了优惠特价或组合套餐。"电视旅游"也将更加流行，1/5 的游客造访一个旅游目的地，是因为在电视节目中看到这个地方。澳大利亚和欧洲大陆的游客是最容易受到文化和社会因素影响的群体，而美国、英国、爱尔兰和巴西游客，则最容易受到朋友和家人的推荐影响。

亚洲游客（目的地选择）尤其容易受移动端的视频的影响，约 1/3 的印尼人（34％）、33％的日本人和 30％的泰国人会根据电视节目（看到的地方）来选择旅游目的地。提供特价优惠的酒店对于爱尔兰、加拿大、英国、美国、葡萄牙游客特别具有吸引力，这些游客都深受特价优惠和住宿套餐的影响。

趋势四：保持酷和在线连接

决不可低估酒店设施对游客预订决策的影响。空调和 Wifi 网络在众多设施条件中最为重要，2016 年的游客在考虑住宿选择的时候将会关注这些条件。从全球范围看，63％的游客表示，空调设备是选择住宿地点时必不可少的条件。其比早餐（40％）和游泳池（26％）更具影响力。而如果没有免费 Wifi，46％的人将会考虑其他的住宿选择。另外 26％的游客认为高速 Wifi 是不可或缺的，但仅有 11％的人愿意为高速网络服务支付额外的费用。

趋势 5：客房价格上涨（乐观的视角）

全球将近一半（约 47％）的酒店在 2016 年将提高客房的价格。尤其在南美，47％的酒店将会提价。多数（65％）酒店提价是为了弥补间接成本的上涨，但也有超过 1/3 的酒店提价是因为其新近完成了装修（37％的酒店），或者入住需求上升了（35％的酒店）。3/4 的酒店对其 2016 年的盈利率保持乐观。其中多数（65％）酒店表示，其乐观态度是因为 2016 年当地将举办的会展活动较多。绝大多数酒店（91％）将直接预订的增长视作其未来业务的关键要素。这解释了 2016 年所有酒店中，计划更多投入营销广告（48％）和流量获取（47％）的酒店数量不到一半的原因。

趋势六：管理品牌的在线声誉

品牌的在线影响力，对于一家企业来说仍然是至关重要的；在 2016 年，酒店业主将会继续密切追踪人们在网上如何评价酒店的服务。93％的酒店表示，在线旅游评论对其未来业务是非常重要的。所以毫无意外，2016 年的品牌在线声誉管理仍然是酒店业主投资的重中之重，约 59％的酒店表示，2016 年在这方面的投入将超过 2015 年。

整体而言，价值对 2016 年的游客来说是关键因素，每一个游客都很想从各自的旅程中收获最多。特价优惠有助于游客决定其旅游决策，而关键的设施条件，比如客房 Wifi 和早餐供应等，对游客选择哪家酒店有显著的影响。

（资料来源：环球旅讯）

常识补充

市　　场

市场这个名词大家都很熟悉，很多人对于市场的认识或认知都来自于经济学，而营销学对市场的认识和经济学并不完全相同。经济学站在一个宏观的视角上，看到的是市场的全貌，它看到市场上有买方，有卖方，有买卖双方，因此，市场常常被表述为商品交换关系的总和，市场是体现供给与需求之间矛盾的统一体。供给方代表的是卖方，卖方想高价卖，而买方想低价买，这在客观上是一对矛盾。这种矛盾在市场上又必须统一，因为只有统一了，卖方和买方各自的销售和采购愿望才能实现。认识这种矛盾与统一的最一般的规律性，是经济学的任务。由于出发点不同，营销学与经济学对市场的认知也不尽相同。营销学是站在企业这个微观主体的立场上来认识市场的。企业眼中的市场，是从企业参与市场交换过程的活动中来认知的(如图 5-1 所示)。从企业参与市场的活动来看，大约可以分为两类：一类是采购活动，另一类是销售活动。在采购的过程中，企业要购买各种各样的生产资料，包括劳动力在内。在销售活动中，企业要销售自己所生产和经营的各种各样的有形商品和无形服务。不管是面对销售还是面对采购，企业大的销售背景都是一样的，都是买方市场。所谓买方市场，是指在商品交换活动中主动权掌握在买方手中，买什么，买多少，最后以多高的价格来购买，都取决于买方。

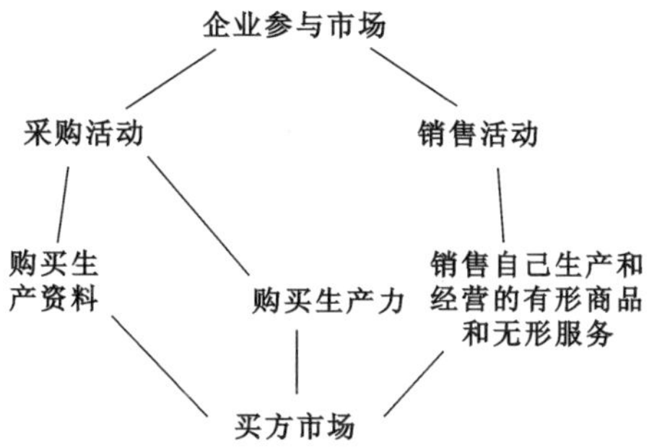

图 5-1　企业参与市场活动图

当企业以买方身份参与市场交换活动时，比较容易实现自己采购各种生产资料的愿望。但在面对买方市场的大背景下，企业要想实现自己的销售愿望，在参与市场销售活动时，其市场地位就发生了变化，这时候企业就不再是买方，而成了卖方。在卖方居于被动地位的情况下，要想实现自己的销售愿望，对于企业来讲是很不容易的，必须花费较大的精力。那么，企业眼中的销售市场是什么呢？是摊位、店铺、工商税务吗？显然不仅仅是这些。企业在认识销售市场时，面对承载自己所经营、所销售的各种各样有形商品和无形服务的市场，首先看到的应该是人。但是，如果这些人没有购买力，没有钱，商品同样卖不出去，因此，有了人还要有钱，有钱的人才可能购买你的产品，才能实现你的销售愿望。这是两个基本的因素。除此之外，有钱的人如果不买你的商品，那你的商品还是卖不出去。因此，有人、有钱以后还要有购买的欲望。也就是说，想买你的商品的有钱人，才是你所面对的市场。这三个必要的因素结合在一起，企业眼中的市场就变成了实实在在的买主、顾客或者客户。营销学把市场假定为买方，把自己假定为卖方。这样，对市场的认知虽然比经济学的含义窄，但是在企业的经营活动中却有较强的实用性，因为它找到了企业经营活动的重点，找到了营销工作的目标。

图 5-2 所示为经济学与营销学的市场定义。

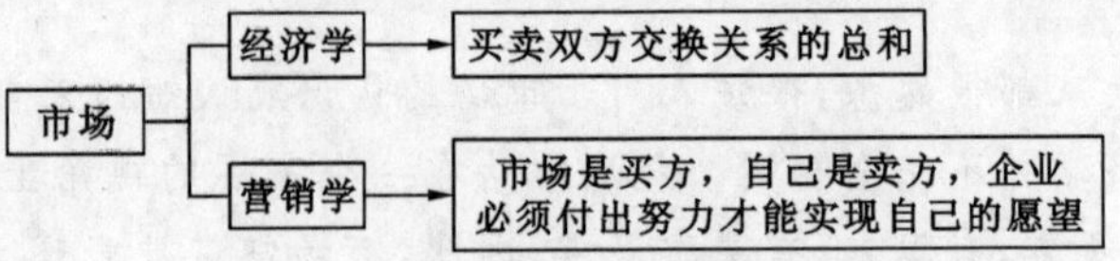

图 5-2　经济学与营销学的市场定义

任务二　旅游市场细分

任务引入

我国旅游市场细分成新加坡旅游营销主题

面对全球旅游业在中国的游客争夺战，新加坡推出了细分中国旅游市场的两大“非常”主题。在上海举行的 2008 年中国国际旅游交易会上，新加坡推出面向家庭和个人的慢游“新”主意——两大“非常”主题，以细分中国旅游市场夺取先机。随着慢游概念越来越受到中国人重视，新加坡希望以此制造更多机会，让我国旅客能够细心品味旅途中的每个细节。

针对家庭亲子游的“非常家庭”以及给都市新人类推荐的“非常自我”，是为不同的人群量身打造的不同的旅游套餐与路线。为配合“非常家庭”这个主题，新加坡旅游局将在圣诞期间联合 30 多家新加坡旅游景点与餐馆，特别推出特惠计划，让一家大小都能在新加坡尽兴游玩。

据悉，为充分发挥邻近中国的先天优势，新加坡还将联合东盟国家参与“畅游东盟国家——非凡游轮体验”展出，与其他东盟国家合作推广游轮度假配套，让我国旅客体验一次出游，游历数国的便利。

（资料来源：钱春弦. 山西新闻网）

问题：什么是旅游市场细分？新加坡针对中国的旅游细分市场推出了何种旅游产品？

知识链接

一、旅游市场细分的概念

（一）市场细分

在大众化营销阶段，卖方通过大量生产、大量分配和大量促销，向所有的买主提供单一的产品。比如福特提供“T”型汽车给所有的顾客。顾客从它那里可以得到的汽车“除了黑色以外没有其他颜色”。但随着社会经济的发展和人们需求的多样化，任何一个企业都不可能满足整个市场和全部消费者的需要，大众化营销正在走向死亡。面对激烈的市场竞争，越来越多的企业选择建立在市场细分基础上的目标市场营销。就市场而言，它存在着许多不同的特征，根据这些特征将市场分割成若干性质有所差异的组成部分，每个部分就构成了一个细分市场。企业进而在细分市场上同对手竞争，而不试图在整个市场内竞争。

（二）旅游市场细分

任何一种旅游产品的供给者，不管是一个旅游目的地国家，还是一家旅游企业，都没有足够的实力面向整个旅游市场，满足所有旅游者的需要。因此有必要对旅游市场进行细分，以确定各个国家、地区或企业的市场目标。旅游市场细分，就是根据旅游者需求的差异性，把一个整体旅游市场划分为若干个旅游者群体，从而确定企业目标市场的活动过程。旅游市场细分不是产品分类，而是根据旅游需求的差异划分为不同的细分市场。旅游市场上有各种不同需求的旅游者，进行市场细分首先要发现不同旅游者之间的需求差别，然后把需求相同的旅游者归为一类，每一类就形成一个小的细分市场。由此不难看出，市场细分的目的是为了选择和确定目标市场。其意义主要表现为：

第一，有助于选定目标市场。旅游目的地和旅游企业在对市场进行细分的基础上，便于分析各细分市场的需要特点和购买潜力，从而可以根据自己的旅游供给或经营实力有效地选定适合自己经营的目标市场。

第二，有利于有针对性地开发产品。旅游目的地和旅游企业在选定目标市场的基础上，便可以针对这些目标消费者的需要，开发适销对路的产品。这样，不仅可以避免盲目开发产品造成的失误和浪费，而且为顾客满意提供了基本保证。

第三，有利于有针对性地开展促销。对于旅游目的地和旅游企业来说，开展促销工作毫无疑问是非常重要的，因为再好的旅游产品如果不为旅游消费者所知，就无异于该产品不存在。但是，无论是一个旅游目的地还是一个旅游企业，其营销经费都是有限的。因此，如何利用有限的促销预算获取最大的促销成效也就成了旅游营销工作中重要而现实的问题。针对目标市场开展促销可以避免因盲目促销而造成的浪费，有助于提升促销的效果。

二、旅游市场细分原则

要使旅游市场细分真正发挥其作用，还必须符合某些原则，即一个有效的细分市场必须具备足够的容量，是可以区分、可以衡量的。

（一）可衡量性

可衡量性是指各细分市场的需求特征、购买行为等要能被明显地区分开来，各细分市场的规模和购买力大小等要能被具体测量。要做到这一点，就要保证所选择的细分标准清楚明确，能被定量地测定，这样才能确定划分各细分市场的界限。另外，所选择的标准要与旅游者的某种或某些旅游购买行为有必然的联系，这样才能使各细分市场的特征明显，且范围比较清晰。

（二）可盈利性

细分出的市场在顾客人数和购买力上足以保证企业取得良好的经济效益。首先必须保证细分市场的相对稳定性，也就是说，企业在占领市场后的相当一段时期内不改变自己的目标市场，以便企业制定较长期的经营策略。不仅要保证企业的短期利润，还必须有一定的发展潜力，保持较长时期的经济效益，从而不断提高企业竞争能力。

（三）可进入性

经过细分后所确定的目标市场要使旅游产品有条件进入并能占有一定的市场份额。旅游企业必须从实际出发，以保证细分出的市场是企业的人力、物力、财力等资源所能达到的，是企业经营力所能及的，否则不能贸然去开拓。此外，企业营销人员要有与客源市场进行有效信息沟通的可能，具有畅通的销售渠道，这对于具有异地性特征的旅游市场尤其重要。

三、旅游市场细分方法

旅游市场细分不是产品的简单分类，而是根据旅游者的需求属性和内容的差异性划分不同的细分市场。所以，进行市场细分首先要对旅游者的需求进行细分，再根据各种标准，将有共同需求的旅游者归为一个细分市场。常见的旅游市场细分的方法有地理细分、人口细分、心理细分、行为细分等。

（一）地理细分

按地理因素细分旅游市场是一种传统但至今仍然得到重视的细分方法，主要以地域、距离、气候为划分依据。旅游景点、企业的接待对象来自世界各个地区，分布于不同地区的旅游者对同一类旅游产品或服务的需求、偏好存在较大的差异，对旅游产品的价格、销售渠道和促销措施的反应也不同。而且地理因素相对来说是静态因素，利用起来比较容易，细分出的市场也较易辨认，按照细分市场所在地安排广告促销、布局销售网点，费用合理，营销力量也比较集中。这是旅游景区（点）、企业细分市场遵循的重要原则。

（二）人口细分

人口细分是根据旅游者的年龄、性别、家庭规模、婚姻状况、家庭生命周期、收入水平、职业、文化程度、宗教、民族、种族、社会阶层等因素进行细分。如根据年龄可分为老年、中年和青年旅游市场；根据性别可分为男性和女性旅游市场；根据婚姻状况可分为已婚和未婚旅游市场；根据受教育程度可分为受过高、中、初等教育旅游者细分市场；根据家庭生命周期，可分为不同阶段的旅游市场，如年轻单身、年轻夫妇没小孩、年轻夫妇有小孩、成年夫妇有小孩、成年夫妇子女成家和老年夫妇等阶段细分市场。每个细分市场都有其一定的特点和与众不同的需求，从而构成总体需求的多样性和每个小市场的特殊性。表5-1为2009年1—9月入境游外国人按年龄、性别细分人数表。

表5-1　2009年1—9月入境旅游外国人人数（按年龄、性别分）　　单位：万人

国别	合计	年龄					性别	
		14岁以下	15～24岁	25～44岁	45～64岁	65岁以上	男	女
总计	1598.63	70.35	130.60	729.73	575.84	92.12	1040.07	558.56
亚洲小计	1002.19	36.59	76.97	475.10	354.08	59.45	670.81	331.38
日本	240.88	8.00	9.07	94.38	104.76	24.67	177.54	63.33
韩国	243.48	11.58	16.88	102.63	95.82	16.57	160.20	83.29
朝鲜	8.07	0.08	0.45	3.55	3.86	0.13	7.20	0.87
蒙古	42.13	1.55	6.09	24.62	9.51	0.36	20.43	21.70

续表 5-1

国　　别	合计	年　　龄					性　别	
		14 岁以下	15～24 岁	25～44 岁	45～64 岁	65 岁以上	男	女
菲律宾	56.17	0.98	3.39	35.90	15.09	0.81	43.60	12.56
泰国	38.15	1.26	2.90	17.66	13.72	2.61	18.03	20.12
新加坡	59.62	2.37	2.86	24.40	26.08	3.91	38.58	21.05
印尼	33.98	1.36	3.15	17.68	9.87	1.92	17.41	16.57
马来西亚	71.67	2.23	4.05	35.50	25.48	4.41	44.46	27.21
巴基斯坦	6.00	0.18	0.71	3.52	1.47	0.12	5.39	0.60
印度	32.70	0.95	3.22	19.71	8.10	0.71	27.73	4.96
尼泊尔	1.63	0.02	0.15	1.12	0.33	0.01	1.36	0.28
斯里兰卡	1.74	0.04	0.19	1.00	0.48	0.03	1.41	0.33
哈萨克	20.31	0.51	2.30	10.81	6.36	0.33	12.64	7.67
吉尔吉斯	2.41	0.04	0.31	1.32	0.71	0.03	1.53	0.88
其他	143.26	5.45	21.25	81.30	32.44	2.82	93.30	49.96
美洲小计	183.12	15.42	14.60	62.17	76.22	14.71	116.08	67.04
美国	126.40	10.15	9.84	39.19	55.80	11.41	81.70	44.70
加拿大	39.78	3.78	3.27	14.60	15.46	2.67	23.32	16.46
墨西哥	2.33	0.11	0.24	1.30	0.60	0.09	1.55	0.78
其他	14.61	1.38	1.25	7.08	4.36	0.54	9.52	5.09
欧洲小计	336.40	14.09	34.61	154.89	118.60	14.21	201.71	134.70
英国	39.17	1.67	2.87	15.80	16.23	2.60	27.54	11.63
德国	37.96	1.46	2.43	17.18	14.45	2.43	27.49	10.47
法国	31.49	1.88	2.74	14.63	10.48	1.76	20.63	10.86
意大利	13.90	0.36	0.76	6.90	5.12	0.76	10.54	3.36
俄罗斯	127.17	5.41	19.20	58.61	41.14	2.81	55.18	71.99
瑞士	4.68	0.20	0.29	2.00	1.86	0.33	3.32	1.36
瑞典	8.68	0.46	0.87	3.65	3.17	0.53	5.71	2.97
荷兰	12.40	0.67	0.99	5.30	4.76	0.69	8.28	4.12
挪威	3.44	0.20	0.35	1.28	1.38	0.23	2.32	1.12
奥地利	4.18	0.16	0.32	1.95	1.51	0.24	2.86	1.31
比利时	4.52	0.26	0.34	1.97	1.73	0.21	3.17	1.35
西班牙	8.55	0.27	0.41	4.95	2.59	0.34	5.49	3.05
葡萄牙	3.22	0.10	0.19	1.26	1.45	0.23	2.08	1.14
其他	37.05	1.00	2.84	19.43	12.72	1.06	27.10	9.95
大洋洲小计	47.97	3.71	2.82	18.56	19.51	3.37	29.80	18.17
澳大利亚	39.94	2.97	2.35	15.05	16.62	2.95	24.87	15.07
新西兰	7.25	0.71	0.41	3.08	2.65	0.41	4.37	2.89
其他	0.78	0.03	0.07	0.43	0.24	0.02	0.57	0.21
非洲小计	28.78	0.53	1.60	18.92	7.36	0.37	21.57	7.21
其他国家	0.16	0.01	0.01	0.08	0.07	0.00	0.10	0.07

（资料来源：国家旅游局）

（三）心理细分

按心理因素细分旅游市场，主要是以旅游者个性特征、兴趣和爱好、生活方式等因素作为划分旅游者群的基础，注重同一区域需求的差异性。例如，有的人旅游是为了寻求刺激，有的人旅游是为了寻求安宁。根据旅游目的可将旅游市场细分为度假、观光、会议、商务、奖励、探亲访友旅游市场。但具有相同心理因素的旅游者通常分散于不同的地理区域，增加了景（区）点针对各细分市场布置营销力量的难度。而且，心理因素是动态的，不如地理因素容易把握，因此，在旅游市场细分中，应着重考虑将心理因素与地理因素结合起来。表 5-2 为 2009 年 1—9 月入境旅游外国人按目的细分人数表。

表 5-2　2009 年 1—9 月入境旅游外国人人数（按目的分）　　单位：万人

国　别	合计	目　的				
		会议/商务	观光休闲	探亲访友	服务员工	其他
总计	1598.63	376.51	738.59	5.92	169.89	307.72
亚洲小计	1002.19	230.00	406.99	5.47	118.29	241.44
日本	240.88	57.25	76.72	2.50	10.14	94.26
韩国	243.48	84.51	106.84	0.48	22.80	28.86
朝鲜	8.07	1.40	0.29	0.02	4.20	2.16
蒙古	42.13	3.74	1.94	0.03	2.85	33.57
菲律宾	56.17	2.16	15.95	0.04	33.46	4.57
泰国	38.15	1.77	30.43	0.02	3.62	2.31
新加坡	59.62	9.90	22.36	2.18	3.23	21.95
印尼	33.98	1.34	25.02	0.03	5.44	2.15
马来西亚	71.67	14.44	47.52	0.05	4.33	5.32
巴基斯坦	6.00	2.28	2.06	0.00	0.50	1.15
印度	32.70	9.25	11.95	0.04	6.91	4.56
尼泊尔	1.63	0.16	1.18	0.00	0.04	0.25
斯里兰卡	1.74	0.67	0.24	0.00	0.64	0.18
哈萨克	20.31	1.75	11.78	0.00	4.54	2.23
吉尔吉斯	2.41	0.25	1.41	0.00	0.59	0.15
其他	143.26	39.13	51.30	0.07	14.98	37.79
美洲小计	183.12	39.36	112.38	0.18	8.95	22.25
美国	126.40	30.19	74.83	0.11	6.18	15.09
加拿大	39.78	5.46	27.80	0.05	1.39	5.08
墨西哥	2.33	0.55	1.37	0.00	0.15	0.25
其他	14.61	3.16	8.37	0.02	1.23	1.83

续表 5-2

国　别	合计	目　　的				
		会议/商务	观光休闲	探亲访友	服务员工	其他
欧洲小计	336.40	86.41	176.57	0.18	37.67	35.57
英国	39.17	12.14	19.69	0.03	2.15	5.16
德国	37.96	13.75	14.99	0.03	3.03	6.16
法国	31.49	6.38	17.12	0.04	2.14	5.82
意大利	13.90	4.89	6.38	0.01	0.73	1.89
俄罗斯	127.17	29.50	74.97	0.01	16.76	5.94
瑞士	4.68	1.51	2.23	0.00	0.31	0.63
瑞典	8.68	1.98	4.70	0.01	0.34	1.66
荷兰	12.40	1.83	8.03	0.01	1.07	1.46
挪威	3.44	1.01	1.73	0.00	0.13	0.57
奥地利	4.18	1.38	1.89	0.00	0.39	0.51
比利时	4.52	0.86	2.80	0.00	0.21	0.64
西班牙	8.55	2.00	5.50	0.00	0.13	0.91
葡萄牙	3.22	0.38	2.39	0.00	0.21	0.24
其他	37.05	8.81	14.15	0.02	10.06	4.01
大洋洲小计	47.97	8.71	30.35	0.07	2.65	6.19
澳大利亚	39.94	7.57	25.53	0.05	1.97	4.82
新西兰	7.25	1.01	4.53	0.01	0.41	1.30
其他	0.78	0.13	0.30	0.00	0.27	0.08
非洲小计	28.78	12.01	12.24	0.01	2.33	2.18
其他国家	0.16	0.02	0.05	0.01	0.00	0.08

（资料来源：国家旅游局）

（四）行为细分

不同的旅游者在行为上往往会有很大的差异，因此按照旅游者的行为进行市场细分是很有效的。依据购买组织形式变量将旅游市场细分为团队市场和散客市场，是旅游市场最基本的细分形式之一。而近些年来散客市场得到很大的发展，成为世界旅游市场的主题。在这一市场中，形式也日益复杂多样，出现了独自旅游、结伴同游、家庭旅游、小组旅游等形式。又比如，有些旅游者在旅游时只乘坐某一家航空公司的飞机或只住某一家旅店，因此，航空公司和旅店可以按照这种行为习惯将旅游者分为坚定的品牌忠诚者、转移型的忠诚者和无品牌偏好者，然后通过一系列市场营销活动来扩大市场占有率。

四、旅游市场细分的步骤

（一）选定市场范围

旅游经营者在确定了总体经营方向和经营目标之后，就必须确定其经营的市场范围，这项工作是企业市场细分的基础。企业应充分结合自己的经营目标和资源，从广泛的市场需求中选择自己有能力服务的市场范围，不宜过窄或过宽。

（二）了解客源市场

在确定适当的市场范围后，根据市场细分的标准和方法，了解市场范围内所有现实和潜在顾客的需求，并尽可能详细地归类，以便针对旅游者需求的差异性，决定采用何种市场细分变量，为市场细分提供依据。

（三）分析可能存在的细分市场

通过分析不同旅游者的需求，同时找出旅游者需求类型的地区分布、人口特征、购买行为等方面的情况，做出分析和判断，构成可能存在的细分市场。

（四）确定主要的市场细分标准

企业应分析哪些需求因素是重要的，通过与企业实际情况和细分市场的特征进行比较，寻找主要的细分因素，筛选出最能发挥本企业优势和特点的细分市场。

（五）为可能存在的细分市场命名

旅游经营者可以根据各个细分市场的主要特征，用形象化的语言或其他方式，为各个可能存在的细分市场确定名称。

（六）深入了解各细分市场

通过深入分析各细分市场的需求，了解旅游市场上消费者的购买心理、购买行为等，对各细分市场进行必要的分解或合并。这项工作将帮助旅游企业寻找并发现最终的目标市场。

（七）分析各细分市场的规模和潜力

在前面六个步骤完成后，各细分市场的类型已基本确定，此时企业应估算各细分市场的潜在销售量、竞争状况、赢利能力、发展趋势等，并找出市场的主攻方向，进而确定目标市场。

市场细分的以上步骤有利于企业在市场细分中正确选择营销目标市场，但无须完全拘泥于某一种模式，可以根据实际情况进行简化、合并或扩展。

五、旅游目标市场选择

旅游客源市场，尤其是国际旅游客源市场广阔，要想招徕与接待所有的旅游者，不管对于国家或地区还是对于企业都是不可能的。明智的做法是从本国或本地区或本企业自身的实际出发，选取合适的目标市场与合适的目标市场阶层，根据目标市场与目标市场阶层进行旅游市场要素的最优组合，从而达到旅游经营的最佳目标。旅游企业在确定目标市场时，有三种目标市场策略可供选择。

（一）整体目标市场策略

整体目标市场策略又称为无差异目标市场策略，即旅游企业把整个旅游市场作为自己的经营对象，不进行市场细分，只用一种市场要素组合来对付整个市场，集中满足旅游者的共同需求，不考虑旅游者需求上的差异性。运用这种策略能大大减少旅游企业的经营成本，发挥旅游企业的规模效应，但由于忽视旅游者需求的差异，会导致旅游者不满，从而影响旅游企业的形象。

（二）多目标市场策略

多目标市场策略又称差异性目标市场策略，即旅游企业在市场细分的基础上选择几个细分市场作为自己的目标市场，针对每个细分市场的需求特点，设计和组合不同的旅游产品，并采取不同的旅游营销方式分别进行营销，以差别性产品和促销方式满足差异性目标市场的需求。运用这种策略，由于采用了不同的市场要素进行组合，即多种产品、多种价格、多种销售渠道及多种促销手段来满足不同的目标市场需求，从而获取较多的市场份额，增加企业收入，并能减少企业经营风险。但由于该策略的目标市场较多，企业的教育费用、营销费用也随之增加，市场营销、管理难度也相应增加。

（三）集中性目标市场策略

集中性目标市场策略又称密集型目标市场策略或单一目标市场策略，指在细分市场基础上，只选择某一个或少量细分市场作为其目标市场，集中旅游企业的人力、物力、财力实行专业化生产和经营的策略。这一策略所追求的不是在整体市场上占有较小的份额，而是力图在较小的细分市场上占有较大的市场份额。多数中小企业采用的都是这种策略，它可使中小企业在较小的细分市场上争取拥有较高的市场占有率，并且还能在特定市场取得有利地位，节省市场营销费用，提高产品与企业知名度，迅速扩大市场，获得较高的经济效益。但由于旅游企业将所有资源集中在某一细分市场上，因此所冒风险大。一旦细分市场情况发生突变或出现较强的竞争者，整个企业就可能陷入困境，面临巨大的危险。运用此策略时，要密切注视市场的变化，及时调整，使风险控制在最低限度。

思考与讨论

1. 为什么要进行旅游市场细分？旅游市场细分应坚持什么原则？
2. 旅游市场细分的方法有哪些？如何进行旅游市场细分？

案例回放

问题：什么是旅游市场细分？新加坡针对中国的旅游细分市场推出了何种旅游产品？

旅游市场细分，就是根据旅游者之间需求的差异性，把一个整体旅游市场划分为若干个旅游者群体，从而确定企业目标市场的活动过程。

随着细细品味、慢游概念越来越受到中国人的重视，新加坡针对中国家庭和个人细分市场，为不同的人群量身打造了不同的旅游套餐与路线，推出了慢游“新”主意——两大“非常”主题，即针对家庭亲子游的“非常家庭”以及针对都市新人类的“非常自我”。同时为充分发挥邻近中国的先天优势，新加坡还将联合东盟国家参与“畅游东盟国家——非凡游轮体验”展出，让我国旅客体验一次出游，游历数国的便利。

实训题

结合实际，调查你所在地旅游产品的细分市场，进行分析评价，提出合理化建议。

典型案例

细分游客市场开放全域旅游　让世界都来享受“慢石林”

有人把旅游分为“在场旅游、在地旅游和在线旅游”，石林可以说是典型的“在地旅游”。如果你不到石林身临其境，你就体会不到大自然的奇观——石头森林那独有的气势。正因为这一独有的喀斯特地质地貌形成的世界奇观，石林成为到云南旅游不得不去的一个地方，成为云南的一张世界级旅游名片。

10 多年来，石林旅游捧回了世界地质公园、世界自然遗产两项国际顶级旅游品牌，取得了国家 5A 级旅游景区、全国文明风景旅游区、全国旅游标准化示范景区三项国内最高旅游品牌。

但是，石林早就注意到了一个旅游事实：游客更多地是花两个小时来参观一趟石林便匆匆离开，有的团队甚至都没有留下在石林吃一餐饭的时间。大多数游客都认为，看石林很值，但也就看一看而已，新鲜感一过，也就过了，没有更多的值得回味的东西，回头客很难得。

更有一个数据引起了石林的注意：那是 2012 年国庆后，国家旅游部门公布了一份调查报告，数据显示，全国“组团游和散客游的比例已经达到 5∶5”。这意味着什么？这意味着国内团队的旅游拐点已经到来。国内市场散客游数量的增加速度非常快，团队游数量在散客游、自驾游数量迅猛增加的情况下，正在回落。这是大数据释放的又一个明显的信号：必须在考虑传统的观光游游客需要的情况下，更多地考虑散客游的需求。尽管当前进入石林景区的旅游人数中，团队人数仍占绝大多数，但“5∶5”这个数字提醒石林，必须未雨绸缪，要拥有多元化的旅游产品，才能吸引需求越来越多样化的游客。

石林同时还注意到：作为石林县的支柱产业，旅游业牵动着石林经济社会的方方面面，石林县要实现产业发展，也必须以旅游为突破点，虽然越来越多的老百姓主动汇入到旅游业的发展中，百姓参与旅游致富，但旅游带动民富远未达到理想状态。石林的旅游要改变门票经济的状态。

石林提出了石林旅游的两个转型思路：一是要从单纯的观光游转向休闲度假游；二是要从单一的景区游转向全域旅游。应打造国际最佳旅游胜地和滇中经济区东南新城，加快建设美丽石林幸福彝乡。

石林还提出，要举全县之力推动石林旅游再上新台阶。无论是交通规划，还是城市发展定位，都要围绕旅游这一关键词展开。在充分调动全县人民的智慧之时，石林还要学会借助外力，邀请专家学者和业界精英，从旅游产业链上准确把脉石林旅游发展定位。

自驾游的发展，催热了户外露营需要。在钢筋水泥混凝土的城市呆久了，人们想到青山绿水间与大自然亲密地接触，自由呼吸，放松自己。而云南因其环境的优美，自然景色和人文资源的多元性，以及四季如春的气候，靠近东南亚的特点，成为未来野外露营的天堂。石林当机立断，打造中国最美的露营地，启动了长湖建设云南省首批露营示范点的工作，同时，积极承办昆明国际旅交会国际汽车露营大会。未来的长湖露营地也将更美：不仅有完美的露营条件，包括房车和帐篷露营，而且有吃、有玩、有购，营地活动中包括登山、环湖自行车骑行、水上运动等。

旅游是融合度最高的产业，一、二、三产业均可融合进入旅游产业，其开放性可以让全民参与其中。石林将以旅游业的转型推动全县产业的转型，做大做强主导产品，扩散关联的产业链，一次支撑和带动县域经济快速发展，带动民富。

（资料来源：http://roll.sohu.com/20131024/n388846980.shtml）

常识补充

目标市场——市场细分标准

要正确地进行市场细分，首先必须合理地确定细分市场的标准。由于消费品市场和工业品市场的购买者各有不同的动机和目的，因此市场细分的标准也有所不同。

消费品市场的一般标准

A. 地理环境　　B. 人口状况　　C. 消费心理　　D. 购买状况

工业品市场的细分标准

A. 用户的性质　　B. 用户的规模　　C. 用户的地理位置　　D. 产品的纵向细分

任务三　旅游市场开拓

任务引入

唐山市旅游市场开拓成效明显

2008年以来，唐山旅游业集中精力紧紧锁定京津，创新思路，多措并举，全力抓好市场开发，取得了比较好的成绩。截至目前，全市共接待游客910万人次，实现旅游收入42亿元，提前完成全年工作任务。综合分析，唐山旅游业主要采取了以下市场开拓措施：

一是整合联动出强势。市场宣传必须实施捆绑促销、强势出击才能形成良好的市场效应，拿有限的资金全面撒网、分散使用不可取。为此，唐山旅游业整合市、县、景区三级宣传资金，谋划了重点投放方案：京沈高速公路上，20多座广告塔一夜之间形成了唐山旅游的强烈视觉冲击；旅游广告在央视1套、4套黄金时段连续播放，树立起品牌形象；红墙广告、河北日报、中国旅游报专版形成连续记忆刺激；唐山旅游网与新浪联合举办“优秀旅游口号征集活动”，引导旅游消费。

二是立足资源谋节庆。节庆活动是旅游宣传的良好载体，是把资源转化成经济的有效手段，是拉动旅游经济的"一驾马车"。今年7月，月坨岛推出了"海洋美食节""乐亭厨娘家常菜比拼""北京十大名厨大赛"，生动地勾勒出别开生面的海岛美食盛宴，吸引了广大游人；10月，滨海旅游趋淡，"月坨岛摇滚音乐节"又激情上演，黑豹、二手玫瑰、洪启等十几支乐队汇聚一堂，向社会各界展示月坨岛的浪漫风情。

三是借助外力做文章。旅游业内的物力、财力、人力是有限的，做好旅游宣传还需要借助外力进行打造。唐山中国陶瓷博览会是唐山的重要经贸活动，唐山旅游业紧紧抓住这个有利时机，大打旅游牌，适时推出陶瓷文化旅游博览园项目，广泛销售"购瓷游"。在这种市场感召下，9月27日珠海进京的一个旅游专列毅然延长线路到唐山购买陶瓷并游览了清东陵。除了利用好全市的社会经济活动发展旅游外，唐山旅游业还十分重视另一个外力——唐山民众。去年唐山成立了全省第一家旅游集散中心，唐山市旅游局下大力气完善其运行机制和服务品质，全面开展"唐山人游唐山"活动。

（资料来源：河北省旅游政务网．市场开发处．2008年10月15日）

问题：什么是旅游市场开拓？唐山旅游业主要采取了哪些旅游市场开拓措施？

知识链接

一、旅游市场竞争

（一）旅游市场竞争的重要性

竞争是商品经济的产物，只要有市场就必然有竞争，在旅游市场上，自始至终都存在着竞争。竞争规律是价值规律的孪生兄弟，竞争是价值规律得以实现的必要条件。按照价值规律的要求，商品的价值是由社会必要劳动量决定的，而社会必要劳动量的决定只有通过竞争才能得以实现。不同旅游产品生产者在生产同种旅游产品时所花费的个别劳动量是不相同的。只有通过市场竞争、比较，才会形成旅游产品的社会必要劳动量，形成统一的社会价值，才能进行交换活动。所以，竞争既是价值规律得以全面实现的必要条件，又是价值规律的必然反映。随着旅游业的发展，旅游市场由卖方市场转向买方市场，国际旅游市场竞争日趋激烈。近十年来，亚太地区旅游业迅速发展，竞争态势也随着旅游市场的日趋成熟而逐步升级，市场竞争更多地表现在客源流向而不是流量上。近几年我国面临着周边国家和地区旅游业的激烈竞争。旅游统计显示，当我国的法国客源连续三年出现减少时，正步入经济高速发展的越南却以年接待25万法国游客而在亚洲独占鳌头。前几年，曾在中国十分活跃的独联体游客正越来越多地涌向泰国，有一部分甚至经由新加坡飞往澳大利亚，寻找新的贸易机会。面对旅游业激烈的市场竞争，各国纷纷调整营销策略以期在竞争中求生存、求发展。新技术的发展与普及，也加剧了旅游市场的竞争，如计算机预订系统的兴起与普及。它首先运用于航空客运预订系统，再到饭店销售预订系统，最终影响了处于旅游产品组合与销售终端环节的旅行社。在由手工操作到电脑操作的升级过程中，所有旅行商都无一例外地经历了"适者生存"法则的考验。适应者进一步发展，在高技术销售网络中占有一席之地。特别是国际互联网的发展，使现代旅游市场成为统一的世界旅游市场，任何企业要想经营成功，都必须到全球旅游大市场中去竞争。旅游市场竞争也有利于改善企业经营管理和提高经济效益。市场竞争的实质就是要求提供优质产品，增加产品品种，搞好服务并以物美价廉、适销对路的旅游产品供应市场。如果达不到这个要求，就会在竞争中失败甚至被淘汰。在市场经济条件下，扼杀竞争必然阻碍市场经济的发展。只有适应市场竞争，才能促进企业改善经营管理和提高产品质量，不断提高社会经济效益。

(二) 旅游市场竞争的分类

竞争是市场存在的条件，但不同市场的竞争程度也有很大的差别。经济学家根据参与竞争厂商的多少和产品的差异程度，从理论上将市场分为四种类型，即完全竞争市场、完全垄断市场、垄断竞争市场和寡头垄断市场。

1. 完全竞争市场

完全竞争市场是指一种不受任何阻碍和干扰的市场。完全竞争的市场结构必须具备以下条件：一是市场上存在许多彼此竞争的旅游者和旅游经营者，每个旅游者和旅游经营者所买卖的旅游产品数量在整个市场上占有的份额都很小；二是各旅游经营者生产经营的同种旅游产品是完全相同的；三是所有生产要素资源能够在各行业间完全自由流动，旅游经营者可以自由地进入和离开完全竞争的市场；四是市场上每个旅游者和旅游经营者都具有充分的市场信息。只有具备以上四个条件的市场才能称为完全竞争市场，因而完全竞争市场实际上只是一种理论上的假设。

2. 完全垄断市场

完全垄断市场是指一种产品市场完全由一家厂商所控制的状态，并且这个厂商生产的产品没有任何替代品。因而完全垄断厂商对其产品的价格和产量具有很大的控制权。完全垄断市场也属少见，只见于某些国家特许的独占企业，如公用事业（包括邮政、电话、自来水等企业）、对某种产品拥有专利权或拥有独家原料开采权的企业。在旅游经济中，某些独有的旅游资源开发成的旅游产品会形成垄断产品，从而形成一定的完全垄断市场。

3. 垄断竞争市场

垄断竞争市场是一种既有垄断又有竞争的市场结构，它是一种介于完全竞争和完全垄断之间的市场类型。垄断竞争市场结构具有以下特点：一是同类旅游产品市场上拥有较多的旅游经营者，每一经营者的产量在市场总额中只占较小的比例，任一单独经营者都无法操纵市场；二是旅游经营者进入或退出市场较容易；三是不同的旅游经营者生产的同一类旅游产品存在一定的差异性，而这种差异性使质量或销售条件处于优势的旅游产品在价格竞争、市场份额的占有上略优于其他经营者的产品。

4. 寡头垄断市场

寡头垄断市场指为数不多的旅游经营者控制了行业绝大部分旅游供给的市场结构。每个大企业在行业中都占有相当大的份额，以致其中任何一家经营者的产量或价格变动都会影响旅游产品的价格和其他经营者的销售量。这是介于完全垄断市场和垄断竞争市场之间的一种市场形式。在现实市场经济中，寡头垄断比完全垄断更为普遍。从总体上看，旅游市场是一个垄断竞争的市场，该市场既包括垄断因素也包括竞争因素。其垄断性主要表现在以下几个方面：一是旅游产品具有差异性，即每个国家或地区的旅游资源状况不可能是完全相同的，从而导致每一种旅游产品都有其个性，都有其诱人之处。于是，旅游产品之间的差异性在一定程度上形成了一种垄断。二是政府的某些政策限制形成一定的垄断。例如目前我国政策规定，严格限制外国人到中国办旅行社，对合资饭店的合资期限和投资比例也有明确规定，从而限制了完全竞争的市场态势。三是由于非经济因素限制，使旅游者不能完全自由选择旅游产品而进入任何旅游目的地。

（三）旅游市场竞争的内容

旅游市场竞争的主要内容包括争夺旅游者、争夺旅游中间商和扩大市场占有率三个方面。

争夺旅游者是旅游市场竞争中最基本、最核心的内容，因为争夺到的旅游者的数量越多，表明旅游产品的销售量越大，从而为旅游目的地国家、地区或旅游企业带来的收入越高，经济效益就会越好。

争夺旅游中间商是指对从事转销旅游产品、具有法人资格的经济组织和个人的争夺。各种各样的旅行社和旅游经纪人是销售旅游产品的重要分销渠道，如我国的各类旅行社、西方国家的旅游批发商、旅游经营商和旅游零售商。通常，国际包价旅游产品大多数是通过国际旅行社、外国旅游批发商和旅游零售商来出售的。因此，争夺到的旅游中间商越多，得到的支持越大，旅游产品的销量就越多。

提高旅游市场占有率也是旅游竞争的重要内容之一。旅游市场占有率分为绝对占有率和相对占有率两种。旅游市场绝对占有率是指一定时期内，某旅游经营者所接待的旅游人数的绝对量与同期该旅游市场总接待的旅游人数总量之比；相对占有率是指一定时期内，某旅游经营者的市场绝对占有率与同期、同市场范围最大竞争者的市场绝对占有率之比。

若旅游市场的相对占有率大于1，则说明该旅游目的地国家、地区或旅游企业在市场竞争中处于优势；若旅游市场的相对占有率等于1，则说明该旅游经营者与最大竞争对手势均力敌；若旅游市场的相对占有率小于1，则说明该旅游经营者在市场竞争中处于劣势。旅游市场竞争是激烈的，因而必须进行科学的市场调查和预测，然后采取合适的市场竞争策略。

二、旅游市场调查和预测

为了确定好旅游市场的战略目标，加快对旅游市场的开拓，必须搞好旅游市场调查和市场预测。

（一）旅游市场调查

1．旅游市场调查的分类

（1）按旅游市场调查范围，可分为宏观市场调查和微观市场调查。

宏观市场调查主要包括市场总需求、总供给的调查，市场环境调查等内容。旅游市场总需求是指整个社会在一定时期内有支付能力的，通过市场交换的对旅游产品的需求总量。旅游市场总供给是指整个社会在一定时期内对旅游市场提供的可供交换的旅游产品的总量。旅游市场宏观环境是指影响市场供求变化的经济、政治、社会、文化教育等状况。微观市场调查，是就旅游企业生产经营开展的市场调查，是企业根据营销活动的需要而进行的特定调查，包括消费者需求调查、企业市场营销状况调查和市场竞争调查。旅游者需求调查主要包括旅游动机、旅游客源结构和游客费用支出状况调查。市场营销状况调查包括旅游者对新、老旅游产品质量、生命周期各个阶段的要求、意见和建议的调查。市场竞争调查主要调查企业有哪些竞争对手，哪些是现实的竞争对手，哪些是潜在的竞争对手；竞争对手的资金实力、旅游产品项目设计、服务质量、价格水平等状况。

（2）按市场调查的目的，可以分为探索性调查、描述性调查和因果关系调查。

探索性调查指正式调查前的试探性调查，一般采取研究第二手资料的方法或召集专家开展询问调查。当市场调查的问题和范围较模糊时，可以采用探索性调查。如某旅游市场产品销量急剧下降，不清楚到底是什么原因所致，只有先作探索性调查，找出主要原因，才能做深入的正式调查。描述性调查是指为了描述事物状况特征而进行的调查。它主要是通过深入、实际的调查研究，收集和整理有关事实的情况和资料，将市场的有关客观情况如实地加以描述和反映，来说明事物之间的因果关系及内在联系等。因果关系调查是要找出问题的原因和结果，也就是专门研究“为什么”的问题。描述性调查是提供问题中的各因素关联现象，而因果关系调查是找出形成这类关系的原因。因果关系调查把描述性研究中提出的变量分为自变量和因变量，进一步研究各自变量对因变量的影响程度和大小。

2. 旅游市场调查的程序

旅游市场调查分为三个阶段，即调查准备阶段、实地调查阶段和结果处理阶段。经过必要的调查准备之后，便应着手实地调查，收集资料。资料的收集可分为二手资料的收集和一手资料的收集。二手资料是他人收集并经过整理的资料，这些资料比较容易取得。二手资料的来源是：企业内部资料；政府机关、学术团体公布的统计资料；公开出版的期刊、文献、报纸、杂志、书籍和研究报告等；有关国际或区域旅游组织和专业旅游市场调研机构的年报和其他资料等。二手资料的搜集比较简便，而且节省费用。一手资料又称原始资料，是调查人员通过现场实地调查所收集的资料。

3. 旅游市场调查的方法

旅游市场调查的方法有很多，常见的有调查法、观察法、实验法和会议法。调查法可以用个别面谈或小组讨论等方法进行，也可以用电话询问、邮寄调查表或混合调查法进行。观察法是指调查人以直接观察具体事物作为搜集资料的一种手段。实验法是从影响调查对象的若干因素中选出一个或几个因素作为实验因素，在其余诸因素均不发生变化的条件下，了解实验因素变化对调查对象的影响。会议法是指通过召开专门的调查会议或者调查者利用参加其他会议的机会进行调查。由于各种会议集中了各种不同的专门人才，因此能收集到内容广泛、水平较高的答复。

（二）旅游市场预测

旅游市场预测是指运用各种定性和定量方法，对旅游市场未来的发展变化作出分析和推断。科学的市场预测需要应用定性分析和定量分析方法，并且将两者有机结合起来运用。

1. 定性分析

定性分析是对预测目标的性质以及可能估计到的发展趋势作出的分析。旅游市场定性分析方法包括旅游者意见法、经理人员判断法、营销人员估计法和专家预测法。旅游者意见法是通过对旅游者进行调查或征询，来进行旅游市场预测的一种方法。其具体做法是：当面询问、电话征询、写信、要求填写调查表、设立意见簿、召开座谈会等。经理人员判断法指旅游企业邀请企业内部各职能部门的主管人员根据各自的经验，对预测期的营业收入作出分析和估计，然后取其平均数作为预测估计数。营销人员估计法是指当旅游企业难以接近调查对象时，由企业内外的营销人员对市场作出预测。使用这种方法的企业，要求每个推销员对今后的销售作出估计，营销经理再与各个推销员一起复审估计数字，并逐级上报预测数字和汇总。专家预测法是指由企业聘请社会上或企业内部的专家进行市场预测。

经理人员判断法和营销人员估计法简便易行，节省费用，比较适合在新旅游企业的发展初期运用。

2. 定量分析

定量分析是在前期搜集大量旅游市场信息的基础上，用数学的方法来研究、推测未来事件的变化及发展趋势。用定量分析法预测旅游市场需求一般要使用多种统计方法和计量经济学方法。常用的方法有时间序列分析和回归分析法。时间序列分析包括简单平均法、移动平均法、指数平滑法、变动趋势预测法；回归分析法包括一元线性回归法和二元线性回归分析法等。

三、旅游市场开拓策略

旅游市场开拓策略是指旅游企业为取得最佳经济效益，在选定的目标市场上，在一定时期内，有计划地综合运用各种可能的市场营销策略和手段，进行旅游市场的开拓。旅游市场开拓策略就是把旅游产品、价格、促销和分销等组合起来，结合市场环境，推进旅游业营销工作，确保实现旅游市场战略目标。具体的市场开拓策略主要有以下几种：

（一）旅游产品策略

对于旅游企业而言，首先要决定用何种产品和服务来满足目标市场需求，包括旅游产品组合、旅游产品生命周期、旅游新产品开发等方面。旅游产品开发是目前旅游市场开发的关键因素。目前我国的旅游产品开发面临的问题是：产品结构单一，配套设施不完善，供给不适应需求，产品质量下降等。针对旅游产品开发存在的问题，可采取以下对策措施：一是加速观光产品的更新换代，满足旅游需求的不断变化；二是积极开拓专项旅游产品，适应市场细分化的需求；三是迅速推出散客产品，加快形成旅游散客市场；四是大力开发具有民族特色、地方特色的旅游产品。

（二）旅游价格策略

产品定位之后，就要根据目标市场上的旅游者需要和市场竞争状况，制定一个合理的、有竞争力的旅游价格。旅游价格策略有新产品定价策略、心理定价策略和折扣与让价策略等。旅游价格制定的基础是成本，价格是由成本和盈利构成的。当旅游市场处于卖方市场形势下，可采用以成本为中心的定价方法；买方市场形势和市场竞争比较激烈的情况下，应采用以需求为中心的定价方法和以竞争为中心的定价方法。

（三）旅游促销策略

促销是旅游目的地政府或企业为激发旅游者的购买欲望，影响他们的消费行为，扩大产品的销售范围而进行的一系列宣传、报道、说服等促进工作。促销的过程就是信息沟通的过程。促销策略就是对促销对象、促销技术、促销方法、促销效果进行科学的选择、配置、控制和评价。促销手段有广告、宣传、公关、参加或举办各种旅游博览会等。目前，我国国际旅游市场促销面临的问题是促销投入太少，不适应市场开拓需要；地方旅游企业自己出国推销的机会增多，参加联合促销的积极性减弱。针对上述问题拟采取下述对策：增加促销投入，利用旅游基金解决企业参展和促销的部分费用；加强促销针对性，提高企业参展和联合促销的实效；促销形式要多样化，突出民族特色和地域特色；超前制订与布置旅游促销计划，加强旅游宣传品的针对性等。

（四）销售渠道策略

销售渠道是指旅游企业将旅游产品出售给旅游者时所经过的路线、环节、方式、机构设置等。旅游产品销售渠道主要有直接渠道和间接渠道两种。直接渠道是指旅游企业直接销售产品或通过自设的零售网点销售其产品给旅游者;间接渠道是指旅游企业将其产品通过中间商(旅游批发商和旅游零售商)销售给旅游者的途径。目前我国旅游产品销售渠道存在的问题是旅行社的增长幅度高于入境客源的增长幅度,形成买方市场的局面;部分旅行社缺乏积极进取精神,缺乏一批能够积极开发新市场、开拓新渠道、发展新客户的销售人员队伍等。针对这些问题,今后应采取的对策:一是开辟新的销售渠道,吸引有组织的团体旅游;二是发展专业旅行社,专门为不同行业提供有关的特色旅游;三是旅游企业要有长期投入的准备,不断巩固和发展销售网络;四是积极利用现代化通信手段,如电视广告、旅游网站等促进旅游产品的销售。

思考与讨论

1. 有哪些旅游市场调查的方法和步骤?
2. 旅游企业在确定目标市场时一般选择哪些目标市场策略?
3. 有哪些旅游市场开拓策略?

案例回放

问题:什么是旅游市场开拓?唐山旅游业主要采取了哪些旅游市场开拓措施?

旅游市场开拓是指为达到旅游市场战略目标,扩大旅游产品销售,实现旅游产品价值,提高旅游市场占有率而进行的一系列活动。它包括两个方面:一是挖掘现有市场潜力,提高现有市场占有率;二是开发新的市场。

2008年以来,唐山旅游业集中精力紧紧锁定京津,创新思路,多措并举,全力抓好市场开发,取得了较好的成绩。归纳起来唐山旅游业主要采取的市场开拓措施有:一是整合联动,捆绑促销,强势宣传,形成良好的市场效应;二是立足本地资源,以节庆活动作为旅游宣传的载体,拉动旅游经济的发展;三是借助外力,加大宣传。唐山中国陶瓷博览会是唐山的重要经贸活动,唐山旅游业紧紧抓住这个有利时机,大打旅游牌,适时推出陶瓷文化旅游博览园项目,广泛销售“购瓷游”,取得了良好的经济效益。

实训题

选定某旅游景区或旅行社,调查它们的目标市场有哪些,在确立其目标市场时采取了哪些市场开拓策略,并结合所学知识进行评价。

典型案例

我国银发旅游市场开拓策略

中国的老年人旅游市场蕴藏着巨大的潜力。首先，老年人大多有一定的经济基础。据中国老龄科学研究中心的一项调查显示，城市老年人中有42.8%的人拥有储蓄存款，到2010年我国退休金增加到8383亿元。其次，老年人有充裕的时间。进入20世纪90年代，中国的家庭结构逐渐由“四世同堂”向“三口之家”甚至“两口之家”转变，于是出现了大批的“空巢家庭”。且现代人提倡晚婚晚育，少生优生，老年人不必整日操持家务，因此老年人的空闲时间非常充足。最后，中国的老年人有强烈的外出旅游欲望。

那么，如何对当下的银发旅游市场进行开拓？

第一，增强银发旅游产品的针对性。

老年群体不同于其他群体，他们的体力和饮食习惯有其特殊性。他们希望拥有一个轻松的、高质量的旅游，过多的景点和过长的旅游周期会使他们体力透支。而旅行社为了赚取利润会安排过多的景点和购物点，导致行程紧迫，从而影响老年游客的心情和身体健康，进而对旅游产生恐惧。这对旅游业的长远发展来说是极其不利的。

第二，强化旅游服务项目的专业性。

目前我国专门开设为银发旅游服务的旅行社可谓是凤毛麟角。一方面它们想吃银发旅游市场这块肥肉，另一方面却又不愿承担风险，投入太多的资金为老年人旅游提供健全的、人性化的服务体系。现在我们的旅游服务体系大部分只能说是一般化和浅层次的。例如，老年人对旅游目的地的选择性强，对出游活动的安排比较慎重。老年人已经失去了青年人所具有的对旅游活动中探险成分的好奇，因此，出发前会通过媒介对目的地的情况作尽可能详尽的了解，并力求提前安排。所以老年旅行社必须在健全网络体系、渗透社会基层、提升服务功能、方便老年游客上下功夫。

第三，更多地满足消费需求，迎合消费心理。

产品要突出老年人特色。目前多数旅行社都接待老年人旅游，但一直是不温不火，究其原因就是没有老年人特色。所以开办老年人旅行社必须有新的特色，比如策划百名老人游、福寿老人游、金婚银婚游等，以特色来产生轰动效应，这样才能吸引老年朋友参加。

注重产品质量，提供优质服务。老年人的购买行为多属于理性购买，强调经济实惠，质量可靠。针对这一情况，旅行社应提供优质产品，并提供优质服务。旅游企业要向老年人提供完善的专门化服务，从而赢得老年旅游市场。在行程上应注意节奏要与老年人的身体状况相适应。在吃、住、行方面要细心安排，保证老人们得到充分的休息。

第四，优化价格策略，实现物美价廉。

老年人属于理智型、节俭型的消费者，价格因素对出游决策起重要作用。追求物美价廉是老年人消费的基本趋向，老年商品价格策略总原则应该是在保证质量的基础上采用较低的价格。随着旅游市场的开放和发展，尽管传统的包价旅游形式正受到日益严峻的挑战，但是对于老年旅游市场而言，包价旅游仍不失为一种较好的选择，这是由老年市场的特点决定的。老年旅游者希望一次性购回成套的旅游产品(交通、住宿、餐饮、游览等诸多项目的组合),而不愿购回“零件”再自己进行组装,因此老年旅游市场应以包价旅游为主,但具体实施时也应根据实际情况做灵活的调整。

第五,采用多元化沟通,进行灵活促销。

在促销方式上,除了传统的“广告+促销”的方式外,更应根据老年人的社会形态实行活动营销、体验营销、公关营销。对老年旅游市场进行广告宣传时要讲究方式方法,注意宣传角度和宣传地点及时间。可在节假日、双休日或其他有利的时机,选择老年人较集中的地点开展老年人旅游咨询活动,以传播相关信息。宣传时注意要从老年人的一种生活需要的角度入手,强调“老年人老有所为、老有所乐”的心理需求。

常识补充

精准化营销助推呼伦贝尔全域旅游

2017年,呼伦贝尔市旅游局突破以往的传统营销模式,以打造国际化高端旅游目的地为目标,紧扣用好“呼伦贝尔”金字招牌,围绕呼伦贝尔大草原、大雪原、大花园、大族源四张旅游品牌,强化品牌带动效应,加快完善旅游宣传体系,建立全媒体、全渠道传播机制,细分旅游市场需求,实现旅游精准营销。

突出主题,实施旅游品牌营销

2017年,将依托世界遗产、世界地质公园、国家5A级旅游景区、国家旅游度假区等一流旅游品牌的创建,打旅游“特色牌”,努力宣传“呼伦贝尔”“敖鲁古雅”“蒙古之源”“拓跋鲜卑”“泰加林世界遗产”“中国冷极”“中国冰雪那达慕”“天天那达慕——做一天蒙古人”等一批高端知名旅游品牌,增强核心旅游吸引力。

重拳出击,强化旅游形象宣传

建立以中央和自治区媒体、互联网平台、专项媒体为主的立体化营销网络体系,全方位推介呼伦贝尔旅游资源。完善旅游宣传营销评估体系,利用有限的营销资金达到最大的宣传效果。

实施旅游+互联网,组织OTO模式营销

2017年要加快智慧旅游建设,充分利用网络、微信、微博等平台推广呼伦贝尔旅游宣传。对接携程、腾讯、途牛、驴妈妈、景域旅游等专业旅游电商合作,通过网站、微信平台等电子媒体主打全域旅游、四季旅游产品,树立呼伦贝尔旅游形象。同时,与相关公司共同合作开展OTO线上线下宣传,组织旅游达人采风活动,通过旅游达人的招募、体验、直播、攻略、旅游论坛推广等综合手段,展开全媒体链条营销,推出原创特色旅游线路及内容,吸引公众媒体新闻聚焦,并引发更多门户网站的推荐及转载。

借助民俗元素,推广文化旅游产品

2017年,将着重打造、宣传、推广《敖鲁古雅》原生态舞台剧、《俄罗斯歌舞表演(大马戏)》、《呼伦贝尔大雪原》、《呼伦贝尔印象》、《室韦化铁出山》、《呼伦贝尔北方少数民族服饰表演》、《界河大舞台》、《天骄民族民俗文化园》等演艺产品,注重用现代声光电表现形式与传统文化结合,推广文化演艺产品,丰富旅游项目,推广民族民俗旅游项目。

科学规划，加快推进旅游宣传营销工作

采取服务外包的方式，将旅游形象宣传片制作、客源地旅游宣传推介等委托给专业化的营销机构，提升旅游宣传营销的质量。借助航线通航、区域合作、部门联动，开展市场营销。积极开拓俄罗斯、蒙古、日本、韩国、港澳台等地区营销，树立国际旅游形象。编撰《呼伦贝尔自驾游路书》、《呼伦贝尔故事》系列丛书、《呼伦贝尔旅游攻略》，制作《四季呼伦贝尔旅游航拍片》，举办呼伦贝尔四季旅游摄影展、“游客眼中的呼伦贝尔十大美景”评选、呼伦贝尔旅游宣传主题口号征集等活动。重点打造中国草原音乐那达慕（夏季）、中国冰雪那达慕暨中国冷极节、满洲里中俄蒙国际旅游节、宝格德圣山祭祀、呼伦贝尔杜鹃节、呼伦贝尔金秋摄影节、中国户外露营大会等节庆活动，提升呼伦贝尔旅游品牌的形象。

学习情境六　旅游价格

学习目标

1. 了解旅游价格的本质和特点；
2. 熟悉旅游价格的构成、分类，旅游产品价格制定的影响因素和定价原理；
3. 掌握旅游产品的价格含义、旅游产品的定价策略、旅游产品的定价方法。

技能目标

能对旅游产品进行科学合理定价。

任务一　旅游价格的含义

任务引入

物价局：国庆黄金周出游　旅行社不得“零团费”

国庆黄金周即将来临，广东省物价局发出通知，要求各旅行社严格执行明码标价制度，在经营场所或收费场所醒目位置对旅游价格予以公示。同时，严禁低价倾销等违法经营行为。旅行社不得以低于成本的报价招徕旅客，不得以低于成本的价格组接旅游团队，更不得实行“零团费”。如旅行社将旅游业务委托给其他旅行社，应向接受委托的旅行社支付不低于接待和服务成本的费用，接受委托的旅行社不得接待不支付或者不足额支付接待和服务费用的旅行团队。

据悉，广东省物价部门将建立旅行社价格行为规范管理工作协调联络机制，依法查处包括“零团费”在内的低价倾销、价格欺诈、串通垄断以及不正当价格行为，并针对出境游、台湾游等政策性、敏感性很强的旅游业务，组织开展联合专项检查，切实维护旅游市场的价格秩序。

（资料来源：新浪网旅游频道，http://travel.sina.com.cn.2009年9月3日）

问题1：什么是“零团费”？

问题2：旅游价格由哪些部分构成？为什么物价局要禁止“零团费”？

知识链接

在旅游经济活动中，旅游经营者与旅游消费者在等价交换的基础上进行旅游产品与货币的交换，在这种交换过程中，价格是保证交换顺利进行和旅游产品使用价值和价值实现的前提条件。

一、旅游价格的本质和特点

（一）旅游价格的本质

价格是商品同货币交换比例的指数，或者说，价格是价值的货币表现。价格是商品的交换价值在流通过程中所取得的转化形式。价格是一种从属于价值并由价值决定的货币价值形式。价值的变动是价格变动的内在的、支配性的因素，是价格形成的基础。但是，由于商品的价格既是由商品本身的价值决定的，又是由货币本身的价值决定的，因而商品价格的变动不一定反映商品价值的变动。例如，在商品价值不变时，货币价值的变动就会引起商品价格的变动。同样，商品价值的变动也并不一定就会引起商品价格的变动。在商品价值和货币价值按同一方向发生相同比例变动时，商品价值的变动并不引起商品价格的变动。因此，商品的价格虽然是表现价值的，但是仍然存在着商品价格和商品价值不相一致的情况。在简单商品经济条件下，商品价格随市场供求关系的变动，直接围绕它的价值上下波动；在资本主义商品经济条件下，由于部门之间的竞争和利润的平均化，商品价值转化为生产价格，商品价格随市场供求关系的变动，围绕生产价格上下波动。

旅游价格是旅游产品价值的货币表现。旅游价格的本质体现为：首先，旅游价格是旅游产品价值的反映，价格的高低首先取决于旅游产品价值量的大小；其次，旅游价格的高低还要受单位货币价值量大小的影响，和单位货币价值量的变化呈反向运动；最后，在市场经济条件下，旅游产品的价格也受价值规律的影响，随着市场供求关系的变化而变化。

（二）旅游价格的特点

受旅游产品自身特点的影响，旅游价格表现出与其他产品价格不同的特点，主要表现在以下几个方面：

1. 综合性

旅游产品是由住、食、行、游、购、娱等多种资源、设施、产品和服务构成的综合产品，这种产品构成上的综合性决定了旅游产品价格的综合性。

2. 季节性

受旅游产品（尤其是自然旅游资源等产品）自身特点、旅游目的地气候等的影响，旅游活动体现出明显的季节性，这促成了旅游产品价格的季节性。

3. 垄断性

受旅游产品独特的自然、社会、历史等因素的影响，许多旅游产品具有地域上的不可移动性和生产上的不可替代性，即旅游产品的垄断性。与此相适应，旅游价格具有一定的垄断性。尽管一些垄断性的旅游产品可以通过现代科学手段进行复制，但在条件许可的情况下，人们仍更热衷于前往其“原生地”参观，以体验其中蕴含的历史和文化。

4. 相对灵活性

旅游产品具有天然的不可贮存性。一方面，旅游产品的经营者出于增加销售额、提高知名度、改善经济效益等目的，在确定产品价格时会采取低价甚至免费的营销策略。另一方面，许多旅游产品具有天然的脆弱性，即当游客人数达到或接近其最大承载量时，经营者会通过高价策略以抑制需求，限制游客量。这种以明显高于或低于产品价值的价格销售产品的做法就体现了旅游价格的相对灵活性。

5. 相对稳定性

尽管旅游产品的脆弱性和不可贮存性以及市场供求关系变化会促使经营者制定相对灵活的旅游产品价格，但旅游产品同时也是一种替代性很强的产品，变化频繁的价格必然会造成潜在消费者心理上的不稳定感，挫伤其购买积极性，既影响旅游产品的销售量，又影响旅游目的地国家和地区的市场形象。

二、旅游价格的构成和分类

（一）旅游价格的构成

旅游价格是旅游产品价值的货币体现，要理解旅游价格的构成，就有必要先理解旅游产品价值的构成要素以及这些要素的具体表现形态。

1. 旅游产品的价值构成

价值是凝结在商品中的人类抽象劳动。旅游产品价值的形成过程就是旅游产品的生产过程，而要进行旅游产品的生产，就要具备生产资料和劳动力。因此，旅游产品的价值包括从生产资料中转移到旅游产品中的那部分价值以及生产过程中活劳动新创造的价值。活劳动新创造的价值又可以分为两部分，即劳动者为自己创造的价值和劳动者为社会创造的价值。因此，旅游产品的价值由以下三部分构成：① 从生产资料中转移到旅游产品中的价值，通常用 c 表示；② 生产过程中劳动者为自己劳动所创造的价值，通常用 v 表示；③ 生产过程中劳动者为社会劳动所创造的价值，通常用 m 表示。因此，旅游产品的价值构成可表示为：$c+v+m$。

2. 旅游产品的价格构成

旅游产品价值构成的各个部分，在货币形态上分别转化为旅游产品价格构成的有关部分，其中，物化劳动转移的价值和劳动者为自己劳动所创造的价值在货币形态上转化为生产成本；劳动者为社会劳动所创造的价值在货币形态上转化为税金和利润。产品在流通过程中的生产性劳动耗费和非生产性劳动耗费是对产品价值的追加。这部分追加是必需的，因为只有把生产出来的产品销售出去，其价值才能得以实现。所以，旅游产品的价格一般由四部分构成，即生产成本、流通费用、税金、利润。用公式表达为：价格＝生产成本＋流通费用＋税金＋利润。

（1）生产成本

生产成本是生产单位产品所需费用的总和。生产成本是价格的主要组成部分，是价格形成的主要依据。旅游产品的生产成本包括：第一，提供旅游服务所凭借的各种建筑物、交通运输工具、服务设施设备，以及原材料、辅料、燃料等的成本。第二，企业从业人员的工资，即对旅游企业员工提供劳务的价值补偿。第三，企业经营管理费用，即企业为进行生产经营活动所必须支付的一定的费用，这部分费用也包括在生产成本之中。需要指出的是，旅游产品价格中的生产成本，是指生产同类旅游产品的社会平均成本，而不是指某个企业的个别生产成本。在旅游市场上，生产同种旅游产品可能有众多的企业，由于各企业的生产条件和经营管理等方面存在着差别，产品的个别劳动耗费是不一样的，从而决定了产品价值有高低之分。但在市场中，社会对同一种旅游产品只能承认一个社会价值，因此，价格中的生产成本只能是社会的平均成本。

(2) 流通费用

流通费用就是商品流通过程中所支出的各种费用。流通费用分为两类：一类是由商品使用价值的运动引起的，是同生产过程在流通领域的继续有关的生产性流通费用，如运输费、保管费、包装费等。因为在运输、保管、包装等方面所耗费的劳动是生产性劳动，它不仅把生产资料的价值转移到商品中去，而且要创造价值和剩余价值，使商品价值增大。这类流通费用可以从已经提高了的商品价值中得到补偿，并从中获得平均利润。另一类是由商品价值形态的变化所引起的费用，这是一种纯粹的流通费用，如店员的工资、广告费、办公费、簿记费、商品信息费等。这类开支是非生产性劳动，不创造价值和剩余价值，也不是商品价值的构成部分，因而不能从售卖商品的实际价值中得到补偿。但旅游产品的提供者必须把这些费用作为旅游产品的一种加价，加到售卖价格中去，从售卖价格中得到补偿。

(3) 税金和企业利润

税金和利润是旅游产品价格构成中的另外两个要素。税金是纳税人依法向国家纳税的金额。旅游企业是从事旅游产品生产和经营的单位，向国家纳税是应尽的义务。利润是企业通过自己的生产经营活动所获得的收入扣除生产成本、流通费用以及税金后的余额。因此，在其他条件不变的情况下，价格与利润两者之间是正相关关系。旅游企业利润的多少，取决于价格水平，价格越高，企业获得的利润就越多。

以上是就单项旅游产品的价格构成而言的。通常我们讲旅游价格，是指综合性旅游产品价格，即旅行社出售的整体旅游产品的价格。旅行社将其购买的单项旅游产品加以组合，实行旅行社项目定价。根据该项目实施中所应包括的食、行、住、游(门票)等各项费用，即购进成本，再加上旅行社自身的费用，以及税金、利润等，构成对外报价，即该项目的旅游价格。目前，在我国一般是在购进成本的基础上加价15%左右。

当然，旅行社代办的交通费、餐饮费、住宿费以及门票等费用，不是由旅行社企业自身所决定的。但是，它可以采取批量代办形式，代办价格与这些企业自身销售的价格相比要低一些，旅行社可以从中得到回扣或打折的好处。

(二) 旅游价格的分类

1. 按服务方式来划分

按照不同的服务方式，旅行社价格又分为以下五种类型。

(1) 全包价。又称统包价，是指旅游者通过旅行社组织，按旅行社推出的某条旅游线路的价格一次性支付货币，就可参加旅行团进行整个旅游行程活动。除税金和附加外，旅行社全包价由房费、餐费、交通费、门票费、翻译导游费、领队减免费、管理费、附加费、综合服务费、不可预见费、保险费等11项费用构成。即旅行社全包价＝上述11项费用＋税金及附加。

(2) 半包价。指在全包价旅游基础上，扣除中、晚餐费用的一种包价形式。其目的在于降低旅游线路的直观价格水平，提高旅游产品的竞争能力，同时也可以更好地满足旅游者在用餐方面的不同要求。

(3) 小包价。又称为可选择性旅游价格，由非选择部分价格和可选择部分价格组成。非选择部分包括接送、住宿和早餐的旅游费用，由旅游者在旅游前预付。可选择部分包括导游、风味餐、节目欣赏和游览参观等，由旅游者自由选择。

(4) 零包价。这是一种独特的旅游形态价格，多见于发达国家。参加这种旅游的游客必须随团前往和离开旅游目的地，但在旅游目的地的活动完全由旅游者自己安排。旅游者参加零包价旅游的好处在于可以获得团体机票价格的优惠。但要指出的是，零包价与我国目前有的旅行社推出的“零团费”是两个不同的概念。

(5) 单项委托服务价格。又称委托代办业务收费，它是旅行社根据旅游者的具体要求而提供的各种有偿服务收费，旅游者需求的多样性决定了旅行社单项服务内容及价格的广泛性。单项服务价格主要有导游服务收费、接送游客服务收费、行李服务收费、订房服务收费、订餐服务收费、订票服务收费、代办签证以及代办其他各项服务的收费等。

2. 按旅游的范围来划分

按旅游的范围，旅游价格可分为国际旅游价格和国内旅游价格。

(1) 国际旅游价格

国际旅游价格包括出境旅游价格和入境旅游价格，由三部分构成：

① 旅游客源国或地区到旅游目的国或地区的往返交通费；

② 旅游目的国或地区的旅游产品价格；

③ 客源国旅行社相应费用与盈利。

一般来说，远程国际包价旅游中，三者分别占包价的25%、45%、30%左右。

(2) 国内旅游价格

国内旅游价格是指旅游者在本国国内旅游的价格，也分单项价格、小包价格与统包价格。

由于不同国家的经济发展水平不一样，不同国籍的旅游者的购买力客观上有差异，因此发展中国家的国际旅游价格比国内旅游价格要高得多。随着经济的区域化和全球一体化进程的加快，服务贸易将日益世界化，旅游价格的国际、国内差异也将逐渐缩小。通过这种划分，可以了解两类不同价格间的差距及其变化趋势，更好地掌握旅游发展方向和速度。

3. 按满足旅游者不同需求的角度来划分

按满足旅游者不同需求的角度，旅游价格可分为基本旅游价格与非基本旅游价格。

(1) 基本旅游价格

基本旅游价格是指满足旅游者在旅游活动中基本要求的各种单项旅游产品价格，主要包括住宿、交通、餐饮、游览、娱乐等产品的价格。这些旅游产品在旅游活动中无论哪一方面的内容缺少，都将直接影响整个旅游活动的正常进行。

(2) 非基本旅游价格

非基本旅游价格是指旅游者在旅游活动中不是必须消费的那些旅游产品的价格，如旅游纪念品、日用品、医疗、美容、邮电等项服务价格。这些旅游产品，可能是旅游者的随机需要，也可能是旅游者的特殊所需，但没有这些旅游产品，旅游活动也可以实现。

一般情况下，基本旅游产品价格的需求弹性较小，非基本旅游产品价格的需求弹性较大。旅游经营者应该针对旅游价格对基本旅游产品和非基本旅游产品的不同弹性，设计、调节不同部分的价格水平，加大对价格弹性大的产品的开发力度，提高旅游接待的整体效益。

4. 按服务质量等级划分

旅行社价格按服务质量等级大体划分为 3 个档次，即标准等、经济等、豪华等。为了合理定价并拉开等级档次间的差价，每个质量规格等级可按旅行团 10 人以上团队级、6～9 人级、2～5 人级和 1 人级等四个档次，对每个档次分别制定不同的价格标准。标准等是按照中等和中上等消费水平的旅客，对旅行游览服务的一般要求划定的，经济等和豪华等则相应地低于或高于标准等。

5. 按旅游价格的具体形式来划分

按旅游价格的具体形式，旅游价格可分为旅游差价和旅游优惠价。

(1) 旅游差价

旅游差价是指同种旅游产品由于经营环节、时间、地点和质量等方面的差异所导致的价格差额。旅游差价的主要表现形式有批零差价、季节差价、地区差价和质量差价等。

① 批零差价

批零差价是指在同一时间、同一市场销售同种旅游产品的零售价格与批发价格的差额。旅行社按批发价向旅游产品生产企业批量购买单项产品，再组合成线路旅游产品，以零售价销售给旅游者，从中获得批零差价。

② 季节差价

受旅游活动季节性的影响，旅游经营者为了调整淡、旺季的供求矛盾，在旺季时调高价格，淡季时调低价格，利用季节差价来调节旅游者的需求。旺季价和淡季价之间形成季节差价。

③ 地区差价

地区差价是指同种旅游产品在不同区域销售价格的差额。一方面，旅游企业出于开拓某一特定地区市场的需要，会以相对低廉的价格在该地区销售，而在其他地区则以相对较高的价格销售。另一方面，为了缓解“热点”旅游景区游客过多的压力和改变“冷点”旅游景区门可罗雀的状况，调节各旅游景区间的游客流量和流向，实行地区差价也是很有必要的。

④ 质量差价

质量差价是指不同质量的同种旅游产品在同一市场销售而形成的价格差额。质量差价是按质论价、优质优价原则的具体体现。例如，不同星级饭店的客房产品，因设施、设备、环境、服务质量不同而价格不同。

(2) 旅游优惠价

旅游优惠价是指旅游产品经营者在明码公布旅游价格的基础上，根据市场经济规律和旅游行业惯例，对旅游者或同业企业给予一定比例的折扣或优惠的价格，其实质上也是一种旅游差价。旅游优惠价主要有以下几种：

① 批量优惠价

批量优惠价是指根据购买者一次购买的数量或累计购买数量的大小，给予一定的价格折扣。批量优惠价又可分为累计折扣优惠价和非累计折扣优惠价。累计折扣优惠价是在规定时间内旅游者累计购买旅游产品或服务的数量超过一定的数额时，可给予一定的折扣优惠，有利于稳定客源渠道，保持旅游人数的稳定增长。非累计折扣优惠价是根据旅游者每次达到一定购买数量或购买多种旅游产品达到一定金额所给予的一定的折扣优惠，有利于鼓励和刺激旅游者扩大购买量，同时有利于减少交易成本。如海南热带海洋世界对旅游团队、机关团体批量购票实行 8 折优惠，东山岭景区旅游客运索道对旅游团队实行 7 折优惠。

② 现金优惠价

现金优惠价是指旅游产品生产者为了鼓励购买者以现金支付或提前付款，而给予购买者一定折扣的优惠。如酒店客房在成交后 10 天内付款就可得到 10%的现金折扣，20 天内付款就可得到 5%的折扣。采用现金优惠价还有利于减少旅游企业的三角债，加快资金周转，减少资金的占用成本。

③ 老客户优惠价

老客户优惠价是指旅游企业为了扩大销售，稳定客源，对老客户给予的一定的价格折扣。制定老客户优惠价的目的是吸引其经常光顾，而不会转向其他旅游经营企业。

④ 同业优惠价

同业优惠价是指旅游行业内部各类旅游企业之间相互提供旅游产品的时候所给予的优惠价，如饭店给旅行社优惠客房价格和一定的佣金，航空公司给予旅行社的优惠机票等。一般而言，凡是旅游行业之间或旅游系统、单位之间的交往，一般都给予一定的折扣优惠。优惠额的大小，一般是根据双方业务往来情况自定或由协议决定。同业优惠价是稳定旅游产品销售渠道的重要措施之一，不论是在国际旅游还是国内旅游都是一种受到广泛认同的旅游行业经营惯例。

(3) 旅游差价与旅游优惠价的区别

从形式上看，旅游差价与旅游优惠价都表现为一种价格上的差额，但两者有着本质的区别。

首先，旅游差价的主要依据是价值规律和供求规律，而旅游优惠价则主要偏重于购销双方的业务往来关系。例如，质量差价的存在以不同质量旅游产品的价值量为基础，季节差价则是对市场供求状况的反映，而同业优惠则只向旅游行业的其他企业提供。

其次，旅游差价是在明码标价的基础上对所有消费者公开的，差价率也相对固定，而旅游优惠价既不对所有消费者公开，其优惠比例也依购销双方业务关系或约定而变化。

最后，旅游差价只是在不同条件下所规定的价格差额，并不附带其他非经济因素，而旅游优惠价在实行过程中还伴随有优质低价、优质免价等非经济因素。

三、旅游价格的管理

旅游价格管理的任务是对旅游价格的制定、调整、执行等环节进行有效的控制与监督。旅游价格同一般商品价格一样，涉及国家、生产者、经营者、消费者(旅游者)的利益，因此，加强旅游价格管理，对于促进旅游事业的协调发展、保证旅游者利益、提高我国旅游声誉，有着十分重要的意义。

(一) 旅游价格管理的原则

1. 兼顾旅游者、经营者、旅游目的地利益的原则

旅游价格管理体制要能更好地发挥价格杠杆在旅游业发展中的调节功能，既要保护旅游者的合法权益，又要维护经营者的合法权益，以提高整个旅游行业的有效供给，同时要兼顾旅游目的地的利益，要有利于目的地旅游创汇目标的实现，促进旅游产业的健康发展。

2. 计划与市场内在统一的原则

在旅游价格管理中，一方面要遵循价值规律，充分发挥市场的调节作用；另一方面，为了维持国民经济的协调发展，促进旅游业的健康发展，构建诚信旅游体系，规范旅游价格行为，

也要适度运用计划的方法。计划与市场的关系不是主与辅的关系。就旅游价格管理而言，无论是政府定价、政府指导价还是市场调节价，都要体现计划与市场内在统一原则的要求。

3. 统一领导与分级管理的原则

旅游价格的制定不仅关系到旅游业的发展，还关系到我国旅游业的国际声誉。因此，凡是涉及全局的有关旅游价格的方针、政策、法规的制定与调整，都由中央统一领导。同时，由于各地的自然、社会、经济条件各不相同，生产力水平参差不齐，需要给地方一定的价格管理权限，以利于地方优势的发挥。

4. 由直接管理向间接管理转变的原则

所谓国家对旅游价格的间接管理，是指国家利用经济政策和经济手段，间接影响旅游商品价格的相对水平和总水平，而不是完全采取指令性计划的形式，规定各类旅游产品价格的具体水平。但实行间接管理，需要以健全的经济运行机制为条件。从我国目前的情况看，企业经营机制不健全，市场体系不完善，宏观调控能力还较差，在这种情况下，完全放弃直接管理方法，有可能引起经济生活的紊乱。因此，为了减少和避免市场调节的盲目性，国家也应对主要旅游商品价格实行直接控制与管理。

（二）我国旅游价格管理的主体

我国旅游价格的管理主体大致可分为三类：① 综合物价管理机构，即各级物价局；② 部门或行业价格管理机构；③ 企业、事业单位的价格机构。大中型企事业单位，大多设有专门的价格管理处（科）或配备有专职人员；小型企事业或兼营机构，其价格工作一般由财会或业务部门兼营。

除了上述的专职或直接管理机构外，我国旅游价格管理机构还有间接管理机构。价格间接管理机构包括经济杠杆部门和社会监督部门两类。前者如工商行政管理、计划、统计、财政、税务、审计、银行、外汇等部门；后者如旅游协会、饭店协会等行业组织。

（三）旅游价格监督与检查

价格监督和检查是价格管理工作的一项重要内容，也是国家管理价格的重要手段之一。通过价格的监督与检查，可以发现企业不合理的价格体制和价格政策，为企业价格的制定和调整提供重要的依据。加强价格的监督检查，有利于纠正企业的各种价格违法行为，对于维护国家和企业的利益、保证旅游者的消费质量都是非常必要的。

1. 价格监督

价格监督包括国家监督、社会监督和企业内部的监督。

国家可以通过各级价格管理机构，从不同的方面对价格进行监督。监督的主要内容是：国家的价格方针和政策是否得到正确的贯彻和执行；国家统一规定的价格是否得以贯彻执行；有无随意提价或降价以及变相涨价的情况；国家规定的各类商品的作价原则和计算方式是否遵守执行；国家规定的价格管理办法和物价纪律是否切实遵守。

社会对旅游价格的监督是指旅游者、旅游企业之间、旅游行业协会组织和社会舆论对价格进行监督。社会对旅游价格的监督方式多样，可以建立价格投诉信箱，邀请各行业人士担任市场价格监督员，设立投诉电话，通过新闻媒介定期公布市场价格情况等。

单位内部对价格的监督是指企业和事业单位的价格员对本单位执行价格政策的监督。监督的主要内容是：有无违反价格方针政策和价格纪律的行为。

从广义上说，价格监督还应包括上级政府及其价格部门对下级政府及其价格部门贯彻执行价格方针、政策和价格分级管理权限情况实行的监督。

2. 价格检查

价格的检查和监督是密切联系的。经常地和定期地开展价格检查(包括价格审计)是价格管理工作的主要内容之一。对旅游企业进行价格检查的基本任务,就是对国家的价格方针、政策和法规以及各种产品价格和收费标准的执行情况进行检查,纠正违反国家价格方针、政策和法规的不法行为。其主要内容是:① 在价格的制定和调整方面,检查有关部门和企业是否执行了国家和企业规定的各类商品价格和收费标准的管理权,有无超越管理权限,擅自变更或自行制定价格和收费标准的现象;② 检查企业有无违反国家规定的作价原则和作价办法乱涨价、乱收费的现象;③ 检查有无不执行价格变动申报制度,自行调整价格及违反规定的调价日期,提前调价或推迟调价的现象;④ 检查企业有无违反国家或合同规定乱削价、乱克扣的现象;⑤ 检查是否按规定浮动幅度进行浮动;⑥ 检查价格的计算依据是否合理,地区差价、季节差价、质量差价是否恰当;⑦ 检查价格政策对旅游产品(或商品)的经营成本、管理费用、供需矛盾以及服务质量的影响等。

价格检查的主要方式有定期检查和不定期检查,普查和重点抽查,自查、互查、行政主管部门检查和行业检查等。价格检查的主要方法有毛利率检查方法、质量检验查价法、跟踪查价法、信息传递查价法、举报查价法、顺查法、倒查法、回头查价法等。

思考与讨论

1. 如何区别零包价与“零团费”?
2. 实际工作中,旅游价格的季节性和灵活性是如何体现的?

案例回放

问题 1:什么是“零团费”?

旅游“零团费”是指旅行社在销售旅游产品时,只收取旅游者的往返交通费、景点门票费(境外旅游还包括签证费用)等费用,旅游产品价格等于或低于旅游产品成本,旅游者在旅行目的地的吃、住、行等费用以及旅行社的利润,都从导游对旅游者的购物及推荐的各种旅游自费活动中收取的一种旅游现象。

问题 2:旅游价格由哪些部分构成? 为什么物价局要禁止“零团费”?

旅游产品价格通常由生产成本、流通费用、税金和利润四部分构成。从构成上看,“零团费”难以补偿旅行社为旅游者支付的全部成本。价格是价值的货币表现,但“零团费”严重背离了旅游产品的价值。旅游“零团费”这种经营方式存在着较大的隐患,对旅游业的发展会产生诸多的负面影响。首先,旅游“零团费”实质上是一种欺骗行为,它扰乱了有序的市场秩序,影响了旅游目的地在游客心目中良好的印象,给旅游目的地的发展蒙上了阴影,不利于旅游业的可持续发展;其次,旅游“零团费”、“负团费”形成的低价产品收费标准,使得旅行社提供不规范的旅游服务,如尽量安排级别低的甚至免费的旅游项目,降低接待标准,安排许多购物活动等;再次,实行“零团费”的旅行社为转移经营风险,把旅游团以倒卖的方式交给导游,从导游那里收取相应的“人头费”,使导游面临巨大的工作压力,在这种现象成为常态以后,旅游行业的人才将会频繁“跳槽”，以寻求稳定的工作环境，人才的流失由此产生。因此，必须严格禁止旅游“零团费”现象的发生。

实训题

目前许多旅行社经营者想方设法用不正当的手法降价，这些手法已经伤害了游客的利益，让旅游这本令人愉悦的经历变成了让人受气的过程。一些旅行社所做的就是尽量压低成本，其结果就是：用最节省的方式，从车、餐、酒店、航班、导游、购物、自费项目、门票等各方面一点一点抠，能省就省，能骗就骗，哪怕引起游客的反感、投诉。这种让人“上当受骗”、“货不对板”的感觉常常彻底破坏了游客的兴致，导致“最美的旅程，最不开心的旅游”。试调查一家旅行社的产品价格，分析其有无价格陷阱。

典型案例

旅游产品价格越低越好吗？
——吉安国旅井冈山京九旅行社

在商品市场中，企业产品价格的不断下调，是行业产品竞争的自然现象。它在一定程度上反映了市场企业管理水平和技术程度的不断提高，产品生产成本的不断降低，企业在市场中竞争能力的不断增强。这对消费者来说无疑是一件值得高兴的好事情。然而，当竞争导致产品价格下调至盈利点以下，进入恶性竞争状态时，就很难说是一种正常现象了。

为了争市场、争客源，在同一条线路、同一接待标准的产品中，价格一降再降，直至降到成本点以下时，便通过抽空旅游线路中需要购门票的景点、设计虚假空线路等手段进行竞争。这种现象，旅游界称之为“砸价”，“砸价”在各地旅游市场较为普遍。

一、“砸价”的产生，是旅游市场处于不成熟阶段。

首先旅游市场超前发展，旅行社自身综合素质滞后，不能适应旅游市场的发展，形成旅行社之间的无序竞争，并陷入价格的误区。其次是旅游行业根本就不存在人们想象中的高额利润，它的获利点仅仅在于各项折扣后的优惠部分。

二、砸价的原因，是游客还未进入理性消费阶段。

老百姓外出旅游只是简单地看直观价格，却不善于区分价格所供应的项目和服务标准中的实际内容。近几年国内旅游景点的门票价格都在不断上升，在同一时间、线路中抽空2～3个景点往往就减少成本百元以上。而老百姓对所选择的旅游线路大都陌生而难以区分其中的真伪。

旅游是一种文化，其产品线路的设计应该具有一种综合的文化内涵。因此，旅游经营者首先必须具有一定的文化修养，游客才能在轻松旅游中真正得到一定的文化享受。而当前，一些旅行社为了吸引客源而采取简易的手段就是降低价格，甚至抽空线路以低于常规价来拉客人。我公司曾在与客户的交往中遭遇过一件很典型的事例：同一条昆明、丽江、大理双飞七日游的线路，我公司的报价为2460元，而另一家竞争同行的报价仅为2260元，从游客角度，自然我们被“淘汰”了。不巧的是十天后我遇到其中一位游客，他是我的好友，他说下次再也不想去昆明、丽江、大理旅游。我问他为什么，他说整天坐车，没看到什么景点，只看到一些老街、老房子。他随后给了我一份线路报价单，我一看十分吃惊，线路中共有280元的景点门票被抽空了。因为是同行，我不便多说。看来，不正常的“低价”，到头来吃亏的仍是游客。商家第一法则就是可以不赚钱，但是不能赔钱。旅行社之间为抢一个团队，将价格降到盈利点以下，其运作“技巧”绝不可能是赔钱，只能是承诺不兑现，景点减少，服务质量不到位。这违背了旅游行业的职业道德和行业规范，也随之造成旅游投诉率增高，这就是恶性竞争。由于价格问题难以用一种尺度去衡量，到现在也没有一个有效的办法来控制这种无序竞争。优胜劣汰是市场规律，自然允许企业运用不同手段去竞争，但是竞争必须遵循一定的游戏规则，不能搅乱市场。一个成熟的旅游市场要靠各方面去努力：

(1) 要制止“砸价”现象。政府部门除了有相应政策外，更要有强有力的实施细则，让旅行社有遵循的规则，谁违规就处罚谁，决不手软。

(2) 旅游企业要提高经营者的素质，这是控制低价竞争现象的前提。行业之间要自律、自珍、自爱。行业协会要发挥行规自律作用，要协调旅行社之间包括价格在内的运作问题。“砸价”的结果不仅仅是损坏了市场，坑害了游客，结果也会损害自身利益。

(3) 制止“砸价”现象，最重要的一点就是让消费者尽快成熟起来，进入理性消费阶段，认清市场。消费者在出游之前首先考虑的不是少花多少钱，而是所花的钱应有所值。价格是由产品的价值所决定的，没有价值就没价格。游客看价格，更要看旅行社的信誉、旅行社的操作程序和品牌，看旅游线路所设定的标准和服务质量，其次还要看其是否有完备的协议和出团手续，以避免上当受骗。只有这样，“砸价”现象才能在市场中有所收敛。

常识补充

价　格　法

……

第三条　国家实行并逐步完善宏观经济调控下主要由市场形成价格的机制。价格的制定应当符合价值规律，大多数商品和服务价格实行市场调节价，极少数商品和服务价格实行政府指导价或者政府定价。

市场调节价，是指由经营者自主制定，通过市场竞争形成的价格。

本法所称经营者是指从事生产、经营商品或者提供有偿服务的法人、其他组织和个人。

政府指导价，是指依照本法规定，由政府价格主管部门或者其他有关部门，按照定价权限和范围规定基准价及其浮动幅度，指导经营者制定的价格。

政府定价，是指依照本法规定，由政府价格主管部门或者其他有关部门，按照定价权限和范围制定的价格。

第四条　国家支持和促进公平、公开、合法的市场竞争，维护正常的价格秩序，对价格活动实行管理、监督和必要的调控。

……

（资料来源：摘自《价格法》）

任务二　旅游产品价格

任务引入

天津:旅游淡季机票打折如影随形　最低低至 1.9 折

“金九银十”的旅游旺季已经渐近尾声，再加上“十一黄金周”结束后，年底前已经再无其他大小假期，因此，随着旅游淡季的到来，机票价格跳水打折也如影随形。信手打开几家机票预订网站的主页，各大航空公司机票折扣的广告比比皆是，而在旺季很难寻觅到的 3 折以下机票也“大行其道”，机票价格战再次“卷土重来”。

在几家机票预订网站上可以看到，天津飞往深圳、广州的这两条上座率较高的航班，分别在 11 月 17 日和 18 日打出“跳水价”1.9 折，仅为 350 元和 320 元的票价可谓折扣到“底”，而相较 10 月上旬的最低价 3.6 折，至少可以省去 300 余元。再看另一“热门”航线——天津飞往上海，在 11 月 17 日仅需 294 元即可购得 2.9 折的低价票，而在“金九银十”的黄金期，票价至少也要在 5 折以上。成都也是旅游旺季客流量较大的目的地之一，11 月 22 日的最低票价为 2.1 折(319 元)，这也比 10 月初的低折扣 4.6 折(705 元)明显优惠很多。

此外，另外几条热门线路，如天津飞往三亚，在 11 月 7 日可以买到 3.5 折(770 元)的低价票；天津飞往南京，在淡季的 11 月 15 日仅需 2.4 折(210 元)就能“搞定”；同样，11 月中旬，天津飞往重庆和武汉的机票也分别在 2 折左右，这比 9、10 月份的票价至少回落了两成左右。

(资料来源：央视网旅游频道：http://www.club.u.cctv.com/viewnews-93090.shtml. 2009 年 10 月 19 日)

问题 1:黄金周后机票为何打折？

问题 2:影响旅游产品价格的因素有哪些？

知识链接

一、旅游产品价格的含义

在现代市场经济条件下，旅游者要进行旅游活动，满足其食、住、行、游、购、娱等方面的需求，必须购买各种各样的旅游产品，必须按一定价格支付相应数量的货币。可以说，所谓旅游价格，就是旅游者所购买的旅游产品的价格，是旅游产品价值的货币表现。

对旅游价格概念的理解需要注意以下几点：第一，旅游价格是指旅游产品的价格，而旅游产品是一种特殊形式的产品。它既不完全是劳动的产物，也不完全是自然物；既不完全是有形物品，也不完全是无形服务。它是一个综合性的概念，是凭借一定的自然物，由许多物品和服务组合形成的。第二，旅游价格是旅游产品价值的货币表现，旅游产品的特殊性决定了旅游产品价值计量的复杂性。在旅游活动中，旅游者可以根据各自的需要，按不同的价格水平，购买不同形式的旅游产品，但无论旅游者购买的是单价形式的旅游产品，还是包价形式的旅游产品，旅游价格总是旅游产品价值的货币表现。第三，在国际旅游市场上，旅游价格一般是指旅游产品基本部分的价格，主要包括旅游目的地向旅游者提供的住宿、饮食、交通、游览和娱乐活动等方面的价格。

二、影响旅游产品价格的因素

和其他产品一样，旅游产品价格主要取决于其价值量的大小。但除了价值量外，旅游产品价格还受旅游企业定价目标、供求状况、汇率变动、通货膨胀程度、替代品价格、接待国宏观政策等其他因素的影响。这些因素虽然不能直接决定旅游产品价格的高低，但在制定旅游产品价格时不容忽视。

（一）旅游产品成本

成本是价格决策的主要因素。旅游产品价格的构成为成本与盈利，当盈利一定时，成本越高，价格亦越高；成本越低，价格亦越低。旅游企业各类成本皆与定价有关。旅游产品价格包括旅游企业各项固定资产的折旧费，生产经营中的各种原材料、辅助材料、燃料等的消耗，各种管理费、办公用品费与设施设备维修费，员工工资、奖金及其他杂费等。制定旅游产品的价格，首先要考虑这些成本价值的实现。一般来说，较低成本的产品可以制定较低的价格。所以，在一定的生产规模限度内，可以通过降低价格刺激需求和增加产量，以发挥规模经济的效益。

（二）市场供求状况

在完全竞争的市场中，产品的均衡价格取决于需求与供给状况。供求变化，均衡价格亦变化。当供给一定时，需求增加，则均衡价格上升；需求减少，则均衡价格下降。当需求一定时，供给增加，则均衡价格下降；供给减少，则均衡价格上升。

此外，旅游产品定价时还要考虑到需求的价格弹性。$E_{dp}>1$ 和 $E_{dp}<1$ 时，要采取不同的价格措施以增加销售收入。当 $E_{dp}>1$ 时，可以降价；当 $E_{dp}<1$ 时，可以涨价。因为当 $E_{dp}>1$ 时，若降价，销售量增加的百分比大于降价的百分比，降价后的价格与降价后的销售量的乘积大于降价前的价格与降价前的销售量的乘积，即降价后收入增加；当 $E_{dp}<1$ 时，若涨价，销售量减少的百分比小于涨价的百分比，涨价后的价格与涨价后的销售量乘积大于涨价前的价格与涨价前的销售量的乘积，即涨价后收入增加。对于观光度假客与商务会议客可制定不同的价格。观光度假客多为自费，对价格变化较敏感，需求价格弹性大，可采取折扣低价策略；而商务会议客多为公费，对价格变化不敏感，其需求价格弹性较小，若采取低价，对增加销售量没有刺激作用，而采取高价又不会降低多少销售量，故可采取高价策略。

（三）市场竞争状况

竞争状况对旅游产品价格的制定影响较大，旅游市场竞争状况取决于市场类型。根据买者与卖者的数目、本旅游企业产品所占市场份额、与其他旅游产品的差别程度组合不同，旅游市场可分为完全竞争、完全垄断、垄断竞争与寡头垄断四种类型。在完全竞争市场中，由于买者与卖者的数目多，本企业产品所占的市场份额很小，因而其产品价格是由整个市场的供求状况决定的，单个旅游企业对价格无任何控制能力。在完全垄断市场中，由于卖者只有一家，而买者众多，此产品又没其他替代性产品竞争，因此，单个旅游企业对产品价格有完全控制权，可以自行定价，并实行差别价格，以此榨取消费者剩余价值，获得更多的超额利润。在垄断竞争市场中，市场上的产品相似而不相同，即有一点儿差别，但差别不是大得不能互相替代。正因为产品有差别，不是完全替代品，故形成垄断。差别越大，垄断程度也越高。也正因为产品彼此能够代替，所以存在竞争。替代越易，竞争程度也越高。每个企业既是垄断者，又是竞争者，因此，它们对产品的市场价格可以施加影响，但不能互相勾结，控制市场价格，只能施加有限的影响。在寡头垄断市场中，旅游企业极少，企业相互依存，进出行业亦不易，每个企业在市场中都具有举足轻重的地位，对其产品的价格具有相当的影响力。但由于相互依存，决策时又必须把竞争者的反应考虑在内，因而既不是价格的制定者，更不是价格的接受者，而是价格的寻求者。

（四）汇率变化

旅游者跨国旅游时就涉及货币兑换。汇率水平的变化，不仅关系到一个国家的对外贸易，而且影响到旅游产品的价格。汇率变动不外乎升值与贬值两种。人民币升值意味着单位货币的外币只能兑换到比原来更少的人民币。人民币贬值意味着单位货币的外币能兑换到比原来更多的人民币。当人民币贬值时，如果我国用人民币表示的旅游报价不变，那么旅游客源国的旅游费用就会减少，旅游产品的实际价格就会下跌。同时，如果生产旅游产品时使用了一部分国外的物资与劳务，用汇成本所占全部成本有较大比重，那么人民币贬值还将增加旅游企业的成本。当人民币升值时，若我国用人民币表示的旅游报价不变，则旅游客源国的出国旅游费用就会增加，即实际旅游价格就上升。此时，旅游企业生产旅游产品，若使用了一部分国外的产品与劳务，且用汇成本所占全部成本有较大的比重，那么旅游企业的成本就会降低，因此就会增加我国的旅游外汇收入，增加销售利润。

（五）通货膨胀程度

通货膨胀是指由于流通中的货币供应量超过了流通中的货币需求量而产生的物价普遍持续上涨的现象。通货膨胀既使旅游企业单位货币的购买力下降，从而使得旅游企业的各种开销费用上升，成本增加，又使与通货膨胀前同量名义收入的实际收入下降。此时若旅游产品保持原价，就会减少单位产品的利润，甚至亏本。因此为了保持或增加利润，旅游企业应将产品价格提高。同时由于提价，会使市场需求量下降，所以旅游企业在调高价格之前，必须认真分析、科学预测调整价格对市场需求的影响，确定提价幅度，不可乱涨价。同时，涨价前要通过各种信息渠道向旅游者说明提价原因，并尽可能提高产品与服务质量，以此让旅游者接受新的产品价格。旅游价格上调的幅度往往高于通货膨胀率，因为旅游企业的折旧费与设备的残值一般不能调整，若调价幅度低于或等于通货膨胀率，旅游企业就会蒙受损失。

（六）旅游目的地的价格政策

旅游目的地国家和地区的价格政策对旅游产品价格的制定起直接控制作用。国家对价格的限制有最低限价、最高限价、双面管制和绝对管制等几种类型。最低限价即政府规定旅游产品价格的下限，以便把价格保持在市场均衡水平以上，挽救跌势。最高限价即政府对某些旅游产品价格规定上限，以便把价格压到市场均衡价格水平以下，抑制涨风。双面管制即政府对某些旅游产品的价格既规定上限，又规定下限，只准在这个范围内上下浮动，目的是防止旅游产品价格暴涨暴跌。绝对管制即政府对某些旅游产品直接规定一种价格，买卖双方都必须按照这种价格交易，没有任何伸缩余地。如政府希望增加某种旅游产品的供给，就可直接规定某种较高的价格。旅游饭店的客房价格作为“涉外价格”一直受到严格的管理。

1979年，国务院规定，涉外价格的方针、政策和原则必须由中央统一制定，具体商品价格和服务收费由省（自治区、直辖市）根据统一的政策和原则进行管理，由此创立了我国客房价格严格管理的基调。1984年，旅游行政主管部门为了治理削价竞争，按星级标准对饭店实行最低保护价。1993年4月，国家旅游局会同物价局发布了《关于国际旅游价格管理方式改革的有关问题的通知》，规定了1994年国家制定的旅游涉外星级饭店客房门市价和最低保护价。1994年，我国取消了对旅游饭店客房的定价权和旅游价格地区类别的划分权，之后主要通过提供国际、国内旅游市场重要价格的参考标准，引导企业经营。

（七）替代品价格

旅游产品是组合型产品，它是由满足游客不同需求的各个部分组成的，如果把旅游产品看成一个大的系统，那么每个组成部分就是一个小系统。在小系统内，各个组成部分都可以满足旅游者同一方面的需求，它们之间是一种互相替代的关系，是一种竞争的关系。

除此之外，旅游产品与社会其他高档耐用消费品（如小汽车、彩电、别墅等）之间也是一种替代关系。替代品价格发生变化，会影响到相关旅游产品的价格。如果耐用消费品价格上升了，那么消费者有可能转而更多地消费旅游产品。这时，旅游产品价格作何种调整，要考虑旅游产品供给能力能否适应需求增长的要求，消费者对旅游产品需求的价格弹性如何。如果供给能力有限，而需求的价格弹性较小，则可以适当提高价格；反之，则降低价格。

总之，替代品价格的变化会对旅游产品需求乃至价格带来影响。在制定或调整旅游产品价格时，要密切注意替代品价格的高低来制定合理的价格，争取更多的客源，创造更大的效益。

三、旅游产品定价原理

（一）旅游产品的价值决定供给价格

价格是价值的货币表现，价值取决于社会必要劳动时间。旅游产品的价值决定旅游产品的供给价格，这是旅游价格的下限。低于这一下限，旅游经营者所付出的社会必要劳动就得不到合理的补偿，旅游产品的再生产就难以继续。同时，由于旅游经营者的经营水平和经营状况不同，其个别劳动时间可能会低于或高于社会必要劳动时间。按照社会必要劳动时间决定价值量并且决定供给价格的规律，可以反映出不同旅游经营者的经营水平和经营状况，从而实现优胜劣汰，促使旅游经营者不断改善经营管理，降低消耗，提高效率。

旅游产品的价格用货币表现，因此汇率的变化和通货膨胀情况会作用于旅游产品的价值量，从而对旅游产品的供给价格产生影响。

（二）旅游产品的供求关系决定需求价格

需求价格是指在一定的时间内旅游者对一定量的旅游产品愿意和能够支付的价格，它表现为旅游者的需求程度和支付能力。在产品价值一定的情况下，旅游产品供求关系的变化是影响旅游价格最重要的因素。一般来说，当旅游产品供过于求时，经营者为了将不能储存的过剩产品销售出去，便通过降价来吸引游客，游客也愿意以较低的价格来完成旅游消费，这时需求价格较低；反之，需求价格则较高。

需求价格是旅游价格的上限，超过上限即超过旅游者的意愿和支付能力，旅游者的旅游活动就不能成行或者减少，再有特色的旅游产品、再有吸引力的旅游资源，都会成为空谈。

（三）旅游市场竞争（状况）决定市场成交价格

旅游产品的供给者之间、需求者之间和供给者与需求者之间的竞争决定市场成交价格。供给者之间竞争的结果，使市场成交价格在较低的价位上实现；需求者之间竞争的结果，使市场成交价格在较高的价位上实现。因此，当旅游产品供过于求时，旅游价格只能体现旅游经营者的生存目标，即较低的供给价格；当旅游产品供不应求时，旅游价格可以达到旅游经营者的利润最大化目标，从而形成较高的交易价格，但不能超过旅游需求的价格。

（四）政府的政策调节旅游产品的成交价格

在市场经济中，市场作为配置社会资源的机制本身也会有内在缺陷。“市场失灵”或“市场失效”的经常发生，客观上要求政府的经济政策调控市场。特别是在当前我国市场体系还不健全、旅游市场还有诸多的问题、价格机制还不能充分发挥作用的情况下，政府经济政策对旅游价格的影响尤为重要。

综上所述，旅游价格的制定原理可以表达为：旅游价格一般以供给价格为下限，以需求价格为上限，旅游市场成交价格在上、下限之间变化，但受市场竞争和政府政策的影响，在特定时期可能低于供给价格的下限。

思考与讨论

1. 影响旅行社产品和旅游饭店产品定价的因素有何异同？
2. 联系实际，讨论在旅游企业经营管理工作中如何正确地运用旅游产品定价原理？

案例回放

问题1：黄金周后机票为何打折？

在完全竞争的市场中，产品的均衡价格取决于需求与供给状况。供求变化，均衡价格亦变化。当供给一定时，需求增加，则均衡价格上升；需求减少，则均衡价格下降。黄金周后机票打折的主要原因在于节后出游人数相对黄金周大幅减少，降价能吸引和鼓励更多游客选择航空旅行，更多地弥补航空公司的成本支出。

问题2：影响旅游产品价格的因素有哪些？

影响旅游产品价格的主要因素有旅游产品成本、市场供求状况、市场竞争状况、汇率变化、通货膨胀程度、旅游目的地的价格政策、替代品价格等。

实训题

实地调查一家旅游饭店一年来客房价格的变化情况，结合所学理论知识分析其价格变化的主要影响因素和原因。

典型案例

雷克航空公司的终结

1977年,英国人弗雷迪·雷克开办了一家名为“雷克”的航空公司,经营从伦敦飞往纽约的航班,票价是135美元,远远低于当时的最低票价382美元。毫无疑问,其票价非常具有竞争力。事实证明,雷克公司成立后,发展非常迅速,到1981年,其年营业额达到5亿美元,连其竞争对手——一些老牌的世界知名航空公司也感受到了威胁。但是好景不长,到了1982年雷克公司破产,从此销声匿迹。

究竟发生了什么事?原来包括泛美、环球、英航和其他航空公司在内的竞争对手们采取联合行动,一致大幅降低票价,甚至低于雷克,而且还达成协议,运用各自的影响力阻止各大金融机构向雷克公司贷款,使其难以筹措资金,导致了雷克公司的破产。一旦把雷克挤出市场,它们的票价马上回升到了原来的水平。

但弗雷迪并不甘心,他依照美国反垄断法提出诉讼,指责上述公司联手实施价格垄断,为了驱逐一个不愿接受其“游戏规则”的公司,不惜采用毁灭性价格来达到目的。1985年8月,被告各公司以800万美元的代价同雷克公司达成庭外和解,雷克随即撤诉。

赔款达成和解不等于认罪。从技术上讲,没有官方的说法来认定雷克公司是被垄断价格驱逐出市场的,但是这个案例已经明显地透露出一个威胁信号,即如果谁企图加入跨越大西洋的航空市场,他必须首先考虑其中可能面临的破产威胁。

(资料来源:斯蒂格利茨.经济学小品和案例.北京:中国人民大学出版社,1998)

案例解析:

航空市场是一个典型的寡头垄断市场,少数几家大航空公司控制着整个市场,新厂商想加入该行业是很困难的。这里我们就看到一个明显的原有厂商阻挠新厂商加入行业的案例。由于厂商数量较少,使得厂商之间可以以公开或非公开的方式勾结起来,就价格等达成协议,共同对付新来者。在这个案例中,原有的航空公司不但成功地将雷克公司挤出市场,而且给以后想加入该市场的企业一个有力的威胁:雷克公司就是想加入者的下场。

常识补充

我国旅游价格管理的主要手段

1. 行政手段

行政手段指依靠行政组织,运用行政手段来管理物价。具体讲就是依靠各级旅游物价行政管理机关的权威,采取行政命令、指示、规定和下达指令性指标的方法管理价格。由于人们对经济规律的认识和运用有一个过程,而且客观上存在经济利益问题,往往会使许多单位为了本企业利益而涨价或削价,这都需要行政手段和措施加以干预,包括给予行政处罚、吊销营业执照等办法。

2. 经济手段

经济手段是相对行政手段而言的。它是指依靠经济组织，运用经济手段，按照经济规律的要求来管理物价。经济手段虽然形式多种多样，但其实质是贯彻物质利益原则，从物质利益上，通过物价管理，正确处理国家、集体（企业）和个人三者之间的经济关系。经济手段管理物价并不是直接指挥，而是通过价格、税收、汇率等经济杠杆调节旅游市场供给，调节旅游行业各部门之间的比价关系，促进其协调发展。

3. 法律手段

物价管理的法律手段，是运用国家颁布的经济法律、法令、条例来管理物价。用法律方法管理物价比经济手段和行政手段更加成熟和稳定，在较长的时期内均起作用。因为法律是对客观存在的经济规律和各种经济关系深刻认识的结果，它用条文固定下来，使有关方面共同遵守。很多纠纷完全可以按照法律规定进行裁决。目前，运用法律手段加强旅游价格管理更为迫切，这一方面是因为旅游业经过几十年的发展，国家发布了很多关于旅游价格的法规、政策，其中有些迫切需要加以修改、完善；另一方面，随着旅游业的发展，也迫切需要有一整套更完备的法规来管理市场、管理价格。

4. 信息手段

随着旅游经济管理体制改革的深入，旅游价格部门要准确、及时、合理地制订、调整和执行旅游价格，必须运用信息手段做好价格管理工作，建立和健全价格审批制度、审价制度和统计报告制度等价格信息管理制度，制定旅游价格及劳务收费标准，检查企业执行旅游价格的情况，及时登记、系统整理旅游报价和毛利率等信息并进行分析对比，以指导企业的经营和旅游业的发展。

总之，上述四种管理旅游价格的手段并不是孤立的，而是互相补充、相辅相成、彼此促进的，不能偏废。

任务三　旅游产品价格的制定

任务引入

这份菜单能否盈利

旅游职业学校为了降低学校的费用和成本，提高学生餐厅的餐饮质量，决定将学校的学生餐厅承包出去。旅游职业学校共有学生600人，其中有400名学生每天在学校用餐、喝茶。几年来，学生餐厅传统的饭菜一直不受学生的欢迎，通过对学生的调查发现，当前学生最喜欢的是各种物美价廉的快餐或自助餐。于是，学校与当地有名的白天鹅餐饮承包专营公司签订了为期3年的学生餐厅承包经营合同。

承包后，餐厅在头半年里向学生提供汉堡包、意大利馅饼、炸鸡块配土豆条等多种快餐，平均每份快餐的成本一般不超过1.50美元，很受学生欢迎。但随着时间的推移，许多学生对这种固定的菜单开始厌烦，就餐人数减少，餐厅营业状况有所下降。为扭转这种局面，白天鹅餐饮承包专营公司承包人决定更换菜单，推出由三种色拉组成的新系列菜品，以此改变餐饮的花色品种。如果这个色拉系列菜单受到学生的欢迎，他们将继续推出布丁系列和各种汤类菜单。

白天鹅餐饮承包专营公司每季度的营业固定成本总额为6万美元，包括租赁费、管理人员工资和其他一些营业费用。由于学校放假期间无人来餐厅用餐，因此假期的亏损要用平时的收入来弥补。公司经过计算，预计提供其他种类菜品的固定成本支出占每季度营业固定成本总额的60%，而提供色拉系列菜品，固定成本支出占每季度营业固定成本总额的40%。表6-1是色拉系列的预计价格和变动成本：

表6-1　色拉系列变动成本和预计价格　　单位：美元/份

色拉品种	牛肉色拉	鸡肉色拉	火鸡色拉
主料	0.78	0.65	0.57
辅料	0.45	0.35	0.40
包装	0.17	0.18	0.17
人工费	0.25	0.25	0.20
售价	2.99	2.65	2.59

公司预测在春季至夏季这一学期里，每周可售出2000份系列色拉，出售的各种色拉比例是：牛肉色拉占50%，鸡肉色拉占30%，火鸡色拉占20%。

（资料来源：张俐俐．中外旅游业经营管理案例．北京：旅游教育出版社，2000）

问题1：每份色拉的边际贡献是多少？

问题2：在实现预测的销售量的前提下，每份色拉的保本价分别是多少？

知识链接

在制定旅游产品价格之前，旅游企业要先确定定价目标，然后根据不同的定价目标选择不同的定价策略和定价方法。

一、旅游产品定价目标

所谓旅游产品定价目标，是旅游经营者为了实现旅游企业的生产经营目的而预先设定的价格目标和标准。旅游产品定价目标是旅游企业营销目标的基础，是企业制定价格策略和选择定价方法的依据。定价目标取决于企业的总体目标。不同行业的企业，同一行业的不同企业，以及同一企业在不同的时期、不同的市场条件下，都可能有不同的定价目标。

（一）以利润为目标

经济效益是旅游企业生存和发展的基础，因此利润通常成为旅游企业价格决策的主要目标，一般分为以下三种。

1. 以获取投资收益为定价目标

投资收益定价目标是指使旅游企业为了实现在一定时期内能够收回投资并能获取预期的投资报酬的一种定价目标。采用这种定价目标的企业，一般是根据投资额规定的收益率，计算出单位产品的利润额，加上产品成本作为销售价格。但必须注意两个问题：第一，要确定适度的投资收益率。一般来说，投资收益率应该高于同期的银行存款利息率，但不可过高，否则消费者难以接受。第二，企业生产经营的必须是畅销产品。与竞争对手相比，产品具有明显的优势。

2. 以获取合理利润为定价目标

合理利润定价目标是指企业为避免不必要的价格竞争，以适中、稳定的价格获得长期利润的一种定价目标。采用这种定价目标的企业，往往是为了减少风险，保护自己，或限于力量不足，只能在补偿正常情况下的平均成本的基础上，加上适度利润作为产品价格。条件是企业必须拥有充分的后备资源，并打算长期经营。临时性的企业一般不宜采用这种定价目标。

3. 以利润最大化为定价目标

利润最大化定价目标是指企业追求在一定时期内获得最高利润额的一种定价目标。利润最大化取决于合理价格所推动的销售规模，因而追求最大利润的定价目标并不意味着企业要制定最高单价。当某一旅游产品在市场上处于某种绝对优势地位（如完全垄断）时，固然可以实行高价策略以获得超额利润。但是，在一般的旅游市场竞争中，如吃、住、行、游、购产品的价格不能定得过高，否则会遭到各方面的抵制或对抗，导致需求量减少、替代品竞争、竞争者加入、消费者延迟购买，甚至政府干预等不良后果，最终适得其反。

利润最大化一般包括两层含义：一是追求长期总利润最大化。有远见的旅游企业经营者都着眼于追求长期利润的最大化，往往会牺牲眼前较好的利润来换取长远的、更大的利润。二是追求整体利润最大化。旅游接待国（地区）或旅游企业的最高利润应是目前销售旅游产品的总体利润，而不是旅游产品中某一部分的局部利润。因此，必要时可能会牺牲局部利润来换取整个国家（地区）或企业的整体利润最大化。

由于旅游市场的敏感性、脆弱性和多变性，加上旅游决策者本身主观条件的制约，最大利润目标往往难以实现，因此大多数中小型旅游企业和旅游资源优势不突出地区常以获取合理利润为目标。

（二）以提高市场占有率为目标

以提高市场占有率为目标也称市场份额目标，即把保持和提高企业的市场占有率（或市场份额）作为一定时期的定价目标。市场占有率是一个企业经营状况和企业产品在市场上竞争能力的直接反映，关系到企业的兴衰存亡。较高的市场占有率，可以保证企业产品的销路，巩固企业的市场地位，从而使企业的利润稳步增长。

在许多情形下，市场占有率的高低，比投资收益率更能说明企业的营销状况。有时，由于市场的不断扩大，一个企业可能获得可观的利润，但相对于整个市场来看，所占比例可能很小，或本企业占有率正在下降。无论大、中、小企业，都希望用较长时间的低价策略来扩充目标市场，尽量提高企业的市场占有率。以提高市场占有率为目标定价，企业通常采取的定价策略有：

1. 定价由低到高

定价由低到高，就是在保证产品质量和降低成本的前提下，企业入市产品的定价低于市场上主要竞争者的价格，以低价争取消费者，打开产品销路，挤占市场，从而提高企业产品的市场占有率。待占领市场后，企业再通过增加产品的某些功能，或提高产品的质量等措施来逐步提高产品的价格，旨在维持一定市场占有率的同时获取更多的利润。

2. 定价由高到低

定价由高到低，就是企业对一些竞争尚不激烈的产品，入市时定价可高于竞争者的价格，利用消费者的求新心理，在短期内获取较高利润。待竞争激烈时，企业可适当调低价格，赢得主动，扩大销量，提高市场占有率。

尽管如此，此定价目标要求制定旅游价格时，应使旅游价格在一定时期内保持相对稳定。因为价格过于频繁地变化，会给旅游者带来心理上的不稳定，挫伤旅游者购买的积极性，影响旅游企业的销售量。经常涨价会限制旅游需求，经常降价又会使旅游者产生预计还会降价的心理而推迟购买，从而降低市场占有率。另外，每次的调价幅度不能太大。旅游价格一次提价幅度过大，会使旅游者产生抵制情绪，影响旅游目的地的形象与声誉，从而失去部分已有的市场；旅游价格一次降价幅度过大，显然会刺激一部分旅游者的旅游需求，即使旅游产品的需求价格弹性大于1，降价能增加旅游收入，但由于增加旅游产品销售量，也相应增加了旅游产品的成本。价格降低过多，就使单位产品的利润减少，从而使旅游经营者蒙受损失。再者调整旅游产品价格时，要给旅游者一个心理准备过程，即要提前预报旅游价格，如西方旅游业发达国家，通常提前三个月以上预报旅游价格的变动。

（三）以应付和防止竞争为目标

企业对竞争者的行为都十分敏感，尤其是价格的变动状况更甚。在市场竞争日趋激烈的形势下，企业在实际定价前，都要广泛收集资料，仔细研究竞争对手产品价格的情况，通过自己的定价目标去对付竞争对手。根据企业的不同条件，一般有以下决策目标可供选择：

1. 稳定价格目标

以保持价格相对稳定、避免正面价格竞争为目标。当旅游企业准备进行长期经营时，或旅游行业经常发生市场供求变化与价格波动，需要有一个稳定的价格来稳定市场时，该行业中的大企业或占主导地位的企业率先制定一个较长期的稳定价格，其他企业的价格与之保持一定的比例。这样对大企业是稳妥的，中小企业也可避免遭受由于大企业的随时随意提价而带来的打击。

2. 追随定价目标

旅游企业有意识地通过给产品定价，主动应付和避免市场竞争。企业价格的制定，主要以对市场价格有影响的竞争者的价格为依据，根据具体产品的情况，稍高或稍低于竞争者。竞争者的价格不变，实行此目标的企业也维持原价；竞争者的价格或涨或落，此类企业也相应地参照调整价格。一般情况下，中小企业的产品价格定得略低于行业中占主导地位的企业的产品价格。

3. 挑战定价目标

如果旅游企业具备强大的实力和特殊优越的条件，可以主动出击，挑战竞争对手，获取更大的市场份额。一般常用的策略目标有：

(1) 打击定价。实力较强的旅游企业主动挑战竞争对手，扩大市场占有率，可采用低于竞争者的价格出售产品。

(2) 特色定价。实力雄厚并拥有特殊技术或产品品质优良或能为消费者提供更多服务的旅游企业，可采用高于竞争者的价格出售产品。

(3) 阻截定价。为了防止其他竞争者加入同类产品的竞争行列，在一定条件下，往往采用低价入市策略，迫使弱小企业无利可图而退出市场，从而阻止竞争对手进入市场。

（四）产品目标

产品目标是旅游企业为了反映产品特色，提高旅游者满意度的定价目标，具体包括以下几种：

1. 反映产品质量的目标

旅游产品的质量和旅游产品的价格是衡量旅游企业经营管理水平的重要尺度，也是旅游者购买旅游产品最关心的问题之一。如果旅游产品本身质量不高，而旅游企业的定价却很高，旅游者就会拒绝该产品；如果旅游产品本身的质量很高，而旅游企业的定价却不能反映产品的质量，企业的劳动耗费就得不到补偿从而蒙受损失。因此，为旅游产品制定合适的价格是保证旅游产品的价值和使用价值得以实现的前提，也是企业实现利润目标的必要条件。市场中，无论何种规模和实力的旅游企业，都要把反映产品质量作为首要的定价目标，以质量论价格，为质量高的产品制定出较高的价格。

2. 产品质量领先目标

这是旅游企业为了使自己的产品与竞争对手的产品区别开来，提高产品竞争力而采用的一种定价目标。为了获得和保持旅游产品在同行中的领先地位，旅游企业必须投入大量的资金和大量的劳动。可以说，处于领先地位的优质产品，其包含的物化劳动和活劳动都要远远高于一般的旅游产品。为了补偿这些劳动耗费，旅游企业在对该产品定价时就必须比其他的一般产品价格高。

二、旅游产品定价策略

旅游产品的定价策略是指旅游企业在不同的内外部条件的约束下，为实现价格目标所采取的价格对策，它是进行价格决策的指导思想或行动方针。不同的旅游价格目标，需要选择不同的定价策略。常见的定价策略有以下几种：

（一）新产品定价策略

市场营销意义上的新产品含义很广，除包含因科学技术在某一领域的重大发现所产生的新产品外，还包括：在生产销售方面，只要产品在功能和（或）形态上发生改变，与原来的产品产生差异，甚至只是产品从原有市场进入新的市场，都可视为新产品；在消费者方面，则是指能进入市场给消费者提供新的利益或新的效用而被消费者认可的产品。新的旅游产品投入市场后是否受欢迎，除了产品本身的因素外，其定价策略也很重要。新旅游产品的定价策略主要有高价（撇油）定价策略、低价（渗透）定价策略、暂时降价策略和满意定价策略。

1. 高价（撇油）定价策略

撇油原意是把牛奶上面的一层奶油撇出来，转意为制定高价，以便在短期内收回成本并盈利。新产品在市场上奇货可居，迫切需要此种新产品的消费者往往愿意出高价购买。当市场上的模仿者多时，再降低价格，又可吸引对价格较为敏感的细分市场。

在满足下列条件的情况下，可以采取高价定价策略：首先，产品的短期需求弹性小。在这种情况下，即使低价也不能收到大量销售的好处，而高价则可以获得较高的总利润。其次，产品垄断性强。竞争对手不可能在短期内出现，也不可能推出性能相似的产品。最后，有较好的营销策略支撑，激发起消费者的好奇心和购买欲。

高价定价策略的优点在于它有利于尽快收回对新产品的投资，并可立即获得高额利润，如果发现高价使新产品难以推销时，降低价格也较容易。如果先实行低价，待发现销路好时再调高价格，则可能招致消费者的抵制情绪。其缺点是过高的定价不利于开拓市场，而且高价带来的高利润会吸引更多的竞争者，从而加剧市场竞争。

2. 低价(渗透)定价策略

这种策略由于定价较低，易被消费者接受。旅游企业可快速进行市场渗透，增加销售量，尽快获得较高的市场占有率，薄利多销，使企业在长期内获得更多利益。

实行渗透定价策略应具备的条件是：产品的市场规模较大，尤其是存在强大的潜在竞争；消费者对此种产品价格的敏感程度较高，产品的需求弹性较大；大批量生产能显著降低产品成本，薄利多销可获得长期稳定利润。

这种策略的优点是有利于尽快打开新产品的销路，缩短新产品的投入期；能有效地排斥竞争者的加入，从而使旅游接待地或旅游企业能较长时间地占领市场。其缺点是当发现产品销路好时，欲提价就很困难，因为提价会减少销售量，缩小市场量。

3. 暂时降价策略

由于产品在生产初期不被消费者熟悉，故采取暂时制定低价的策略以便消费者尽快接受并使用新产品。一旦消费者熟悉、接受此产品后，企业马上提高产品价格。新产品试销期可以采用此策略。如饭店开业期间常常采用此策略以便吸引顾客，争取市场。

4. 满意定价策略

在产品容易仿制的情况下，制定高价格会刺激很多竞争者进入市场，过早引发激烈竞争，因而有风险。新产品制定低价，企业改变价格的余地比较小，而且往往需要较长时间回收成本并实现利润，故很多企业采取介于高价撇油和低价渗透策略之间的一种价格策略。其价格介于高、低价之间，避免了两种价格策略的不足，兼顾了供求双方的利益，并能使企业处于相对稳定的市场环境中。消费者把这种价格叫做“温和价格”或“君子价格”，认为这种价格最合理，是“满意价格”。

(二) 心理定价策略

由于消费者对价格存在心理反应，故旅游企业利用其对价格的心理反应制定价格，以此刺激消费者购买行为的发生。常见的心理定价策略有：

1. 尾数定价策略

此定价策略是指针对消费者对价格尾数的心理反应而制定价格。餐饮产品、旅游日用品、小件工艺品、纪念品等多采用此定价策略。如在西方国家菜肴的价格尾数多为奇数5、9。据调查统计，价格在6.99美元以下的菜肴，其价格尾数以9常见。如4.99美元，顾客会认为该菜肴的价格为5.00美元，餐馆为扩大销售量有意给他们1美分的折扣；若把菜肴价格定为5.01美元，顾客往往会认为餐馆故意多收1美分。尾数为5，往往被认为给了5美分的折扣，这些顾客认为以9结尾的价格是廉价餐馆的价格，以5结尾的价格是较高档的餐馆的价格，给5美分折扣符合他们的档次。而我国的价格尾数一般为偶数，且常见为8，取广东话“8”与“发”谐音，图吉利，且顾客认为给了2分钱的折扣。

2. 整数定价策略

此定价策略常用于高档名牌与耐用消费品的定价中。由于这些商品价格高，其小数点后面部分可忽略不计。在旅游产品中，旅游统包价格或单项旅游产品价格中的房价、旅游景点门票价、机票价等多采用此定价策略。

3. 分级定等定价策略

饭店业常采用此策略确定房价。由于顾客对每间客房的细微差别不敏感，因而很难感觉到每间房价的细微差别。他们常把这些房间分为几档，然后根据其需求档次选择客房，因此饭店据此对客房分级定等。这种定价策略确定的房价简化了顾客选购商品时的斟酌。饭店具体分几级定几等，大多应视饭店规模、客房数量、客房类型等确定。一般而言，大饭店的房价等级比小饭店多，老饭店的房价等级比新饭店多。300 间客房以下的饭店常有高、中、低三种房价结构，300 间客房以上的饭店常有最高、较高、平均、较低、最低五种房价。这种房价结构是否合理、是否被消费者接受，应视各种等级的客房的面积、设备、位置、朝向等情况而定，优质优价，平质平价，低质低价。确定各种等级房价之间的差价有两种方法：一是固定差法；二是百分比差法。前者是饭店制定房价结构的传统做法，表示两种类型、同一档次的房间房价之差（垂直差）或同一类型不同档次的房价之差（水平差）皆是固定的；后者比前者在竞争中更有利，既存在比竞争对手更低的房价，又有比竞争对手更高的房价，更低的房价便于吸引对价格敏感的顾客，更高的房价对要求高档客房的顾客而言又不会太计较，因此具有竞争力。

4. 声望定价策略

根据旅游产品在消费者心目中的声望而定价的策略，称为声望定价策略。声望高者则可定高价，声望低者则不能定高价。旅游产品在消费者心目中的声望取决于三个方面：产品与竞争者产品的差别，产品给消费者的利益，产品在市场上的形象。越是区别于竞争对手的产品，给消费者的利益越多。市场形象越好，那么产品在消费者心目中的声望就越高，产品的价格就可定高一点。消费者花高价购买、享受具有高声望的产品亦感到值得。利用此定价策略的旅游企业，要通过市场调研确信自己的产品在消费者心目中已建立起较高信誉时才可使用。此种定价策略的关键在于如何分析、判断产品在消费者心目中的声望。

5. 招徕定价策略

招徕定价策略是指企业有意识地把一部分产品价格定得很低，其目的是通过这些低价产品吸引更多的旅游者前来购买，以便推销其他相关产品。如某些旅游购物品经销商店，将其中几种旅游购物品的价格定得很低，使旅游者形成一种"这里的东西便宜"的感觉，激发旅游消费者的购物兴趣，从而扩大产品的销售总量。

6. 习惯定价策略

习惯定价策略是指某些旅游产品在长期的市场交换过程中已经形成了为消费者所适应的价格，企业对这类产品定价时要充分考虑消费者的习惯倾向，采用"习惯成自然"的定价方式。采用这种定价策略时，无论产品成本增加或降低，或是为了应付市场竞争，企业都应按消费者的习惯价格定价，而不轻易变更，以免引起老顾客的反感和转移。若原材料的价格上涨，饭店则采用压缩规定的服务内容，或适当减少餐饮分量等方法，而不是提高单位产品价格，以取得顾客信任；若原材料价格不变或下降，企业为了扩大销售，一般不采取降价措施，而是增加服务项目，采取提高服务水平和产品创新等措施，去赢得更多的客户。

（三）折扣定价策略

折扣定价策略是指企业通过对原有价格打一定的折扣，以此来争取消费者，维持和扩大市场销售额的一种策略。具体的形式有以下几种：

1. 数量折扣策略

数量折扣是根据顾客购买旅游产品的数量或金额来决定所打折扣的程度。购买的数量越大、金额越多，折扣率就越高。这是鼓励消费者大量购买和频繁购买的一种定价策略。数量折扣又可分为累计数量折扣和非累计数量折扣两种。

累计数量折扣是指一定时期内，消费者购买的数量可以相加，当购买数量或金额达到一定量之后，可以享受到一定比例的价格折扣。其目的是鼓励消费者多次重复购买，使企业有一批较稳定的长期顾客。

非累计数量折扣是指消费者一次购买的数量或金额达到或超过一定标准时就给予一定的价格折扣，旨在鼓励消费者一次性大量购买。

2. 现金折扣策略

现金折扣策略又称为付款期限折扣策略，是一种鼓励购买者在付款期限内迅速付清贷款的折扣定价策略。如付款期为2个月，若当即付清款项，可打10%的折扣；1个月内付清可打5%的折扣；45天内付清款项，可打2%的折扣等。现金折扣率一般要高于同期银行贷款利率。实行这种策略有利于企业尽快收回资金，加速资金周转。

3. 功能折扣策略

功能折扣策略又称交易折扣策略，它是指旅游生产企业按照各类旅游中间商在流通中的不同功能相应地给予不同的折扣，功能折扣作为中间商发挥销售职能的报酬，也是稳定销售渠道的重要措施之一。如旅游饭店给旅行社购买的房租加以15%的折扣。功能折扣是现代旅游产品交易中普遍采用的措施。

4. 季节折扣策略

季节折扣是指旅游企业在经营过程中，在产品销售淡季时给予旅游者一定的价格折扣。旅游产品经营的季节性很强，采用季节性折扣策略可以使旅游企业的设施和服务在淡季时能被充分利用，有利于旅游企业的常规经营。在西方国家中，很多饭店不仅在旅游淡季时采用打折的降价策略，而且在周末、周初、空房数增多时也采用折扣的降价策略，以吸引家庭度假旅游者。

三、旅游产品定价方法

(一) 成本导向定价法

旅游企业在经营过程中要耗费各种支出。对企业而言，这些支出是需要通过营业收入的实现而得到补偿的，否则旅游企业的再经营活动便无法进行。所以旅游企业在制定价格时，必须以成本为最低界限。价格长期低于成本，旅游企业就会持续亏损，其经营活动就会宣告失败。因此旅游企业在定价时首先要考虑的是产品的成本。

成本导向定价法是指旅游企业在对旅游产品定价时主要以产品的成本为依据的一种定价方法。由于旅游产品的种类繁多，各种不同的产品的生产成本计算也有差异，因此，成本导向定价法可分为成本加成定价法、盈亏平衡定价法、目标收益定价法和边际贡献定价法。

1. 成本加成定价法

成本加成定价法是在旅游产品的单位成本基础上加上一定比例的毛利而制定的销售价格。毛利包括产品的营销费用、应纳的税金和预期的利润等。成本加成定价法是成本导向定价法的基本形式，其基本公式为：

单位产品价格＝单位产品成本×(1＋成本加成率)

例如：某种饮料的成本为2.00元，成本加成率为20%，则其价格＝2×(1＋20%)＝2.40(元)。纳税前价格加上应纳税金便形成旅游产品的售价，其计算公式如下：

$$P=\frac{\left(\frac{F_C}{Q}+V_C\right)(1+R_P)}{1-T_S}$$

式中 P——旅游产品价格；

Q——预计销售量；

F_C——固定成本总额；

V_C——单位变动成本；

R_P——成本加成率(利润率)；

T_S——营业税率。

【例 6-1】 某宾馆有 600 间客房，全部客房年度固定成本总额为 3000 万元，单位变动成本为80 元/(间·天)，预计全年客房出租率为 70%，成本利润率为 30%，营业税率为 5%，试求客房的价格。

【解】 根据所给数据和公式，计算如下：

$$单位固定成本=\frac{30000000}{600\times365\times70\%}=\frac{30000000}{153300}=195.7[元/(间·天)]$$

$$单位成本=单位变动成本+单位固定成本=80+195.7=275.7[元/(间·天)]$$

$$以成本加成法计算的价格=\frac{单位成本\times(1+成本加成率)}{1-营业税率}$$

$$=\frac{275.7\times(1+30\%)}{1-5\%}=377.3[元/(间·天)]$$

成本加成定价法简单易行，应用历史悠久。采用此种定价方法，必须事前能准确核算产品成本，并以社会平均成本为标准进行适当调整。否则按此种方法制定的产品价格若与市场上同行业的同类产品价格悬殊(有的可能价格很低，有的可能价格奇高)，这都不利于企业正常经营活动的进行。

2. 盈亏平衡定价法

盈亏平衡定价法又称为保本定价法，即旅游企业根据产量和成本状况来制定保本价格。其计算公式是：

$$P=\frac{\frac{F_C}{Q}+V_C}{1-T_S}$$

【例 6-2】 某饭店有 120 间标准客房，饭店年固定成本为 3000000 元，预计客房出租率为 60%，每间客房日平均变动成本为 50 元，税率为 5%，试计算该饭店盈亏平衡点的价格水平。

【解】 根据计算公式

$$P=\frac{\frac{3000000}{120\times365\times60\%}+50}{1-5\%}=172.8[元/(间·天)]$$

该饭店的标准间按 172.8 元/(间·天)的价格出售，既不会亏本，也没有盈利，收支平衡，这里的保本出租率是 60%。如果出租率提高，便会有盈利；反之，若出租率达不到 60%，便会发生亏损。

保本定价法的意义在于，以一定价格水平与相应产品相结合，给出企业产品产量的盈亏点，使企业明确在一定价格下应达到多少产销量以上企业才能盈利，这里期望达到的产销量是最关键的因素。

3. 目标收益定价法

这也是一种以成本为中心的定价法。其出发点是通过定价来达到一定的目标收益，以期在一定的时期收回全部投资。其计算公式为：

$$P=\frac{F_C+V_C+TP}{Q}=\frac{F_C+V_C+I\times r}{Q}$$

式中　P——单位产品价格；

F_C——总的固定成本；

V_C——总的变动成本；

TP——目标总收益；

I——投资总额；

r——投资报酬率；

Q——预期销售量。

【例 6-3】　某饭店的投资总额为 5000 万美元，共有 600 间客房，全年固定成本总额为 600 万美元，变动成本总额为 200 万美元，年投资报酬率为 20%，预期出租率为 70%。求该饭店客房的房价。

【解】　$$P=\frac{F_C+V_C+I\times r}{Q}=\frac{6000000+2000000+50000000\times 20\%}{600\times 70\%\times 365}$$

$=117.4$[美元/(间·天)]

4. 边际贡献定价法

边际贡献定价法又称变动成本定价法。这种定价是旅游企业仅考虑成本中的变动成本而不考虑固定成本，以预期的边际贡献适当补偿固定成本的一种定价方法。定价的基本原则是保证旅游产品的边际贡献大于零。所谓边际贡献，是指每增加一单位产品销售量所得到的收入超过其增加的成本的部分，即旅游产品的单价减去单位变动成本的余额。旅游产品价格大于变动成本的部分首先用于补偿固定成本。产品的价格和变动成本的差额越大，边际贡献越大，固定成本得到补偿的部分就越多。由于旅游产品具有不可贮存的特征，在竞争激烈，产品供过于求，或在旅游淡季，产品相对过剩等情况下，旅游企业为了维持经营，减少亏损，可以采用边际贡献定价法。只要所定的产品价格高于变动成本，企业就可以获得边际贡献，从而或多或少对固定成本进行补偿。例如，某酒店每间客房的成本为 120 元/天，其中固定成本为 70 元/天，变动成本为 50 元/天。在旅游淡季，客房利用率较低，酒店不得不降低客房价格。假定酒店将客房价格降为 90 元/(间·天)，在此情况下，虽然该酒店每间客房每天亏损 30 元，但如果不降价，该酒店每间客房每天将亏损 70 元。也就是说，只要该酒店每间客房的价格大于 50 元，就可以在补偿变动成本的基础上补偿一定的固定成本。

边际贡献定价法的优点是：以旅游产品的变动成本为基础制定的旅游价格通常要比正常定价低得多，有利于增强旅游企业的价格竞争能力。边际贡献定价法的缺点是：第一，边际贡献定价法仅仅以产品的单位变动成本作为定价依据，不计固定成本，因此，很多情况下旅游企业仍然存在一定的亏损，这就决定了企业不能长期使用这一定价方法；第二，旅游企业按照边际贡献定价法制定旅游产品价格时，如果定价过低，很可能被视为不正当竞争而受到处罚。

（二）需求导向定价法

需求导向定价法又称市场导向定价法或顾客导向定价法，是依据旅游者对旅游产品需求的强度和旅游消费者对产品价值的理解程度来确定产品价格的一种方法。采用需求导向定价法时，企业虽然仍要考虑产品成本因素，但产品的成本因素已不是定价的主要依据，企业定价的主要依据是市场的需求强度和消费者对产品价值的理解程度。同样的产品，市场需求量大，消费者偏好程度高，价格就可以定得高些；反之，就应降低价格。需求导向定价法可具体分为理解价值定价法、需求差异定价法和逆向定价法三种方法。

1. 理解价值定价法

理解价值定价法也称“感受价值定价法”“认知价值定价法”。这种定价方法认为，某一产品的性能、质量、服务、品牌、包装和价格等，在消费者心目中都有一定的认识和评价。消费者往往根据他们对产品的认识、感受或理解的价值水平，综合购物经验、对市场行情和同类产品的了解而对价格做出评判。当商品的价格水平与消费者对商品价值的理解水平大体一致时，消费者就会接受这种价格；反之，消费者就不会接受这个价格，商品就卖不出去。在对旅游产品进行定价时，旅游企业按照消费者在主观上对该产品所理解的价值，而不是产品的成本费用水平来定价。企业利用市场营销组合中的非价格变数来影响购买者，在他们的头脑中形成认知价值，然后据此来定价。企业在运用此方法时，需要正确估计购买者所承认的价值。运用理解价值定价法时要掌握两个关键：

第一，企业应通过市场营销研究，探测消费者对本企业所生产的产品和市场上同类产品的理解价值。

第二，企业还应估计和测量本企业营销组合中的非价格变量（产品、地点、促销、政治、公共关系等）在目标市场中将要建立起来的认知期望值，并比较产品差异（与市场上同类产品其他品牌进行产品的性能、用途、质量、外观的认知比较）和认知价值差异，然后给产品制定价格，这种价值要能反映消费者对产品的评价，而不是企业成本，更不是企业主观价值判断。

2. 需求差异定价法

需求差异定价法又称区分需求定价法或差别定价法，是指旅游企业在确定旅游产品价格时以需求为依据，首先强调适应消费者需求的不同特性，而将成本补偿放在次要的地位。这种定价方法，对同一旅游产品在同一市场上制订两个或两个以上的价格，或使不同旅游产品价格之间的差额大于其成本之间的差额。其好处是可以使旅游企业定价最大限度地符合市场需求，促进旅游产品销售，有利于旅游企业获取最佳的经济效益。

根据需求特性的不同，需求差异定价法通常有以下六种形式：

（1）以用户为基础的差别定价，即针对不同旅游者的定价。不同的旅游者，他们的收入不同，消费水平也不同，针对他们实施不同的产品价格，可以增加企业的销售量。例如，我国许多旅游景区对于内宾和外宾的门票价格会有所不同。

（2）以地点为基础的差别定价，即同一旅游产品，由于销售的地理位置不同，经营环境发生改变，旅游产品的价格也可以有一定的差异。例如，旅游热点地区的客房售价就可以高出冷点地区的客房价格。

（3）以时间为基础的差别定价，即在不同的时间，对同一旅游产品制定不同的价格。例如，景区在旅游旺季时价格可以定得高些，而在淡季时则可以定得低些。

（4）以产品为基础的差别定价，如针对旅游者需求的高档、中档和低档产品可以分别确定不同的价格。

（5）以流转环节为基础的差别定价，即根据旅游产品批发、零售等不同的流转环节确定不同的价格。

(6) 以交易条件为基础的差别定价，即对同种旅游产品按不同的交易条件（如付款时间、交货地点等）而制定不同的价格。

实行区别需求定价必须具备一定的条件，否则，不仅达不到差别定价的目的，甚至会产生负作用。这些条件包括以下四个方面：

第一，从购买者方面来说，购买者对旅游产品的需求有明显的差异，需求弹性不同，市场能够细分，不会因差别价格而导致顾客的反感。

第二，从企业方面来说，实行不同价格的总收入要高于同一价格的收入。

第三，从产品方面来说，各个市场之间是分割的，低价市场的产品无法向高价市场转移。

第四，从竞争状况来说，无法在高价市场上进行价格竞争。

3. 逆向定价法

逆向定价法又称可销价格倒销法，即先以消费者对某种商品愿意且能够接受的价格作为市场销售价格，然后再倒推算出产品的出厂价格。这种作价方法，显然没有与生产成本直接发生联系，而是在制定价格之前，首先进行市场调查，确定出购买者可以接受的价格。具体可采取如下方法：

(1) 主观评估法。由旅游企业组织内部有关人员通过对市场的调查，与市场上的同类产品进行比质比价以及对消费者购买力和消费偏好等方面的分析，对市场销售价进行评估。

(2) 客观评估法。由旅游企业外部的有关部门和消费者代表，对商品的性能、效用以及消费者对其的偏好程度等方面进行评议、鉴定和估价。

(3) 实销评估法。以一种或几种不同价格，在一定区域中进行实地销售，并征得消费者对旅游产品价格的评价，判明试销价格的可行性，再最终确定旅游产品的价格。

(三) 竞争导向定价法

在竞争十分激烈的市场上，企业通过研究竞争对手的生产条件、服务状况、价格水平等因素，依据自身的竞争实力、参考成本和供求状况来确定商品价格。这种定价方法就是通常所说的竞争导向定价法。这种方法是以市场竞争为中心，同时，结合本企业自身的实力、发展战略等因素的要求来确定价格。这种定价的具体形式有三种：

1. 随行就市定价法

随行就市定价法即根据现行市场价格水平来确定旅游产品的价格。在激烈的旅游市场竞争中，可能有众多的旅游企业生产、经营同一旅游产品，如果本企业的旅游产品价格高于别人，就可能失去市场销售额；若价格低于别人，就会减少企业的销售利润。因此，企业将现行市场的价格水平视为自己的定价水平，一方面减少市场竞争的压力，另一方面对旅游行业内部各企业间协调的冲击性较小。

2. 率先定价法

率先定价法是一种主动竞争的定价方法。旅游企业首先将市场上的竞争产品价格与本企业产品估价进行比较，分为高于、低于和等于市场现有的价格水平；其次，将本企业产品的性能、质量、成本以及企业自身的实力等状况与市场上生产的同类产品和企业进行比较，从而寻找出本企业产品的特色、优势；最后，分析本企业产品确定的价值是否能使广大旅游消费者乐于接受，依次确定企业产品的价格水平。率先定价法与随行就市定价法的主要区别在于：按这种方法制定的价格水平与现有市场同类产品的价格不相一致，它可能高于或低于现有市场价格。因此，这种产品定价方法很容易引起市场震动，所以一般为实力雄厚或产品独具特色的旅游企业所采用。在产品价格确定后，还必须跟踪竞争产品的价格变化，客观、全面地分析原因，及时地进行调整。

3. 追随领导企业定价法

追随领导企业定价法是以旅游行业中占有较大市场份额或影响最大的旅游企业的价格为标准，其他旅游企业参照领导企业价格来定价的一种方法。用这种方法可以避免企业之间的相互竞争。

思考与讨论

1. 对于家庭旅游者来说，何谓最合理的价格？
2. 实际工作中，我们制定旅游产品价格时应该注意哪几个问题？
3. 实际工作中，如何应用好心理计价策略？

案例回放

问题1：每份色拉的边际贡献是多少？

每份色拉的边际贡献分别为：

牛肉色拉：2.99－0.78－0.45－0.17－0.25＝1.34（美元/份）

鸡肉色拉：2.65－0.65－0.35－0.18－0.25＝1.22（美元/份）

火鸡色拉：2.59－0.57－0.40－0.17－0.20＝1.25（美元/份）

问题2：在实现预测的销售量的前提下，每份色拉的保本价分别是多少？

在实现预测的销售量的前提下，每份色拉的保本价分别为：

$$P_{牛肉}=\frac{12000}{13\times 1000}+1.65=2.57（美元）$$

$$P_{鸡肉}=\frac{7200}{13\times 600}+1.43=2.35（美元）$$

$$P_{牛肉}=\frac{4800}{13\times 400}+1.34=2.26（美元）$$

实训题

实地参观附近一家餐饮企业，详细了解其菜肴价格的制定过程。

典型案例

价格标准战略定乾坤——庐山游定价策略

1995 年 7 月，深圳人纷纷打电话到深圳旅游集团海外部问，“报纸广告上的盘子和刀叉是怎么回事?”原来，这是该公司推出的庐山自助游的形象广告。这种表现方式在当时的旅游广告中还是挺稀奇的。这年夏天，深圳计划开通庐山(九江)直航班机，面对这一商机，深圳旅游集团海外部成功地实施了一套保护自己的价格策略，从而保障了产品开发者的利益。以往去庐山旅游，均由南昌进出，路上耗费不少时间，旅游者往往在山上住一晚就匆匆离去。现在，即将开通至庐山脚下九江的航班，如何做才能形成自己的相对优势，不至于转瞬间陷入价格战的旋涡中？经营者首先对目的地作了分析：庐山是一个很适宜休闲度假的地方，和黄山相比，虽然风景可能略逊一筹，但山上的度假条件得天独厚，拥有各种档次的酒店，还有一个上万人的小镇，交通良好。同时，对市场作了分析：深圳人很忙，工作节奏快，喜欢直航。深圳人容易接受新事物、新概念，易被引导。对航空包机人而言，需要有市场推动人。经过分析，经营者决定在市场上以“专业”和“全面”的形象出现，根据目的地特色和市场情况设计出几种套餐：

(1) 自助游。以庐山的接待条件，非常适合自助游，这在当时还是较新的旅游概念。对于平日紧张惯了的深圳人而言，早上不用按时起床，想走就走，想停就停，无疑是很有吸引力的。更重要的是，山上拥有从各类疗养院到星级酒店的多种选择，适宜不同客人的需求，这样，只需要酒店派车到机场接送，无须增加地接成本。在价格上，从疗养院的 1380 元起至三星级酒店 1780 元，形成了无敌价，竞争对手很难切入。

(2) 同时推出各种全包团。由于在市场上率先推出此产品，且有酒店和航空公司的支持，因此该产品也就成了市场上的标准，而谁制定了标准，谁就有了优势。

有了一系列的策划和强有力的推广，该公司很快取得了庐山直航线的绝对优势，当年，该公司在庐山线上成了最大的赢家。

(资料来源：杨晨晖. 外联部操作实务. 北京：旅游教育出版社，2005)

案例解析：

价格在产品差别不大、市场尚未形成优势品牌时是重要的竞争手段，但当企业在运用价格策略时，首先要明确自己的定价目标。深圳旅游集团把庐山直航的价格定为 1380 元的绝对低价，其目的就是要占领市场。同时，该策略的运用也有效地遏制了竞争者的价格竞争策略，避免与其他企业打价格战。最低价的制定并不影响其在主推产品(三星级酒店)上的获利，低价主要是为自己形成壁垒，获利才是主力。

但是如果价格远远偏离了价值本身，必然像一柄双刃剑，伤及消费者和企业、行业自身。因此，低价策略的运用必须注重成本的控制。

常识补充

旅游定价的基本程序

1. 确定企业的定价目标

旅游企业在制定价格之前，首先必须明确旅游产品想要达到什么样的目标。企业的目标越明确，制定价格就越容易。

2. 确定需求

价格的高低在影响营销目标的同时也影响了需求。要确定价格，就要先知道需求。一方面，价格与需求量之间存在反比关系，但另一方面，影响需求的非价格因素的作用也不容忽视。这些因素主要有消费者的收入、替代品价格的变化、消费者的偏好和产品的需求弹性。在制定价格时，要综合各种影响来考虑产品的需求量。

3. 估计成本

社会对旅游产品的需求量决定着企业可为产品制定的最高价格，而企业的各种成本则决定着旅游产品价格的最低水平。旅游产品的价格至少要能补偿企业在一定生产水平下所耗费的固定成本和可变成本的总和。

4. 分析竞争者的产品和价格

考虑竞争对手向市场提供的产品和价格，是企业定价的一个重要因素。通过向消费者询问、自己亲自购买竞争对手的旅游产品、收集竞争对手的价格表等途径，企业可对竞争对手的情况有一定了解，并据此来考虑自身旅游产品的定价。通过比较，若企业的旅游产品优于对手，价格也不妨比其稍高；若产品与对手类似，价格也要大致和其处于同一水平；如果产品不如对手，那就应制定更低的价格，并对产品作出改进和完善。

5. 选择定价方法

在明确了企业的定价目标，并对产品需求、成本、竞争者价格等进行了基本分析后，企业要选择合适的定价策略和方法。具体的定价策略和方法已在“任务三”中作了详细介绍。

6. 确定最终价格

在最后确定产品价格时，企业还要考虑一些附加因素：

(1) 顾客心理因素。即价格的主要心理认定趋势或取向。

(2) 政府干预因素。企业的定价会处在政府监督之下，价格过高或过低都可能招致政府干预。

(3) 竞争对手的反应。竞争对手针对自己的定价是否也会在营销组合上作出调整，是否会引发价格战，这些都是企业所要考虑的。

(4) 企业的定价政策。企业的价格定位须同定价政策相符，许多旅游企业都有企业所需的价格形象、价格折扣政策及应付竞争对手价格的经营哲学等，旅游产品的价格定位应与这些价格政策相吻合。

学习情境七　旅游投资与决策

学习目标

1. 了解旅游投资分类、旅游投资项目；
2. 熟悉旅游投资的决策方法、程序；
3. 掌握旅游投资的概念、旅游投资决策的概念、旅游投资可行性研究的概念。

技能目标

1. 能进行旅游投资可行性研究；
2. 能正确运用旅游投资的决策方法进行投资决策。

任务一　旅游投资的含义

任务引入

人造主题公园为何大多短命?

2006年1月12日,江苏省无锡市中级人民法院举行了一场特殊的拍卖会。该市知名的"人造景观"——统一嘉园,因为资不抵债被法院强制拍卖,所得款项将优先用于偿还拖欠银行的贷款和工程欠款。这场由沪、宁、锡三地七家拍卖公司联手操作的拍卖,参考价定在1.4亿元左右。此前,有关无锡统一嘉园的情况已被传得沸沸扬扬,人们对这块依山傍水的"宝地"何去何从有着颇多揣测,这场备受瞩目的拍卖会前后只持续了短短的12分钟即宣布拍卖流标。

其实,无锡统一嘉园的结局只是国内众多主题公园命运的一个缩影。统计显示,国内涌现出的多家旅游主题公园,现在已经倒闭了约80%,给国内旅游业造成3000亿元的经济损失。幸存下来的约有70%处于亏损状态,20%持平,盈利者只有10%,约有2/3难以收回投资。据不完全统计,最盛时,类似西游记官、大观园、三国城之类的人造景观在国内多达729处,总投资超过1000亿元。

纵观国内人造景观的建设,大多缺乏科学的论证和全面考量。一个个体景观的成功很快就会引起全国范围内的一哄而上,而由于缺乏文化内涵,一旦旅客的热情退去,这些人造景观立马就会陷入人去楼空的困境。譬如,无锡统一嘉园在建设初期模仿央视无锡影视基地"以戏带建"的路数不成,又转向两岸民间交流,在园中引进妈祖文化,给在"长三角"投资的台胞提供一个祭祀妈祖的去处。然而，事与愿违，开园数年间，前来观园的台湾旅客仅为1万余人。究其原因，景观的本身特质与文化定位发生了冲突。妈祖文化发源于福建沿海，妈祖是海神，与江南的太湖文化相差甚远。这种舍湖求海的文化安排，牵强附会，自然遭到旅客们的唾弃。

（资料来源：花之苑网站：http://www.cnhua.net/）

问题1：国内主题公园投资的纷纷失败说明旅游投资项目有什么特点？

问题2：在对旅游项目进行投资时要注意什么？

知识链接

旅游投资是一个国家或地区旅游经济发展的前提和基础，也是旅游企业的经营起点。旅游投资的规模和效益对旅游经济的发展影响重大。因此，无论是对于旅游目的地还是对于具体的旅游企业，都需要对投资进行科学的分析，需要对旅游投资项目进行可行性研究、评价与决策。

一、旅游投资的概念

企业投资是指经济主体为达到所筹集资本的增值，而将资本投入到特定项目中，以经营某项事业的经营行为。它包括厂房、机器、设备的新建、改建、扩建和购置等活动，也包括购买股票、债券和以联营方式向其他单位投入资本等活动。

旅游投资是指在一定时期内，根据旅游市场发展的状况，旅游企业将一定数量的资金投入到旅游发展项目中，以满足旅游发展的需要，以求获得旅游收益的经济活动。旅游业的产业性质决定了它必须以一定的资金投入为基础，如新的旅游项目的开发、旅游设施的建设、旅游设备的购买等，都属于旅游投资的范畴。

收益性和风险性是投资的两个基本特征。任何一项旅游投资的主要目标都是在未来获得收益，预期收益的多寡是旅游投资决策的主要依据，而任何一项旅游投资的未来收益都是不确定的，且存在着风险。

二、旅游投资的分类

旅游投资可以从不同的角度分类，分类的目的在于寻找不同类型的特点和规律，以便于更好地作出投资决策。

（一）按旅游投资的性质划分

1. 旅游实业投资

旅游实业投资是指将资本放于特定的旅游经营项目，以形成满足需求的供给能力，如建造基础设施、购置机器设备、技术改造等劳动资料的投资；购置原材料、燃料、动力等劳动对象的投资；职工的培训、教育、职业训练等劳动力的投资。

2. 旅游证券投资

旅游证券投资是指资本投放于各种旅游债券、旅游股票、旅游基金等有价证券，以获取收益或控制效应等。

3. 旅游产权投资

旅游产权投资指以产权为对象的投资，其主要形式有兼并、收购、参股、控股等，它是资本运营中的主要分类。

（二）按投资回收期的长短划分

1. 长期旅游投资

长期投资一般指不能够或不打算随时变现的投资，它包括固定资产投资、长期有价证券投资和无形资产投资，通常需要经过一年以上的时间才能收回。长期旅游投资有旅游投资主体用于饭店建筑、旅游景区开发和建设、旅游道路交通等的投资。

2. 短期旅游投资

短期旅游投资是指在一年内即可收回的旅游投资，主要用于日常旅游经营活动必需的流动资产方面以及购买短期有价证券的投资。如旅游饭店用于购买食品原材料、旅游商品、办公用品等的投资和旅行社为客户垫付的短期资金等都是短期旅游投资。

长期旅游投资的风险一般要大于短期旅游投资的风险，但其投资收益通常高于短期旅游投资收益。短期旅游投资可以较快收回并能够随时变现，因此投资风险较小，但投资收益一般较低。

（三）按投资建设性质不同划分

1. 新建旅游项目投资

新建旅游项目投资即指对以前尚未开发过、而现在新开发的旅游项目投资，如开发建设新的旅游景区、景点，新建旅游饭店、旅游餐厅、旅游娱乐设施等。在实践中，对于那些原有的项目很小，经扩大建设规模后，新增加的固定资产价值超过原有的固定资产价值三倍以上的，也属于新建性质。新建旅游投资项目是发展旅游业、扩大旅游经营规模的重要条件，有利于改变一个国家或地区原有旅游吸引力和接待能力，有利于改善旅游生产力布局和促进旅游经济结构的调整。但其投资周期长，投资规模大。

2. 改建旅游项目投资

改建旅游项目投资即指在原有的旅游产品规模上，对不适应旅游业发展需要的部分设施进行更新和技术改造的项目投资，如对旅游饭店的客房、餐厅进行重新装修、装饰；对旅游饭店的电脑预订系统进行更新和提高。改建的目的是提高旅游接待设施设备的档次和旅游服务水准，从而提高旅游产品的综合质量。其具有投资周期较短、投资规模较小、投资见效较快等特点。

3. 扩建旅游项目投资

扩建旅游项目投资即指在原有规模上适当增建部分设施的项目投资，如增添购物、商务、汇兑、保健等旅游服务；增加部分旅游娱乐设施设备等。但新增投资规模不得超过原有投资规模的三倍，否则应属于新建项目投资。扩建旅游项目更有利于利用现有的旅游资源和设施，扩大旅游经营规模。扩建项目投资与新建项目投资比起来，投资规模小，投资周期短，但与改建项目投资相比，投资规模又较大，投资周期较长。

4. 维护旅游项目投资

维护旅游项目投资即指对原有的旅游产品进行恢复、保护的旅游项目投资，如对旅游景区景点的修复和保护，对旅游饭店客房、餐厅及旅游娱乐设施的维修保养，对管理人员和服务人员进行培训，对旅游产品进行宣传促销等方面的投资。其目的是保持一定的旅游经营规模和服务水平，保持旅游目的地国家和地区的旅游经济效益。

(四) 按投资形态不同划分

1. 有形资产旅游投资

有形资产旅游投资主要指资本物的购置和旅游景点的开发，如出资兴建酒店、建设新的旅游景区景点、建设购物中心、建设游客服务中心、兴建旅游车船公司和对旅游基础设施的投资等。

2. 无形资产旅游投资

无形资产旅游投资包括两个部分：一部分是指以有价证券为载体，以金融资产为对象，通过金融市场进行的间接投资，如购买旅游企业债券、旅游上市公司股票等。另一部分是对旅游教育科技的投资，以提高旅游管理水平和旅游服务水平。这是一种没有具体形态的资产，只有在生产具体旅游产品时，才以卓越的管理技能和优质的服务水平等形式体现出来。

(五) 按投资领域不同划分

按投资领域不同，可将旅游投资分为饭店宾馆投资、旅游交通投资、旅游景区投资、旅游娱乐设施投资、旅游商品开发投资、旅游教育投资、其他旅游投资等。

三、旅游投资项目

(一) 旅游投资项目的含义

一般来说，旅游投资项目是指在一定时间和区域内，为达到某项（或一组）旅游开发目标，按照一个独立的总体设计规划进行投资的各单项工程的总和。它包括三个方面的具体含义：

第一，在一个总体设计或项目内，由几个互有内在联系的单项工程所组成，建成后项目归属在经济上可以独立核算的、行政上可以统一管理的建设单位。因此，在进行投资时，不仅能够单独考核投入物和产出物，而且能计算其效益和费用的项目，均可视为一个投资项目。就是说，既可将一个独立的单项工程视为一个投资项目，也可将那些费用和投资项目紧密相关、由若干个单项工程项目组成的“项目群”形成的有机综合体作为一个旅游投资项目。

第二，在总体设计中体现旅游开发目标。如果某旅游投资项目建成后虽然对旅游发展有促进作用，但由于此项目完全没有体现旅游开发目标，则不能视其为旅游项目，如以防洪、发电和交通等为目标的三峡水利枢纽工程。反之，如果某项目体现了旅游开发目标，即使其不完全以提供旅游服务为目的，也应视为旅游项目，如大连自然博物馆的迁建项目等。有无旅游开发目标是旅游投资和其他投资的根本区别所在。

第三，能够形成旅游基础设施和配套设施等有形资产以及商标、商誉、技术专利和许可证等无形资产。旅游投资项目的开发过程就是将一定量的资金直接用于构建固定资产和流动资产，形成实物资产和非实物资产并能产出具有价值和使用价值的产品或服务。

(二) 旅游投资项目的特征

旅游投资项目与工业、能源、高科技、房地产等投资项目有很大的区别，这是由旅游产业和旅游产品的特殊性决定的。总体来看，旅游投资项目有七大特征：

1. 关联性

旅游业是一个关联性和综合性极强的产业，旅游业的各行业、各领域都有很强的相关性。某一种旅游产品的有效供给，需要其他配套服务的支持。因此，旅游业某一领域的投资必然需要其他相关领域的投资，受其他领域投资的影响，否则，不可能有效地发挥作用。对其他配套服务的依赖，成为旅游投资项目无法自主控制的重要风险。

2. 敏感性

旅游业的敏感性是指旅游业的发展受到社会各个方面的制约。影响旅游业的因素很多，既有行业内部的，又有外部的。其中，许多是企业不能预料和控制的，这也使得旅游投资具有很大的风险。

3. 专用性

旅游投资不像工业投资那样可以随意转产，它的投资一旦形成，若无人使用，其产品价值就不能转移而被消费，容易成为无法回收的沉淀成本，因而退出门槛高。越是有特色的项目，越是不易改变其内容与功能，或者改变内容与功能的成本代价过高。

4. 季节性

旅游产品的消费需求具有很强的季节性。淡季资产闲置浪费，财务上入不敷出；旺季资产又常常超负荷运转，旅游资源的功能也受到季节性的限制。

5. 依托性

旅游投资项目的依托性强，紧紧依托经济环境、社会环境和自然环境。① 经济环境。一是以旅游市场为依托，也就是受旅游资源市场和旅游客源市场的双重影响；二是以旅游产业为依托。② 社会环境。旅游项目受到旅游政策、旅游法规、文化氛围以及和平稳定的环境影响。③ 自然环境。目前，我国的旅游投资具有很强的资源导向性，要充分考虑到所在地区旅游资源的丰富程度，考虑地理位置、选址是否合理等。

6. 投资额大、回收期长

旅游的属性和旅游业的脆弱性决定了旅游项目具有投资额大的特点。旅游景区景点项目属于资源依托性强的旅游产品，如果把旅游资源的价值考虑在内，旅游业就是高投入的产业。特别是随着旅游可持续发展的进一步完善和成熟，旅游活动带来的其他投入需要企业来承担，势必增加了企业的投资额。旅游产品消费又具有不可储存性、非完全排他性、临时使用性、节律性等特点，消费额度有限，回收缓慢，导致投资风险增加。

7. 市场导向性

旅游项目投产后的运作和企业一样，具有明显的市场导向性。一方面，市场需求具有多样性，游客对旅游产品的需求具有非常多样化的特征。要使一个旅游产品满足多样化市场的需求，自然对产品提出了更高要求。另一方面，旅游者市场需求趋向是动态的，特别是在经济发展较快的中国，游客需求在快速转换之中。特殊性需求要靠敏感的市场洞察力才能发现和把握，才能适时地推出适应需求的产品。对市场把握不准，就会失去产品消费的主体，从而产生投资风险。

思考与讨论

联系实际，讨论旅游景点投资、旅游饭店投资和旅行社投资在投资特点上有何不同。

案例回放

问题1：国内主题公园投资的纷纷失败说明旅游投资项目有什么特点？

主题公园的投资说明旅游投资项目具有投资额大、回收期长、市场导向性强、退出门槛高、对其他制约因素较敏感等特点。

问题2：在对旅游项目进行投资时要注意什么？

在对旅游项目进行投资前一定要做好充分的准备工作，要充分考虑项目融资、市场、环境、管理等方面的制约因素，客观评价项目风险，科学决策，做好可行性论证，而不能盲目跟风投资。

实训题

实地考察一家旅游企业和一家其他企业，收集相关资料，分析旅游投资和其他投资有何异同。

典型案例

锦绣中华和深圳民俗文化村的成功神话

1989年9月，深圳的锦绣中华开业。锦绣中华创造了中国甚至全世界主题公园投资史上的神话：投资1亿元港币（当时约相当于7000万元人民币），1990—1993年营业收入共3.93亿元人民币，利润率高达50%以上，开业1年多就基本收回投资。就因为这个神话的出现，人们突然发现，除了建工厂、造酒店等投资外，修个景点也能赚钱！锦绣中华的神奇成功带来了中国主题公园的大发展。深圳中国民俗文化村于1991年开业，投资1.2亿元港币，开业后也是1年就收回全部投资。这是中国主题公园发展史上的又一个神奇！

（资料来源：达沃斯巅峰智业网站．http：//www.davost.com）

问题：为什么国内多数主题公园亏损，而锦绣中华和深圳民俗文化村的投资项目却创造了成功的神话？

案例解析：

锦绣中华、中国民俗文化村等主题公园无疑是成功的，但这成功的背后有很多特殊因素。以锦绣中华为例，下列七大因素对其成功非常重要。

1．产品因素：No.1效应

无论做什么事，做第一次的时候，都会产生一个轰动效应，即产生No.1效应。当锦绣中华开业时，中国人还没有听说过“THEME PARK”这个词（这个词过了好几年才定名为“主题公园”），还没有见过微缩景观，对它充满了新奇感。这种No.1效应对产品的最初宣传和推介具有很强的扩散力。

2．市场因素：填补需求空白

随着深圳的经济建设发展，深圳的旅游需求和宾馆接待能力在不断增加。即便在比较特殊的1989年，也接待了港、澳、台、华侨过夜游客94.8万人次，外国游客5.78万人次，国内游客331万人次，酒店、宾馆已拥有客房15985间、床位34506张。锦绣中华就是在这样一个背景下出现，填补了需求空档，在一个完全没有竞争的空间里一炮走红，从而开创了深圳旅游业的主题公园纪元。

3. 主题因素:根植于民族文化的主题,精益求精的制作

锦绣中华拥有一个明确的主题——展示中华传统与民族文化。外国人对中国最感兴趣的是华夏5000年的文明历史和绚丽多彩的民族文化。这种具有民族特色的文化本身就是一种丰富的旅游资源,对外国游客具有强烈的感染力和吸引力,这是我国旅游业发展的独特优势。另一方面,中国幅员辽阔,民族众多,环境差异巨大。因此,锦绣中华(包括后来的中国民俗文化村)在一定程度上将中华民族灿烂的文化精粹汇集在一起,并加以提炼和再创造,使游客能在有限的时间内,对中国的历史文化和旅游资源有一个概况性的了解,不仅对海外游客有吸引力,而且对国内游客同样有巨大的吸引力。

锦绣中华的每一个景点不仅仅是按原景观的某种比例的缩小,而且可以说是一种再创造,建设者们对待每一个景点的建设是虔诚而圣洁的。以"万里长城"为例,它蜿蜒起伏在景区内的几个山岭上,长达1000多米,镶嵌在长城上的小砖,严格按照长城真砖1∶10的比例仿制而成,共达600多万块。如果说古长城是古代劳动人民的血汗筑成,那么,这座小长城又凝结着多少长城专家和工程技术人员的智慧和心血啊!可以说,锦绣中华在汇集中华民族灿烂文化的同时,也在创造一种文化。

所有这些殊荣,极大地提高了锦绣中华的知名度,树立了良好的企业形象,特殊的广告效应带来了滚滚客源。

4. 成本因素:土地政府划拨、投资控制得当

华侨城4.8平方公里的土地是深圳市政府整体划拨的,这减轻了投资压力。同时,身为国有企业的锦绣中华投资控制得当,这也是锦绣中华成功的一个重要因素。

5. 经营因素:国内、境外两种票价

初期锦绣中华的门票为:国内游客平时票价20元,周末、节假日25元;香港、海外游客平时票价80港币,周末、节假日100港币。这种差别使得只占总游客量15%～20%的海外游客带来了经营收入的50%左右。

6. 社会因素:公款消费

公款消费是中国特有的现象。调查中发现,约50%的游客属于公费购买门票。依托深圳特区和毗邻港澳的优势,华侨城的主题公园由此能吸引到更多的公费游客。这是中国主题公园成功或失败必须正视的重要因素。

7. 区位因素:深圳

锦绣中华、民俗文化村、世界之窗一直经营不错,还有一个更重要的因素——区位因素。如果这些公园不放在深圳,可能前一两年会轰动,后面就衰落了。区位因素里不仅仅是位置要素,还与深圳经济的高速发展有关。深圳作为一个移民城市,每年接纳的内地探亲游客非常多,深圳居民有实力承担亲属的这种消费。深圳人均收入的增长与门票的比值有一定的合理性,这种特有的区位因素是其他地区难以具备的。

常识补充

我国旅游业投资的主要领域和热点领域

一、投资主要领域

中国旅游投资主要集中在旅游饭店等住宿设施，对其他领域投资明显不均衡。

1. 饭店领域。由于中国旅游业从发展之初就注重缓解对入境游客供给的压力，因此，国家对这一领域很长时间没有限制，并且积极鼓励。因此也导致这一领域的资金注入最多。

2. 旅行社领域。由于旅行社在旅游产业链条中处于市场组织地位，对旅游市场的稳定运行具有重大影响，因此，国家对此领域的市场准入一直有严格限制。同时，旅行社企业本身也具有开办成本较低、占用资金较少的特点，这就形成了旅行社领域在吸纳投资总规模上较小的局面。

3. 旅游景区方面。中国旅游景区在行业形成过程中大致经历了四个阶段，即萌芽发展阶段、起步发展阶段、成长发展阶段、快速发展阶段。而现实情况是中国旅游景区的发展不均衡：一些地区在经历了起步发展阶段后，已经进入了成长发展阶段和快速发展阶段；有的景区则仍然处于起步发展阶段。同时，传统上旅游景区划归不同的行政部门管理，也影响到资金的自由流入。此外，由于开发水平不高，市场开发出现了很多短、平、快项目，本身也吸引资金不多。由于以上原因，在景区领域的旅游投入也长期停留在较低水平，没有旅游饭店方面比例大。

4. 旅游交通、旅游餐饮和旅游文化娱乐方面。国家政策上一直没有限制，也不存在体制进入障碍。但在这些领域，旅游业并没有十分清晰的产业边缘，它和社会供给的联系非常紧密。随着整个交通、餐饮、文化供给的扩大，基本可以满足旅游业的供给要求，因此，专门的投资比例也不高。

二、投资热点领域

在旅游业食、住、行、游、购、娱六大要素中，理想的发展进程是各要素并驾齐驱、齐头并进，没有偏废。按照“木桶原理”，这样的产业供给水平为最佳。但是，历史上这六大要素就一直不均衡。总体来说，餐馆、住宿和景区的供给较为充足，而交通、购物和娱乐则相对较少。具体地说，交通和餐馆、娱乐一直依托于整个社会的综合发展水平。其中餐馆和娱乐，历史上社会基础条件较好，供给相对充足；交通供给则长期短缺，一直是发展的“瓶颈”，近些年随着社会大交通的构建，已经大大缓解。景区游览、旅游住宿和旅游购物则是我国旅游业发展起步之后，才开始集中精力进行发展的领域，但其发展不均衡。其中旅游住宿发展最早，并在标准化的推动下发展水平最好；旅游购物虽经大力推动，但成效甚微，旅游商品档次低、观赏性差和各地雷同的现象长期存在；在景区游览上，经过了一个从原始粗放到包装提升的过程，原有产品在品位、价值、类型方面都有了变化。综合起来看，从改革开放之初到现在，我国专门的旅游投资主要集中在交通、住宿、游览等方面。

现在，我国旅游业面临着全面提升的历史阶段。因此，在各个产业要素的业态方面，出现了一些投资的热点领域。

1. 在游的要素上，出现了从传统观光景区到度假地的转变。度假产品和各类专项旅游产品成为投资新热点，其中生态类景区、温泉、滑雪、自驾车服务设施等更是投资者趋之若骛的领域。

2. 在住的要素上，出现了传统高星级酒店向经济型酒店的转变，尤其是连锁经济型品牌酒店成为热点。国有集团、民营企业集团和各类上市企业现在都普遍存在着投资建设和改造经济型酒店的计划。

3. 新兴的行业发展业态成为投资热点。最具代表性的是旅游房地产。这里面又有几种模式：第一种是主题公园加房产模式，通过人造景区拉动房产，再通过房产升值实现更多利润；第二种是原有生态景区加房产模式，即在景区中生态良好的地方建设高端房地产项目，实现房产升值；第三种是产权酒店模式，通过产权式出售、承诺经营等方式，实现短期内资金回笼；第四种是传统民居的改造和利用，一些投资者通过协议租赁或收购传统历史街区民居，改造其为住宿旅店或家庭旅馆等，追求投资回报。

4. 在行的要素上，民营航空、民营铁路、民营或合营的支线公路等也开始出现。但由于投资者投资实力和专业性的门槛要求较高，因此在这方面投资的企业数量还不多。

5. 在娱乐和购物要素上，尽管对社会综合水平依托较大，但与餐馆相结合的晚间大型舞台歌舞的打造、特色旅游纪念品的研发等，也正逐步成为新的投资领域。

（资料来源：姜若愚，刘奕文. 旅游投资与管理. 昆明：云南大学出版社，2007）

任务二　旅游投资可行性研究

任务引入

某侏罗纪恐龙城旅游项目投资可行性研究报告

目　录

3.3 需求市场

3.4 市场预测

3.5 市场竞争状况

3.6 市场开发策略

第4章 建设条件与园址选择

4.1 建设条件

4.1.1 资源禀赋状况

4.1.2 区位条件

4.1.3 能源供应条件

4.1.4 人力资源条件

4.2 园址选择

第5章 总体规划

5.1 项目控制范围规划

5.2 总体功能分区框架

5.3 总体功能分区图

5.4 项目核心区规划

5.5 总体概念设计

5.6 项目选择原则

5.7 主体功能区域

5.8 项目技术资源分析

5.9 主要设备的来源

5.10 交通规划

第6章 环境保护

6.1 环境保护原则

6.2 生态环境保护

6.3 废物处理方法及达标要求

6.4 大气环境保护

第7章 企业组织和劳动定员

7.1 组织机构

7.2 企业组织形式

7.3 劳动定员

第8章 项目实施进度安排

8.1 项目总体进度计划

8.2 项目建设方式

8.3 项目建设依据

8.4 项目产品规格及质量标准

8.5 项目组织管理

8.6 开发第一阶段的详细时间安排

第9章 投资估算与资金筹措

9.1 投资估算依据
9.2 项目总投资估算
9.3 资金筹措
第10章 经济效益研究和评价
10.1 测算说明
10.2 损益估算
10.3 现金流量表
10.4 财务评价
10.5 不确定性分析
10.6 盈亏平衡分析
10.7 敏感性分析
第11章 国民经济效益分析
11.1 间接经济效益
11.2 生态环境效益
11.3 社会效益
第12章 可行性研究结论与建议
12.1 结论
12.2 建议

问题1:可行性研究报告应该包括哪些内容?

问题2:试对上述可行性研究报告的内容进行分析。

知识链接

可行性研究这门学科起源于美国。20世纪30年代,美国为了开发田纳西流域,开始采用这种方法。第二次世界大战以后,西方工业发达国家开始普遍推行这种方法,并不断加以充实与完善。20世纪60年代后,可行性研究迅速得到发展。目前,可行性研究已经成为全球投资者在最终决策是否投资之前普遍运用的技术分析手段和方法。

在不同的国家,建设项目的可行性研究有不同的名称。一般西方国家都称它为可行性研究;苏联和东欧一些国家则称它为技术经济论证;日本称之为投资前研究;印度、巴基斯坦、科威特等国家有的称它为投资研究,有的叫费用效益分析。尽管名称不同,但是各国建设项目的可行性研究在内容上是基本相同的,可行性研究所起的作用及目的也基本相似。

一、旅游投资可行性研究的概念

一般认为,可行性研究是指一个建设项目(即一项投资方案)在做出投资决策之前,对与其有关的技术、经济、社会、环境等方面进行调查与研究,对各种可能的拟建方案在技术上的先进性、经济上的合理性和建设上的可能性进行判断,并对项目建成投产后的经济效益、社会效益、环境效益进行技术经济分析,做出科学的预测和评估,最后在此基础上提出该建设项目是否可以投资以及如何投资的结论性意见,为决策者的最终决策提供充分、可靠的依据。

旅游投资的可行性研究，是可行性研究的理论、原则和方法在饭店投资领域的具体运用。

旅游投资的可行性研究，就是在旅游项目投资决策之前，对旅游项目投资的时机、旅游项目投资的环境、旅游市场、旅游的竞争格局以及旅游项目建设方案所进行的系统而科学的综合性分析。

二、旅游投资可行性研究的意义

首先，旅游投资可行性研究是旅游投资取得良好经济效益的前提。旅游投资的可行性研究，要针对项目的投资时机、投资环境、市场状况、竞争状况、项目的选址、项目的可选方案和最优方案、投资的风险性和经济效益等重大问题进行具体、深入的研究，并做出明确的评价意见。这些分析和评价，是投资者鉴定该项目是否可行，进而做出投资决策的可靠依据。这是旅游投资可行性研究的主要意义。

其次，旅游投资可行性研究是项目筹集资金的重要依据和手段。一个项目的资金，其来源不外乎两个方面：一是自有资金，二是外来资金。外来资金主要有两个渠道：一是向银行申请贷款；二是向社会招商引资。无论是申请银行贷款，还是进行招商引资，都必然要对这个项目进行全面、细致的评估。只有在确认该投资项目具有偿还能力和不会承担很大风险的情况下，银行才会同意贷款；只有确认该项目具有理想的盈利能力，招商引资的对象才可能进行投资。

最后，旅游投资可行性研究是项目有关政府部门申请建设和施工许可的依据。建设项目在设计及施工之前，还必须经地方建设规划部门及环保部门等有关政府机构的审查，其审查的依据即为项目的可行性研究报告。

三、旅游投资可行性研究的分类

在国际上，大多数国家和地区都以联合国发展组织的《工业可行性研究手册》和世界银行的有关规定为依据，将一个投资项目从最初的意向开始到项目正式投产运行的整个发展过程分为三个时期：投资前时期、投资时期和生产运行时期。其中，投资前时期的具体内容就是进行项目投资的可行性研究和决策。根据可行性研究的深浅程度和不同要求，又可以将可行性研究分为投资机会研究、初步可行性研究和详细可行性研究（又叫最终可行性研究）三类。据此，旅游投资的可行性研究也可以做这种基本的分类。

（一）投资机会研究

投资机会研究是指在一个确定的地区、部门或企业内，在利用现有资源的基础上所进行的寻找最有利投资机会的研究。其内容是：概略性地研究旅游项目的发展前途和发展机会。这种可行性研究比较粗略，它往往是通过与现有的同类项目相对比（或类比），大概地来估计旅游项目的投资额、营运成本、经营收益和投资风险，而不是根据可靠的相关数据及各项具体价格来进行详细的计算和分析。一般认为，机会研究对投资估算的误差可以允许在±30%以内。进行机会研究的目的，是要通过这种粗略的估算，来初步判断该饭店项目是否可能有投资的价值。如果没有价值，则不再进行下一步研究；如果有价值或可能有价值，则提出关于该项目投资的建议，转而进行初步或详细的投资可行性研究。

需要指出的是，并不是所有的旅游投资项目都要进行投资机会研究。一般来讲，在市场和经营的相关因素都比较明朗的情况下，规模不是很大的改建或扩建项目，可以不做机会研究，而直接进行初步可行性研究或详细可行性研究。而新的旅游投资项目，则需要先进行投资机会研究。旅游投资的机会研究通常由投资者自己进行。

（二）初步可行性研究

初步可行性研究是在投资机会研究的基础上，对拟议的旅游投资项目的可行性所进行的继续和深化性研究。它主要是针对那些比较复杂的旅游投资项目而进行的，因为这类旅游投资项目仅凭投资机会研究还不能决定其取舍，必须进一步进行可行性分析。初步可行性研究要解决的主要问题包括：进一步论证投资机会是否有可能；进一步研究拟议的旅游投资项目建设可行性中某些关键性问题，如旅游市场分析、项目建设选址等，从而阐明某项目是否具有生命力；分析是否有必要开展详细的可行性研究。在初步可行性研究阶段，可以广泛进行各方案的进一步比较，从中排除不利方案，为缩小最终可行性研究范围准备条件。旅游投资项目初步可行性研究的准确性，即对投资估算的误差一般要求控制在±20%以内。

（三）详细可行性研究

详细可行性研究又称为最终可行性研究，是在上级主管部门批准旅游投资项目立项后，对旅游投资项目所进行的全面的技术经济论证，它需要对投资项目所涉及的全部因素都进行准确的分析、计算和论证，提出完备的可供优选的方案。旅游项目投资的详细可行性研究，在整体内容方面与初步可行性研究大体上是相同的，只是在内容的详尽程度上要求更为严格。旅游投资项目越大，其研究的内容就越复杂。详细可行性研究是确定旅游投资项目是否可行的最终依据，它要为投资决策提供技术上和经济上充分可靠的依据，也是有关管理部门和银行提供进一步审查和进行资金借贷的依据。详细可行性研究的投资估算误差要求在±10%以内。

旅游项目投资的机会研究、初步可行性研究、详细可行性研究三者之间的主要区别在于研究的全面性、深入性和准确性的程度不同。在饭店投资项目可行性研究的实际工作中，可以根据项目规模的大小、繁简程度的不同和投资决策把握性的大小等因素，选择不同的可行性研究组合。

一般来讲，规模很大而且非常复杂的旅游项目，应该首先进行机会研究。机会研究如果得到“可行”的结论后，就进行初步可行性研究。初步可行性研究如果得到“可行”的结论后，就转入详细可行性研究，以得出最终“可行”还是“不可行”的结论。如果在任何一个阶段得到“不可行”的结论，就没有必要再继续研究下去，可行性研究工作也就此终止。

规模中等而且具有一定复杂性的旅游项目，首先也应该进行机会研究。如果机会研究的结论是该项目的投资可能具有价值，就必须进行该项目投资的初步可行性研究；如果机会研究已有足够数据说明该项目的投资具有价值，就可以越过初步可行性研究直接进入该项目投资的详细可行性研究。

改、扩建旅游项目，一般不做机会研究，只根据改、扩建项目的规模或复杂性做初步可行性研究或详细可行性研究。规模大或比较复杂的改、扩建项目，可先做初步可行性研究；规模较小或简单的改、扩建项目，则可以直接进入详细可行性研究阶段。

有的旅游项目，由于所涉及的要素已明朗化，把握性很大，就可以越过机会研究和初步可行性研究，直接进入详细可行性研究。

有的旅游项目经过初步可行性研究后，把握性已很大，完全可以据此做出投资决策，就没有必要再进行详细可行性研究。

在旅游投资的可行性研究中，如果认为某些内容对投资决策或对项目本身具有非常重要的作用，则可以对这些内容进行独立的专题研究（也叫辅助性研究）。常见的专题研究有市场营销研究、工程专用设施设备研究、选址研究、规模经济研究、经营管理模式研究等。

四、旅游投资可行性研究的内容

可行性研究的内容主要包括旅游投资项目在技术上是否可行、开发上是否可能、经济上是否优化等。一般而言，旅游投资可行性研究包括十个方面的内容。

（一）项目说明

项目说明主要阐明旅游投资项目提出的背景、投资的必要性、经济意义、研究工作的依据和范围以及对项目所涉及的关键问题做出概念限定等。

（二）旅游客源市场分析与预测

这部分内容主要是对拟建项目进行市场前景分析。具体内容为当地旅游业发展前景分析、旅游客源市场需求分析、客源市场定位分析、客源市场竞争与开拓、游客量的预测等。

（三）拟建项目建设的必要性

拟建项目建设的必要性是研究该项目的建设是否符合国家的产业政策，是否符合项目所在地经济发展的需要。其研究的主要内容有：国家产业政策的需要、当地经济社会发展的需要、旅游资源开发的需要、环境建设的需要等。

（四）项目选址和建设条件

由于旅游建设项目总是在一定的地域上进行的，因此项目（尤其是饭店投资项目）选址往往是决定投资成败的关键。这部分研究的主要内容包括项目地址、自然环境条件、区域经济条件、旅游资源条件、旅游客源市场条件、基础设施条件、旅游服务接待设施条件、技术协作条件、土地利用条件等。

（五）政策环境

项目的政策环境研究主要包括国家的法律制度、税收政策、项目生产经营许可或其他政府限制政策等。

（六）项目工程方案

对投资项目工程方案的研究主要包括投资项目的组织管理机构及费用、确定的投资规模和须提供的旅游产品的规模和种类、工程设计、建设工期、进展速度、建设的标准、建设的内容、建设目标、主要设施的布局、主要设备的选型及其相应的技术经济指标、确定项目提供的产品或服务的规格要求等。

（七）原料动力供应

原料动力供应主要研究旅游项目建成后原材料、燃料、动力及低值易耗品等供应渠道、供应稳定性、价格变动趋势、使用情况、维修条件、对项目正常运转的保证程度等，以确保项目建成后生产过程所需求的各种物质生产要素能及时得到满足，保证旅游产品和服务的正常提供。

（八）劳动力供求

原料动力供应主要研究旅游投资项目建设过程和完成后的劳动力数量、种类、使用、来源、培训以及人员组织结构等方案，包括高中级管理人员和中初级服务人员等，以确保旅游投资项目建成后人力资源的充分利用和正常补充，从人力上保证生产经营活动的顺利进行。

（九）资金筹措分配

资金筹措分配主要研究为保证旅游投资项目顺利完成所必需的投资总额、外汇数额、投资结构、固定资产和流动资金的需要量、资金来源结构、资金筹措方式及资金成本等，从资金上保证旅游投资项目建设的顺利进行。

（十）综合效益评价

综合效益评价主要研究旅游投资项目的总体效益评价，包括经济效益、社会效益、环境效益这三方面的评价。对经济效益的评价主要是看投资的总成本包括项目建设支出、资金筹措成本等是否可由项目建成后的收益进行补偿，需要多长时间才能完成这种补偿等。对社会效益、环境效益的评价主要是对投资项目建成后对当地社区及周围环境所带来的正面影响和负面影响做出预测性分析，并尽力减少和避免其不利影响，确保旅游投资项目在获得最佳经济效益的同时也能带来最佳的社会效益和环境效益。

总之，旅游投资的可行性研究是一种动态过程的研究。可行性研究离不开投资项目的具体要求，要有针对性。可行性研究要尽量克服主观偏好的影响，做到在掌握充分证据的基础上提出实事求是的研究结论。在研究过程中，要定性分析与定量研究相结合，得出在定量研究基础上的定性结论。

五、旅游投资风险预测及评估

（一）风险的含义

在现实的经济生活中，旅游企业在做任何一项经济决策的时候，都不能忽略的一个财务管理基本观念就是风险的观念。风险是客观存在的，是现代企业财务管理的一个重要特征。在企业财务管理的每一个环节都不可避免地要面对风险。

风险是在一定条件和一定时期内可能发生的各种结果的变动程度，也可以说是未来收益与预期收益的偏离程度。人们通常总是认为风险就是不好的，总是带来损失，这是对风险的片面理解。实际上，这种偏离可能是未来收益高于预期收益，能够获利；也可能是未来收益低于预期收益，带来损失。因此，风险有可能是危险，也有可能是机会，危险与机会并存。

在激烈的市场经济中，由于市场经营环境的变化和旅游企业经营决策的制定，旅游企业的各项财务活动由于难以预料或无法控制的因素作用，实际收益与预计收益之间会发生背离，从而使企业蒙受经济损失。为此，企业财务部门和人员不能厌恶、躲避风险，而应充分估计企业可能发生的风险，运用科学的手段衡量和分析风险，采用科学的决策组合尽量规避风险。

（二）风险的分类

1. 从个别投资主体的角度看

从个别投资主体的角度看，风险可分为系统性风险和非系统性风险两类。

（1）系统性风险

系统性风险是指由旅游投资项目外部的、不为投资者能够控制的因素而造成的风险，通常表现为政治、经济、自然、金融风险。这些因素单个或综合发生，对整个旅游市场都会带来影响。系统风险涉及面广，而且人们也难以事前采取措施来避免，企业也难以通过多角化投资来分散。

（2）非系统性风险

非系统性风险是由旅游投资项目自身原因造成的风险，它产生于投资项目的设计、施工、管理和市场中。非系统性风险只对某一具体的旅游投资项目产生影响，与整个旅游市场不发生系统性联系。它是总的投资风险中除了系统性风险之外的偶发性风险，也称为个别性风险。对每一个投资者来说，这类风险是时时存在的，需要投资者去识别、防范和化解。非系统性风险通常可以通过多角化投资来分散，因此又可称为可分散风险。

2. 从公司本身的角度看

从公司本身来看，可以将公司非系统性风险分为经营风险和财务风险两类。

(1) 经营风险

经营风险是指因业务经营活动中的不确定性因素引起的风险，是任何商业活动都可能有的风险。比如竞争激烈而丢失产品市场、原材料价格上升导致利润空间为零甚至亏损、市场饱和产品没有销路、设备出现事故等都会给企业经营带来一定风险，这些风险使得企业的盈利变得不确定。

(2) 财务风险

财务风险又称筹资风险、融资风险，指公司因举债而承担的风险，是负债筹资带来的风险。由于企业举债筹资，需要按照约定支付利息和偿还本金，从而产生了还债压力，一旦企业不能按期支付利息或无法偿还本金，不仅信誉受损，而且有可能面临诉讼或破产的威胁。

(三) 风险的评价

由于风险客观存在，旅游企业在进行财务管理活动的时候就需要认识风险，掌握风险与报酬之间的关系，以此来把握风险，并采取降低风险的有效措施。

认识风险，降低风险，首先要对风险进行衡量。未来收益的不确定性程度越高，或者说未来收益与预期收益的偏离程度越高，就说明风险越大。因此，可以通过对偏离程度大小的确定来衡量风险的高低。在进行旅游投资风险评估时需要掌握下述基本概念：

1. 投资报酬的概率分布

计算风险的大小，首先要确定可能结果的分布情况。概率是用来描述一个事件发生的可能性大小的，分布综合了各种可能事件与该事件发生的概率。一个事件发生的概率总是介于 0 和 1 之间。如果概率为 0，表示这个事件不可能发生；如果概率为 1，表示这个事件肯定发生；如果事件发生的可能性不能确定，那么其概率就是 0～1 之间的某个数值。所有事件的概率之和总是等于 1。

投资报酬的概率分布反映了投资报酬的不确定性程度。分布范围越大，说明风险越大，相应投资报酬的预期也就越高。

2. 投资报酬的期望值

投资报酬的期望值是各种投资报酬以相应的概率为权数的加权平均数，又称为投资报酬的预期值，反映了投资方案各种预期结果的平均值，代表收益的集中趋势(合理预期)。期望值的计算公式如下：

$$\overline{E} = \sum_{i=1}^{n} P_i X_i$$

式中 $\overline{E}$——期望值；

X_i——第 i 种可能结果的报酬率；

P_i——第 i 种结果的概率；

n——可能结果的个数。

3. 投资报酬的标准差

标准差是各种可能的报酬率偏离期望报酬率的综合差异，是反映离散度的一种量度，是对投资风险的绝对值的度量，用 σ 表示。通常在期望值相同的情况下，标准差越大，风险越大；反之，风险越小。标准差的计算公式如下：

$$\sigma = \sqrt{\sum_{i=1}^{n}(X_i - \overline{E})^2 \times P_i}$$

4. 投资报酬的变异系数

由于标准差是衡量风险的绝对度量，为了更加客观、可信地衡量风险程度的大小，可以采用标准差与期望值的比值，即变异系数，用公式表示为：$V=\sigma/\overline{E}$。而且，在期望值不同，标准差也不同的时候，可以采用变异系数来比较，反映风险程度。

5. 风险报酬率（风险价值）

风险报酬率是风险报酬系数（又称风险报酬斜率）与风险程度的乘积。表示如下：

风险报酬率＝风险报酬系数×风险程度＝风险报酬系数×变异系数

即

$$K_R = BV$$

式中　K_R——风险报酬率；

B——风险报酬系数。

风险报酬系数是确定风险报酬率（风险价值）的关键，该系数的确定可以参考以往同类投资项目的历史资料，根据风险报酬率与变异系数之比来确定；可以由企业领导或企业有关专家来确定，这就更多地取决于企业对待风险的态度。对风险持保守态度甚至厌恶风险的企业，会将风险报酬系数定得略高；愿意承担风险的企业，会将风险报酬系数定得略低。风险报酬系数还可以由财政部、中央银行等国家相关组织的专家确定。

6. 期望投资报酬率

期望投资报酬率是投资报酬率中的一个组成部分，表示为：

期望投资报酬率＝无风险报酬率＋风险报酬率（风险价值）

即：

$$K = K_f + K_R$$

式中　K——期望投资报酬率；

K_f——无风险报酬率。

思考与讨论

饭店投资项目和景区投资项目在可行性研究内容上有何异同？

案例回放

问题 1：可行性研究报告应该包括哪些内容？

旅游投资项目可行性研究应包括项目说明、旅游客源市场分析与预测、拟建项目建设的必要性、项目选址和建设条件、政策环境、项目工程方案、原料动力供应、劳动力供求、资金筹措分配、综合效益评价十方面的内容。

问题 2：试对上述可行性研究报告的内容进行分析。

该可行性研究报告对投资项目的市场、优势、弱势、机会、威胁、资金来源、销售利润、赢利能力、风险和社会效益等方面进行了论证，具有一定的科学性和实用性。但从该可行性研究报告目录中，我们可以发现该可行性研究主要考察的是投资项目在经济上的可行性，对于工程方案、项目建设期以及运营期所需要的原料、动力、劳动力并没有全面考察，这正是其不足之所在。

实训题

选择学校附近的一家旅游企业（如旅行社、招待所或餐馆），对其进行考察，分析其面临的系统性风险和非系统性风险，并为其提出分散或降低风险的方案。

典型案例

世界遗产公园，丽江最失败的创意？

云南丽江世界遗产公园于 2004 年 5 月 1 日开园，当时这个被媒体称为“国内第一个世界遗产主题公园”的公园，在一段时间内吸引了众多当地市民和外地游客，每天游人如织。然而这一情景很快消失，这个投资 1 个亿的主题公园没有迎来人们期待的发展。公园经营入不抵债，2005 年 8 月 7 日，拥有公园所有权的三朵园林旅游开发有限责任公司开始出让经营权，出让年限最高为 30 年。

“世界遗产公园是个梦。从它开园那天起，这个梦就破碎了。”云南大学丽江旅游文化学院旅游系系主任刘春说。

丽江有关部门负责人表示：“丽江世界遗产公园是为了配合丽江市旅游‘二次创业’和 3 项世界遗产的成功申报而规划建设的”，“‘微缩丽江’为匆匆而来的人们提供了一个了解丽江的窗口、走进丽江的路径、深入丽江的向导、开启丽江的钥匙”。

但是这个美好的愿望成了“一厢情愿”。公园从开园至今，批评声连连。人们认为：“丽江的窗口是古城、雪山，而不是对自然景观进行克隆的主题公园。”云南省社会科学院副院长、纳西族学者杨福泉博士认为：“世界遗产公园是丽江最失败的创意。”

“当我看见那个刷着白石灰、用土堆出来的玉龙雪山时，不禁哑然失笑。从丽江市区出发一个小时，就可以登上云雾缭绕的玉龙雪山，再行车 4 个小时，就可以站在纯净美丽的泸沽湖边。我们千里迢迢来到丽江，为什么要花 100 元来看一个被称为‘玉龙雪山’的小山丘和一个被称为‘泸沽湖’的人工水塘？微缩的‘虎跳峡’变成了‘猫跳峡’，不过就是一小汪水。很难想象，拥有丰富自然遗产和文化遗产的丽江竟然会建成这样一个舍真求伪的公园。”热爱旅游的朱利一边说一边不停地摇头。

据了解，为推广这个主题公园，当地旅游部门曾把该公园列为丽江旅游的必游景区。

2005年5月，丽江旅游协会下发文件，要求各旅行社在旅游销售中，必须对“纳西文化走廊”旅游线路中的黑龙潭、世界遗产公园、東河茶马古镇和白沙壁画4个景点进行统一销售。凡不按规定操作的旅行社，将严肃处理，严重的做一次性退会处理。

这一强制旅游者接受捆绑式游览、违反《消费者权益保护法》、限定旅行社经营活动的不正当竞争行为，遭到了国内外旅行社的强烈反对和游客的投诉。国家旅游局和云南省旅游局对此高度重视，于当年12月叫停了这一做法。

云南大学丽江旅游文化学院的多名学生曾对这个主题公园的成本收益进行过调查。世界遗产公园共贷款人民币3亿元，如果按6.84%的年利率计算，公园每月要负担的利息费用为170多万元。而公园内有职工106人，每月的工资和相关福利开支为20万元左右。公园的微缩景观都是露天的，很容易腐蚀。据园内工作人员透露，每月的维修费也在20万元左右。吴婷说：“根据这些数据，公园每月的成本费约为210万元，这还不包括每月要偿还的本金。”

如此大的开支，公园的收入状况又如何呢？学生们的调查让人吃惊。

调查发现，公园的收入方式十分单一，主要是门票收入，票价淡季时每人60元，旺季时每人100元；另外每月还有约30万元的花卉收入。根据世界主题公园迪士尼乐园的创始人沃尔特·迪斯尼的经营理念，一个主题公园的利润要达20%才能健康发展。那么，在旺季时，公园维持每月最低开支需有每天600人的游客数，健康发展则需每天700人的游客数。但调查显示，世界遗产公园即使在旺季每天的客流量最多也只有500人左右，所有的收入连维持公园的生存都不够，更不用说健康发展了。

2004—2006年，丽江市接待海内外游客从360.18万人次增加到404.23万人次；而在丽江旅游人数增长最快的这几年里，到世界遗产公园游玩的人数却大幅下降：2004年为13.797万人次，2005年为10.877万人次，2006年为0.369万人次。也就是说，2004年平均每天进园人数为378人，2005年平均每天进园人数为298人，2006年平均每天进园人数为11人。

“旅游的基础是景观价值。人们的旅游目的地都在远方，旅游是为了看新鲜的、稀奇的、怪异的远景。在拥有丰富旅游资源的地方建一个重复的、人造的景观，就失去了旅游的价值。谁也不愿意为一个没有任何审美和旅游价值的景点花钱。景观门前造景观，这样的公园注定是要失败的。”刘春说。

案例解析：

可行性研究是旅游投资必不可少的一项工作，而旅游投资项目的总体效益评价又是可行性研究的主要内容之一。在旅游项目上市前，要对包括经济效益、社会效益、环境效益在内的总体效益进行评价。对经济效益的评价主要是看投资的总成本，包括项目建设支出、资金筹措成本等是否可由项目建成后的收益进行补偿，需要多长时间才能完成这种补偿等。对社会效益、环境效益的评价主要是对投资项目建成后对当地社区及周围环境所带来的正面影响和负面影响做出预测性分析，并尽力减少和避免其不利影响，确保旅游投资项目在获得最佳经济效益的同时也能带来最佳的社会效益和环境效益。只有在大量掌握资料并深入论证的基础上，才有可能获得投资的成功。

常识补充

饭店投资项目的可行性研究的原则

一、客观性原则

客观性原则，是指进行饭店投资的可行性研究时必须实事求是。

首先，是要客观地进行调查。饭店投资的可行性研究必须对项目投资的宏观环境、微观环境、饭店市场、饭店竞争格局等情况进行分析和研究，以便进一步对该项目投资的可行性作出初步的判断。这种判断的正确性，直接取决于调查所得的资料是否充分和真实。就饭店投资的宏观环境、微观环境、饭店市场和饭店竞争格局这四个方面来讲，进行客观调查的难度比较大一点的是后两者。也许正因为有难度，所以有人在进行饭店市场和饭店竞争格局的分析和预测时，对竞争饭店的一些相关要素（如年客房平均出租率和销售构成等）采取"估计"的办法。既然是"估计"，那就难免带有很大的主观性。在进行饭店投资可行性研究的实践中，这种"估计"的办法是不宜采用的，甚至是忌讳采用的。

其次，是要客观地进行分析。所谓客观地分析，至少要满足两个要求：第一个要求是既要分析饭店投资的有利条件，又要分析饭店投资的不利条件，不能"有此无彼"；第二个要求是不仅要对饭店投资的有利条件进行详尽的分析，而且要对饭店投资的不利条件进行详尽的分析，不能"厚此薄彼"。一个好的可行性研究，要对饭店投资的所有有利条件和所有不利条件都进行尽可能详尽的分析。

最后，是要客观地作出结论。在我国，由于体制弊端的客观存在及其负面作用的影响，对饭店投资可行性研究客观性的最大干扰往往来自于饭店投资者本身。某些饭店投资者不是要把投资决策建立在充分和客观的调查研究的基础上，而是事先就定了调子，只是把可行性研究当作一种手段，作为立项目、争投资、列计划的"Pass"，使"可行性报告"变成了"可批性报告"。这种状况常常使可行性研究的承担者陷入尴尬。作为饭店投资可行性研究的承担者，其职责所在就是必须将可行性研究的结论建立在严肃科学的调查研究基础之上，可行则行之，不可行则不行之。为了避免这种尴尬甚至是冲突，饭店投资可行性研究的承担者应该在签订可行性研究的委托合同时，就要求明确规定自己在充分尊重投资者意见的同时，有坚持自己研究所得出的客观结论的权利。

二、科学性原则

科学性原则，是指在进行饭店投资可行性研究的过程中调查问题、分析问题和解决问题的方法要讲求科学性。

由于人力、物力、财力以及时间等各方面因素的制约，饭店可行性研究的承担者在调查相关问题时，不得不较多地采用抽样调查的方法。抽样调查，是从调查对象中按照随机原则或者是非随机原则抽取一定的样本进行分析，进而推论调查对象整体状况的方法。这种方法的科学性和可信度，取决于样本量大小的确定和样本抽取的方式是否正确。因此，饭店投资可行性研究的承担者在对饭店投资的宏观、微观环境和饭店市场、饭店竞争格局进行抽样调查时，一定要非常慎重地确定好抽取的样本量以及抽取样本的方式。

分析问题的方法要科学，首先是方法的本身要有实际操作的可行性。例如，在分析某一地区饭店客房总需求量时，运用分别计算所有竞争者饭店各细分市场租用客房间天数之和的方法，在理论上站得住脚，但是实际操作起来是不是可行就很成问题。其次，运用的方法要能够或有助于揭示事物发展的内在规律。

饭店投资的可行性研究必须解决投资项目的市场定位、投资规模、投资组合、功能结构、分区布局、设施设备的配置等问题，并提出相应的具体方案。拟出的方案必须符合饭店经营管理的规律和我国关于《旅游饭店星级的划分与评定》的相关要求。

三、最优化原则

最优化原则，是指饭店投资的可行性研究在确认投资动机和投资环境对该项投资都有利的前提下，就必须根据项目任务设计出多种可供选择的实施方案；然后逐个加以认证分析，陈述各个方案的利弊，从中选出最优方案，供投资者进行评价和决策。供选实施方案的数量应该根据实际情况来确定。一般情况下，供选方案以 3 个为宜，不能少于 2 个。如果可行性研究只有一个方案，那就已经不是可行性研究报告，实际上变成了计划任务书。但是方案也不宜过多，方案过多反而不利于投资者进行决策。

四、效益原则

任何投资，都是为了盈利或更好地盈利。如果该项目不能盈利，则没有必要进行投资。因此，饭店投资的可行性研究应该充分认真地对该项目的投资进行技术经济分析，以论证该项目的投资获益性。

无论投资者是谁，从宏观面来看，其投入资金都是社会经济发展资源的一部分。投资决策如果发生错误，不仅直接给投资者本身造成经济损失，而且不同程度地浪费了社会经济发展的资源。

五、竞争优势原则

饭店是否能够生存和发展，饭店经营是亏损还是能够盈利，取决于饭店自己是否具有竞争优势。因此，饭店投资的可行性研究必须充分分析本地饭店业当前的竞争状况以及未来可能的竞争状况，并据此设计出能够形成相对竞争优势的饭店项目方案。总而言之，投资一定要在战略上拥有具相对竞争优势的项目。

在进行饭店投资的技术经济分析时，饭店的经营期常常以 20 年来计算。因此，饭店拥有的战略上的竞争优势，不应该是一种短时间的优势，而应是一种在较长时间内都能保持的竞争优势。这就要求在设计饭店项目时，必须具有前瞻性和长期性的战略眼光，充分考虑未来该地区饭店业竞争的发展和挑战，对饭店投资项目的各个方面作出必要及适度的调整，以提高饭店项目在长期经营中的获益能力和竞争能力。

六、整体性原则

如果所研究的饭店项目不是一个独立的新项目，而是一个与原有饭店项目配合呼应一体经营的项目，那么在进行该项目的可行性研究时，就必须结合原饭店项目的投资方式、投资规模、服务项目、服务设施与数量以及目前劳动状况等一起考察，综合分析，进行新旧项目整合的整体性研究。

（资料来源：邓新华.饭店投资的可行性研究.长沙：湖南师范大学出版社，2005）

任务三　旅游投资决策

任务引入

某一酒店要增加旅游设施，方案A是建一个游泳馆，方案B是建一个游乐馆，方案C是建一个保龄球馆。三个方案的投资标准回收期都是5年。假定综合资金成本率为10%，各个方案的投资额与预测的年收益如表7-1所示。

表7-1　不同方案的投资收益值　　单位：万元

方案	投资额	预期收益					
		第一年	第二年	第三年	第四年	第五年	第六年
A	230	40	45	45	45	45	45
B	260	50	55	65	65	70	70
C	300	90	90	90	80	60	60

问题1：试用净现值法对三个方案进行评价。

问题2：试用利润指数法对三个方案进行评价。

知识链接

一、旅游投资决策的概念与分类

（一）旅游投资决策的概念

决策是指管理者为达到组织目标，在调研分析的基础上，运用科学的理论和方法，设计与选择优化方案用以实施的行为。所谓旅游投资决策，是指投资者为了实现其预期的投资目标，运用一定的科学理论、方法和手段，通过一定的程序，对若干个可行性的旅游投资方案进行研究论证，从中选出最满意的投资方案的过程。

（二）旅游投资决策的分类

根据旅游投资决策结果的确定性程度，旅游投资决策可以分为确定型决策、风险型决策和不确定型决策。

1. 确定型决策

确定型决策是指每种备选方案只有一种确定结果的决策，即决策事件未来的自然状态明确，只要比较各方案的结果即能选出最优方案。例如旅游企业有一笔资金，可以用来购买利率为14%的五年期的国库券，也可以用于购买某公司利率为11%的三年期的企业债券，这两种利率都是确定的，旅游企业购买它们均不存在任何风险，但是二者利率不同，还本付息期也不同。因而旅游企业必须根据自己的目标，从中选择最优的方案，这就是确定型决策。

2. 风险型决策

风险型决策是指决策事件未来的各种自然状态虽不能预先肯定，但可以预测出各种自然状态出现的概率的决策，属于有一定风险的决策。风险型决策也叫统计型决策或随机型决策。它需具备以下几个决策要素：一是决策者试图达到一个明确的决策目标；二是决策者具有可供选择的两个以上的可行方案；三是有两个以上不确定的决策条件及影响因素；四是不同方案在不同条件及因素作用下的损益值可以计算出来；五是决策者可以对各种条件及因素作用的概率进行估计。在上述要素构成下的决策，就称为风险型决策，这类决策一旦失误，会给企业和投资者带来损失。例如，某旅游企业有两个可供选择的投资方案，在经济发展的不同时期，相同的概率下，两个投资方案所产生的投资报酬是不一样的。

3. 不确定型决策

不确定型决策是指决策事件未来的各种自然状态完全未知，各种状态的出现无法估计，只能凭决策者的主观经验做出决策。由于决策条件和因素既不确定也不能估计，因此只能在决策前做出方案并相互比较后，再进行决策。

二、旅游投资决策的程序

（一）提出项目建议书

根据旅游企业的经营需要，首先要提出投资项目建议书。项目建议书是投资前对项目的基本设想，主要从投资建设的必要性方面来衡量。

（二）调查研究

调查研究是投资活动的开始。根据提出的投资项目，有目的、有重点地进行调查研究，主要包括对投资环境的分析、对市场状况的考察和对技术能力的分析。

（三）分析预测

在调查研究的基础上，对调查得到的数据资料进行加工整理，根据各种情况作出一定假设，制定出各种投资方案。这一步骤的关键是对各个投资方案进行经济上和技术上的可行性分析。

（四）选择决策

选择决策阶段是对上一阶段提出的各项方案经济上的可行性进行比较，根据不同项目之间的相互关系，旅游企业投资资金的数额，作出正确抉择。在作出投资方案选择和决策时，既要权衡投资项目的自身收益和风险，又要充分重视和体现该旅游企业的战略选择。

（五）资金筹集

在投资项目实施之前，旅游企业应该采取科学的资金筹集方式筹措资金，组织投资项目的资金供应。既要在适当的时机提供适当数量的资金，又要降低成本，降低筹资风险。

（六）事中监督

事中监督是指在投资项目兴建过程中的监督和检查，以确保工程的正常进展和费用的合理使用，避免工期的延误和费用的浪费。

（七）事后评价

投资过程完结后，投资者还需对项目的运行状况和效果进行分析评价和总结，为以后的投资活动提供经验。

三、旅游投资决策方法

拟建旅游投资项目的可行性研究后，如果认为项目可行，往往会提出若干个可供比较选择的方案。这些方案一般都会有各自的优势和缺陷，或者存在着某些不确定性因素。这就需要决策人员运用正确的决策方法，多方考虑，权衡利弊，对各种不同的方案做出正确的判断和最优的选择。旅游投资项目的决策方法有三类：

（一）确定型决策方法

静态分析法和动态分析法是确定型决策中两类最基本的分析方法。前者又叫做非折现的评价方法，是在没有考虑货币的时间价值的情况下进行的，计算较为简便，可用于辅助性决策；后者又叫做折现的评价方法，考虑到货币的时间价值，计算较为复杂，但更科学、准确。静态分析法主要有投资回收期法、投资收益率法等。动态分析法主要有现值法、内部收益率法等。

进行确定型决策时，由于决策者对决策需用数据已经掌握，且对未来情况也能确定，因而不难通过一定的评价方法计算出各种投资方案的收益值，然后加以比较，选出其中收益值最大的建设方案。

下面以净现值法和利润指数法为例，介绍确定型决策方法。

1. 净现值法

净现值法即指用未来预期收益总现值与投资额现值之差所得的净现值来衡量投资方案的方法。净现值的计算公式为：

$$NPV = \sum \frac{R_t}{(1+f)^t} - I$$

式中　NPV——净现值；

R_t——旅游投资项目在未来 t 年内的预期收益；

I——旅游项目投资额；

f——资金成本率。

其中，资金成本率是指使用资金的代价。当旅游企业投资资金来源于银行借贷时，资金成本率为银行利息率；当资金来源于旅游企业自己的积累时，资金成本率为资金的机会成本；当资金来源于多种渠道时，如银行借款、债券、股票、利润留成等，则资金成本率等于各种渠道资金成本率的加权平均。

如果净现值为负值，说明该投资的收益不足以偿还本息，投资会发生亏损，该方案不可行；如果净现值等于零，意味着该方案的预期收益刚够还本付息；只有当净现值为正值时，表示偿还本息后，该投资项目仍有剩余的收益，即投资有盈利，方案才可接受。在多方案比较中，净现值越大，投资收益越多，该方案的可行性就越强。

2. 利润指数法

利润指数又称为现值指数（记作 PI），是投产后按行业基准收益率或设定折现率折算的各年净现金流量的现值合计与原始投资的现值合计之比。计算公式为：

$$PI = \frac{\sum \frac{R_t}{(1+f)^t}}{I}$$

式中　PI——利润指数；

R_t——旅游投资项目在未来 t 年内的预期收益；

I——旅游项目投资额；

f——资金成本率。

利润指数可以从动态角度反映项目投资的资金投入与总产出之间的关系，可以弥补净现值法在投资额不同的方案之间不能比较的缺陷，但无法直接反映投资项目的实际收益率。利用利润指数进行投资项目决策的标准是：如果投资方案的利润指数小于1，该方案不可行；如果利润指数大于或等于1，该方案可行；如果几个被选方案的利润指数均大于1，则利润指数最大的方案为最优。

（二）不确定型决策方法

不确定型旅游投资决策方法即指对拟建旅游项目进行多方案比较，虽然不同方案的收益值在不同的自然状态下可以计算出来，但对各方案自然状态及其可能出现的概率难以估计。

不确定型决策方法一般有“好中求好”的决策方法、“坏中求好”的决策方法、α 系数决策方法、“最小的最大后悔值”决策方法。

1.“好中求好”决策方法

“好中求好”决策方法又叫乐观决策方法，或称“最大最大”决策方法。这种决策方法就是充分考虑可能出现的最大利益，在各最大利益中选取最大者，将其对应的方案作为最优方案。

“好中求好”决策方法的步骤：

（1）确定各种可行方案。

（2）确定决策问题将面临的各种自然状态。

（3）将各种方案在各种自然状态下的损益值列于决策矩阵表中。

（4）求出每一方案在各自然状态下的最大损益值，填写在决策矩阵表的最后一列。

（5）在这些最大损益值即决策矩阵表的最后一列中取最大值 $\max\limits_{d_i}\{\max\limits_{\theta_j}[L_{ij}]\}$，所对应的方案 d_i 为最佳决策方案。如果损益矩阵是损失矩阵，则采取“最小最小”决策方法，即取 $\min\limits_{d_i}\{\min\limits_{\theta_j}[L_{ij}]\}$ 对应的方案 d_i 为最佳决策方案。

2.“坏中求好”决策方法

“坏中求好”决策方法又叫小中取大方法，或称悲观决策方法。这种决策方法就是充分考虑可能出现的最坏情况，从每个方案的最坏结果中选择一个最佳值，将其对应的方案作为最优方案。

“坏中求好”决策方法的步骤：

（1）确定各种可行方案。

（2）确定决策问题将面临的各种自然状态。

（3）将各种方案在各种自然状态下的损益值列于决策矩阵表中。

（4）求出每一方案在各自然状态下的最小损益值。

（5）在这些最小损益值中取最大值 $\max\limits_{d_i}\{\min\limits_{\theta_j}[L_{ij}]\}$，所对应的方案 d_i 为最佳决策方案。如果损益矩阵是损失矩阵，则采取“最大最小”决策方法，即取 $\min\limits_{d_i}\{\max\limits_{\theta_j}[L_{ij}]\}$ 对应的方案 d_i 为最佳决策方案。

3. α 系数决策方法

α 系数决策方法是对“坏中求好”和“好中求好”决策方法进行折中的一种决策方法。α 系数依决策者认定情况是乐观还是悲观而取不同的值。若 $\alpha=1$，则认定情况完全乐观；$\alpha=0$，则认定情况完全悲观；一般情况下，则 $0<\alpha<1$。

α 系数决策方法的步骤：

(1) 确定各种可行方案。

(2) 确定决策问题将面临的各种自然状态。

(3) 将各种方案在各种自然状态下的损益值列于决策矩阵表中。

(4) 求出每一方案在各自然状态下的最大损益值和最小损益值。

(5) 给定 $\alpha(0\leqslant\alpha\leqslant1)$，令

$$f(d_i)=\alpha(\max_{\theta_j}[L_{ij}])+(1-\alpha)(\min_{\theta_j}[L_{ij}])$$

取 $\max_{d_i}\{f(d_i)\}$ 所对应的方案 d_i 为最佳决策方案。如果损益矩阵是损失矩阵，则

$$f(d_i)=\alpha(\min_{\theta_j}[L_{ij}])+(1-\alpha)(\max_{\theta_j}[L_{ij}])$$

取 $\min_{d_i}\{f(d_i)\}$ 对应的方案 d_i 为最佳决策方案。

4. “最小的最大后悔值”决策方法

“最小的最大后悔值”决策方法是决策者先计算出各方案在不同自然状态下的后悔值，然后分别找出各方案对应不同自然状态下的后悔值中最大值，最后从这些最大后悔值中找出最小的最大后悔值，将其对应的方案作为最优方案。

“最小的最大后悔值”决策方法的步骤：

(1) 确定各种可行方案。

(2) 确定决策问题将面临的各种自然状态。

(3) 将各种方案在各种自然状态下的损益值列于决策矩阵表中。

(4) 计算每一种方案在不同自然状态下的后悔值，即每种自然状态下的最大收益值与该自然状态下的其他收益之差。

(5) 每一种方案在各自然状态下都有一个后悔值，对某一方案，找出各自然状态下的后悔值中最大的一个，就是该方案的最大后悔值。

(6) 每一个方案都有一个最大后悔值，从中找出最小的一个后悔值，其对应的方案就是“最小的最大后悔值”决策的最优方案。

实际工作中采用哪一种决策方法有相当程度的主观随意性。一般来说，“坏中求好”决策方法主要由那些比较保守，求稳妥并害怕承担较大风险的决策者所采用；“好中求好”决策方法主要是由那些对有利情况的估计比较有信心的决策者所采用；α 系数决策方法主要由那些对形势判断既不乐观也不太悲观的决策者所采用；“最小的最大后悔值”决策方法主要由那些对决策失误的后果看得较重的决策者所采用。

(三) 风险型决策方法

风险型决策方法是指根据预测各种事件可能发生的先验概率，然后再采用期望效果最好的方案作为最优决策方案的方法。

1. 确定投资报酬的概率分布

投资方案各种结果的自然状态（投资报酬）的概率可以由决策人员根据过去经验或主观

判断来确定。

【例 7-1】 某旅游企业计划投资 1000 万元，进行 A、B 两条旅游线路的开发。受宏观经济状况的影响，两条旅游线路每年能够给企业带来的利润额分别如表 7-2 所示。

表 7-2　概率分布表

经济情况	发生该种经济情况的概率 P_i	利润额(万元) X_i	
		A	B
繁荣	0.2	600	800
一般	0.6	300	300
衰退	0.2	0	−200

2. 计算投资报酬的期望值

根据投资报酬期望值计算公式，可以计算出 A、B 两方案的期望报酬额都是 300 万元，即 A、B 两个方案可获得相同的期望值。但是，A 线路的投资报酬分布比较集中，而 B 线路的投资报酬分布更分散、跨度很大，据此，我们就可以判断出 B 投资方案的风险较大。

3. 计算标准差

根据例 7-1，我们可以计算并比较 A、B 两个投资方案的标准差大小。

$$\sigma_A = \sqrt{(600-300)^2 \times 0.2 + (300-300)^2 \times 0.6 + (0-300)^2 \times 0.2}$$
$$= \sqrt{36000} = 189.74$$
$$\sigma_B = \sqrt{(800-300)^2 \times 0.2 + (300-300)^2 \times 0.6 + (-200-300)^2 \times 0.2}$$
$$= \sqrt{100000} = 316.23$$

由计算结果可知，$\sigma_B > \sigma_A$，B 线路的投资报酬与期望值的偏离程度大，A 线路的投资报酬与期望值的偏离程度小，因此，B 线路的投资风险大于 A 线路的投资风险。

前面所举例子中，A、B 两个投资方案投资报酬的期望值相同，根据标准差大风险就大的原则，选择标准差小的投资项目。如果标准差相同，说明风险相同，那么期望值越大，说明投资报酬越高，选择期望值大的投资项目。

4. 计算投资报酬的变异系数

仍以例 7-1 为例，根据公式 $V=\sigma/\overline{E}$，我们可计算出 $V_A=0.63$，$V_B=1.05$。$V_B>V_A$，因此 B 线路的投资风险大于 A 线路的投资风险。

5. 计算风险报酬率(风险价值)

假设 A 线路的风险报酬系数为 6%，B 线路的风险报酬系数为 8%，根据公式 $K_R=BV$ 可以计算出 A 线路的风险报酬率为 3.78%，B 线路的风险报酬率为 8.4%。

6. 计算总的期望投资报酬率

假设无风险报酬率为 5%，则 A、B 两个投资方案总的期望投资报酬率分别为：

$$K_A = 5\% + 3.78\% = 8.78\%$$
$$K_B = 5\% + 8.4\% = 13.4\%$$

从计算结果可以看出，项目 B 的投资报酬率要高于项目 A 的投资报酬率，似乎项目 B 是一个更好的选择，但两个方案的投资报酬率的期望值相等：

$$\text{A、B 方案投资报酬率期望值} = \frac{\text{投资报酬的期望值}}{\text{投资额}} \times 100\% = \frac{300}{1000} \times 10\% = 30\%$$

项目B的风险要高于项目A，进行A线路的投资能够在承担较低风险的情况下，获得较好的收益，因此项目A是更好的选择。

思考与讨论

1. 试分析净现值法和利润指数法的不足之处。
2. 试比较几种不确定型决策方法的特点与适用条件。

案例回放

问题1：试用净现值法对三个方案进行评价。

各方案的净现值为：

$$NPV_A=\frac{40}{1+10\%}+\frac{45}{(1+10\%)^2}+\frac{45}{(1+10\%)^3}+\frac{45}{(1+10\%)^4}+\frac{45}{(1+10\%)^5}+\frac{45}{(1+10\%)^6}-230$$

$$=191.44-230=-38.56\text{（万元）}$$

$$NPV_B=\frac{50}{1+10\%}+\frac{55}{(1+10\%)^2}+\frac{65}{(1+10\%)^3}+\frac{65}{(1+10\%)^4}+\frac{70}{(1+10\%)^5}+\frac{70}{(1+10\%)^6}-260$$

$$=267.12-260=7.12\text{（万元）}$$

$$NPV_C=\frac{90}{1+10\%}+\frac{90}{(1+10\%)^2}+\frac{90}{(1+10\%)^3}+\frac{80}{(1+10\%)^4}+\frac{60}{(1+10\%)^5}+\frac{60}{(1+10\%)^6}-300$$

$$=349.58-300=49.58\text{（万元）}$$

从以上三个方案比较中可以看出，在计算年预期收益时，如果加上了资金成本率因素，计算出来的方案A的净现值为负值，故不可取，应拒绝采用。方案B的净现值与方案C的净现值均大于0，都可以接受，又由于方案C的净现值明显大于方案B的净现值，因此方案C为最优，方案B为次优。

问题2：试用利润指数法对三个方案进行评价。

各方案的利润指数为：

$$PI_A=\left[\frac{40}{1+10\%}+\frac{45}{(1+10\%)^2}+\frac{45}{(1+10\%)^3}+\frac{45}{(1+10\%)^4}+\frac{45}{(1+10\%)^5}+\frac{45}{(1+10\%)^6}\right]\Big/230$$

$$=\frac{191.44}{230}=82.23\%$$

$$PI_B=\left[\frac{50}{1+10\%}+\frac{55}{(1+10\%)^2}+\frac{65}{(1+10\%)^3}+\frac{65}{(1+10\%)^4}+\frac{70}{(1+10\%)^5}+\frac{70}{(1+10\%)^6}\right]\Big/260$$

$$=\frac{267.12}{260}=102.7\%$$

$$PI_C=\left[\frac{90}{1+10\%}+\frac{90}{(1+10\%)^2}+\frac{90}{(1+10\%)^3}+\frac{80}{(1+10\%)^4}+\frac{60}{(1+10\%)^5}+\frac{60}{(1+10\%)^6}\right]\Big/300$$

$$=\frac{349.58}{300}=116.53\%$$

从以上三个方案比较中可以看出，方案A的利润指数小于100%，说明会发生亏损，应被放弃。方案B和方案C的利润指数大于100%，说明投资方案有盈利，可以被接受。又由于方案 C 的利润指数大于方案 B 的利润指数，所以方案 C 为最优，方案 B 为次优。

实训题

某旅游企业计划投资收购和改造某一旅游景点，根据计划财务部门提出的投资方案，该项目的投资总额为 6500 万元；各年末的净收益分别为：第一年 1000 万元，第二年 1150 万元，第三年 1300 万元，第四年 1450 万元，第五年 1700 万元，第六年 1800 万元，第七年 1900 万元。已知该项目投资的资金成本率为 6%，试应用净现值法和利润指数法对该投资项目方案进行分析和评价。

典型案例

某旅游纪念品生产企业计划推出一种新产品。该产品在市场上的需求量有四种可能：需求量较高、需求量一般、需求量较低、需求量很低。对每种情况出现的概率均无法预测。现有三种方案：A 方案是自己动手，改造原有设备；B 方案是全部更新，购进新设备；C 方案是购进关键设备，其余自己制造。该产品计划生产 5 年。各个方案在各种自然状态下 5 年内的预测损益如表 7-3 所示。

表 7-3　各方案损益值表　　单位：万元

状态 / 损益 / 方案	需求量较高	需求量一般	需求量较低	需求量很低
A	70	50	30	20
B	100	80	20	－20
C	85	60	25	5

问题：请分别用“好中求好”法、“坏中求好”法和“最小的最大后悔值”法对上述三方案进行决策。

案例解析：

“好中求好”法：A、B、C 三方案的最大收益值分别为 70 万元、100 万元和 85 万元，收益值最大的方案是 B 方案，因此，B 方案即决策方案。

“坏中求好”法：A、B、C 三方案的最小收益值分别为 20 万元、－20 万元和 5 万元，从这些方案的最小收益值中选取一个最大值，即 A 方案为决策方案。

“最小的最大后悔值”法：A、B、C 三方案的最大后悔值分别为 50 万元、120 万元和 80 万元，因此，A 方案的最大后悔值最小（50 万元），故选择 A 方案作为决策方案。

常识补充

旅游投资决策中的相关概念

（一）资金时间价值

资金时间价值是指在不考虑通货膨胀因素的情况下，资金所有者放弃现在使用资金的机会，而把资金存入银行，并按存入资金时间长短而获得的利息报酬。由于资金具有时间价值，因此在进行旅游投资决策时，必须充分考虑资金时间价值才能作出正确的投资决策。通常，对资金时间价值计算的方法主要有以下几种：

1. 单利计算法

单利计算法是指只按本金计算利息的方法，即每期利息在下一期不加入本金中增算利息。

(1) 单利终值

单利终值的计算公式为：

$$F=P+P\times i\times n$$

或

$$F=P\times(1+i\times n)$$

式中　$1+i\times n$——单利终值系数。

【例】 某人将100元存入银行，年利率为2%，在单利计息条件下，计算5年后的终值。

【答案】 $F= P\times(1+i\times n)=100\times(1+2\%\times5)=110$(元)

(2) 单利现值

现值的计算与终值的计算是互逆的，由终值计算现值的过程称为“折现”，由终值计算现值时所应用的利率一般也称为“折现率”。

单利现值的计算公式为：

$$P=\frac{F}{1+n\times i}$$

式中　$1/(1+n\times i)$——单利现值系数。

【例】 某人希望在第5年末得到本利和1000元，用以支付一笔款项。在利率为5%，单利计息条件下，此人现在需要存入银行多少资金？

【答案】 $P=\frac{1000}{1+5\times5\%}=800$(元)

2. 复利计算法

复利计算法是将每期利息并入下期本金中增算利息，逐期滚算，利上加利的计算方法。

(1) 复利终值

复利终值的计算公式为：

$$F=P\times(1+i)^n$$

式中，$(1+i)^n$ 称为“复利终值系数”，用符号$(F/P,i,n)$表示。这样，上式就可以写为：

$$F=P\times(F/P,i,n)$$

【例】 某人准备购房，开发商提出两个方案：方案一是现在一次性付款80万元；方案二是5年后付款100万元。若目前银行贷款利率为7%（按复利计息），试比较哪个付款方案较为有利。

【答案】 方案一的终值＝80×(F/P,7%,5)＝112.208(万元)＞100(万元)

由于方案二的终值小于方案一的终值，所以应该选择方案二。

(2) 复利现值

复利现值的计算公式为：

$$P=F\times(1+i)^{-n}$$

在式中，$(1+i)^{-n}$称为"复利现值系数"，用符号$(P/F,i,n)$表示。这样，上式就可以写为：

$$P=F(P/F,i,n)$$

【例】 某人存入一笔钱，想5年后得到10万元，若银行存款利率为5%，要求计算下列指标：

(1) 如果按照单利计息，现在应存入银行多少资金？

(2) 如果按照复利计息，现在应存入银行多少资金？

【答案】 (1) 如果按照单利计息：

$$P=\frac{F}{1+n\times i}=\frac{10}{1+5\times5\%}=8(\text{万元})$$

(2) 如果按照复利计息：

$$P=10\times(P/F,5\%,5)=10\times0.7835=7.835(\text{万元})$$

3. 年金计算法

年金是指一种等额的、连续的款项收付。其最基本的特征是：等额的、连续的一个系列（至少应在两期以上）。年金有两种基本形式：① 普通年金；② 即付年金，也叫预付年金。普通年金是指从第一期起，在一定时间内每期期末等额发生的系列收付款项。而即付年金是指从第一期起，在一定时间内每期期初等额收付系列款项。普通年金与即付年金的共同点，都是从第一期就开始发生。

普通年金终值计算公式为：

$$F=A\times\frac{1-(1+i)^{-n}}{i}=A\times(F/A,i,n)$$

其中$(F/A,i,n)$称作"年金终值系数"。

【例】 王红每年年末存入银行2000元，年利率为7%，5年后本利和应为多少？

【答案】 F＝40000×(F/A,7%,5)＝2000×5.751＝11502(元)

普通年金现值计算公式为：

$$P=A\times\frac{(1+i)^{n}-1}{i}=A\times(P/A,i,n)$$

其中$(P/A,i,n)$称作"年金现值系数"。

"年金终值系数"$(F/A,i,n)$和"年金现值系数"$(P/A,i,n)$均可查表得到。

【例】 某投资项目于2000年年初动工，设当年投产，从投产之日起每年可得收益40000元。按年利率6%计算，计算预期10年收益的现值。

【答案】 P＝40000×(P/A,6%,10)＝40000×7.3601＝294404(元)

（二）机会成本

机会成本(Opportunity Cost)是指为了得到某种东西而所要放弃的另一样东西。机会成本小的具有比较优势。简单地讲，可以理解为把一定资源投入某一用途后所放弃的在其他用途中所能获得的利益。如投资者仅有一份资金，投资股票时必须放弃国债。假如国债的收益为5%，而股票的收益为8%，则放弃国债、投资股票的机会成本为5%，放弃股票、投资国债的机会成本是8%。机会成本的计算例子如下。

农民在获得更多土地时，如果选择养猪就不能选择养鸡，养猪的机会成本就是放弃养鸡的收益。假设养猪可以获得A元，养鸡可以获得B元，那么养猪的机会成本是B元，同样的，养鸡的机会成本则为A元。

机会成本主要应用在投资过程中。在投资决策中，放弃次优方案而损失的“潜在利益”，是选取最优方案的机会成本。

（三）现金流量

现金流量是现代理财学中的一个重要概念，是指企业在一定会计期间按照现金收付实现制，通过一定经济活动(包括经营活动、投资活动、筹资活动和非经常性项目)而产生的现金流入、现金流出及其总量情况的总称。即企业一定时期的现金和现金等价物的流入和流出的数量。现金流量管理是现代企业理财活动的一项重要职能。建立完善的现金流量管理体系，是确保企业的生存与发展、提高企业市场竞争力的重要保障。

在现金流量表中，将现金流量分为三大类：经营活动现金流量、投资活动现金流量和筹资活动现金流量。经营活动是指直接进行产品生产、商品销售或劳务提供的活动，它们是企业取得净收益的主要交易和事项；投资活动是指长期资产的购建和不包括现金等价物范围内的投资及其处置活动；筹资活动是指导致企业资本及债务规模和构成发生变化的活动。现金流量表按照经营活动、投资活动和筹资活动进行分类报告，目的是便于报表使用人了解各类活动对企业财务状况的影响，以及估量未来的现金流量。

在上述划分的基础上，又将每大类活动的现金流量分为现金流入量和现金流出量两类，即经营活动现金流入、经营活动现金流出、投资活动现金流入、投资活动现金流出、筹资活动现金流入、筹资活动现金流出。现金流量分析具有以下作用：

（1）对获取现金的能力作出评价；

（2）对偿债能力作出评价；

（3）对收益的质量作出评价；

（4）对投资活动和筹资活动作出评价。

学习情境八　旅游收入与分配

学习目标

1. 了解旅游收入漏损；
2. 熟悉旅游收入指标，旅游收入初次分配、再次分配；
3. 掌握旅游收入的概念、旅游收入分配的概念、旅游收入乘数效应。

技能目标

1. 能运用旅游收入指标衡量旅游收入；
2. 计算旅游收入的乘数效应。

任务一　旅游收入

任务引入

2017年全国旅游工作会议在湖南省长沙市召开，国家旅游局局长李金早在会上总结了近两年全国旅游工作情况和成果，并公布了2017年旅游业发展预期目标。

李金早提到，2016年中国旅游业对国民经济的综合贡献达11%，与世界平均水平持平。我国旅游市场量质齐升，2016年旅游总收入预计达4.69万亿元，同比增长13.6%。国内旅游人数继2015年首次突破40亿人次后，2016年继续两位数增长，全年有望超过44.4亿人次，人均出游率近3.4次。国内旅游收入同样保持两位数增长，2016年预计达到3.9万亿元。

我国入境旅游人数摆脱多年下滑态势，连续两年实现正增长，2016年预计达1.38亿人次，国际旅游收入达1200亿美元，分别增长3.8%和5.6%，其中外国人接待人数2815万人次，增长8.3%。出境游呈现良性发展态势，2016年预计出境旅游人数将达到1.22亿人次，同比增长4.3%，入出境总人次超过2.6亿人次，入境游人数超过出境游1600万人次。我国继续保持世界第一大出境旅游客源国和第四大入境旅游接待国地位。

李金早公布了2017年全国旅游业发展的预期目标：力争实现旅游总收入超过5万亿元，同比增长10%以上。国内旅游人数超过48亿人次，增长11%以上；入出境旅游人数超过2.6亿人次；完成投资超过1.5万亿元，增长20%。新增旅游就业人数100万人以上。带动扶贫200万人以上。三年厕所革命计划如期完成，“旅游+”综合效应进一步彰显，旅游交通更为便捷，旅游公共服务更加健全，旅游投诉持续下降，市场秩序进一步好转，人民群众满意率进一步提升。在全球旅游规则制定和国际旅游事务中的话语权和影响力进一步增强。

问题1:结合案例,分析旅游收入的分类。

问题2:旅游收入的影响因素有哪些?

知识链接

一、旅游收入的概念

旅游收入是旅游经济活动的重要内容,它一方面反映了旅游者的旅游需求通过旅游经营者的旅游供给而不断得到满足;另一方面又体现着旅游产业部门和企业在生产经营活动的价值运行与价值实现过程中,自身不断得到发展。旅游收入与分配是旅游经济运行的前提,对其进行考察分析是十分重要的。

旅游收入是指旅游目的地国家或地区在一定时期内(以年、季度、月为计算单位),向旅游者销售旅游产品所获得的货币收入的总和。旅游收入直接反映了某一旅游目的地国家或地区旅游经济活动成果和旅游企业的经营状况,体现了创汇和货币回笼的状况以及旅游业对国民经济的贡献,是衡量某一国家或地区旅游业发展程度和旅游经济效益的重要指标。

二、旅游收入分类

为了明确认识旅游收入的内涵,更好地分析旅游经济活动的运转过程,指导旅游企业的经营决策,可以从不同角度对旅游收入的分类进行研究。

(一)按旅游收入的来源,分为国内旅游收入和国际旅游收入

1. 国内旅游收入

国内旅游收入主要是指旅游目的地国家或地区的旅游企业,通过经营国内旅游业务,向国内旅游者提供产品和服务而取得的本国货币收入。国内旅游收入来源于本国居民在本国境内的旅游消费支出,是本国物质部门劳动者所创造财富的转移和国民收入再分配的结果。国内旅游收入一般导致一国财富总量的增加。

2. 国际旅游收入

国际旅游收入是指旅游目的地国家或地区的旅游经营部门和企业,通过经营国际旅游业务,向外国旅游者提供旅游产品和服务所取得的外国货币收入,通常被称为旅游外汇收入。国际旅游收入是外来经济对本国经济的"注入",是国家间财富的转移,它体现着旅游客源国与旅游接待国之间的国际经济贸易关系。

(二)按旅游收入性质,分为基本旅游收入和非基本旅游收入

1. 基本旅游收入

基本旅游收入是指在旅游过程中,旅游目的地国家或地区的旅游企业通过向旅游者提供旅游交通、食宿、游览景点等必需的旅游产品和服务所获得的货币收入的总和。它来源于旅游者在旅游过程中必须支出的消费。尽管每个旅游者由于支付能力不同、需求层次不同、花费的标准不同,则支付货币额的多少不同,但都是必须支出的。因此,对每一个旅游者来说,基本旅游收入是缺乏弹性的,是一种固定性的支出。正由于这一点,基本旅游收入与旅游者人次数、旅游者的停留时间和旅游者的消费水平成正比例,它们之间的关系可用下面的

公式表示：

$$R = N \cdot Q \cdot T$$

式中 R——基本旅游收入；

N——旅游人次数；

Q——旅游者人均消费支出；

T——旅游者逗留时间。

在其他条件不变的情况下，旅游人数越多，旅游者的人均消费支出水平越高，旅游者停留时间越长，旅游目的地国家或地区获得的基本旅游收入就越多。

2. 非基本旅游收入

非基本旅游收入是指旅游目的地国家或地区通过向旅游者提供非基本旅游产品所获得的货币收入的总和。如向旅游者提供医疗、电信、购物、美容、银行、保险、修理、娱乐等方面的产品与服务所获得的收入，是旅游者在旅游过程中可能发生的各种费用支出，但并非是必须支出。这些支出对于旅游者来说具有较强的选择性、随机性和灵活性，因而这部分收入带有不稳定性的特点。旅游企业只有提供多样化的、有特色的产品和服务来刺激旅游者的购买欲望，才能增加旅游者的消费支出。

基本旅游收入具有相对刚性的特点，而非基本旅游收入具有较大的弹性特征。两者在旅游收入总量中所占比重的大小，成为衡量一个国家或地区社会经济发展程度和旅游产业发展水平的重要参考指标之一。

（三）按向旅游者提供的产品形态，分为商品性旅游收入和劳务性旅游收入

1. 商品性旅游收入

商品性旅游收入主要指为旅游者提供实物形式的旅游产品而获得的收入，包括销售旅游商品、向游客提供餐饮等所获得的收入。商品性销售收入是向旅游者销售旅游商品而得到的收入，包括销售各种生活用品、工艺美术品、土特产、书报杂志等得到的收入；餐饮销售收入主要指为旅游者提供膳食、饮料等得到的收入。

2. 劳务性旅游收入

劳务性旅游收入一般是指为旅游者提供各种劳务性服务而获得的收入，包括住宿费、交通费、旅行社业务费、邮政通信费、文化娱乐费以及其他各项费用收入。

劳务性和商品性是一种理论上的区分，在实践旅游经济活动中，餐饮食品价格本身也包含着服务性收费，而交通、住宿中也包括提供的实物商品费用，在现实统计中也只能作相对区分。

此外，按时间长短也可将旅游收入分为年度收入和季度收入。这种分类方法时间概念强，便于及时掌握经营状况，以便了解旅游者的需求动向，制订相应的经营方案，扩大旅游收入；有利于比较不同时期旅游收入增减变化情况，发现影响旅游收入变化的各种因素，寻求增加旅游收入的新途径，便于旅游企业开展经济活动分析，根据旅游供求变化协调各类经济活动。

三、旅游收入指标

旅游收入指标是反映旅游经济现象数量方面的指标，说明旅游经济现象的实质，反映旅游经济现象的水平、规模、速度和比例关系。旅游收入指标是用货币单位计算和表示的价值指标，是补偿劳动消耗、实现旅游业再生产的先决条件，也是旅游目的地国家或地区的旅游企业和有关部门掌握和分析旅游经济活动的重要工具。在旅游业工作中，经常使用的旅游收入指标主要有以下几类：

(一) 旅游收入总额

旅游收入总额是指一定时期内旅游目的地国家或地区销售旅游产品所获得的货币收入的总额，它反映了某一国家或地区旅游业总体规模和发达程度，是一项重要的综合性指标。在国际旅游业中，旅游收入总额用外国货币表示，也叫旅游外汇收入总额。在国内旅游业中，旅游收入总额用本国货币表示，仍叫旅游收入总额。

(二) 人均旅游收入

人均旅游收入是指一定时期内每个旅游者在旅游目的国或旅游目的地的平均支出额，即某一时期旅游收入总额与旅游者人次数之比，它反映了旅游者的平均消费及停留时间，是我们了解某国或某地旅游业发展水平的一项重要指标。在国际旅游业中，人均旅游收入用外国货币表示，仍叫人均旅游收入。

(三) 旅游外汇收入总量

旅游外汇收入总量是指一定时期内旅游目的地国家或地区向海外旅游者提供旅游产品和其他劳务所获得的外国货币收入的总额，也是外国旅游者入境后的全部消费总额。该指标是衡量一个国家或地区国际旅游业发展水平的重要指标之一，也是反映该国或地区旅游创汇能力的一项综合性指标。

(四) 人均旅游外汇收入

人均旅游外汇收入是指一定时期内目的地国家或地区每接待一位海外旅游者所获得的旅游外汇收入总额，也是每一位海外旅游者在旅游目的地国家或地区的人均外币支出额。这一指标是一定时期内该国或地区旅游外汇收入总额与该国或地区接待的海外旅游者人次的比值。该指标主要用于分析、比较不同时期接待海外旅游者的外汇收入情况。

(五) 旅游收汇率

旅游收汇率是指一定时期内旅游外汇纯收入与旅游外汇总收入的比率，用公式表示为：

$$RE = \frac{R-E}{R}$$

式中 RE——旅游收汇率；

R——旅游外汇收入总额；

E——发展旅游业所花费的外汇。

需要说明的是，发展国际旅游业可以赚取大量的外汇，但也需要支出一定数量的外汇。这些外汇支出主要包括进口必要的设备和原材料、旅游宣传和促销的费用、外方管理人员的工资、偿还外汇借贷款的本息等。外汇支出过大，即表现为外汇漏损。旅游收汇率的高低同一个国家或地区的总体状况紧密相关，反映了某国或某地区旅游业的生产力水平和社会化程度。

(六) 旅游换汇率

旅游换汇率指标是指旅游目的地国家或地区向国际旅游者提供单位本国货币的旅游产品所能换取外国货币的数量比例。通常，旅游换汇率与该国家或地区同期的外汇汇率是致的。在不同的时期，外汇比价不同，旅游换汇的数值也就不同。在国际经济交往中，旅游外汇收入属于非贸易外汇，换汇成本低于贸易外汇，即以一定数量货币表示的出售给国际旅游者的旅游产品，要比同量货币表示的出口一般商品能换取到较多的外汇收入。旅游换汇率指标反映了旅游外汇收入对一个国家和地区国际收支平衡作用的大小，其愈来愈引起各个国家和地区，特别是发展中国家和地区的高度重视。其计算公式如下：

$$H_R = \frac{R_f}{R_s} \times 100\%$$

式中　H_R——旅游换汇率；

R_s——单位旅游产品本币价格；

R_f——单位旅游产品外汇收入。

（七）旅游创汇率

旅游创汇率是指旅游目的地国家或地区在一定时期内经营国际旅游业务所取得的非基本旅游收入与基本旅游收入量的比率。旅游创汇率与非基本旅游收入成正比，与基本旅游收入成反比。因此，只有不断挖掘潜力，发挥本国或本地区的旅游资源特色优势，推出各种有特色的旅游产品和服务，吸引旅游者，扩大旅游者的消费额，才能不断提高非基本旅游收入在旅游收入中的比重，进而提高旅游创汇率。

四、旅游收入的影响因素

（一）接待旅游者的人次数和旅游者停留时间

旅游目的地国家或地区接待旅游者人次数是决定其旅游收入高低的基本因素。在正常情况下，旅游收入与旅游者人次数及旅游者停留时间成正比例变化。一个国家或地区接待旅游人次数的多少，与该国或地区的旅游资源的丰富程度、吸引力强度、政局稳定与否、政府的政策等方面有着直接的关系；旅游者停留时间的长短与旅游者个人闲暇时间、旅游目的地对旅游活动的组织安排、所提供旅游产品的吸引力以及服务的多样性、质量的高低有着密切联系。

（二）旅游者的支付能力与平均消费水平

在旅游接待人数既定的条件下，旅游者的支付能力和人均消费水平是旅游目的地国家或地区旅游收入增减变化的另一决定因素。旅游者的支付能力和平均消费水平的高低与旅游者的年龄、社会阶层、家庭状况、职业、个人可自由支配收入以及消费偏好等因素也有密切的联系。

（三）旅游产品质量和旅游资源吸引力

旅游产品质量和旅游资源吸引力及其开发程度是影响旅游收入的重要因素之一。旅游目的地国家或地区旅游资源丰富程度、开发程度以及旅游产品特色是吸引旅游者的重要方面，所以要不断对旅游产品进行深层次的开发，调整产品结构，提高产品质量，从而提高旅游者的消费支出，增加旅游收入。

（四）旅游价格

旅游价格是影响旅游收入高低的一个最直接的因素。根据旅游需求规律，在其他条件不变的情况下，当旅游产品的价格上涨或者下降时，旅游需求量就会出现相应的减少或者增加。为了了解旅游需求量随旅游产品价格的变化而相应变化的程度，就必须正确计算旅游产品需求价格弹性系数，并根据旅游产品需求价格弹性大小，正确地计算旅游产品收入。

（五）外汇汇率

由于汇率的变化，同量的旅游外汇收入在不同时期会因旅游目的地国家的汇率变化而出现差异，有时差异会较大。因此，在衡量旅游目的地国家或地区的旅游收入时，应注意分析因汇率因素而形成的差异，这样才能使旅游目的地国家或地区在不同时期内所取得的旅游收入更具有真实性和可比性。

（六）旅游统计

旅游收入是通过一定的方法统计出来的数据，因此旅游收入的总体水平还要受统计因素的影响。旅游收入有些是来自直接旅游部门，也有些是来自间接旅游部门。由于受诸多因素的影响，例如遗漏或重复统计、导游收取小费、馈赠礼品、亲朋好友免费食宿等，旅游统计部门所统计出来的旅游收入并不能真实地反映旅游目的地国家或地区所取得的旅游收入。

思考与讨论

1. 旅游收入的概念涉及哪些内容？
2. 什么叫基本旅游收入与非基本旅游收入？如何区分？
3. 衡量旅游收入的指标有哪些？

案例回放

问题1：结合案例，分析旅游收入的分类。

按旅游收入的来源，分为国内旅游收入和国际旅游收入；按旅游收入性质，分为基本旅游收入和非基本旅游收入；按向旅游者提供的产品形态，分为商品性旅游收入和劳务性旅游收入。

问题2：旅游收入的影响因素有哪些？

旅游收入受到很多因素影响，如接待旅游者的人次数和旅游者停留时间、旅游者的支付能力与平均消费水平、旅游产品质量和旅游资源吸引力、旅游价格、外汇汇率、旅游统计。

实训题

通过收集资料和进行实地调查，分析当地旅游收入构成，就如何提高旅游收入提出你的一些建议。

典型案例

武强特色文化带火"创意旅游"产业

到周窝音乐小镇参观乐器工厂，到武强年画博物馆体验民俗文化，到蒙牛高端奶加工厂观看高端奶生产流程……近来，越来越多的游客把武强县作为旅游目的地，旅游产业已成为拉动该县经济增长的一个新业态。

近年来，武强县着力打造武强年画、西洋乐器、周窝音乐小镇"三大板块"，其中以武强年画博物馆和周窝音乐小镇为主阵地，加强旅游基础设施建设，完善旅游产品线路，以乐器文化为新动力的创意旅游文化产业获得了蓬勃发展，年游客接待量近百万人。

该县在做好古老年画展览展示的同时，不断推陈出新，将年画传统艺术与现代生活相结合，先后创新推出了高档年画挂历、年画特种邮票、工艺瓷盘、水杯等 20 多个系列、100 多种年画新品。游客们不仅可以欣赏、体验武强年画古老的制作技艺，更能购买到心仪的产品。年画旅游业的发展也进一步促进了武强年画产业的发展，现在武强年画在北京、贵州、云南等地已建立实体店近百家，开设网店 30 多家，年销售收入达 5000 万元以上。为让更多的馆藏精品与游客见面，该县还谋划了武强年画博物馆改扩建工程，目前该项目已正式开工，预计工期 4 个月。启动了中国武强国际年画城项目，努力将武强打造成为世界最大的年画产业及相关衍生品生产基地、文化艺术集散营销中心和独具特色的旅游观光基地。

同时，武强县用市场思维统筹规划周窝音乐小镇发展，先后投资 1.13 亿元完成小镇水、电、路、讯、暖等基础设施建设，包装改造具有创意特色的咖啡屋、提琴乐器体验馆等民居院落近百套，可同时接待 300 人住宿、1000 人用餐。周窝音乐小镇先后组织和承办了三届中国吉他文化节以及麦田艺术节等大型音乐文化活动，吸引了 60 余万人次中外游客到小镇参观旅游。

除此之外，该县还结合文化产业发展实际，与北京中科智景旅游规划设计院、河北和智旅游规划设计有限公司制定《武强县旅游业发展规划》，加快旅游业与其他产业的融合发展。

（资料来源：河北新闻网.2016-06-13）

案例解析：

从旅游收入构成来分析，创意和特色实际上可以提高旅游收入中非基本旅游收入的比重。从旅游收入的影响因素来看，为了增加旅游收入，就要提高旅游产品质量，突出特色，挖掘当地旅游资源内涵，使游客愿意消费支出，延长停留时间，同时要不断拓宽客源市场。

常识补充

旅游收入模式

1. 传统观赏旅游收入模式

传统观赏旅游一般为以门票为中心的收入结构，进一步发展，形成了"一票、二道、三餐、四购”的四入模型，注重门票、索道、景区内部餐饮、购物亭的安排与投入，城市公园及游乐园等注重游乐项目的收入。在这种模式中，门票一般为高门槛，给旅行社较高折扣；索道因为投资大，因此收费较高；内部餐饮一般为管委会的食堂式餐厅与景区内农民的农家式餐厅及外来承包商的餐厅共存；购物亭非常简单，除售卖地图、景区图书、光盘等公司生产的宣传品外，还有游览必需品（水、饼干等）、土特产品。这四类项目一般缺少深度服务，可以称之为“初级收入模式”。

2. 体验式观赏旅游收入模式

体验式观赏与简单的游走不同，对游客的游赏过程进行了深度设计，布置了情境结构，形成情境氛围，引导游客进入情境，并以参与性的方式，与自然、当地居民、文物环境、文化戏剧化节目等互动，设计了游客个体与个体之间、群体与群体之间的互动。体验式观赏不仅需要在场景布置上进行投资，还需要深度的服务相配合，因此，成本高于传统模式。体验式观赏的吸引力及收入同样高于传统式。在自然景观观赏中，武夷山的竹筏是体验式观赏的典型案例。武夷山“赤山碧水”，是色彩的王国和立体画卷，使用竹筏来观赏水和山，可以亲水，有民俗文化的氛围，加之管委会投入巨大的资金和专业力量创作的导游词，产生了极好的体验山水的效果。而竹筏的收入大大高于一般的游览，非常成功。在文化景观中，浮梁古城是一个经典案例。通过导游、仪仗队、县官审案、瓷乐表演，把一个只有十间房屋的古县衙变成了浸润于瓷茶文化及古代官文化氛围中的游乐天地。其收入包括讲解、演出、服装租赁、照相、游客客串、书籍购买、瓷艺购物、茶叶购物、陶吧游乐等项目，十分可观。

3. 休闲旅游收入模式

休闲不同于观赏，在于游客不是来寻找新奇特的景观或文化，而是放松身心。休闲要求自然景观优美、文化氛围优雅，但不要求唯一性或独一无二。因此，休闲的收入中，门票降到了较低的位置，甚至免收。休闲的主要收入可以有多种模式：以农家乐为代表的餐饮收入主导模式；以一般度假村为主导的综合收入模式；以运动项目为主导的收入模式等。一般休闲项目都由吃、住、玩三方面收入构成：吃主导型投资较小，往往与购结合较好，出现了一般农家乐、大棚餐厅、桃花节、乡村美食街、公路美食街等；以住宿、会议为主导的休闲，一般进行综合游乐配套，比如保龄球、OK厅、垂钓、划船、游泳等；以温泉为主题的度假村则结合休闲与度假，形成了较大的泡汤、按摩、美体美容、疗养的收入；以滑雪为主题的项目则更多地集中了滑雪、玩雪、滑草、滑道等项目收入；以高尔夫为主题的项目，其收入模式较复杂，包括会费、会所、别墅、高球、学校等多种收入，高球运动的收入往往不能称为主收入。

4. 度假旅游收入模式

度假不同于休闲，主要指游客市场的差异。度假游客来自世界、全国或全省，区域较大，且在度假地滞留时间较长（三天以上）；休闲游客则一般为本地人，滞留时间较短，且一般不过夜。成为度假地，必须有独特的自然资源及气候资源；度假旅游不是以观赏为主，而是以多样化的综合消费为主。度假地的收入中，门票处于较低的地位，住宿、餐饮、娱乐、运动项目、游乐项目、购物等，形成综合性结构，不可偏废。

5. 区域开发收入模式

旅游开发已经从项目开发阶段进入区域开发阶段。很多投资商不是单一项目投资，而是区域旅游产业投资。对于这些投资商，我们认为，其收入结构与项目投资有很大区别。区域旅游投资是成片开发，因此，其利益体现为核心项目收入与带动性收入的结构安排。核心项目收入是前期最重要的收入，但不一定是区域最大的收入。除景区收入外，区域开发商将享受土地升值收入、项目合作收入、房地产开发收入等。

6. 旅游房地产收入模式

旅游房地产拥有广阔的前景，其收入模式与旅游景区、住宅房地产、商业房地产都不一样。别墅销售是最直观的收入；产权酒店为产权销售与酒店经营双重收入；分时度假是通过时权销售酒店业务；旅游商业街区可以销售商铺，也可出租；中央游憩区开发可以销售商铺，出租商铺，经营娱乐项目；旅游小城镇开发是旅游房地产的提升，包括了公共设施建设开发、土地开发、旅游产业开发三重任务，其收入也由这三个产业获取。

任务二　旅游收入分配

任务引入

江苏省设奖千万鼓励江苏游　对相关旅行社进行奖励

江苏省从2007年起开始设立1000万元“江苏入境旅游贡献奖”，对输送和接待境外客源来江苏省入境游的境外旅行社和省内外国际旅行社进行奖励。

为促使江苏省入境旅游的接待人次、游客平均逗留时间、饭店入住率和旅游总收入取得明显增长，省财政厅同省旅游局共同制定了《江苏省入境旅游贡献奖励暂行办法》，对直接向江苏省输送境外游客的境外旅行社或省内外国际旅行社以及负责接待境外游客的省内国际旅行社，按游客在江苏省境内实际逗留的天数进行奖励。入境旅游贡献奖励资金由省级财政安排，纳入当年财政预算。

南通奖励旅行社做大旅游市场

南通市财政局、旅游局联合发布了《旅行社组织外地游客来南通旅游奖励暂行办法》，对组织二日以上旅游活动、接待入境游客、接待量排名前列的旅行社，明确了奖励标准，并首次将非南通市区的旅行社列入奖励范围。

据了解，2008年，为策应苏通大桥通车，做热南通旅游，南通市财政局、旅游局联合出台了《南通市区旅行社组织外地游客来通旅游奖励试行办法》，有效地调动了旅行社做地接的积极性，南通旅游地接量迅速攀升，一举突破11万人，比2007年高出3倍。在此基础上，新奖励办法对2008年试行的地接奖励政策进行调整和完善，加大奖励力度，以进一步调动旅行社组织外地客源来南通旅游的积极性，有效拉动旅游消费，进一步做活南通旅游市场。

（资料来源：江苏经济报，2009年5月19日）

问题：为什么要对旅行社进行奖励？其在旅游收入分配中起到什么作用？政府应该如何理顺各种关系？

知识链接

一、旅游收入分配的概念

旅游收入分配与国民收入分配相同，通常是经过初次分配和再分配两个过程来进行和完成的。它可以反映旅游目的地国家或地区的政府部门、旅游部门和企业以及旅游从业人员各自的利益和义务，也可以反映旅游部门与其他物质生产部门、非物质生产部门的交换关系。旅游收入的分配状况在很大程度上决定着本国或本地区旅游业发展的速度、规模和水平。

二、旅游收入的初次分配

旅游收入的初次分配主要在直接经营旅游业务的部门和企业之间进行，即在饭店、旅行社、餐馆、交通运输、游览和娱乐等核心旅游业之间进行。但值得强调的是，所获得的营业收入并不是全部参与初次分配，首先应从中扣除生产旅游产品所耗费的物化劳动和活劳动的价值补偿。

（一）旅游收入初次分配的流向

参与初次分配的是旅游营业收入中扣除了上述物化劳动消耗价值补偿之后的剩余部分，即旅游净收入。旅游收入的初次分配，实际上是旅游净收入的分配。旅游净收入经过初次分配，分解为职工工资、政府税收和企业利润三大部分。

1. 职工工资

职工工资是指旅游部门和企业根据合理的分配原则，向旅游从业人员支付的工资，作为他们提供劳务的报酬，满足他们自己和家庭生活的需要。

2. 政府税收

旅游部门和企业按照国家税收政策的规定向政府纳税，成为国家政府财政预算收入中的一部分，由国家统筹安排和使用。

3. 企业利润

旅游部门和企业按照国家的规定提取部分净利润，留归企业自行安排分配和使用。在我国的旅游部门和企业中，企业净利润又可分为企业公积金和公益金两部分，分别用于企业的自身发展和职工的福利支出。

图 8-1 为旅游收入初次分配的流向。

（二）包价旅游收入的初次分配

旅游收入的初次分配是在各旅游部门和企业中进行的。旅行社因其特殊的职能，在旅游收入的初次分配中起着与众不同的作用。旅行社根据市场的需求，首先向住宿、餐饮、交通、游览、娱乐的部门和企业预订单项旅游产品，经过加工、组合，形成不同的综合性旅游产品（即包价旅游）出售给旅游者，由此获得包价旅游收入。这种包价旅游收入首先表现为旅行社的营业总收入，在扣除了旅行社的经营费用和应得利润后，旅行社根据其他各旅游企业提供产品和服务的数量和质量，按照预定的收费标准、所签订的经济合同中列定的支付时间、支付方式和其他有关规定，分配给这些旅游部门和企业应得的旅游收入。

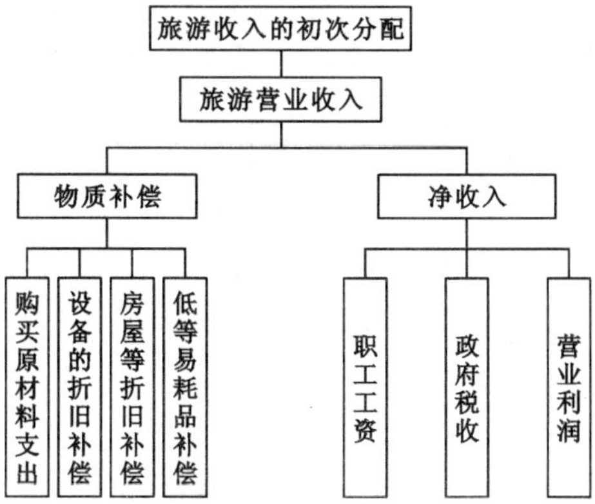

图 8-1　旅游收入的初次分配

旅游收入的初次分配又体现为旅行社的营业总收入转为各旅游部门和企业的营业收入。由于包价旅游收入是旅游收入的重要组成部分，以及旅行社在旅游收入中所起的先导作用，旅游目的地国家或地区旅游总收入的很大部分首先是通过旅行社的经营所取得，又通过旅行社分配出去的，因此，旅行社的经营活动既是旅游营业收入的来源，又决定了旅游营业收入的分配，从而具有双重职能。旅游营业总收入数量的多少，旅游部门和企业营业收入的多少，在某种程度上往往取决于旅行社经营活动的强弱程度。因此，提高旅行社经营管理水平和市场竞争能力，对增加旅游营业收入十分重要。

图 8-2 所示为包价旅游收入的初次分配。

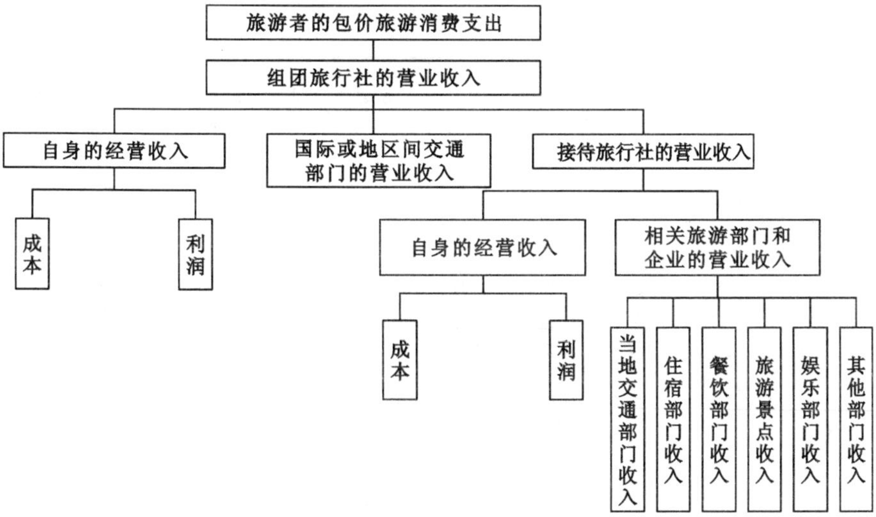

图 8-2　包价旅游收入的初次分配

三、旅游收入的再分配

旅游收入经过初次分配后，在初次分配的基础上，按照价值规律和经济利益原则，在旅游目的地国家或地区的整体范围内进行再次分配，以实现旅游收入的最终用途。

旅游收入再分配的内容和形式是：

（1）旅游收入中上缴政府的各类税收构成政府的财政预算收入。国家通过财政预算和支出的方式实现了旅游收入的再分配，政府的财政支出主要用于国家的经济建设、国防建设、公共事业和社会福利投资及国家的储备金。其中一部分又用于旅游基础设施建设和旅游资源开发，进一步促进了旅游业的扩大再生产。

（2）旅游收入中支付给旅游从业人员的报酬部分。企业为了进行再生产，还必须补偿活劳动的耗费，企业职工要购买各种生活资料，以满足他们的物质和文化需求。这样，直接从事旅游业务的部门或企业与那些供应生活资料的部门也发生了经济关系，在初次分配中以工资形式存在的那一部分旅游收入就转移到了供应生活资料的有关部门或企业。个人收入的支出形成了社会经济中相关部门的营业收入。

（3）企业自留利润参与的再分配。在旅游收入的初次分配中，旅游企业的纯利润分为公积金、公益金两大部分。公积金主要用于企业的追加投资以及新产品的研制或新技术的改造等；公益金主要用于提高职工的福利待遇或发放奖金等。公积金和公益金的支出构成了直接或间接为旅游部门、企业提供产品与服务的相关部门的营业收入。

（4）在再分配过程中，旅游收入还有一部分流向其他部门，如旅游核心部门或企业支付给金融部门的贷款利息、支付给保险部门的保险金等。这样，又有一部分旅游收入转移到了金融部门或保险部门。

总之，旅游收入在初次分配的基础上，在整体范围内又进行了再分配。再分配的过程实际也是不断支出和消费的过程，这样众多行业和部门都获得了相应的收入，这是旅游业再生产过程的客观结果，同时也反映了旅游业对整个国民经济的推动作用。

图 8-3 为旅游收入再分配的流向图。

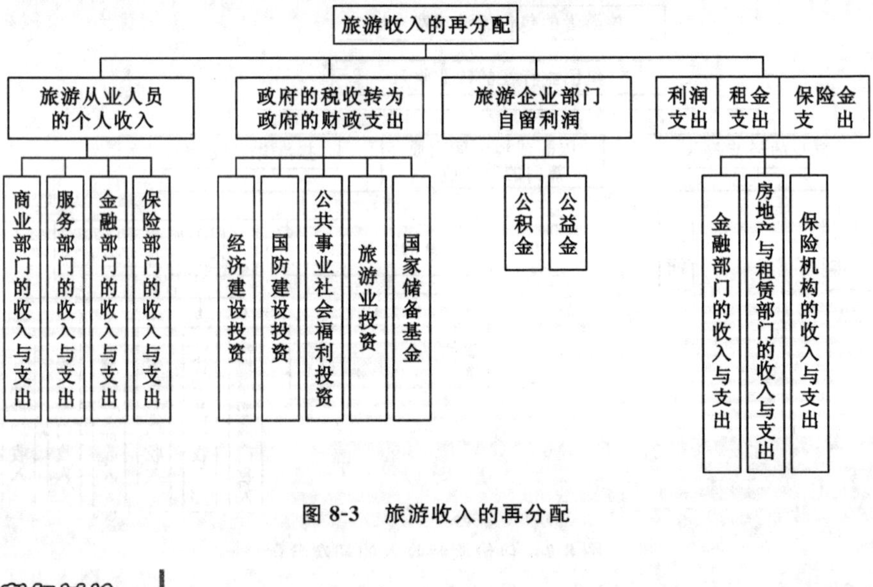

图 8-3　旅游收入的再分配

思考与讨论

1. 什么是旅游收入的初次分配？

2. 什么是旅游收入的再分配？

案例回放

问题:为什么要对旅行社进行奖励?其在旅游收入分配中起到什么作用?政府应该如何理顺各种关系?

旅行社因其特殊的职能,在旅游收入的初次分配中起着与众不同的作用。旅行社根据市场的需求,首先向住宿、餐饮、交通、游览、娱乐的部门和企业预订单项旅游产品,经过加工、组合,形成不同的综合性旅游产品(即包价旅游),出售给旅游者,由此获得包价旅游收入。这种包价旅游收入首先表现为旅行社的营业总收入,在扣除了旅行社的经营费用和应得到利润后,旅行社根据其他各旅游企业提供产品和服务的数量和质量,按照预定的收费标准,所签订的经济合同中列定的支付时间、支付方式和其他有关规定,分配给这些旅游部门和企业应得的旅游收入。

现代市场经济条件下,企业自主经营、自负盈亏,政府应改善管理,提高政府行为效率;放弃微观管制,充分发挥市场的主导作用;完善市场机制,促进旅行社行业的自我管理;通过对旅游全行业的宏观协调,实现对旅行社的有效管理。

实训题

通过对当地旅行社进行调查,了解旅行社员工工资收入构成及福利情况,分析存在的问题,并提出你的一些合理建议和思路。

典型案例

如何激励旅行社员工

在一些具体的管理实践中,有些激励措施往往并不奏效,甚至适得其反。怎样才能有效地激励旅行社员工呢?交广传媒旅游策划营销机构提出下面的这些建议可能会对各位旅游经理人的管理工作有所帮助。

1. 为员工安排的工作内容必须与其性格相匹配

每个人都有自己的性格特质,分为多血质、胆汁质、黏液质、抑郁质等。比如,有的人安静,另一些人则活跃;一些人相信自己能主宰环境,而另一些人则认为自己成功与否主要取决于环境的影响;一些人喜欢高风险的具有挑战性的工作,而另一些人则是风险规避者。

员工的个性各不相同,他们从事的工作也应当有所区别。与员工个人相匹配的工作才能让员工感到满意、舒适。比如说,喜欢稳定、程序化工作的传统型员工适宜干会计、出纳员等工作,而充满自信、进取心强的员工则适宜担任旅行社销售经理、外联经理等职务。一句话:因才施用!

2. 为每个员工设定具体而恰当的目标

交广传媒旅游策划营销机构认为,为员工设定一个明确的工作目标,通常会使员工创造出更高的绩效。目标会使员工产生压力，从而激励他们更加努力地工作。在员工取得阶段性成果的时候，管理者还应当把成果反馈给员工。反馈可以使员工知道自己的努力水平是否足够，是否需要更加努力，从而有益于他们在完成阶段性目标之后进一步提高他们的目标。

旅行社的经理提出的目标一定要是明确的。比如，“本月销售收入要比上月有所增长”这样的目标就不如“本月销售收入要比上月增长10%”这样的目标更有激励作用。同时，目标要具有挑战性，但同时又必须使员工认为这是可以达到的。实践表明，无论目标客观上是否可以达到，只要员工主观认为目标不可达到，他们努力的程度就会降低。目标设定应当像摘树上的苹果那样，站在地下摘不到，但只要跳起来就能摘到。

3. 对完成了既定目标的员工进行奖励

马戏团里的海豚每完成一个动作，就会获得一份自己喜欢的食物。这是驯兽员训练动物的诀窍所在。人也一样，如果员工完成某个目标而受到奖励，他在今后就会更加努力地重复这种行为，这种做法叫行为强化。交广传媒旅游策划营销机构认为，旅行社的经理应当想办法增加奖励的透明度，比如对受嘉奖的员工进行公示。

4. 针对不同的员工进行不同的奖励

人的需求包括生理需求、安全需求、社会需求、尊重需求和自我实现需求等若干层次。当一种需求得到满足之后，员工就会转向其他需求。由于每个员工的需求各不相同，对某个人有效的奖励措施可能对其他人就没有效果。

旅行社的经理人应当针对员工的差异对他们进行个别化的奖励。比如，有的员工可能更希望得到更高的工资，而另一些人也许并不在乎工资，而希望有自由的休假时间。又比如，对一些工资高的员工，增加工资的吸引力可能不如授予他“优秀导游员”的头衔的吸引力更大，因为这样可以使他觉得自己享有了地位和受到了尊重。

5. 奖励机制一定要公平

员工不是在真空中进行工作，他们总是在不断进行比较。如果你大学毕业后就有单位提供给你一份月薪1500元的工作，你可能会感到很满意，并且努力为单位工作。但是，如果你一两个月之后发现另一个和你同时毕业，与你的年龄、学历相当的同学的月薪是2500元的时候，你有何反应？你可能感到失望，同时不再像以前那样努力工作。虽然对于一个大学毕业生来说，1500元的薪水已经比较可以了，但这不是问题所在，问题的关键在于你觉得不公平。

因此，旅行社的管理者在设计薪酬体系的时候，应当按照员工的经验、能力、努力程度等给予公平的评价。只有公平的奖励机制才能激发员工的工作热情。

6. 实行柔性化管理

旅行社要建立以人为本的管理思想，管理者要充分尊重员工的劳动，维护他们的权益，实施情感化的管理。柔性化管理是“人本”管理的一种实践形式，依靠人性解放、权力平等、民主管理，通过激励、感召、诱导等方法，从内心深处来激发员工的内在潜力和工作的主动性，使他们能心情舒畅、不遗余力地为企业工作。

交广传媒旅游策划营销机构认为，由于旅行社员工工作自主性强，分散在外，旅行社管理人员很难监控员工的整个工作过程并发现问题，所以采用柔性化管理手段可以让员工自觉地去完成他们应该做的工作。

7. 构建优秀的旅行社企业文化

构建优秀的旅行社企业文化是旅行社适应竞争、保持长盛不衰的根本保证。旅行社产品的综合性和旅游企业的服务性特点，使得优秀的旅行社企业文化必须具有协作性和人性化特点。

因此，旅行社要通过营造良好的旅行社企业文化氛围和塑造良好的旅行社企业文化形象来加强企业文化建设，使得旅行社员工树立共同的价值观念和行为准则，在旅行社内部形成强大的凝聚力和向心力，增强员工对旅行社的归属感和荣誉感。

（资料来源：欣欣旅游网，2012 年 11 月 16 日）

常识补充

绩效工资

绩效工资，又称绩效加薪、奖励工资(Merit Pay)或与评估挂钩的工资(Appraisal Related Pay)，是以职工被聘上岗的工作岗位为主，根据岗位技术含量、责任大小、劳动强度和环境优劣确定岗级，以企业经济效益和劳动力价位确定工资总量，以职工的劳动成果为依据支付劳动报酬，是劳动制度、人事制度与工资制度密切结合的工资制度。绩效工资由四部分组成：基本工资、年龄工资、岗位工资、奖励工资。

用马克思的三种劳动论来说，绩效工资主要是根据员工的第三种劳动即凝固劳动来支付工资，是典型的以成果论英雄，以实际的、最终的劳动成果确定员工薪酬的工资制度，主要有计件工资制、佣金制等形式。绩效工资从本义上说，应根据工作成绩和劳动效率确定。但在实践中，由于绩效的定量不易操作，因此除了计件工资和佣金制外，更多是指依据雇员绩效而增发的奖励性工资。

绩效工资制度的前身是计件工资，但它不是简单意义上的工资与产品数量挂钩的工资形式，而是建立在科学的工资标准和管理程序基础上的工资体系。它的基本特征是将雇员的薪酬收入与个人业绩挂钩。业绩是一个综合的概念，比产品的数量和质量内涵更为宽泛，它不仅包括产品数量和质量，还包括雇员对企业的其他贡献。企业支付给雇员的业绩工资虽然也包括基本工资、奖金和福利等几项主要内容，但各自之间不是独立的，而是有机地结合在一起。根据美国 1991 年《财富》杂志对 500 家公司的排名，35%的企业实行了以绩效为基础的工资制度，而在 10 年以前，仅有 7%的企业实行这种办法。

绩效工资制可以提高工作绩效，若使它能更好地发挥作用，雇主必须确信能有效地对工作绩效进行评估。传统的绩效工资制通常是个人绩效，对员工绩效增加认可的形式通常是在每年规定的时间内提高基本薪资。

任务三 旅游收入乘数效应

任务引入

发挥"旅游惠民"的"乘数效应"

面对金融危机带来的影响，许多城市"强劲出招"，向百姓发放旅游消费券。湖州旅游部门、行业也正全体动员、全力落实市委市政府提出的"旅游强市"战略。"送亿元惠卡，游生态湖州"旅游惠民工程已启动；继安吉县开始发送3000万元旅游共享券后，长兴县计划也开展"赠你一券，穿越亿年"神游长兴5000万元旅游券派发活动……

牛年开局，安吉旅游拿出了一张漂亮的"成绩单"，除了百草原、藏龙百瀑等知名景区景点一片红火外，就连农家小院也是人头攒动。一组数字显示，自从该县春节前夕起向长三角地区发放价值3000万元的"旅游共享券"之后，今年1月该县共接待游客22万人次，旅游收入9434万元，门票收入450万元，同比增长69%、78%、37.4%。消费券不但让每位游客享受到价格实惠、服务优质的旅游产品，也被赋予了促进经济转型升级的使命。

上周末，记者在安吉报福镇的农家乐里遇到了杭州游客张采霞，她拿着印制精美而富有乡土韵味的安吉中国美丽乡村旅游门票共享券告诉记者，这是年前从社区里拿到的，"我活了几十岁，还是第一次遇到农村向城市派送旅游消费券这样的新鲜事。今天，我让儿子开车带全家人来游游安吉，住住农家屋，尝尝农家菜，在美丽乡村好好休闲休闲。"

安吉县旅游局有关人士介绍说，目前，许多景区已着手做与派送活动对接的相关准备工作，将包装一批新的旅游产品，提升参与性。"年前，我们在杭州的部分社区和单位派发出了300张安吉旅游门票共享券，都市人可以凭券免费进入竹博园和江南天池景区游玩，这是为整个派发活动打前站。最近，3000万元'共享券'已开始全面发放给长三角城市的百姓。外地市民和游客凭'共享券'到指定景区、饭店、商场、农家乐可直接消费。"

除了安吉这个"先行军"，目前，长兴县也已开始发放旅游券活动。该县旅游部门负责人告诉记者，"其实在去年，我们就曾作过一个类似于赠消费券的尝试，看到了不错的效果。"

去年末，上海的李女士收到了长兴县旅游部门的一张新年贺卡，曾到长兴金钉子游玩过的李女士一阵兴奋，除了得到新年祝福，她还可以凭着这张贺卡去免费游览长兴的两个景点。春节后，气温渐渐回升，李女士一家三口再次自驾来到长兴，这次他们去了仙山湖，吃了农家乐，共省下了100多元的门票费用。据悉，当时长兴县共向游客邮寄了总价值185万元的新年贺卡5000套，凭这张贺卡，游客可以免费游览长兴景点中的任意两个。这段时间，"回报"的效果十分明显，收到贺卡的游客再次来游玩，带来了朋友、家人，客源拓宽了不说，也带动了周边农家乐餐饮、住宿的消费。

尝到了"甜头"后，最近，长兴县响应市委市政府按照"扩内需、保增长、促转型、惠民生"的要求，大力实施"旅游强市"战略，正在开展"赠你一券，穿越亿年"神游长兴旅游券派发活动，价值约为5000万元，以此大量吸引长三角地区城市居民共享长兴城市建设和乡村旅游发展的成果。长兴县旅游局有关负责人表示，根据长兴旅游客源市场现状，结合旅游市场营销工作的特点，将会把派送地区重点面向上海、杭州及苏南地区，兼顾长三角其他地区。"上海、杭州重点向省、市级机关、事业单位、省属国有企业派送，公务员和企业白领的拉动效应是不可小觑的；无锡重点向广大市民派送；其他地区配合相关活动向市民适当派送。同时，长兴市民凭有效身份证件享受旅游景点3折优惠，65周岁以上老人的门票全免。"

浙江省有关领导在日前召开的省旅游发展大会上强调，大力发展旅游业对调整经济结构、扩大消费需求、促进社会就业和推进社会进步方面起着积极的推动作用。的确，根据世界旅游组织作出的测算，旅游业每直接收入1元，会给国民经济相关行业带来4.3元的增值效益。这个比例，对于目前着眼于促消费、扩内需的国民经济而言，的确充满了吸引力。"事实上，旅游消费券的拉动作用是巨大的。旅游的往往是一家人，景点门票使用消费券，而住宿、游玩、吃饭还是用现金支付。消费券几乎起到了1∶20的放大效应。"市旅游局负责人说。本月底，全市"送亿元惠卡，游生态湖州"惠民旅游工程已启动，届时将面向以长三角为主的全国100个城市、10000户家庭、1000家企事业单位、100个社区、100家旅行社和台湾1000名游客，派送惠民旅游卡(券)(或生态旅游共享券)约100万张，总价值约1亿元。目标是吸引全国1000万人次以上的游客走进"生态湖州"休闲度假旅游，使湖州生态休闲度假旅游的品牌在短时期内迅速在全国范围内得到彰显，并家喻户晓，深入人心。

(资料来源：杨晨.湖州日报，2009年2月24)

问题：什么叫旅游收入的乘数效应？对经济发展有什么作用？

知识链接

一、乘数效应的概念

(一) 乘数的概念

乘数的概念起源于19世纪后半叶。1931年，英国经济学家卡恩首先提出了乘数理论。其后，凯恩斯又将这一理论进一步加以完善。乘数(Multiplier)又译作倍数，主要指经济活动中某一变量与其引起的其他经济量以及经济总量变化的比率。在经济活动中，一种经济量的变化可以引起其他经济量的变化，最终使经济总量的变化数倍于最初的经济变量，我们把这种现象称为乘数效应。经济学中的投资乘数是指投资的增加对国民收入的增加具有乘数作用，这是因为国民经济的各个行业是相互关联、相互促动的。例如，在某部门注入一笔投资，不仅会增加该部门的收入，而且会在各相关部门引起连锁反应，最终产生数倍于投资额的国民收入。例如：

第一期，初始新增投资100万元买一台机器，投资代表对生产要素的需求，参与生产机器的要素所有者的收入增加100万元，ΔI 直接导致国民收入增加 $\Delta Y_1=100$ 万元。

第二期，生产机器的要素所有者增加的收入中将4/5即80万元用于增加对服装的需求，由此带动生产服装的人们的收入增加80万元，$\Delta Y_2=80$ 万元。

第三期，生产服装的人们增加的收入中将4/5用于对私家车的消费，即 $80\times0.8=64$ (万元)，厂商生产者收入增加64万元，$\Delta Y_3=64$ 万元。

……

这笔新增投资 $I=100$ 万元本身引起的收入增量之和就是：

$$\begin{aligned}\Delta Y &= \Delta Y_1 + \Delta Y_2 + \Delta Y_3 + \Delta Y_4 + \cdots + \Delta Y_n \\ &= 100 + 100 \times 0.8 + 100 \times 0.8^2 + 100 \times 0.8^3 + \cdots + 100 \times 0.8^{n-1} \\ &= 100 \times (1 + 0.8 + 0.8^2 + 0.8^3 + \cdots + 0.8^{n-1}) \\ &= \frac{100 \times (1 - 0.8^n)}{1 - 0.8} = \frac{100 \times 1}{1 - 0.8} \\ &= 500(\text{万元})\end{aligned}$$

由此可见，100 万元的投资能使国民收入增加 500 万元。

（二）乘数的计算公式

如果用 ΔY 表示国民收入增量，ΔI 表示投资增量，K 代表乘数，则乘数的计算公式为：

$$K = \frac{\Delta Y}{\Delta I}$$

根据西方经济学中国民收入的理论，从社会总需求的角度看，国民收入＝投资＋消费，则 $Y=I+C$，式中 Y 表示国民收入，I 表示投资，C 表示消费，那么 $\Delta Y=\Delta I+\Delta C$；从社会总供给角度看，国民收入＝储蓄＋消费，则 $Y=S+C$，式中 S 表示储蓄，那么 $\Delta Y=\Delta S+\Delta C$。则：

$$\Delta I = \Delta Y - \Delta C, \quad \Delta S = \Delta Y - \Delta C$$

代入上述乘数计算公式，可以看出：

$$K = \frac{\Delta Y}{\Delta I} = \frac{\Delta Y}{\Delta Y - \Delta C} = \frac{1}{(\Delta Y - \Delta C)/\Delta Y} = \frac{1}{1 - \Delta C/\Delta Y} = \frac{1}{\Delta S/\Delta Y}$$

式中　$\Delta C/\Delta Y$——边际消费倾向（MPC）；

$\Delta S/\Delta Y$——边际储蓄倾向（MPS）。

根据凯恩斯的乘数原理，乘数的计算公式如下：

$$K = \frac{1}{1-MPC} \text{ 或 } K = \frac{1}{MPS}$$

式中　MPC——边际消费倾向；

MPS——边际储蓄倾向。

从上式可以看出，乘数与边际消费倾向成正比，与边际储蓄倾向成反比。

二、旅游收入的乘数效应

旅游收入的乘数效应是指旅游目的地国家或地区对旅游行业的投入引起各个经济部门的连锁反应，导致本地区经济总量的成倍增加。需要指出的是，旅游收入的乘数效应必须以一定的边际消费倾向为前提，如果这笔资金的一部分储蓄起来或用于购买进口物资，使资金离开本地经济运行过程或流失到国外，就会减少对本地区经济发展的“注入”。边际储蓄倾向和边际进口倾向（MPM）则降低了旅游收入在本地区经济系统中的作用，使得该地区的乘数效应减少。

因而上面公式可进一步表述为：

$$K = \frac{1}{1-MPC} \text{ 或 } K = \frac{1}{MPS+MPM}$$

旅游收入通过初次分配和再分配对经济发展产生以下三个阶段性的作用：

第一阶段，直接影响阶段。即旅游者在旅游目的地的各项消费，将资金直接注入了各个核心旅游企业和部门，饭店、旅行社、餐厅、商店、景区、交通及通信部门在旅游收入的初次分配中获得了一定量的收益。

第二阶段，间接影响阶段。即旅游核心部门和企业在再生产过程中向有关部门和企业购进生产和生活资料，各级政府把从旅游核心企业收缴的税金又投资于其他企事业项目，使有关部门和企业在旅游收入的再分配中获得了收益。

第三阶段，扩大影响阶段。即旅游相关部门和企业在再生产过程中购进大量的生产资料和生活资料，从而促进了更多部门和企业的发展。旅游收入正是通过多次的分配与再分配，对国民经济不断产生着连带作用和综合效益。

一个国家或地区的旅游收入如果增加，则会引起该国或该地区国民收入的增加，这种关系可用 $y=kx$ 来表示，其中 y 为增长的国民收入总量，x 为增加的旅游收入量，k 为两者之间的比例系数，即乘数。

例如，某地区的边际消费倾向为 80%，即 80%的旅游收入在本地区的经济系统中运转，而 20%的旅游收入则存储起来或用于进口物质，即有 20%的旅游收入离开了本地区的经济系统。按照乘数的计算公式 $K=1/(1-0.8)$ 或 $1/0.2=5$，表明该地区的旅游收入经过初次分配和再分配，产生了 5 倍于此的经济效益。假若该地区的边际消费倾向为 70%，边际储蓄倾向为 10%，边际进口倾向为 20%，则 $K=1/(1-0.7)$ 或 $1/(0.1+0.2)\approx3.3$，表明该地区的旅游收入经过初次分配和再分配，产生了约 3.3 倍的经济效益。

我们还可以用以下几类乘数模式来分析旅游收入对社会经济各个方面的影响。

1. 消费乘数

消费乘数是指每增加一单位旅游收入所带来的对生产资料和生活资料消费的影响。该乘数用来测定旅游目的地国家和地区旅游收入增加对社会再生产过程的促进作用，即对社会消费扩大的作用和影响。

2. 营业收入乘数

营业收入乘数即旅游营业收入增加额与由此导致的其他营业收入增加额之间的比例关系。该乘数表明某地区旅游业的发展对该地区营业收入的影响。

3. 政府收入乘数

政府收入乘数即旅游收入增加量与当地政府收入净增量之间的比例关系。政府收入的净增量是指政府从旅游业获得的税收及各项收益减去政府向旅游业投资后的余额。该乘数主要用来衡量旅游经济活动对国家和地区财政收入的影响程度。

4. 就业乘数

就业乘数即旅游收入增加量与其所创造的直接和间接就业人数之间的比例关系。该乘数表明某一地区通过一定量的旅游收入，对本地区的就业机会所产生的影响。具体来说，一定时期内旅游从业人员的增加量与同期旅游收入的增加量之比，即为单位旅游收入可提供的就业机会。

5. 居民收入乘数

居民收入乘数即旅游收入的增加额与由此导致的某地区居民收入的比例关系。该乘数反映了旅游业的发展对居民收入的影响程度。

6. 进口额乘数

进口额乘数即旅游收入增加量与由此导致的进口额增加量之间的比例关系。该乘数显示了相关部门和企业向国外进口物资、设备的增加量与旅游收入增加量之间的互动关系。

总之，根据旅游收入的乘数效应，可以全面衡量旅游业发展对国民经济的影响，更加科学地确定国民经济的发展目标和旅游业的发展战略。

三、旅游收入漏损

旅游收入漏损是指旅游目的地国家或地区的有关部门和企业，为了发展旅游业而进口商品、对外贷款、引进劳务等，因此导致了旅游外汇收入的减少。

从 $K=1/(1-MPC)$ 及 $K=1/(MPS+MPM)$ 的公式中可以看出，旅游乘数效应与边际储蓄倾向和边际进口倾向均有关系，MPS 或 MPM 越大，旅游乘数效应就越小；反之，旅游乘数效应就越大。

在经济欠发达的国家或地区，旅游综合设施比较落后，为了发展国际旅游业务，需要从国外进口有关的物资设备，需要引进国外的先进技术和管理人才，这些都要花费大量的外汇，由此造成了旅游外汇的流失。具体来说，旅游收入漏损主要源于以下五个方面：

（1）为建设旅游基础设施进口必要的设备和原材料而花费的外汇；

（2）为新建旅游饭店进口必要的设备和原材料而花费的外汇；

（3）支付旅游企业外方的管理费和外籍人员的工资，由此造成了大量外汇的流失；

（4）为发展旅游业，除国家投资、国内融资外，还需要对外贷款，逐年还本付息，由此造成了大量外汇的流失；

（5）为满足旅游者及部分旅游企业员工的需求而进口有关的消费品，此项花费也造成了大量外汇的流失。

旅游收入漏损的程度显示了一个国家的经济实力和科技水平。为了减少旅游收入漏损，首先要大力发展本国经济，提高本国产品的品质和科技含量；其次要积极培养旅游业的现代化管理人才，逐步减少外方管理集团和管理人员的数量；最后要加强国际收支的宏观监管机制，完善外汇管理法规，防止外汇流失。

总之，旅游接待国的经济实力越强，科技水平越高，旅游收入的乘数效应越大，旅游收入漏损就越少；反之，旅游收入的乘数效应越低，旅游收入漏损就越多。因此，大力发展经济，增强国家的综合国力，是旅游业持续发展的根本保证，只有如此，旅游收入的乘数效应才能最大化，旅游收入漏损才能被减少到最低限度。

思考与讨论

1. 简述旅游收入的乘数效应理论。
2. 造成旅游收入漏损的原因有哪些？
3. 为避免和减少旅游收入漏损，应采取哪些措施？

案例回放

问题：什么叫旅游收入的乘数效应？对经济发展有什么作用？

旅游收入的乘数效应是指旅游目的地国家或地区对旅游行业的投入引起各个经济部门

的连锁反应，导致本地区经济总量的成倍增加。旅游收入乘数表明作为旅游目的地对旅游行业的投入所导致的本地区综合经济效益的增加，用来衡量旅游收入在国民经济领域内通过初次分配和再分配的循环，给该国或地区的社会经济发展带来的增值效益和连带促进作用的程度。通过收入乘数的直接和间接作用的发挥，旅游收入不断对该目的地产生影响，直至因漏损的存在而流出该区域。

实训题

利用旅游乘数效应分析旅游房地产这一热点问题，提出你的看法。

典型案例

旅游业"乘数效应"待激活

2016 年 5 月 19 日，由中国政府和联合国世界旅游组织共同举办的首届世界旅游发展大会在北京召开，来自 100 多个国家的千余名代表参会。大会联合发表了《首届世界旅游发展大会北京宣言》(以下简称《北京宣言》)，主题为推动可持续旅游，促进发展与和平，尤其强调发挥旅游产业对拉动经济的乘数效应。

《北京宣言》提到，旅游业是增长最快的社会经济领域之一，目前占全球 GDP 总量约 10%、就业的 1/11 和全球贸易的 6%。同时，旅游在服务贸易中所占比重大，同其他经济领域关联性强，旅游价值链各环节能够产生大量发展机遇。因此，参会代表共同呼吁各国政府制定全面的旅游政策，体现旅游跨部门属性，发挥旅游产业对拉动经济的乘数效应。《北京宣言》还呼吁各国政府在进行国家规划和政策制定时，优先考虑包括旅游在内的可持续消费和生产方式，从而加快向可持续消费和生产模式转型。

在《北京宣言》中，参会代表还做出了"确保对政策、商业行为和做法的必要改变，提升旅游对可持续发展、包容性发展以及和平的贡献"的承诺，同时承诺将"进一步将可持续旅游纳入相关政策、举措、项目与研究，以促进旅游作为可持续发展和减贫工具的作用"。

对于《北京宣言》中呼吁的"发挥旅游产业拉动经济的乘数效应"，北京第二外国语学院旅游管理学院院长厉新建告诉北京商报记者，由于旅游所涉及的产业面较广，并且目前中国的出入境旅游呈现持续向好的趋势，因此从需求端所衍生出来的服务链、产业链和价值链对于整个社会经济的串联和带动作用也就逐渐凸显。《2016 年中国旅游发展报告》中的数据显示，旅游产业对关联产业拉动贡献巨大，以 2015 年为例，旅游产业对交通运输业和住宿业的拉动贡献率均在 80%以上，对餐饮业的拉动贡献率达到 60%，对批发零售业、房地产业、公共管理和社会组织等行业均有不同程度的拉动。

国家旅游局局长李金早在谈及中国在可持续旅游方面的举措时表示，中国正在按照"创新、协调、绿色、开放、共享"五大发展理念探索全域旅游模式。"具体来说，我们就是要在全域优化配置、交通、水利、城建等各类资源，以旅游促进经济社会统筹发展。"他同时表示，未来五年，中国旅游、中国促进旅游人次将超过 6 亿人次。中国将继续通过放宽签证限制、简化出入境手续等方式降低游客出行成本，还将与其他一些国家研究推出旅游年的活动。“我们愿意通过各种形式为旅游企业国际投资创造条件。仅就‘一带一路’来说，未来五年，我们将为沿线国家输送1.5亿人次中国游客、至少2000亿美元的旅游消费。”李金早称。另据了解，中国未来将实施50个旅游国际合作的项目，包括开展旅游资源的开发与保护、派遣专家提供旅游业的规划咨询、培训中文导游和管理人员。未来五年还会提供1500个来华人员的培训名额。这些政策都将为旅游的可持续发展、包容性发展以及和平做出贡献。

（资料来源：摘自《北京商报（北京）》，2016-05-20）

常识补充

边际消费倾向　边际储蓄倾向

边际消费理论是凯恩斯主义的一部分，边际消费代表的是增加的消费占增加的收入的百分比。假如你今年的收入突然增加了500RMB（比去年的收入），你其他的开销还是如往常一样，但你决定把这多出来的500RMB中的400RMB用于购买一套西服，那么边际消费倾向为0.8（400RMB/500RMB）。边际消费倾向（Marginal Propensity to Consume，MPC）：增加的消费和增加的收入之间的比率。也就是增加的1单位的收入中用于增加消费部分的比率，用公式表示就是：$MPC=\Delta C/\Delta Y$。例如，收入增加到3万亿元（增加了1万亿元），消费增加到2万亿元（增加了0.5万亿元），边际消费倾向就是0.5（0.5/1）。

边际消费倾向是消费曲线的斜率，它的数值通常是大于0而小于1的，这表明消费是随收入的增加而相应增加的，但消费增加的幅度低于收入增加的幅度，即边际消费倾向是随着收入的增加而递减的。

边际储蓄倾向（Marginal Propensity to Save，MPS）是指每增加1单位收入中用于增加的储蓄部分的比率。以ΔS表示储蓄增量，以ΔY表示收入增量，则$MPS=\Delta S/\Delta Y$。例如，有一个家庭的收入增长了1000美元，并且他们打算把其中的400美元存到银行，那么其边际储蓄倾向就是$MPS=400/1000=0.4$，即40%。

因为收入不是被用来消费，就是被用来储蓄，因此边际消费倾向和边际储蓄倾向的和是1，即$MPC+MPS=1$。

例：如果边际储蓄倾向为0.3，投资支出增加60亿元，可以预期，这将导致GDP水平增加（　　）。（计算略，答案D）

A. 20亿元　　B. 60亿元　　C. 180亿元　　D. 200亿元

学习情境九　旅游经济效益

学习目标

1. 了解旅游经济效益的分类，旅游宏观经济效益、微观经济效益的含义；
2. 熟悉旅游微观经济效益的评价指标、提高旅游经济效益的途径；
3. 掌握旅游经济效益的分析方法。

技能目标

能运用旅游经济效益理论进行企业经济效益的计算和分析。

任务一　旅游经济效益概述

任务引入

中国旅游业的率先复苏意义重大

在金融危机的冲击下，以金融、房地产、制造业等为代表的全球经济陷入低迷，我国经济增长的下行压力也非常沉重。在此背景下，中国旅游业能否率先恢复，从而发挥其关联带动作用，带动或促进国内相关行业乃至全球旅游业复苏，意义极为重大。

首先，旅游经济已成为国民经济的重要组成部分。2008 年，全国旅游总收入 1.16 万亿元，占 GDP 的 3.87%，国际旅游外汇收入 408 亿美元；国内旅游人数为 17.12 亿人次，出境旅游人数为 4584 万人次，入境旅游过夜人数为 5305 万人次。2007 年，全国 12 个旅游发达省（自治区、直辖市）的旅游收入占当地 GDP 的 10%以上。

其次，旅游经济已成为扩大就业的重要渠道之一。旅游业的高就业率与就业乘数，使得旅游就业成为我国扩大就业的重要渠道之一。根据国家旅游局的统计资料分析，我国旅游就业乘数效应在 1997 年就已达 1∶6 左右。根据 WTTC（世界旅游业理事会）的分析，我国的旅游就业乘数效应在世界上是比较高的，我国旅游业的高就业乘数效应对于缓解危机、促进复苏同样意义重大。

最后，我国旅游经济已成为影响世界的重要力量。一方面，我国广阔的旅游市场吸引了大量外资进入，已成为外资投资的重要领域。以饭店为例，世界饭店集团前 10 名已全部进入中国市场。此外，每年因旅游活动而导致的进口商品与服务数额也不容忽视。另一方面，我国出境旅游发展迅速，中国公民的旅游足迹几乎遍布世界各地，给目的地带来了良好的旅游收益。2008 年，我国出境旅游人数远远超过日本，成为全球出境旅游市场上增幅最快、潜力最大和影响力最广泛的国家。同时，WTTC 的分析也认为，我国游客已跻身世界五大度假消费群体，成为海外购物重要对象，创造出巨大消费价值。我国出境旅游在世界已形成一股强大的经济力量，对全球经济的影响力越来越大。

总之，旅游活动不仅成为强大的经济力量，而且成为时尚的生活方式和多彩的文化形态，对整个国民经济与社会文化的发展、消费需求的扩大、消费信心的提升等都具有重要作用，并对世界旅游市场乃至全球经济发展产生重要影响，因而中国旅游业的率先复苏意义重大。

（资料来源：杨军. 中国旅游报，2009 年 3 月 28 日）

问题 1：如何由“中国旅游业率先复苏意义重大”来理解旅游经济效益及其内涵？

问题 2：旅游经济效益的特点有哪些？衡量旅游经济效益的指标有哪些？上述案例中运用了哪些指标来说明我国旅游业的经济效益？

知识链接

一、旅游经济效益的含义

（一）旅游经济效益的概念

讲求和提高旅游经济效益，是从事旅游经济活动的基本方针和核心准则。旅游经济效益是指旅游经济活动过程中的劳动占用和消耗与有效成果之间的比较，即从事旅游经济活动的投入与产出比值。

旅游经济活动的劳动占用和消耗是指旅游企业和部门在规划组织旅游活动时，向旅游者提供旅游产品和服务过程中所占用和耗费的物化劳动和活劳动，包括旅游企业、管理部门和相关方面的各种成本和费用等。在一定的劳动占用和耗费情况下，旅游者在旅游活动中的满足程度越高，旅游企业、管理部门和相关方面的旅游收益越高，则表明旅游经济效益越好，从而为企业发展和国家经济建设积累的资金就越多，对社会、生态环境的改善就越有利，旅游综合经济效益就越好。

旅游经济活动的有效成果是指旅游经济活动的最终产出（包括产品、劳务和收益），既包括向旅游者提供旅游产品和服务，以满足他们多样化的旅游消费需求，又包括通过旅游经济活动获取应有的利润和税收，从而为企业发展和国家建设积累资金，还包括促进人们生活水平的提高和生态环境的不断改善等。

（二）旅游经济效益的内涵与研究范畴

旅游经济效益的内涵十分丰富，可以从以下几方面概括：

1. 旅游经济效益、社会效益和环境效益

旅游活动首先为一个国家的经济发展和人民生活水平的提高带来经济效益，同时也对人们生存的自然环境带来影响，并对社会发展及人民文化生活的改善作出贡献。

旅游带来的社会效益，表现为促进各相关经济与非经济部门的发展，扩大就业，提高人们生活水平、改善服务，创造舒适、美观、和睦、安全的环境，改善人民的生活质量，提高人们的文化水平和素质，从而提高整个社会的质量，给社会带来不用货币测量的物质文明和精神文明，从而促进、提高旅游的经济效益。

旅游的环境效益是指旅游活动对自然环境与生态平衡的贡献与影响。旅游资源开发利用的好坏，直接关系人类生存与经济效益。因此，开展旅游活动必须注意环境保护，合理开发、有效利用资源，减少对环境的污染。在美化环境，保护资源，协调生态平衡中，通过提供高质量的生活、工作环境，不仅能够提高旅游的经济效益，而且能够提高整个社会的经济效益。

旅游经济效益、旅游社会效益与旅游环境效益是一致的，但有时又相互对立。因此，在旅游经济发展中，应深刻理解旅游经济效益的内涵，树立综合效益观念，采取有效措施，趋利避害，促进整个社会效益的提高。

2. 旅游直接经济效益与间接经济效益

旅游业投入的劳动与取得的劳动成果的比较，是旅游的直接经济效益。旅游业是具有很强带动性的产业，旅游业的发展，对相关行业、部门以及整个国民经济产生效益，这是旅游的间接经济效益。在理解旅游经济效益时，既要考虑直接效益，又要考虑间接效益。

3. 长远效益和近期效益

任何经济活动都是以经济效益为中心的，这是市场经济条件下开展经济活动的基本出发点，旅游经济活动也不例外。旅游经济活动不仅要追求近期效益，更要有战略眼光，注重长远效益。但在实际工作中，人们往往只注意追求眼前的既得利益，盲目开发，掠夺经营，用眼前的利益损害长远的、持续稳定的发展。旅游经济长远效益与近期效益的统一才是旅游经济效益的内涵要求。

4. 正效益和负效益

旅游经济效益既然是投入与产出的比较，那么当产出大于投入时就为正效益，当产出小于投入时就为负效益。对于社会效益和环境效益来说，有利于社会、环境的就是正效益，不利于社会及环境的就是负效益。旅游经济效益应包含正、负两个方面。

5. 微观经济效益与宏观经济效益

旅游经济效益包括两种不同的研究范畴：旅游微观经济效益和旅游宏观经济效益。它们分别从微观与宏观两个方面反映旅游经济效益的大小。旅游微观经济效益即旅游企业经济效益，研究各个旅游企业在其经营活动中所费和所得的关系。旅游宏观经济效益是指包括旅游业在内的整个社会的经济效益。

旅游宏观经济效益与旅游微观经济效益表现为全局与局部的关系。微观经济效益是宏观经济效益的基础，没有单个企业的经济效益，就没有整个社会的经济效益。宏观经济效益是整个社会经济发展的根本体现，没有整个社会的经济效益，单个企业的发展就会受到影响和限制。因此，当微观经济效益与宏观经济效益发生矛盾时，应从全局出发，微观的局部利益应服从宏观的全局利益，但这并不意味着可以否定局部利益，两者是相互关联、相互促进又相互制约的关系，共同构成旅游经济效益的研究范畴。因此，研究旅游经济效益，首先应把重点放在如何提高旅游企业的微观经济效益上，即以旅游微观经济效益为出发点，把旅游宏观经济效益建立在微观经济效益的基础上。

二、旅游经济效益的特点

旅游业作为一个综合性的经济产业，有其自身的特点和运行规律。因此，旅游经济效益既有和其他经济活动相似的特点，又有区别于其他经济活动的不同特点。

（一）旅游经济效益是宏观和微观经济效益的统一

旅游经济效益不仅体现旅游企业的经济效益，使旅游经济活动的主体及其组织得以生存和发展，而且还要体现整个旅游产业的宏观经济效益，并通过旅游经济活动及其较强的产业带动效应，把旅游经济活动所产生的经济效益辐射、渗透到其他产业和部门，带动整个社会经济的发展。

（二）旅游经济效益具有质和量的规定性

旅游经济效益质的规定性主要表现为取得旅游经济效益的途径和方法必须在国家有关法律、法规和政策的范围内和指导下，通过加强管理、技术进步和改善服务质量来实现。旅游经济效益量的规定性是指旅游经济效益不仅能用量化的指标来反映，而且能通过对指标体系的比较分析，发现旅游经济活动中的问题，从而寻求提高旅游经济效益的途径和方法。旅游经济效益质和量的规定性是有机统一的整体，离开了质的规定而片面追求量的目标，就会偏离旅游经济发展的宗旨和方向，甚至成为不良社会行为生长的土壤；反之，若只考虑旅游经济效益质的规定性，而没有量的追求，就没有积极开拓的进取精神和科学的经营管理方法，难以实现旅游经济效益。

（三）旅游经济效益衡量标准的多方面性

在市场经济条件下，旅游经济活动必须在充分满足人们旅游消费需求的基础上，取得合理的经济收入和利润，不断提高旅游业的宏观、微观经济效益。因此，从以上两方面来衡量旅游经济效益，可采用接待游客人数、游客逗留天数、旅游收入、旅游外汇收入、旅游利润和税收、客房利用率、游客人均消费、游客投诉率、资金利润率、成本利润率以及服务质量等多项指标进行综合分析和评价。

三、影响旅游经济效益的因素

影响旅游经济效益的因素是多方面的，既有主观因素，又有客观因素；既有宏观因素，又有微观因素；既有经济、技术因素，又有政策、法律因素；既有国内因素，又有国际因素等。影响旅游经济效益的主要因素有以下几方面：

（一）旅游者数量及构成

在旅游经济活动中，旅游者是旅游活动的主体和旅游服务的对象，也是旅游活动产生的前提。旅游者数量的多少与旅游活动中所占用和耗费的劳动量之间存在着一定的比例关系。若以较少的劳动占用和耗费为更多的旅游者及时提供优质的旅游产品和服务，则旅游经济效益就好；反之，若为一定的旅游者服务而不断增加劳动占用和耗费，则旅游经济效益就差。因此，旅游者数量的多少对旅游经济效益具有直接的影响。

由于旅游者来自于不同的国家或地区、不同的社会经济阶层、不同的社会文化圈，因而具有不同的爱好、习俗、消费习惯及旅游支付能力，他们在旅游活动中的旅游消费和支出具有不同的构成和特点，从而对旅游经济效益也产生重要的影响。例如，在旅游者数量既定的情况下，旅游者逗留时间越长，所需旅游服务项目越多，则每个旅游者的平均消费支出就越大，于是旅游目的地的经济效益就越好。因此，不仅旅游者的数量规模大小对旅游经济效益具有直接的影响作用，而且旅游者的结构状况也对旅游经济效益产生直接的影响作用。

（二）旅游物质技术基础及其利用率

旅游物质技术基础是对各种旅游景观、旅游接待设施、旅游交通和通信、旅游辅助设施的总称。在旅游经济活动中,各种旅游物质技术基础与旅游经济效益具有直接的关系。通常情况下,旅游物质技术基础条件好,才能吸引较多的旅游者,才能为旅游活动的开展提供更便利的条件,提高旅游收入,减少劳动占用和耗费,从而提高了旅游经济效益。旅游业应适度超前地发展各种旅游设施,尽可能配备现代化程度较高的物质技术设备和手段,以提高劳动效率,减少劳动耗费,增加经济效益。

配备现代化的旅游设施,为提高旅游经济效益奠定了基础。但是,要真正提高旅游经济效益,还必须不断提高旅游物质技术设施的利用率。提高旅游物质技术设施的利用率,意味着花费在单位游客上的劳动占用和耗费减少,从而降低了旅游成本,提高了经济效益。

(三)旅游活动的组织和安排

旅游活动全过程涉及旅游者的食、住、行、游、购、娱等多方面的需求,这些需求是相互联系、衔接配套的。旅游活动中能否有效地提供旅游产品和服务,能否高质量地组织和安排好旅游者的旅游活动,都直接影响着旅游经济效益。

在旅游活动的组织和安排中,一定要针对不同旅游者的类型、需求特点、消费习惯等,有目的地规划和组织好旅游活动。尽可能在旅游时间安排上张弛结合,留有余地,保证旅游时间的有效利用;在旅行线路上尽可能安排紧凑,内容丰富,生动有趣,提高旅游者的兴致,使其得到最大的身心需求满足;在旅游服务质量上,要礼貌谦和、服务周到,使旅游者真正能够乘兴而来,满意而归。

(四)旅游业的科学管理

旅游经济效益的提高,最根本的是劳动生产率的提高,而劳动生产率的提高离不开现代科学管理。因此,旅游行业必须科学地组织劳动的分工与协作,把食、住、行、游、购、娱等方面衔接配套好,才能有效地提高劳动生产率。另外,劳动者是生产力诸要素中最活跃、最关键的因素,也是决定劳动生产率能否提高的关键,要积极培训和提高职工的业务技术水平,充分调动职工的劳动积极性和创造性,真正实现劳动生产率的提高。

总之,对旅游经济活动的管理越科学、合理,职工的业务技术水平越高,职工对本职工作的责任心越强,则劳动时间的利用越充分,劳动效率就越高,创造的劳动成果就越多,旅游经济效益就越好。反之,若旅游劳动效率低,则旅游劳动的成果就少,相应的旅游经济效益也就差。

思考与讨论

1. 何谓旅游经济效益?简述旅游经济效益的内涵与研究范畴。
2. 旅游经济效益有何特点?
3. 旅游经济效益有哪些影响因素?

案例回放

问题1:如何由"中国旅游业率先复苏意义重大"来理解旅游经济效益及其内涵?

旅游经济效益是指旅游经济活动过程中的劳动占用和消耗与有效成果之间的比较,即从事旅游经济活动的投入与产出比值。旅游经济效益的内涵包括旅游经济效益、社会效益和环境效益；旅游直接经济效益与间接经济效益；长远效益和近期效益；正效益和负效益；微观经济效益与宏观经济效益等。

由“中国旅游业率先复苏意义重大”可以看到，我国旅游经济不仅是国民经济的重要组成部分、扩大就业的重要渠道，而且已成为影响世界的重要力量。国内广大的旅游市场成为外资投资的重要领域，迅速发展的出境旅游，给目的地带来了良好的旅游收益。旅游活动不仅成为强大的经济力量，而且成为时尚的生活方式和多彩的文化形态。旅游经济活动较强的产业带动效应，把旅游经济活动所产生的经济效益辐射、渗透到其他产业和部门，带动整个社会经济与社会文化的发展，扩大了消费需求，提升了消费信心，并对世界旅游市场乃至全球经济发展产生重要影响。

问题2：旅游经济效益的特点有哪些？衡量旅游经济效益的指标有哪些？上述案例中运用了哪些指标来说明我国旅游业的经济效益？

旅游业是一个综合性的经济产业，旅游经济效益的特点主要有：旅游经济效益不仅是宏观和微观经济效益的统一，而且通过旅游经济活动及其较强的产业带动效应，把旅游经济活动所产生的经济效益辐射、渗透到其他产业和部门，带动整个社会经济的发展。旅游经济效益具有质和量的规定性，只有把旅游经济效益的质和量有机统一起来，才能保证旅游经济活动健康、正常地开展，促进旅游经济效益的不断提高。旅游活动包括食、住、行、游、购、娱等方面，旅游经济涉及多个物质与非物质部门，衡量旅游经济效益的指标和标准具有多方面性。

从宏观、微观两方面来衡量旅游经济效益，可采用接待游客人数、游客逗留天数、旅游收入、旅游外汇收入、旅游利润和税收、客房利用率、游客人均消费、游客投诉率、资金利润率、成本利润率以及服务质量等指标进行综合分析和评价。上述案例中主要用到了我国旅游就业乘数效应、旅游创汇收入、旅游总收入、国内旅游人数、出境旅游人数等指标及其影响人们生活方式和文化形态、吸引外资等无形收益方面来说明我国旅游业的经济效益。

实训题

1. 调查本地某旅游企业的经济运营状况，说明旅游经济效益微观与宏观的统一。
2. 收集相关资料，分析影响本地旅游经济效益的因素。

典型案例

中国旅游产业的快速发展对经济稳定具有重要意义

世界银行专家组日前对中国旅游业进行研究后认为，中国国内旅游需求的增加可以有效推动总需求和总消费，促进就业和经济增长。在国际金融危机仍在蔓延的背景下，中国旅游产业的快速发展，对于经济的持续稳定发展具有重要意义。

世界银行专家组认为，旅游业发展应该成为经济刺激政策的重要组成部分。中国政府出台了4万亿元的经济刺激措施，以刺激消费和促进经济结构调整。联合国世界旅游组织的数据显示,2009年中国旅游就业人数将占总就业人数的7.8%。旅游消费总体上具有7～11倍的放大效应,贫困地区旅游业的发展更可以发挥削减贫困的作用。

世界银行专家对中国旅游业发展提出了短期和中长期措施。短期措施涉及旅游推广、财税政策和提高假期休假弹性等方面。专家指出,中国有关部门可以通过旅游展会、互联网加强旅游推广,特别是开展主题旅游和创意旅游推广;在财税政策方面,专家建议,中国政府应对旅游相关税费进行综合评估,并在此基础上考虑出台临时的税收优惠期或退税政策。如在今年夏季或旅游淡季出台一次性的税收优惠期政策,这相当于一种促进旅游消费的财政刺激措施,可以促进游客在更广泛的时段内分散旅游。关于弹性休假,专家指出,为提高整个年度的旅游频率,减少季节性变动幅度,旅游出行时间的更大弹性是必要的条件,建议提高政府工作人员的休假弹性,避免他们的休假时间与黄金周假期相重叠,避免政府工作人员集中休假。

在中长期政策方面,专家组提出,首先应扩大景点保护投资,加强旅游开发的持续性,并创造更多就业。同时提升景区服务,丰富景区的文化和自然内涵,以吸引不同类型的旅游者。其次要加大基础设施投资,以扩大旅游的覆盖面,建议政府加强投资以改善交通的便利性,可考虑降低商业航空服务的门槛,推动扩大经济型航空服务。最后鼓励中小企业提供旅游服务,建议政府为中小企业在融资等方面提供支持,考虑出台小型信贷和小型担保计划。同时也可考虑减少外商直接投资的限制,为国际性饭店进入大型和二线城市提供便利。

(资料来源:龚立仁.中国旅游产业的快速发展对经济稳定具有重要意义.中国旅游报,2009年6月8日)

常识补充

旅游增加值的概念

为了从定量的角度来体现和测算旅游产业在国民经济中的地位,人们提出了旅游增加值的概念。所谓旅游增加值,是指交通、住宿、餐饮、游览、娱乐、商业及通信等行业为旅游者提供的服务和物质产品所实现的增加值,它比较客观地反映了旅游业所提供的全部增加值。与有关统计相对应,旅游增加值的统计范围主要涉及交通运输业、邮电业、饮食业、社会服务业、商业等5个方面。

旅游增加值不同于旅游总产值。旅游总产值(即旅游总收入)是指旅游者在旅游活动中消费广义旅游业范围内的全部物质产品和服务支出。显然,在总产值中由第一、第二、第三产业其他部门提供的中间产品只是发生了价值转移,而不是旅游业所创造的价值。因此,在旅游总产值中扣除了这部分中间消耗的转移价值后才得到旅游业所提供的新增价值——旅游增加值。

任务二　旅游微观经济效益

任务引入

影视剧蕴涵着旅游促销的奥妙

很多影视剧都有旅游景区、城市风光等清晰的画面渲染，透过画面的视觉展示和故事情节的渲染，把人们带入非想象的场景中，容易形成主动旅游的欲望。

韩国的《大长今》《欢迎来到东莫村》等影片都直接带动了故事背景地区的旅游发展。特别是《大长今》在中国热播后，当地将剧中实景拍摄地整合成一条精品旅游线路。《大长今》中的御膳房、补给处、管理部内资寺和司瘫院的主要拍摄地在首尔以北的杨州 MBC 文化乐园，并有“MBC 大长今村”的大招牌、大型剧照、经典片段播放、每个场景的详细说明等展示载体。“长今游”不仅借助影视剧这个载体，而且从主题内容上将韩国的传统饮食和文化作为体验旅游的卖点。游客可以穿戏服、与主角大长今的模特立纸板拍照留念、坐轿子、学小长今夹松子等，从参与体验活动中了解韩国文化。“长今游”吸引了大量中国游客前去体验电视与现实的想象与真实。另外，《我的野蛮女友》的外景拍摄地韩国白云农场、沙里快艇赛场和果川汉城游乐园，《蓝色生死恋》的外景地韩国花津浦海水浴场、三养大关岭牧场及束草阿爸村，都同时成为热门旅游景区。透过这些热门影视剧的宣传，韩国在中国不仅赚足了影视剧发行费，而且免费搭售了旅游广告，获取了可观的旅游收益。

2006 年的美国大片《达·芬奇密码》，给罗浮宫和里面本来就神秘莫测的达芬奇绝世之作《蒙娜丽莎》画像更披上了一层神秘面纱。看过《达·芬奇密码》后，很多游客都不再满足以前旅行社安排的短暂的走马观花式的游览，而是希望在巴黎的罗浮宫多停留一些时间，好好研究“达·芬奇密码”，研究罗浮宫里的金字塔、《蒙娜丽莎》与《最后的晚餐》。为此，一些旅行社推出了罗浮宫“深度游”，游客可以在当地停留一天左右。影片《达·芬奇密码》激发更多的人想去巴黎“研究”罗浮宫的旅游冲动。

张艺谋在丽江拍摄的《千里走单骑》在日本上映后，大大拓展了丽江在日本旅游市场的知名度与美誉度，旅行社趁热打铁推出的丽江旅游线路在日本获得了极大的认同。

（资料来源：胡小武．传承与升华——城市旅游开发与营销战略．南京：东南大学出版社）

问题 1：如何从旅游微观经济效益的角度看待上述实例“影视剧蕴涵着旅游促销的奥妙”？

问题 2：“影视剧蕴涵着旅游促销的奥妙”对提高旅游微观经济效益有何启示？

知识链接

一、旅游微观经济效益的概念

旅游微观经济效益即旅游企业经济效益，是指旅游企业和部门（旅行社、旅游酒店、游览点、娱乐场所、旅游车船公司等)在旅游经济活动中,为了向旅游者提供旅游产品和服务而花费的物化劳动和活劳动同取得的经营收益的比较,也就是旅游企业的经营收益同成本的比较。

(一) 旅游企业的成本

旅游企业的成本是指旅游企业在生产经营旅游产品或提供旅游服务时所耗费的物化劳动和活劳动的价值形态,也就是提供物质产品、精神产品和服务时所支出的全部费用。旅游企业的成本通常可以按照费用类别、成本性质以及成本与产品的关系进行划分。按费用类别,旅游企业成本可分为营业成本、营业费用、管理费用和财务费用四类;按成本性质,旅游企业成本可分为固定成本和变动成本两部分;按成本与产品的关系,旅游企业成本可分为直接成本和间接成本。

(二) 旅游企业的收益

旅游企业的收益是指旅游企业从事旅游经济活动所创造的利润和税收。它是通过出售旅游产品或提供旅游服务后所取得的营业收入,在补偿了旅游产品或服务成本以后的余额。从经济学意义上讲,它也是旅游企业为社会创造的新增价值。旅游企业的收益是分析旅游企业经营状况和评价其经济效益的重要指标。

旅游企业收益的计算方法可以划分为三个层次:第一个层次为经营利润,反映企业经营的毛利润;第二个层次为营业利润,体现企业经营者与全体从业人员的业务经营成果;第三个层次为利润总额,反映企业最终的全部经营成果。

对企业利润进行分析,是为了让企业了解和掌握影响利润的各种因素,以便有针对性地进行利润决策,从而提高企业的经济效益。

二、旅游微观经济效益的主要指标

旅游企业的经济效益是通过分析旅游企业的收入、成本、利润等评价指标,以及它们之间的比较来体现的。要分析旅游企业的经济效益,首先应掌握好各主要指标的经济含义和计算方法。

(一) 旅游企业的营业收入

营业收入是指旅游企业在出售旅游产品或提供旅游服务中所实现的收入,包括基本业务收入和其他业务收入。营业收入的高低,不仅反映了旅游企业经营规模的大小,而且反映了旅游企业经营水平的高低。例如,通过旅游营业收入同企业职工人数的比较,就可以反映旅游企业劳动生产率的水平。

劳动生产率的计算公式为:

$$S=\frac{TS}{P}$$

式中 S——人均旅游经营收入;

TS——年旅游营业总收入;

P——年职工平均人数。

(二) 旅游企业的经营成本

经营成本就是旅游企业从事旅游经济活动所耗费的全部成本费用之和,既包括旅游企业的营业成本、管理费用和财务费用,也是旅游企业的固定成本与变动成本之和,用公式表示如下：

$$TC = C_o + C_m + C_a \text{ 或 } TC = C_f + C_v$$

式中 TC——旅游经营成本；

C_o——营业成本；

C_m——管理费用；

C_a——财务费用；

C_f——固定成本；

C_v——变动成本。

分析旅游企业的经营成本，一方面要分析成本的发生及构成情况，从而有利于加强对成本的控制及管理；另一方面把经营成本同企业职工人数进行比较，可以反映旅游企业的成本水平。计算公式如下：

$$C = \frac{TC}{P}$$

式中 C——人均经营成本；

P——职工人数。

（三）旅游企业的经营利润

营业利润是指旅游企业的全部收入减去全部成本，并缴纳税收后的余额。经营利润包括营业利润、投资净收益和营业外收支净额。旅游企业的经营利润指标集中反映了企业从事旅游经济活动的全部成果，体现了旅游企业的经营管理水平和市场竞争力。

营业利润的计算公式：

$$P = TS - C_v - T - C_m - C_a$$

经营利润的计算公式：

$$TP = P + I_p + (D_s - D_c)$$

式中 P——旅游营业利润；

T——营业税金及附加；

TP——旅游经营利润；

I_p——投资净收益；

D_s——营业外收入；

D_c——营业外支出。

三、旅游微观经济效益分析

在市场经济条件下，旅游企业是自主经营、自负盈亏的企业，经济效益的好坏直接影响到企业的生存与发展，同时也影响到一个国家的旅游产业的宏观效益。因此必须对旅游企业的经济效益进行科学的分析，以便采取有效的措施促进旅游产业的发展。旅游企业经济效益分析就是对旅游企业的成本、销售收入和利润三者之间的关系进行分析。主要分析方法有：

（一）盈亏平衡分析法

盈亏平衡分析又称保本分析、盈亏临界点分析、损益分歧点分析、收支平衡点分析等。顾名思义，盈亏平衡分析就是寻找使产品的总销售收入与总成本相等的临界点，又称保本点。在这一点上，企业刚好收支相抵，不赔不赚。这是一种使用很广的传统分析法，尤其在制定新产品的生产决策时，首先用此法确定企业不亏损条件下的最低销售量，在保本情况下，考虑如何扩大经营，取得利润。这就需要对产品的销售量、成本和利润的关系进行分析，故又名量、本、利分析法。

在盈亏平衡点上，企业的利润为零，企业不盈利、无亏损，其销售收入与总成本相等。用公式表示：

$$PQ_E = FC + V_C Q_E$$

$$Q_E = \frac{FC}{P - V_C}$$

式中　Q_E——盈亏平衡销售量；

FC——固定成本总额；

V_C——单位变动成本；

P——单位产品价格。

引进营业税率 T_S，则

$$Q_E = \frac{FC}{P(1 - T_S) - V_C}$$

【例 9-1】　某旅游饭店客房部有客房 250 间，平均房价为 200 元，每天应分摊的固定成本为 18000 元，每间客房的消耗品及间接管理费等占销售价的 15%，营业税率为 5%。

(1) 客房出租量为多少间时企业不亏本？

(2)每天旅馆的保本销售额是多少？

(3)该客房部的出租率是多少？

【解】　根据公式分别计算如下：

(1)客房出租量：

$$Q_E = \frac{FC}{P(1 - T_S) - V_C} = \frac{18000}{200 \times (1 - 5\%) - 200 \times 15\%} = 112.5 \approx 113(\text{间})$$

(2)保本销售额：

$$PQ_E = 200 \times 113 = 22600(\text{元})$$

(3)客房出租率：

$$\frac{Q_E}{Q} = \frac{113}{250} = 45.2\%$$

解题得知，当此客服部的客房出租率达到 45.2%，客房出租量达到 113 间，平均每日销售额达到 22600 元时，饭店处于盈亏平衡状况。其盈亏平衡示意图如 9-1 所示。

图示法是将影响企业经营利润的主要因素及各因素间的关系集中反映在坐标图上，以反映企业的盈亏平衡状况。从图 9-1 中可以清楚地看到，企业在一定时间内成本(FC,V_C)、总成本(TC)，销售量(Q)和销售收入(TR)的相互关系。所反映的企业盈利、亏损和保本的经营状况，为企业决策层制定策略提供形象化信息。

根据以上公式与图示法分析，固定成本 18000 元是不随客房销售量的变化而变化的，因此在坐标图上反映为一条与销售量平行的直线；总成本 $TC=FC+V_C\times Q$，在图上表现为一条从固定成本左端出发的向上射线。TR 为总收入线，TR 与 TC 的交汇点为损益平衡点。当产品(客房)的销售量大于 Q_E 时，$TR>TC$，企业(饭店)开始有盈利；当(客房)销售量小于

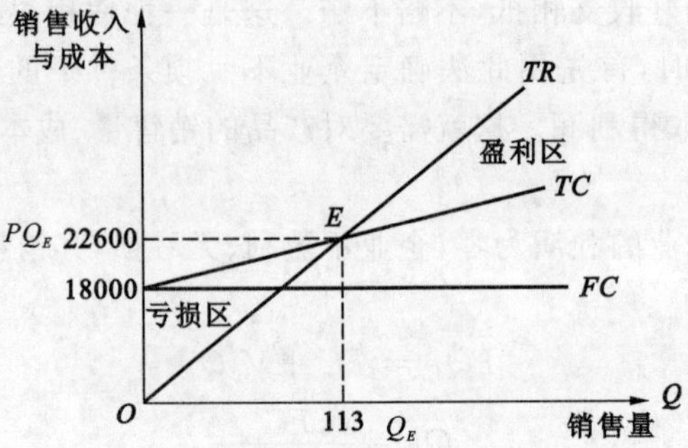

图 9-1　某饭店客房部盈亏平衡示意图

Q_E 时，$TR<TC$，企业（饭店）亏损。而只有当客房销售量达到 113 间时，$TR=TC$，企业保本，不赔也不赚。根据图示，只要客房出租量超过 113 间，企业的利润就会源源不断而来，且扩大的幅度愈来愈大。但往往在产品的销售量达到一定程度时，由于经营、促销及管理上的需要，或服务上的疏漏造成的损失和赔偿，都会使变动费用上升，从而使总成本上升，利润又逐渐减少，甚至会出现第二次总收入等于总成本的现象，企业保本，没有盈利。如果继续下去，企业在经营、管理、销售方面没有有效的改进，就必然会使总成本大于总收入（$TC>TR$），企业经营再度出现亏损。

【例 9-2】　某饭店拥有标准客房 180 间，每间客房的平均销售价格为 120 元，平均变动成本为 35 元，全年固定成本为 120 万元，营业税率为 5%，试计算该旅游饭店保本点销售量和销售收入。若该旅游饭店预计当年实现利润 200 万元，试预测该旅游饭店当年应完成的销售量和销售收入。若每年以 360 天计，试计算平均每天应实现的销售量、销售收入和客房出租率（预计同行业的客房出租率为 60%）。

【解】　根据公式分别计算如下：

(1)保本点销售量和销售收入。

保本点销售量为

$$Q_E=\frac{FC}{P-V_C}=\frac{1200000}{120\times(1-5\%)-35}\approx 15190(\text{间})$$

保本点销售收入为

$$PQ_E=120\times 15190=1822800(\text{元})=182.28(\text{万元})$$

(2)如果实现当年目标利润 200 万元，则应完成销售量和销售收入如下：

预计销售量为

$$Q=\frac{1200000+2000000}{120\times(1-5\%)-35}=40506(\text{间})$$

预计销售收入为

$$PQ=120\times 40506=4860720(\text{元})=486.07(\text{万元})$$

(3)若每年按 360 天计算，则平均每天应完成客房销售情况如下：

$$\text{平均每天销售量}=\frac{40506}{360}\approx 113(\text{间})$$

$$\text{平均每天销售收入}=113\times 120=13560(\text{元})$$

$$\text{平均每天客房出租率}=\frac{113}{180}=62.8\%$$

解题得知，该旅游饭店全年的保本点销售量是15190间，全年的保本点销售收入是182.28万元；若该旅游饭店要实现200万元的目标利润，则全年应该完成销售量40506间，完成销售收入486.07万元；若以每年360天计，该旅游饭店平均每天应该完成销售量113间，每天完成销售收入13560元，并且平均每天客房出租率应该达到62.8%。该指标稍高于同行业的平均水平，可望通过努力，采取相应措施，达到同行业中的先进水平。

盈亏平衡分析是旅游企业进行经营管理的一个很有用的手段。其好处是：第一，能较容易地测定销售量与利润或亏损的关系，便于企业确定最低销售量。低于最低销售量，企业就亏损，反之则盈利。第二，便于企业发现盈亏的原因，如是价格的变动引起了销售量的变化，还是成本的变化引起了收入的变化。第三，对于资金借贷者来说，易于根据盈亏平衡点来分析、计算出还款时间。该方法的局限性是：第一，销售量的增加要受企业设计能力的限制，不可能无限提高销售量。例如，饭店的销售量便受到了其建造时客房数量的限制。第二，如销售量增加，市场供应饱和，售价就会下降。售价若低于边际成本，就不能增加销售量。第三，其假定收入与成本的数量变化在时间上是同步的，都是一条直线。如果实际情况不是一条直线，结论就不一定准确。

（二）边际贡献分析法

边际贡献是指每增加一单位的销售量所得到的收入扣除单位变动成本后的余额。这个余额可以用来对固定成本和利润作出贡献。余额愈大，除补偿固定成本外，对利润的贡献也愈多。所以边际贡献又称边际收益或边际利润。若这个余额刚好补偿固定成本，则企业保本，不赔不赚；若这个余额连固定成本也补偿不了，则企业出现亏损。引进税率 T_S，用 MR 表示边际贡献，则公式为：

$$MR = P(1 - T_S) - V_C$$

式中　MR——边际贡献；

P——单位产品价格；

T_S——税率；

V_C——单位产品变动成本。

根据上式和损益平衡点公式，可计算保本销售量和保本销售额。

保本销售量的计算公式如下：

$$Q_E = \frac{FC}{P(1 - T_S) - V_C} = \frac{FC}{MR}$$

保本销售额的计算公式如下：

$$PQ_E = \frac{FC}{MR} \cdot P$$

因此，上述例9-1中饭店客房的保本销售额为：

$$PQ_E = \frac{FC}{MR} \cdot P = \frac{18000}{200 \times (1 - 5\%) - 200 \times 15\%} \times 200 = 22600(\text{元})$$

对于经营多种旅游产品和服务的旅游企业来说，由于各种旅游产品的销售单位不同，各自的边际贡献率（表示单位产品价格中边际贡献的比率）不等，因此在计算时一般采用加权平均贡献率。即：

$$\text{保本销售额} = \frac{\text{固定成本}}{\text{加权平均贡献率}}$$

其中

$$加权平均贡献率=\frac{边际贡献总额}{预计销售总收入}$$

因为：

$$边际贡献总额=预计销售总收入-\sum(各种产品变动成本\times该种产品预计销售量)$$

$$=\sum PQ-\sum V_CQ$$

$$预计销售总收入=\sum(各种产品单位价格\times该种产品预计销售量)=\sum PQ$$

所以：

$$边际平均贡献率=\frac{\sum PQ-\sum V_CQ}{\sum PQ}$$

例如，某饭店平均每日销售客房 200 间，平均房价为 300 元，变动成本占房价的 15%；该饭店的餐厅每日平均销售 800 份饭菜（每位客人按 1 份计算），平均每份售价 40 元，其中原材料、配料等变动成本占售价的 40%；商品部每日平均销售商品 200 件，平均每件售价 50 元，其中进货成本与管理费为 40 元，该饭店的固定成本每日分摊给客房、餐厅和商品部 10000 元、6000 元和 4000 元。请用加权平均贡献率计算该饭店的保本销售额。

$$加权平均贡献率=\frac{\sum PQ-\sum V_CQ}{\sum PQ}$$

$$=\frac{(200\times300+800\times40+200\times50)-200\times300\times15\%}{200\times300+800\times40+200\times50}$$

$$-\frac{800\times40\times40\%+200\times40}{200\times300+800\times40+200\times50}$$

$$=\frac{72200}{102000}=70.78\%$$

$$保本销售额(PQ_E)=\frac{固定成本}{加权平均贡献率}=\frac{10000+6000+4000}{0.7078}=28256.57(元)$$

即该饭店每日的销售额达到 28256.57 元，才能保本。

（三）目标利润分析法

企业利润来自于企业的销售收入补偿了产品的固定成本、变动成本和税金后的余额。余额越大，利润越多。企业往往在经营前根据自身的条件和需要为要实现的利润确定一个目标，即目标利润。为实现这个目标，企业便需要从影响利润的产品销售量、单位产品价格、单位产品成本和产品的销售结构等因素的关系上采取措施。

因此，目标利润分析就是研究达到预期目标利润时，销售量、销售额、价格、成本应达到多少。

总收入＝总成本＋营业税＋目标利润

＝（固定成本总额＋变动成本总额）＋营业税＋目标利润

设目标利润为 P_f，则

$$PQ=(FC+V_CQ)+PQT_S+P_f$$

则目标销售量：

$$Q=\frac{FC+P_f}{P(1-T_S)-V_C}$$

目标销售额：

$$QP=\frac{FC+P_f}{P(1-T_S)-V_C}P$$

【例 9-3】 假设有一个 100 间客房的饭店，每日应摊固定费用 2000 元，变动费用为每间 15 元，营业税税率为 5%，每间房价为 90 元。全年按 360 天计算，如欲达到客房目标利润为 100 万元，试计算每天平均客房目标销售量、每天平均客房目标销售额、每天平均客房目标出租率。

【解】 (1) 首先计算全年目标销售量

$$Q=\frac{FC+P_f}{P(1-T_S)-V_C}=\frac{2000\times 360+1000000}{90\times(1-5\%)-15}\approx 24397(\text{间})$$

则每天平均客房目标销售量

$$\frac{Q}{360}=\frac{24397}{360}\approx 68(\text{间})$$

(2) 每天平均客房目标销售额＝68×90＝6120(元)

(3) 每天平均客房目标出租率＝68/100＝68%

(四)成本结构分析法

成本结构是指产品成本中固定成本和变动成本之间的比例。不同类型旅游企业具有不同的成本结构。例如，饭店、旅行社和航空公司的成本结构就有很大的不同。在同种类型的旅游企业中，由于各自的规模、档次和服务设施不同，其成本结构不同。即使同样规模、同样类型的旅游企业，由于其技术装备程度不同，成本结构也不同。

成本结构分析适用于旅游企业本期与前期相比以及同类企业规模相同而成本结构不同时进行的比较。从比较中可以发现，由于成本结构不同，它们会随着销售量的变化对利润产生影响。

假定 A、B 两饭店的规模相同，即客房数一样，其中 A 饭店使用的劳动力较多，B 饭店使用的机械设备较多，从而 A 饭店的固定成本为 8000 万元，变动成本为 50 万元；B 饭店的固定成本为9000万元，变动成本为 30 万元。假定二者损益平衡营业额相等，那么在各自销售量为多少时 A 饭店比 B 饭店的利润大？在销售量为多少时 B 饭店比 A 饭店的利润大？

根据上述数据，则：

$$TC_A=FC+V_CQ=8000+50\cdot Q$$

$$TC_B=FC+V_CQ=9000+30\cdot Q$$

由于二者损益平衡营业额相等，即

$$TR_A=TR_B$$

$$8000+50\cdot Q=9000+30\cdot Q$$

得：

$$Q=50(\text{间})$$

这就是说，两饭店损益平衡营业额相等时的销售量为 50 间。若销售量低于 50 间，比如 49 间，此时 A 饭店的成本就低于 B 饭店的成本，从而经营成果就大，因而对于 A 饭店来说，更多地使用劳动力更为合算。

此时：

$$A饭店总成本=8000+50\times49=10450(万元)$$

$$B饭店总成本=9000+30\times49=10470(万元)$$

若销售量高于50间,比如51间,此时B饭店的总成本就低于A饭店的总成本,从而经营成果就大,因而对于B饭店来说,更多地采用机械设备更有利。此时

$$A饭店总成本=8000+50\times51=10550(万元)$$

$$B饭店总成本=9000+30\times51=10530(万元)$$

由此可见,A、B两饭店在规模相同时,一个劳动集约程度高,一个技术集约程度高。对于B饭店来说,要发挥其成本中的技术优势,关键在于提高销售量。一旦销售量提高到损益平衡营业额的销售量以上,其利润的增加速率就大于成本的增长速率,经济效果就越明显。上述情况也表明,如果一家旅游企业的销售量的增加估计不大,应更多地使用劳动力;反之,一家旅游企业的销售量的增加估计很大,应更多地改进技术装备,使用更多的机械设备。

如果两家饭店规模相同,而损益平衡营业额不等,则可以在比较时将其化为相等,同样可以求出其损益平衡的销售量。例如,假定A饭店的营业额为11600万元,B饭店的营业额为10500万元。则

$$8000+50\cdot Q=9000+30\cdot Q+(11600-10500)$$

则:$Q=105$(间),即

$$TC_A=8000+50\times105=13250(万元)$$

$$TC_B=9000+30\times105+1100=13250(万元)$$

四、提高旅游微观经济效益的途径

提高旅游企业微观经济效益的主要途径,一是提高旅游收入,二是降低旅游销售成本。为了达到提高旅游企业的旅游收入和不断降低旅游成本的目的,应做好以下几方面的工作:

(一)加强旅游市场调研,开拓旅游市场

旅游客源是旅游业赖以生存和发展的前提条件,也是增加旅游企业营业收入的重要途径。必须随时掌握旅游客源市场的变化,对现有客源的流向、潜在客源的状况,以及主要客源国的政治经济现状及发展趋势进行调查、研究和分析,以便有针对性地进行旅游宣传和促销,提供合适的旅游产品和服务,不断扩大客源市场,增加旅游企业的经营收入,提高经济效益。

(二)提高劳动生产率,降低旅游成本

提高劳动生产率就是要提高旅游企业职工的素质,加强劳动的分工与协作,提高劳动组织的科学性,尽可能实现以较少的劳动投入完成同样的接待任务,或者以同样的投入完成更多的接待任务,达到节约资金占用,减少人力、财力、物力的消耗,降低旅游产品成本的目的。同时,提高劳动生产率还有利于充分利用现有设施,增加营业收入,达到提高利润、降低成本、增加旅游经济效益的目的。

(三)加强经济核算,提高经济效益

经济核算是经济管理不可缺少的重要工作之一。旅游企业的经济核算,是旅游企业借助货币形式,通过记账、算账、财务分析等方法,对旅游经济活动过程及其劳动占用和耗费进行反映和监督,为旅游企业加强管理、获取良好的经济效益奠定基础。加强旅游企业的经济

核算，有利于发现旅游经济活动中的薄弱环节和问题，分析其产生的原因和影响因素，有针对性地采取有效的对策和措施，开源节流，挖掘潜力，减少消耗，提高经济效益。

（四）提高旅游员工素质，改善服务质量

服务质量的好坏主要体现在员工身上，通过旅游企业员工热情周到、诚挚友好的服务态度，通过服务人员的谦虚礼貌、整洁的仪表、娴熟的服务技能、良好的文化素质和修养，使游客真正享受到"宾至如归"的感受。因此，提高旅游企业员工的政治素质、专业知识、业务技能和道德修养，改善和提高服务质量，就能满足游客的需求，延长游客逗留时间，增加消费，从而相应地提高旅游经济效益。

（五）加强旅游企业管理基础工作，改善经营管理

良好的管理基础工作不仅是改善旅游企业经营管理的前提，也是创造良好经济效益的重要途径。因此，加强旅游企业的管理基础工作，一是要加强标准化工作，促使企业各项活动都能纳入标准化、规范化和程序化的轨道，建立良好的工作秩序；二是要加强定额工作，制定先进合理的定额水平和严密的定额管理制度，充分发挥定额管理的积极作用；三是加强信息和计量工作，通过及时、准确、全面的信息交流和反馈，不断改善和提高服务质量；四是加强规章制度的制定和实施，严格各种工作制度、经济责任制度和奖惩制度，规范职工行为，促进经营管理的改善和提高。

思考与讨论

1. 何谓旅游微观经济效益？旅游微观经济效益的主要指标有哪些？
2. 旅游企业经济效益的分析方法主要有哪些？
3. 提高旅游微观经济效益的途径有哪些？

案例回放

问题1：如何从旅游微观经济效益的角度看待上述实例"影视剧蕴涵着旅游促销的奥妙"？

旅游微观经济效益是指旅游企业和部门（旅行社、旅游酒店、游览点、娱乐场所、旅游车船公司等）在旅游经济活动中，为了向旅游者提供旅游产品和服务而花费的物化劳动和活劳动同取得的经营收益的比较，也就是旅游企业的经营收益同成本的比较。

"影视剧蕴涵着旅游促销的奥妙"实例中，韩国的《大长今》《欢迎来到东莫村》等影片直接带动了故事背景地区的旅游发展。特别是《大长今》在中国热播后，当地将剧中实景拍摄地整合成一条精品旅游线路。美国大片《达·芬奇密码》的上映促使一些旅行社推出了罗浮宫"深度游"；张艺谋的《千里走单骑》在日本的上映，使得"丽江旅游线路"在日本获得极大的认同。这些实例说明，如果旅行社或影视拍摄实景地在影视剧热播后，能够适时推出与影视剧相关的适宜的旅游产品，将是一种成功、零投入的旅游开发。这样不仅免费搭售了旅游广告，还获取了可观的旅游经济效益。韩国正是借其影视作品在中国形成的"哈韩"风暴，针对中国游客开辟了很多影视剧主题的旅游线路，积极抢占中国市场。

问题2："影视剧蕴涵着旅游促销的奥妙"对提高旅游微观经济效益有何启示？

实例"影视剧蕴涵着旅游促销的奥妙"给我们的启示是：旅游企业在运用诸如提高劳动生产率、降低旅游成本、加强经济核算、提高旅游职工素质、改善服务质量、加强旅游企业管理基础工作、改善经营管理等提高经济效益的传统方法的基础上，更应该加强旅游市场调研，进行创意营销，开辟与设计出低成本、强效应、高推广度的旅游新产品，达到开拓旅游市场、提高旅游企业经济效益的目的。

实训题

1. 某饭店有客房200间，每间房价为150元，每天摊销的固定费用为3000元，单位变动成本是价格的15%，税率为5%，若客房部的年目标利润为250万元(全年按360天计算)，试计算客房平均每天的目标销售量、目标销售额和客房平均出租率。

2. 已知某酒店客房平均销售价为100元，单位变动成本为20元，饭店每天分摊的固定成本为8000元，税率为5%。

(1) 其保本销售量为多少？

(2) 若每天的目标利润为10000元，目标销售量为多少？目标销售额为多少？

3. 调查你所在城市的旅行社或旅游景点的运行状况，并运用所学知识进行旅游企业经济效益评析。

典型案例

政府决策对旅游业的作用

政府的决策对旅游业至关重要。政府决策一般是针对全行业而言的，如果旅游企业能够从中发现商机，抢得先机，趁势而为，定会取得良好的经济效益。2004年，国家旅游局决定将红色旅游作为一个重点来发展，决策一出，湖南、江西等省便率先行动。湖南省人民政府联合国家旅游局、团中央在韶山组织了声势浩大的"中国红色之旅、百万青少年湘潭韶山行"大型主题活动；江西组织了"新世纪、新长征、新旅游——2004年中国红色之旅万里行"活动，由10多台专车组成的车队从瑞金出发，沿途穿越15个省(自治区、直辖市)，历时两个月，行程3万余千米。这都是借决策之势的典范之作。还有延安、广西百色等都借势推出了相关的"红色主题"旅游线路与产品，取得了很好的社会、经济效益。

常识补充

经营杠杆率

我们一般用经营杠杆率来准确衡量产品的销售量变化对利润的影响程度。经营杠杆率也称经营杠杆系数。经营杠杆率是利润变动的百分比与销售量变动百分比之比，用 D_{OL} 表示。

$$D_{OL}=\frac{\Delta P_f/P_f}{\Delta Q/Q}=\frac{Q[P(1-T_S)-V_C]}{Q[P(1-T_S)-V_C]-FC}$$

为了反映经营杠杆的作用程度、估计经营杠杆利益的大小、评价经营风险的高低，必须测算经营杠杆系数。一般而言，经营杠杆系数越大，对经营杠杆利益的影响越强，经营风险也越大。

(1) 在固定成本不变的情况下，经营杠杆系数说明了销售额增长(或减少)所引起的营业利润增长(或减少)的幅度。

(2) 在固定成本不变的情况下，销售额越大，经营杠杆系数越小，经营风险也就越小；反之，销售额越小，经营杠杆系数越大，经营风险也就越大。

(3) 在销售额处于盈亏临界点前的阶段时，经营杠杆系数随销售额的增加而递增；在销售额处于盈亏临界点后的阶段时，经营杠杆系数随销售额的增加而递减；当销售额处于盈亏临界点时，经营杠杆系数趋近于无穷大，此时经营风险趋近于无穷大。

(4) 在销售收入一定的情况下，影响经营杠杆的因素主要是固定成本和变动成本的金额。固定成本变大或变动成本变小都会引起经营杠杆系数增加。这些研究结果说明，在固定成本一定的情况下，公司应采取多种方式增加销售额，这样利润就会以经营杠杆系数的倍数增加，从而赢得“正杠杆利益”。否则，一旦销售额减少，利润会下降得更快，形成“负杠杆利益”。

当市场繁荣、业务增长很快时，公司可通过增加固定成本投入或减少变动成本支出来提高经营杠杆系数，以充分发挥正杠杆利益用途。当市场衰退、业务不振时，公司应尽量压缩开发费、广告费、市场营销费、职工培训费等酌量性固定成本的开支，以减少固定成本的比重，降低经营杠杆系数，降低经营风险，避免负杠杆利益。

任务三　旅游宏观经济效益

任务引入

旅游业成为拉动香港经济的重要因素

2005 年 9 月 12 日香港迪士尼乐园将开门迎客，这一天成为香港人今年最期待的日子，因为据专家评估，乐园开张后 40 年内，可为香港带来 1480 亿港元的收益。

除这项耗资近 35 亿美元的巨大工程外，投资 9.5 亿港元的东涌至昂平吊车工程项目与耗资 5.2 亿港元、占地 64 公顷的香港湿地公园第二期工程，都将于 2006 年初建成。香港大型旅游基建项目的陆续建成，进一步增强了香港多元化、多层面的旅游吸引力。旅游业已成为拉动香港经济的重要因素。

发展旅游业是香港经济转型时期的重要应对之策。特区政府把旅游业列为四大支柱产业之一，过去数年，香港为开发旅游资源已经投入 310 亿港元。虽然目前香港旅游产业只占本地生产总值的 7%，但旅游业的兴旺，带动了相关行业如零售业、餐饮业、酒店业的增长。以酒店业为例，根据香港旅游发展局预测，未来两年内香港将增加 14000 间酒店客房。

内地游客促进了香港经济的复苏与繁荣。据统计，2004年内地赴港旅游人数上升了44%，超过1220万人次。而内地游客的消费已占到香港去年全部零售业的12%，这个比例比2000年上升了5个百分点。

与此同时，恒生指数在过去12个月内上升了22%。失业率已从两年多以前的8.7%降至5.9%。市场调查公司AC尼尔森的报告称："香港的消费者指数目前出现了6年以来的最好势头。"

2004年7月，香港整体物价指数上升，这标志着过去长达5年多的消费物价通缩周期的终结。渣打银行经济师许长泰说："消费物价指数上升主要是受到内地游客赴港'个人游'的带动，加上近期楼市畅旺和失业率下调，市场的消费信心已经开始恢复，零售商也有更好的叫价能力，令物价上升。"

经济界人士认为，物价指数上升，得益于进口商品的增多、零售和餐饮业的生意快速反弹，市面一片繁荣景象，刺激香港内部市场需求向好。"拉动香港经济的一个重要因素就是旅游业，来自内地的大批游客促进了香港的消费。"

（资料来源：白冰，潘晓燕.旅游业成为拉动香港经济的重要因素.载新华网，2005年）

问题1：如何由"旅游业成为拉动香港经济的重要因素"来理解旅游宏观经济效益？

问题2：考核旅游宏观经济效益的指标有哪些？上述案例中运用了哪些指标来说明我国旅游业的宏观效益？

知识链接

一、旅游宏观经济效益的概念

旅游宏观经济效益是指在旅游经济活动中，以尽可能少的劳动和资源的占用和耗费，为全社会带来的综合成果和收益，即通过对旅游宏观成本和宏观收益进行比较，获得尽可能多的经济效益、社会效益和生态效益。旅游宏观经济效益不仅体现了旅游业自身的直接效益，而且体现了由旅游业的带动而引发的国民经济中相关产业部门以及社会经济发展和生态环境改善的间接效益等。研究现代旅游宏观经济效益不能孤立地研究旅游产业，还必须对相关的社会经济和生态环境进行分析和研究。

（一）旅游宏观成本

旅游宏观成本是指为开展旅游经济活动而形成的整个社会的耗费和支出，即旅游的社会总成本。旅游宏观成本一般分为有形成本和无形成本。

1. 有形成本

有形成本是指为开展旅游经济活动而必须付出的直接成本，主要体现在经济上的支出，具体包括：对发展旅游业而必需的有关道路、机场、水电、排污、码头等基础设施的投资；国家、地方、集体、个人对旅游景区景点、接待设施等方面的投资；引进国外的旅游设备、设施及购买原材料的支出等；国家各级旅游组织及相关机构用于旅游方面的市场调研、宣传促销、考察交流、外联和科研等方面的支出等。

2. 无形成本

无形成本是指为发展旅游业而导致对社会、经济和生态环境等方面产生负面影响所花费的成本，即间接支付的成本。事实上，旅游业并非是无污染的产业。随着旅游业的发展及过量旅游者的涌入，一是会对旅游目的地的环境造成消极的影响，如疾病的流行、环境的污染、生态平衡的破坏，从而使良好的自然景观受到影响；二是会造成对传统文化、艺术及各种文物古迹的破坏和影响，对旅游目的地国家或地区的地方文化、道德观念及社会生活等带来一定的消极影响；三是一定程度上会引起旅游目的地通货膨胀、物价上涨、住房紧张、交通拥挤、教育与医疗保健的投入不足、失业率与犯罪率升高等问题，对社会经济增长产生消极的作用。总之，旅游经济导致的消极影响往往被人们忽略，而要解决这些问题需投入大量的成本费用，这些成本费用是构成旅游宏观成本的重要组成部分。

（二）旅游宏观收益

旅游宏观收益是通过发展旅游业而为全社会带来的成果和收益。它不仅包括旅游业自身所获得的经济收益，而且包括对相关产业、部门的带动，对社会文化的促进，以及对整个社会、经济所产生的积极作用等。它也分为有形收益和无形收益两大部分。

1. 有形收益

有形收益是指发展旅游业而给社会带来的直接经济收益，包括各类旅游企业及旅游经营者依法缴纳的税金；通过旅游经济活动而创造的外汇收入；围绕旅游经济活动而提供的劳动就业人数；随着旅游业的发展而带动其他经济部门，以及文化、教育、科技、卫生等方面的发展；对旅游资源的开发利用而促进了社会经济的繁荣等。旅游业发展所带来的有形收益是非常明显的，因此当今世界许多国家或地区都把旅游业作为重点产业而予以优先发展。

2. 无形收益

无形收益是指发展旅游业给旅游目的地国家或地区的社会经济带来的无法量化的收益。如通过旅游经济活动，促进国家的对外开放，增进了国家之间、民族之间、人民之间的相互了解和友谊；通过旅游资源的开发，增强了人们对自然环境和对各种民族文化、历史遗产的保护意识，弘扬了优秀的民族文化传统，促进了社会经济的可持续发展；通过旅游活动的开展，还带来了广泛的经济、科技和文化信息，有利于吸引外来的投资，促进旅游目的地国家或地区社会经济的发展，带动边疆少数民族贫困地区脱贫致富。此外，旅游活动还有利于陶冶人们的情操，增强人们的爱国主义观念，促进精神文明与物质文明的共同建设和发展。

二、旅游宏观经济效益评价的指标

旅游宏观经济效益涉及面很广，内容丰富，通常要求从多方面、用多种指标进行分析和评价。目前，考核旅游宏观经济效益的指标主要有以下几个：

（一）旅游创汇收入和旅游总收入

旅游创汇收入指标反映了旅游目的地国家或地区通过发展国际旅游，直接从国际旅游者的旅游消费支出中所得到的外汇收入。由于外汇收入在一国的国际收支平衡中有着重要的意义，而旅游业一般又是除了货物出口外最主要的创汇产业，因此旅游创汇收入指标在旅游宏观经济效益的评价中就占有十分重要的位置。

旅游总收入指标是指旅游目的地国家或地区通过开展旅游经济活动从国际、国内旅游者的支出中所得到的全部收入，包括旅游外汇收入和国内旅游收入，反映了旅游产业发展的总规模收益，是评价旅游宏观经济效益的主要指标之一。

(二) 旅游就业人数

旅游就业人数指标反映了旅游产业发展过程中，为社会提供的劳动就业人数的总量。旅游业是一个以服务为主的综合性产业，具有对劳动力的高容纳性特点，可以为与旅游业发展密切相关的不同工种、不同部门提供大量的就业机会。据世界旅游组织统计，全世界每年新增的劳动就业人数中，每 10 个人中就有 1 人从事旅游业工作。因此，旅游业就业人数的多少，反映了旅游业自身发展的规模及其对社会经济发展的贡献和带动作用。

(三) 旅游投资效果系数

旅游投资效果系数指标是指旅游投资项目所获得的盈利总额同投资总额的比值，是反映旅游投资效益的重要指标。旅游投资效果系数指标通常分为静态指标和动态指标，静态指标不考虑资金时间价值，而动态指标则是考虑了资金时间价值以后，通过贴现计算每年的平均现金净流量，因此动态指标通常略低于静态指标，但更符合旅游经济活动的实际。

根据旅游投资效果系数指标，就可以评价旅游投资项目的效益好坏。通常旅游投资效果系数越大，则表明旅游投资效益越好。

旅游投资效果系数静态指标的计算公式为：

$$E_i = \frac{TS - TC}{T_i}$$

旅游投资效果系数动态指标的计算公式为：

$$E_i = \frac{F}{T_i}$$

式中　E_i——旅游投资效果系数；

TS——旅游投资总收入；

TC——旅游投资总成本；

T_i——旅游投资总额；

F——年平均现金净流量。

(四) 旅游投资回收期

旅游投资回收期是指一项旅游投资项目回收的年限，是投资效果系数的倒数，也是反映旅游投资效益的重要指标之一。通常，旅游投资回收期数值小，说明旅游投资的回收时间短，投资效益好；反之，旅游投资回收期数值大，则投资的回收时间长，投资效益就差。

旅游投资回收期静态指标的计算公式为：

$$T_b = \frac{T_i}{TS - TC}$$

旅游投资回收期动态指标的计算公式为：

$$T_b = \frac{T_i}{F}$$

式中　T_b——旅游投资回收期。

(五) 旅游带动系数

旅游带动系数指标是指旅游直接收入的增加对国民经济相关部门收入增加的促进作用。国外有关研究显示，每 1 美元的直接旅游收入可带动相关产业增加 2.5 美元的间接收入；旅游业每增加 1 名直接就业人员，可带动相关产业增加 2.5 个就业人员。根据中国有关研究测算，在中国，旅游业每收入 1 美元，第三产业产值相应增加 10.7 美元，利用外资金额相应增加5.9美元。

三、旅游宏观经济效益评价的内容

对旅游宏观经济效益的评价，主要是评价旅游产业的发展对整个国民经济发展的贡献。它可以从以下三方面进行综合评价：

（一）对旅游产业的自身经济效益评价

对旅游产业的自身经济效益评价，是旅游宏观经济效益评价的主要内容，即通过分析旅游业满足社会需要的程度，同发展旅游业所消耗的社会总劳动量间的比较来评价旅游业的宏观经济效益。

旅游业满足社会需要的程度主要指通过对旅游业及相关产业的投资，最大限度地满足旅游市场需求的状况，通常用接待旅游者数量、旅游收入和接待设施规模等指标来体现。发展旅游业所消耗的社会总劳动量，主要指用于提供食、住、行、游、购、娱等多种旅游产品要素，在基础设施、接待设施、游乐设施及旅游服务等方面所花费的全部物化劳动和活劳动，通常用旅游投资及经营成本来反映。

因此，分析旅游产业投资经济效益可以通过投入和产出进行比较，具体就是用单位接待能力投资额、劳动生产率、资金利税率、投资效果系数及投资回收期等主要指标来反映旅游业自身的经济效益状况和水平。

（二）对旅游产业的社会经济效益评价

旅游业是一个综合性的经济产业，同国民经济的其他许多部门有着紧密的联系，因此对旅游业的社会经济效益进行评价，主要是分析和评价其对相关产业的带动作用及对整个社会经济的促进作用。

对国民经济相关产业的带动，一般是通过计算旅游产业同其他相关产业的关联性、带动系数等指标来反映旅游业的重要作用。计算旅游业的关联性及带动系数，通常是以投入产出表为基础，计算旅游业的影响系数和诱导系数，然后分析其对相关产业的带动力。对社会经济的促进作用，则可以通过分析旅游创汇收入、增加就业机会及提高人们收入水平等指标来反映。另外，还可以通过建立旅游卫星账户等方法来进行测算。

通过对上述两方面的分析比较和评价，就可以评价旅游业关联带动功能的强弱。尤其对于旅游资源丰富，具备发展旅游业的条件及关联带动功能较强的地区，可通过大力发展旅游业，带动相关产业的发展，从而促进整个国民经济的发展。

（三）对旅游产业的社会非经济效果评价

旅游业对社会经济的影响效果不仅体现在经济效益方面，而且体现在非经济效益方面，如生态环境的保护、优秀传统文化的弘扬、精神文明的建设等。但是，由于旅游业对社会文化、环境保护、生态平衡、污染治理等方面影响的测量，难以用准确的量化数据来反映，只能根据某些主观判断来评价。为了在主观评价中增强评价的科学性，尽量减少主观偏差，通常采用专家意见法等方法。如运用德尔菲法的评价程序进行评价，使评价结果尽可能接近实际状况。如旅游业对社会文化影响效果的评价通常是组织有关专家进行各方面的综合评价，并分别以正、负数表示其积极作用和消极作用。这些指标主要有：对恢复、保护和合理利用名胜古迹的影响；对传统艺术和文化遗产的作用；对人们思想和职业道德的影响；对当地居民消费方式的影响；对传统社会结构与家庭的影响；以及对国内旅游的促进作用等。

四、提高旅游宏观经济效益的途径

旅游业的宏观经济效益涉及多方面因素，因此提高旅游业宏观经济效益也涉及许多方针政策、法律法规及相关部门。从大旅游、大产业、大市场、大服务的角度出发，提高旅游宏观经济效益应该重点搞好以下方面的工作。

（一）改善宏观调控，完善旅游产业政策

要提高旅游宏观经济效益，就要求国家不断改善和加强宏观调控，对整个旅游产业的发展作出统一、科学、合理的规划，制定和完善旅游产业政策，充分利用和发挥经济、行政、法律等调控手段，调动社会各方面的积极性，促进整个旅游产业的发展。

我国现代旅游业起步较晚，基础薄弱，为了促使旅游业适度超前发展，不断提高经济效益，在完善旅游产业政策时，必须抓好以下几方面工作：一是要确立和完善旅游产业结构政策，明确旅游产业的发展重点及优先顺序，制定保证实现旅游产业发展重点的政策措施；二是制定旅游产业布局政策，运用区域经济理论推动旅游资源的区域开发，并从空间上对旅游业及其产业结构进行科学、合理的布局；三是健全旅游产业组织政策，建立反对垄断、促进正常竞争的政策和机制，推动旅游产业的规模化经营，实现优胜劣汰；四是倡导旅游产业技术进步政策，强化现代科学技术进步对旅游发展的促进意义，制定推动旅游业科技进步的政策和具体措施，促进旅游业科技含量的不断提高。

（二）改革旅游经济管理体制，建立现代企业制度

提高旅游宏观经济效益，还必须对传统经济管理体制进行改革，按照市场经济的要求，建立适应社会主义市场经济的现代企业制度和旅游经济管理体制。

第一，在旅游经济宏观管理中，要做到政企分离，明确划分旅游行政管理部门和企业的权利和责任，充分调动旅游企业以及旅游经营者的积极性，提高旅游业以及旅游经营者的经济效益。

第二，改善旅游行业管理，促进行业管理的规范化和科学化，减少行政管理部门对旅游企业经营活动的干预，促进旅游企业以及旅游经营者面向市场，在国家宏观调控下自主经营、自负盈亏地从事各种旅游经济活动。

第三，改变单纯依靠国家投资的做法，建立能充分调动各方积极性的旅游投资机制，促进形成国家、集体、个人及外资等多渠道投资的格局，加快旅游产品的开发和旅游基础设施的建设，促进旅游业的发展。

第四，必须加快对国有旅游企业的制度改革，建立适应社会主义市场经济要求的现代企业制度，明确界定国有旅游企业的产权结构，促进企业行为规范化，建立合理的利益动力机制，以不断提高旅游经济效益。

（三）加快旅游设施建设，提高旅游服务质量

旅游业的发展和旅游宏观经济效益的提高，离不开旅游“硬件”和“软件”建设。

所谓“硬件”，就是指旅游产业的基础设施和接待设施等方面。一方面，要对构成旅游经济活动的基本条件，如水、电、交通、通信等基础设施进行适度超前建设，为旅游者安全、快速地抵达和离开旅游目的地创造良好的条件，满足旅游活动“安全、舒适、方便”的要求。另一方面，要抓好旅游产品的开发，在搞好生态环境保护的前提下，加快旅游景区景点的建设，不断完善各种旅游接待配套设施，努力开发对国内外旅游者具有吸引力的旅游产品，增强旅游

目的地的市场竞争力。

所谓"软件"，是指旅游服务的质量方面，即旅游行业职工的服务态度、服务技能和服务水平。旅游服务质量是旅游业的生命线，是旅游事业发展过程中永恒的主题。因此，强调质量意识，抓好管理监督，不断提高服务质量，是改善旅游形象，增强竞争能力的关键。同时，还要对旅游目的地的社会治安、环境卫生和市容市貌等进行综合治理和改善，创造一个良好的旅游环境和氛围，促进旅游业持续稳定地发展，为旅游经济效益的提高奠定基础。

（四）抓好旅游市场管理，加强法制建设

针对旅游市场建设和发展中存在的问题，一方面必须加快旅游业的法制化建设，建立健全旅游法规，使旅游业的发展有法可依、违法必究、执法必严，促进旅游业健康持续地发展。另一方面，要依法规范旅游市场主体行为，提高旅游市场的管理水平，严厉打击各种违法经营行为，制止各种不正当竞争手段，使旅游行业管理逐步实现法制化、规范化和国际化，加快与国际旅游市场的接轨，促进旅游服务质量和旅游经济效益的不断提高。

思考与讨论

1. 何谓旅游宏观经济效益、旅游宏观成本、旅游带动系数？
2. 试比较旅游微观经济效益和旅游宏观经济效益的评价指标。
3. 结合实际阐述如何提高旅游宏观经济效益。

案例回放

问题1：如何由"旅游业成为拉动香港经济的重要因素"来理解旅游宏观经济效益？

旅游宏观经济效益是指在旅游经济活动中，以尽可能少的劳动和资源的占用和耗费，为全社会带来的综合成果和收益，即通过对旅游宏观成本和宏观收益进行比较，获得尽可能多的经济效益、社会效益和生态效益。旅游宏观经济效益不仅体现了旅游业自身的直接效益，而且体现了由旅游业的带动引发的国民经济中相关产业部门以及社会经济发展和生态环境改善的间接效益等。

发展旅游业是香港经济转型时期的重要应对之策。特区政府把旅游业列为四大支柱产业之一。虽然目前香港旅游产业只占本地生产总值的7%，但旅游业的兴旺，带动了相关行业如零售业、餐饮业、酒店业的增长。渣打银行经济师许长泰说："消费物价指数上升主要是受到内地游客赴港'个人游'的带动，加上近期楼市畅旺和失业率下调，市场的消费信心已经开始恢复，零售商也有更好的叫价能力，令物价上升。"经济界人士认为，"拉动香港经济的一个重要因素就是旅游业，来自内地的大批游客促进了香港的消费。"总之，旅游活动不仅成为强大经济力量，而且成为时尚的生活方式和多彩的文化形态，对一个地区经济与社会文化的发展、消费需求的扩大、消费信心的提升等都具有重要作用，并对世界旅游市场乃至全球经济发展产生重要影响。

问题2：考核旅游宏观经济效益的指标有哪些？上述案例中运用了哪些指标来说明我国旅游业的宏观效益？

考核旅游宏观经济效益的指标有旅游创汇收入和旅游总收入、旅游就业人数、旅游投资效果系数、旅游投资回收期、旅游带动系数等。上述案例中主要用到了香港旅游业占当地生产总值比重、楼市畅旺和失业率下调、物价指数上升、来自内地的游客数量等指标，及旅游业的兴旺带动了相关行业如零售业、餐饮业、酒店业的增长等无形收益方面来说明旅游业的宏观效益。

实训题

分析旅游经济效益微观与宏观的统一。

1. 实训目的：培养学生收集、整理信息的能力。运用旅游经济效益的理论知识将所收集资料进行定量分析，进一步理解旅游微观经济效益与宏观经济效益的统一。

2. 实训方法：案例讨论。

3. 实训场地：多媒体教室。

4. 实训步骤：

(1) 教师讲解旅游经济效益的理论知识后，要求学生分组收集旅游业发展及其带动关联性的案例，整理我国以及当地旅游创汇收入和旅游总收入、旅游就业人数、旅游投资效果系数、旅游投资回收期、旅游带动系数等数据。

(2) 分组运用所收集的资料定量分析旅游业在旅游创汇、回笼货币、关联带动、劳动就业及旅游扶贫等方面对我国以及地方经济的影响，交流讨论，制成 PPT。

(3) 各组代表展示收集的信息并陈述小组观点，讨论旅游业对地方及国家经济发展的影响。

(4) 教师把握讨论进度及方向，对学生的分析进行归纳、拓展，使学生认识到旅游业作为现代服务业的龙头，对国民经济发展起着重要作用，进而深刻理解旅游微观经济效益与宏观经济效益的统一。

(5) 要求学生写出实训报告。

典型案例

旅游业：国民经济的重要产业

旅游业是国民经济的重要产业。为了应对国际金融危机，我国旅游行业适时明确了突出发展国内旅游的市场战略，发挥多层次促进居民消费和就业安置量大的产业优势，实施了“乡村旅游倍增计划”“旅游促进就业行动计划”“旅游服务质量提升计划”，推动有关省市试点“国民旅游休闲计划”，引导有关城市发放旅游消费券，进一步培育了假日旅游、乡村旅游、红色旅游、休闲度假等消费热点。2009 年初以来，虽然入境旅游继续降温，但国内旅游、出境旅游保持了较快增长，大陆居民赴台湾旅游屡创新高。春节期间，全国接待国内游客 1.09 亿人次，旅游收入 509.3 亿元，分别同比增长 24.7%和 23.1%；清明节和五一节的各 3 大假日，全国各地旅游接待人数和旅游收入均呈上升之势，平均增幅约一成以上。

旅游消费是最终消费和综合性消费，在社会总需求中特别是居民消费需求中占有重要地位。旅游业不仅为铁路、民航、公路、水路运输和旅馆住宿等输送了客源，而且对文化娱乐业有约50%的贡献率，对餐饮业、商品零售业的贡献率超过40%。随着城乡居民收入水平的提高，旅游正逐步成为人民大众更广泛和普遍化的选择。因此，旅游业不仅是拉动经济增长的重要力量，而且是优化发展方式的优势产业。

旅游业是具有现代服务业龙头特征的重要产业。现代服务业附加价值高、拉动力强，既是现代化建设水平的重要体现，又是未来新的经济增长点，大力发展现代服务业是经济社会发展形势的要求，有利于提升国民经济素质和运行质量，有利于促进服务业全面发展。把旅游业定性为现代服务业的龙头，进一步提升了旅游业在国民经济发展战略中的地位，有利于消除原有产业定性的各种模糊认识。同时，也强化了旅游业的责任与使命，要求旅游业进一步拓宽视野，发挥关联度高、带动性强的产业优势，加大对服务业的拉动力度，促进国际金融、仓储物流、信息咨询、文化创意、影视娱乐等新兴服务业的发展。

旅游业是进入快速发展的新阶段的重要产业。按照国际旅游业一般的发展规律，当一个国家人均 GDP 达到 3000～5000 美元时，旅游休闲消费将进入强劲增长时期。我国人均 GDP 已经超过 3000 美元，这意味着从现在起我国旅游业进入了快速发展的新阶段。在这一阶段，除了旅游消费势头强劲、拉动作用更加明显之外，旅游市场需求、市场结构、产品供给、产业形态等也会快速发生变化。这种状况已在上海、北京、广州、杭州、深圳等人均 GDP 在 1 万美元左右的大城市陆续显现。尤其值得关注的是，我国人均 GDP 从 1000 美元到 3000 美元仅用了 5 年时间，远远快于美国 20 年、法国 17 年、韩国 10 年的时间，这既加速了大众化旅游消费需求时代的到来，又带来了诸多需要加快适应和解决的问题，包括思想观念、基础设施、供应水平、服务能力等。

旅游业被誉为“朝阳产业”，这意味着与时俱进、方兴未艾、朝气蓬勃。改革开放 30 年，旅游业的产业定位几经变迁，从事业型的“民间外交”到经济型的“创汇产业”，从国民经济的“新的增长点”到国民经济的“重要产业”，每一个阶段的发展变化，都实现了一次自我的革新、提升和跨越！旅游业是国民经济的重要产业，是党中央、国务院在新的历史时期对旅游产业的明确定位，也是对旅游业在我国现代化建设的重要战略机遇期寄予的殷切期望。

（资料来源：更加深刻认识旅游业是国民经济重要产业. 中国旅游报，2009 年 5 月 20 日）

常识补充

旅游卫星账户（Tourism Satellite Account，TSA）

20 世纪 90 年代初，世界贸易组织（WTO）和经济开发合作组织（OECD）就旅游业对社会经济的重要性作了大量的研究工作，着力解决了如何描述旅游经济以及如何测量旅游对经济的影响等难题，这对后来卫星账户的设立起了重要的作用。WTO、OECD、欧共体统计局（Eurostat）和联合国统计司合作进行编制“旅游卫星账户：推荐方法框架（Tourism Satellite Account：Recommended Methodological Framework，TSA：RMF）”。统计委员会同意此框架，于 2000 年 3 月批准采纳。

旅游卫星账户为政策制定者提供了对旅游部门的概览，以及与其他经济部门的比较。“框架”遵守国民核算原则，设置了一系列全球标准和定义来测量旅游对 GDP、就业、资本投资、税收等的贡献，以及旅游业在国家收支平衡中的重要作用。

旅游卫星账户是一个新的统计工具，旨在帮助各国依照一个共同的核算框架来测量旅游以及相关商品和服务，从而可以将旅游业与其他传统产业作一个可信的比较，并进一步对国家、地区之间的旅游经济活动进行比较。旅游卫星账户的最终确立，是许多机构和许多国家、个人多年来共同努力的结果，正是有了旅游卫星账户，才得以将旅游业的经济活动作为一种经济现象归入宏观经济统计的主流。

目前，加拿大、挪威、澳大利亚、西班牙、法国、新西兰、瑞士、波兰、美国等国相继进行了旅游卫星账户编制的实践。它们大部分以“框架”为基础，并根据本国的实际情况进行了一定的补充。

学习情境十　旅游产业与旅游发展模式

学习目标

1. 了解旅游经济发展战略与发展模式、旅游产业的形成过程；

2. 熟悉我国旅游经济发展的战略选择，旅游产业结构及其旅游经济产业化标志，旅游产业政策的基本内容；

3. 掌握旅游产业的概念、旅游产业政策体系。

技能目标

能运用旅游产业有关理论，分析区域旅游产业定位、发展目标。

任务一　旅游产业概述

任务引入

2017—2021年中国旅游业市场投资分析及前景预测报告

随着社会的发展，旅游业已成为全球经济中发展势头最强劲和规模最大的产业之一。旅游业在城市经济发展中的产业地位、经济作用逐步增强，旅游业对城市经济的拉动性、社会就业的带动力，以及对文化与环境的促进作用日益显现。旅游业是中国经济发展的支柱性产业之一。

近年来我国旅游经济总体上平稳运行，消费需求旺盛，投资持续增长，产业运行相对景气，发展方式加速转变。中国对国际旅游市场增长的贡献已超过30%。2014年我国旅游业总收入已达到3.38亿元。2015年上半年我国旅游业逆势上扬，呈现旅游消费和投资两旺的良好态势。

2014年8月，国务院发布《关于促进旅游业改革发展的若干意见》；2015年1月，再发布《〈国务院关于促进旅游业改革发展的若干意见〉任务分解表》，从国家层面为旅游产业的发展提供了政策支持。

作为我国对外开放的先导型产业，我国旅游业加快推动旅游要素向社会资本全面开放，民间资本已经成为我国旅游业的投资主力。我国旅游业新产品、新业态层出不穷。生态旅游、红色旅游、文化旅游、海洋旅游等新业态正在成为引领旅游消费增长的重要领域。

在内需启动、消费升级以及国民收入不断提高的背景下，中国旅游业正步入黄金发展期。中国政府将多策并举，把旅游业培育成国民经济的战略性支柱产业。国内旅游行业政策环境持续改善，行业也将迎来一个崭新的发展阶段。

（资料来源：根据《2017—2021年中国旅游业市场投资分析及前景预测报告》整理）

问题：分析旅游产业化特征及其效应。

知识链接

一、旅游产业的概念

社会化大生产是旅游产业形成和发展的前提条件，随着社会生产力的发展和全球社会分工的不断深化，旅游业逐渐形成了一个相对独立的经济产业。旅游产业是指旅游行业以及与旅游行业密切相关，并为其提供物质或非物质服务与支持的行业和部门，这些行业或部门不仅限于第三产业，有的属于第一或第二产业。可见，当今旅游业是由众多行业和部门复合而成的综合性旅游产业集群。

二、旅游产业的形成过程

旅游产业的产生与发展不是偶然的，有其深刻的社会背景和内在的发展逻辑，旅游产业是旅游经济现象发展到一定阶段以后的产物，旅游产业的形成过程，实质上也是旅游经济形成和不断发展的过程，大致可以划分为三个阶段：

（一）旅游经济的萌芽阶段

旅游经济萌芽于现代旅游的发展过程，而现代旅游的起源可追溯到人类社会的初期。由于古代社会生产力不发达，社会经济的发展水平还不能促使旅游活动商品化，因而旅游活动没有成为一种商品化的社会活动，而仅仅是孕育了旅游经济。

（二）旅游经济的形成阶段

18世纪60年代以来，欧美国家先后发生了范围广阔、影响深远的工业革命，促进了资本主义生产方式的迅速发展，尤其是交通工具的革命，极大地拓展了人们旅游活动的空间，为现代旅游的形成和发展提供了物质技术条件和经济条件。

（三）旅游经济产业化发展阶段

现代旅游经济虽然形成于19世纪中叶，但一直到第二次世界大战以后才进入到快速发展时期。随着科学技术的进步，劳动生产率不断提高，人们的闲暇时间增多，旅游活动呈现大众化趋势。世界旅游业的发展规模大、速度快，对国民经济贡献突出，旅游产业的地位日益显现，旅游市场竞争日益激烈，旅游产业的运作模式发生了深刻的变化。

现代旅游业出现了很多不同于传统旅游业的一些产业化特征，其产业化标志主要表现在以下几点：

1. 旅游产业基础的社会化

旅游产业化发展需要有良好的社会化基础，旅游经济的获利从本质上讲是通过众多的与旅游相关的行业和部门的协调组合，共同开发经营食、住、行、游、购、娱等综合旅游产品，并提供附加值的服务，满足旅游者所期望的经历和体验，从而产生利润。

2. 旅游消费需求的扩大化

根据现代经济理论分析，工业化的推进不仅使物质条件获得很大的发展，而且促使国民收入水平不断提高，促进人民群众的生活水平不断改善，并引起需求结构发生很大的变化。随着旅游消费群体的扩大，空间上形成了以旅游目的地为中心、集中的旅游消费场所，以及提供大量旅游消费者的旅游客源地。

3. 旅游生产供给的专业化

伴随着旅游消费需求的不断增长，旅游业逐渐从商业、服务业中分化出来，有了自己的产业结构和产业组织，形成以旅游经济活动为中心，根据旅游者需求，把多个企业和行业集中起来，向旅游者提供旅游产品和专门服务的新兴产业。

4. 旅游市场运行的规范化

在市场经济条件下，旅游经济运行实质上就是旅游者和旅游经营者之间的旅游产品交换过程，包括旅游产品的购买与销售两个对立、统一的活动过程。

旅游产业化有着重要意义：

第一，有利于提高旅游中小企业的组织化程度，是实现区域小旅游与国际大市场的对接纽带。旅游企业的规模一般偏小，单个企业所掌握的客源市场非常有限，促销手段、方式和能量弱而无力，接待和服务能力小而分散。旅游市场的国际化、规模化、信息化和网络化发展，要求旅游企业有效地组织起来。组织起来的最佳选择就是产业化。

第二，有利于提高旅游经济增长的速度和效益，是减轻旅游产业弱质性和震荡性的有效途径之一。人们常说旅游业是永远的朝阳产业。但近几年的实践证明，旅游业同时又是“弱质产业”，政治的动荡、经济的停滞、社会的灾难，都会给旅游业以毁灭性打击。旅游产业化可以使整个旅游业整合资源、共享市场、分担风险、行业自律，从而增加旅游企业的经营效益，规范旅游企业服务水平，最大限度减少各种危害旅游业健康发展的影响因素。

第三，有利于拓展经营规模，是实现传统旅游企业向现代旅游企业转变的必由之路。旅游经济的现代化，客观地要求旅游行业打破分割零散的格局，实现空间布局的规模化，经营业务的延伸化，以此改变传统旅游企业的单一弱小的经营规模，建设一个向企业服务前、后延伸的多种经营模式的新型产业化旅游企业，实现各旅游企业的规模化发展。

第四，有利于吸纳就业大军，是解决城乡就业难的重要途径。就业问题是世界性的难题。在中国，就业难和就业不充分已经是各级政府最头疼的事情之一。旅游业的规模化、产业化经营可使旅客享受到更多的服务项目，得到更多的服务优惠，整个产业链条被拉长，产业空白被填充，产业效益被增加，从而产业队伍不断壮大。

第五，有利于整合旅游资源，是促进区域经济可持续发展的朝阳产业。通过对区域内旅游资源的整合，加速旅游产业化，促进区域经济内各类经济体的健康发展，最终替代一些“夕阳产业”，成为区域经济中可持续发展的有生力量。

综上所述，现代旅游业经过长期发展，已经成为一个经济效益明显的新兴产业，在世界各国经济发展中占有越来越重要的地位。加快旅游经济的产业化进程成为许多国家和地区积极推行的经济发展战略决策。

三、旅游产业结构

现代产业经济学认为：任何经济发展过程都是经济总量增长和产业结构转换相互作用、相互促进的过程。旅游业作为一个综合性经济产业，其自身的发展也离不开总量规模的扩大和产业结构的转换。因此，必须对旅游产业结构的优化和变动因素进行分析和研究。

（一）旅游产业结构概述

1. 旅游产业结构的概念

旅游产业结构的核心问题，主要在于如何界定旅游产业的内涵和边界，这直接关系到对旅游产业结构的分析。旅游产业结构指旅游经济各部门、各地区、各种经济成分及经济活动中各个环节的构成与相互联系、相互制约的关系。

2. 旅游产业结构的分类

旅游产业的多层次性和多样性使得旅游产业结构呈现多样化特点，它主要包括旅游行业结构、地域结构、组织结构、产品结构等，各种结构纵横交错、前后延伸，共同构成了旅游产业结构网络体系。同时旅游产业结构又是一个动态的概念，即旅游业快速增长的时候，要求旅游产业结构及时调整和优化，以适应旅游业发展的需要，而旅游产业结构的优化和调整又为旅游业的进一步快速发展创造了条件。

（1）旅游产业的行业结构

旅游产业的行业结构是指在旅游产业内部所形成的各行业之间的比例关系及其相互作用关系，是旅游产业结构中最基本的结构。旅游产业内部一般包括旅行社、旅游饭店、旅游交通、旅游项目开发、旅游娱乐、旅游购物等六大行业，这些行业所提供的服务形成旅游产品的整体内容。此外，从大旅游、大产业角度看，旅游产业结构还包括旅游教育和培训、旅游规划与设计、旅游研究与咨询及旅游管理等部门，这样才能综合、全面地反映整个旅游经济发展的产业状况及态势。

（2）旅游产业的地域结构

旅游产业的地域结构是指各地区的产业在当地经济和全国旅游产业中的地位，以及它们之间的相互关系，它是从空间形式上反映旅游产业结构的布局情况。合理的地域结构是旅游产业结构的重要内容，它反映了旅游规划区域内旅游资源的合理配置与协调。在我国旅游发展中，各旅游产业发展的不平衡是客观存在的，它制约了旅游产业的整体水平，必须充分发挥各地区的旅游资源优势，通过各地旅游资源优势互补，实施合理的旅游产业发展战略来促进旅游产业结构区域结构的合理化。

（3）旅游产业的组织结构

旅游产业的组织结构是指旅游产业各行业中行业机构和旅游企业机构的设置，以及旅游企业的规模等。它一般包括旅游行政管理机构、旅游行业组织机构以及旅游企业管理结构等。不同的国家旅游组织机构是各不相同的。我国旅游起步晚，旅游企业的所有制结构、管理体制、制度建设等都相对滞后，从而影响了旅游产业经济效益的提高和旅游企业市场竞争力的提升。因此，加快旅游产业组织结构的调整和优化是目前旅游产业结构调整的重要内容。

（4）旅游产业的产品结构

旅游产业的产品结构是指旅游经济运行过程中，满足游客需求的各种旅游产品的构成及各种旅游产品之间的相互关系。它包括旅游产品要素结构、旅游产品类型结构和旅游产品档次结构等。随着旅游业的不断发展，旅游市场需求的不断变化，旅游产品结构体系必须适应变化而不断调整。

（5）旅游产业的所有制结构

旅游产业的所有制结构是指各种所有制成分在旅游经济中的地位、作用及相互关系。我国现阶段的旅游所有制结构包括国有经济、股份经济、个体经济、中外合营经济和外方私有经济等多种经济成分。

3. 旅游产业结构变动

旅游产业结构也像其他经济产业结构一样是不断变化的，引起旅游产业结构变化的原因既有外部因素，又有内部因素；既有需求因素，又有供给因素；既有经济因素，又有非经济因素。概括起来，引起旅游产业结构变动的主要原因有以下几个方面：

(1) 旅游需求拉动

旅游业作为一个国际性的经济产业，其市场需求具有很大的自发性和随意性，其供求主要靠市场调节，因而是一种"天然的市场导向性产业"。同时，由于旅游需求收入弹性较大，凡是影响经济增长和收入增长的各种因素，都会影响旅游需求的变动，于是旅游需求的变动就直接影响着旅游产业结构的变化及变动方向。随着我国经济的快速发展和居民收入水平的不断增长，旅游需求增长加快，从而刺激了旅游景区开发、宾馆酒店建设、旅游交通运力的增长，使旅游产业结构也处于不断的变动发展中。

(2) 要素供给推动

旅游产业的发展离不开生产要素的投入，要素投入包括劳动力、资金、技术及自然资源等投入。按照市场经济规律，各种生产要素的投入总是向收益率高的行业流动，相对于其他行业，旅游产业具有较强吸引要素投入的能力，同时旅游产业内各行业的投资报酬率也不一样，因而要素供给必然在总量和结构上都有所不同，从而推动旅游产业结构的不断变动，并随着不同旅游行业的运行效率而不断改变其内部的构成比例。

(3) 环境变化促动

旅游产业作为一个关联度很强的产业，除了正常地与系统外环境要素输入和产品输出的交流外，还受到环境和其他各方面的干扰和影响，尤其是由于旅游产业的敏感性，经济发展变化、政治形势变动，甚至天灾人祸等都有可能对旅游业造成影响。这些影响又进一步影响到旅游产业结构，促使其内部构成和运行效率发生变化。因此，合理的经济政策、良好的经济环境、安定的政治形势等，都将促进旅游产业的协调发展；否则引起旅游产业结构的失衡，甚至重创旅游产业的平衡协调发展。

(4) 科技创新带动

按照经济学观点，创新就是导入一种新的生产函数，从而大大提高旅游业的生产力水平，增加潜在的产出能力。创新的本质就是推动科技进步，科技进步必然引起产业结构的变化，从而促进旅游产业结构的合理化和高度化发展。同时，创新提高了生产力，又使社会财富增加，从而创造新的旅游需求，拉动旅游产业的结构变动。

(二) 旅游产业结构优化

1. 旅游产业结构合理化

旅游产业结构的合理化是指使旅游产业与其他产业、旅游产业内部各要素随着旅游产业整体水平的提高，同步保持符合产业发展规律和内在联系的合理比例关系的动态调整过程。它是一种相对合理和动态调整的状态，需要在旅游产业经济发展的不同阶段呈现出不同的合理局面，其目标在于使一定时期的旅游资源得到持续合理的开发、旅游供给体系达到效率优化配备、旅游产品和市场形成良好"投入—产出"运行机制。旅游产业合理化一般包括旅游产业内部结构合理化、旅游产业发展速度和规模的合理化、旅游产业结构演进的合理化等内容。

为了科学分析和评价旅游产业结构的合理化，专家、学者提出了一种定量评价方法：

旅游产业协调发展指标的计算公式为：

$$C=S_1-S_2$$

式中 C——旅游产业协调发展指标；

S_1——旅游需求收入弹性；

S_2——旅游供给收入弹性。

若 $C=0$，旅游产业属于协调发展型；若 $C>0$，旅游产业发展相对滞后于旅游需求；$C<0$，旅游产业发展超前于旅游需求。

2. 旅游产业结构高度化

旅游产业结构高度化是指在旅游产业结构合理化的基础上，充分利用科技进步和社会分工的优势，使旅游产业结构不断向资源深度开发，产出高附加值的方向发展，从而提高旅游产业的技术构成和旅游生产要素的综合利用率，不断提高旅游产业的经济效益。因此，旅游产业高度化是以技术进步为标志的一个不断创新发展的动态过程。具体讲，旅游产业结构高度化主要体现在以下几个方面：

(1) 旅游产出结构高度化

旅游产出结构高度化主要指在旅游业的总产出中，具有高需求收入弹性、高附加值的行业产出比重明显提高，发展速度明显加快，从而带动整个旅游业总产出迅速增加。

(2) 旅游技术结构高度化

旅游技术结构高度化主要指科技进步在旅游经济中的作用明显提高，新技术、高技术在旅游产业中的应用不断扩大，旅游产业内部各行业之间的经济技术联系更加密切，旅游产业分工进一步深化，各行业之间的关联度进一步提高，技术进步对旅游经济的推动作用越来越强。

(3) 旅游资金结构高度化

旅游资金结构高度化主要指资产结构适应旅游经济发展和需求结构变动，旅游产业扩展与收缩具有越来越强的连锁效应，旅游产业规模经济进一步提高，企业组织创新加快，并呈现出大型化和综合化发展势头，旅游企业集团化经营和竞争逐渐稳定，并使旅游产业结构变动的周期性日益减弱。

(4) 旅游就业结构高度化

旅游就业结构高度化主要指适应旅游经济快速发展的要求，旅游就业人数迅速增加，技术工人和脑力劳动者的比重不断提高，旅游就业结构的带动力不断提高，从而使旅游就业综合效应较大幅度地提高。

(5) 旅游经济运行高度化

旅游经济运行高度化主要指旅游产业结构对旅游市场需求的适应性显著增强，旅游产业在满足各方面、各层次需求的条件下，从整体上保持均衡、协调发展，旅游产业成为推动国民经济增长的重要动力之一，在国民经济发展中的地位不断提高和巩固。

思考与讨论

1. 联系当地旅游业的发展情况，分析旅游产业发展呈现什么样的特征。
2. 优化和调整旅游产业结构，应该从哪些角度寻找突破口？

案例回放

问题：分析旅游产业化特征及其效应。

（一）旅游产业基础的社会化；（二）旅游消费需求的扩大化；

（三）旅游生产供给的专业化；（四）旅游市场运行的规范化。

第一，有利于提高旅游中小企业的组织化程度，是实现区域小旅游与国际大市场的对接纽带。第二，有利于提高旅游经济增长的速度和效益，是减轻旅游产业弱质性和震荡性的有效途径。第三，有利于拓展经营规模，是实现传统旅游企业向现代旅游企业转变的必由之路。第四，有利于吸纳就业大军，是解决城乡就业难的重要途径。第五，有利于整合旅游资源，是促进区域经济可持续发展的朝阳产业。

实训题

优化和调整旅游产业结构，应该从哪些角度寻找突破口？以小组为单位，通过讨论分析，写一份发言稿。

典型案例

旅游产业：给内需一个支点

美国次贷危机引发全球性金融风暴，股市缩水、资金流动性严重短缺、市场信心丧失，直接冲击世界金融体系。2008年岁末，全球经济面临危机。

中国一度是世界经济增长最快的国家，自1979年1月起至2008年，年均经济增长率高达9.8%，GDP现居世界第四，仅次于美国、日本与德国。由金融危机发轫，继而冲击实体经济，然后冻结消费信心，来自西方的外贸订单锐减——出口、投资、内需，拉动中国经济快速增长的三驾马车，三去其一。

地球村时代，没有一个国家可以奢望偏安一隅、独善其身。媒体天天都在“直击华尔街”，华尔街惹出的问题，在华尔街却没有答案。于是全球一片“救市”的忙碌。中国政府4万亿元基础设施建设投资迅速出台。但其对于经济增长的拉动，仍然有待后续渐次显现。

那么，“内需”这驾马力最强劲的车，该如何发挥其提振经济的作用？对于一个几乎全体国民都有着良好的储蓄习惯的国度来讲，拉动内需，显然不是一门很简单的功课。有数据显示，在过去的15年，我国固定资产投资和出口合计占到GDP总值的大约80%，并且仍在以每年25%～30%的速度增长。而消费则逐渐滑落。我国最终消费占GDP的比重已从20世纪80年代的超过62%下降到2005年的52.1%，居民消费率也从1991年的48.8%下降到2005年的38.2%，均达历史最低水平。

但是，阿基米得曾经说过："给我一个支点，可以撬动地球。"以内需拉动经济发展一直是经济界的期盼，特别是在世界经济面临衰退的前提下，"内需"的拉动对国民经济而言，更是一剂见效快速、后劲很足，而且没有任何副作用的良药。借用阿基米得的话，如果我们要给撬动内需的杠杆安装一个最佳的支点，这个支点应该在哪里？或许，旅游产业是一个不错的选择。人所共知的一个数据是，旅游产业的投入与产出比为1∶9。

对旅游业来说，此番金融危机所造成的影响已开始显现：2008年11月13日联合国世界旅游组织发布的全球旅游业景气报告称，国际旅游业自今年6月份开始增速明显放缓，其中亚太地区更是从3月份就出现下滑，8月份甚至出现负增长。根据该报告的预测，2008年国际旅游人数增长只有2%；考虑到经济衰退会持续到2009年，因此明年旅游业的表现同样不容乐观。而我国国家旅游局的统计数字显示，2008年9月，全国实现旅游外汇收入31.42亿美元，同比下降11.36%；入境旅游人数为1056.40万人次，同比下降5.94%，其中外国人同比下降了15.10%。

此次金融危机给旅游业带来的影响，其深度、广度和持久性尚未可知，不同行业、不同市场、不同领域、不同时段也冷暖各异，但福祸相依，金融危机之下的旅游业也并非全是阴霾，其中不乏利好存在，有曙光可见，亦有契机可用。

当前扩大内需十项措施将使旅游产业获益匪浅。分析起来，这十项措施大抵划为四类：加大投资、增加收入、减少税收、放松信贷，这些都与旅游有直接或间接关联，基础设施和交通条件的改善，必将利于旅游业的长期发展。其他扩大内需的政策目的，也主要是解决居民，特别是低收入人群、农村居民等人群的后顾之忧。相对于高收入人群来说，尽管这部分人的人均旅游消费数额较少，但由于其具有更高的边际消费倾向，加之人群基数较大，因此也能在某种程度上拉动中低端旅游市场的发展。

居民消费意愿仍存，国民旅游将成为重点。中国经济的基本面良好，居民消费信心相对乐观。AC尼尔森于2008年11月13日发布的全球消费者信心调查显示，72%的中国消费者认为本国目前没有进入经济衰退，而56%的中国受访者对未来12个月的个人财政状况持乐观态度。调查还显示，超过三分之一的中国消费者表示未来一年将会是消费的时机。其中，度假旅游最受青睐，53%的中国受访者表示在有闲钱的情况下愿意花钱旅游。这一比例居全球之首，高出全球平均水平近20个百分点。在入境旅游增长乏力的情况下，国民旅游（即本国公民的旅游活动，包括国内旅游和出境旅游）成为旅游市场关注的重点。目前国家旅游局也明确指出，旅游业要适时调整发展方向，把发展国内旅游放在更加突出的位置。

当然，旅游产业给了内需一个支点。这并非一蹴而就的事情，需要创造性的工作——就像山东省旅游局的一系列创造性工作那样。

采访山东省旅游局于冲局长，我们感触良多。于冲局长曾任青岛市分管经贸的副市长，他带给山东旅游的是产业化发展的全新视角——山东旅游，从"一山一水一圣人"，到"走进孔子扬帆青岛"，再到"好客山东"，实际上是对旅游产业的理解从狭义旅游资源到旅游"精神消费"本质的进步与提升；在省旅游局的主导之下，山东各地市政府已经普遍将旅游业的发展提升到产业结构调整升级和转变经济增长方式的高度上；山东旅游在全国创造性地推出

"联合推介，捆绑营销"模式，节约了营销投入，又集中了媒体的营销密度，使旅游形象宣传和推介能力大为提高；"旅游一卡通"和"惠民线路"推出、文化营销好戏连台、"山东客栈和鲁菜馆"的品牌注册、"山东人游山东"逐渐升温，山东旅游在全球金融危机的阴霾之下亮点频仍。

实际上，我国旅游业的功能定位从最初的政治事务到民间外交，再到后来的经济产业，都是由当时的社会经济环境所决定的。随着社会经济环境的变化，旅游业的发展目标从单纯的经济功能扩展到复合的社会、文化功能。在当前我国社会"民生主题"语境之下，还原旅游的多重功能渐渐成为一种社会共识。旅游原本应该是一个达到诸多重要目标的重要社会力量。在金融危机阴云的笼罩之下，旅游能否成为舒缓社会压力、协调社会矛盾的一种方式？各级地方政府在制定应对国际金融危机的各种政策时能否将旅游作为提高民生福利的有效渠道？旅游企业能否承担更多的社会责任？或许金融危机给了旅游业一个思考和改变的契机。

山东旅游给了我们全新的启发。

（资料来源：中国科技财富，http://www.sina.com.cn，2009年2月25日）

案例解析：

旅游产业对旅游目的地国或地区的经济发展具有拉动作用，成为经济增长点；旅游产业要紧跟时代发展的要求，满足市场发展需求，不断进行产业优化、升级。

常识补充

旅游产业集群

旅游产业集群是旅游学界和区域经济学界目前广为关注的一个新的热点，因而关于它的概念，学术界尚无定论，目前比较常见的论述有以下几例：2001年，美国蒙大拿州的政府年度经济报告中指出，旅游产业集群是诸多旅游企业的集合体。这些旅游企业能够给旅游者提供某些体验，将旅游者吸引到旅游社区中来。这些体验包括对当地旅游社区的反映、户外的体育运动以及一些特殊的事件。旅游产业对经济的主要影响来自于旅游企业为游客提供的餐饮、住宿、特殊装备、衣服及与之相联系的附属产品。上海交通大学的刘恒江博士依据波特教授的产业集群理论，将旅游产业集群界定为：大量与旅游业联系密切的企业以及相关支撑机构在空间上的集聚，并形成强劲、持续的竞争优势。其主体包括：为旅游业的食、住、行、游、购、娱等活动提供产品和服务的企业，如旅游饭店、交通运输企业、旅行社、游览娱乐企业、旅游物品经营企业等；为旅游企业提供物质、文化、信息、人力、智力、管理等服务和支持的企业，如邮电通信、金融、保险、教育事业、信息咨询服务、国家旅游相关的部门等。此外，有学者用产业集聚和企业集群来进行定义，从不同层面反映旅游产业集群。如，邓冰认为旅游产业集聚是指旅游核心吸引物、旅游企业及旅游相关的支持企业和部门，彼此存在密切的经济联系，在一定地域空间内集中并协同发展。旅游产业之间的集聚联系可以是垂直和水平方向的，还可以跨越地理和行政区域，依赖于旅游产业链的所有参与者，形成单一或综合的旅游产品。旅游集聚能提高服务效率，给旅游者提供高品位的旅游体验，从而提升旅游目的地的综合竞争力。尹贻梅、陆玉麒、刘志高在《旅游企业集群：提升目的地竞争力新的战略模式》中将旅游企业集群界定为：聚集在一定地域空间的旅游核心吸引物、旅游企业及旅游相关企业和部门，为了共同的目标，建立起紧密的联系，协同工作提高其竞争力。上述这些关于旅游产业集群的界定，或多或少揭示了旅游产业集群的本质与特征。

综上所述，旅游产业集群是一种区域旅游发展现象，是旅游产业集聚到一定程度的结果，是大量与旅游者的旅游行为联系密切的行业或企业以及相关的支撑机构在空间上的集聚，并由此形成旅游产业核心竞争力和持续优势的一种现象。同时，旅游产业集群更是一种区域旅游发展战略，能够促进区域旅游内聚力的提升和区际旅游产业的和谐共生。旅游产业集群具有层次性，根据其层次性，我们可以将其分为：宏观旅游产业集群（国家层面）——关系国家经济结构的以游览娱乐业为核心业务领域的旅游产业集团和国家重点支持的旅游区；中观旅游产业集群（部门和产业层面）——在某一区域范围内，地理靠近区域的旅游协作、旅游产业与其他产业之间的关联；微观旅游产业集群（企业层面）——围绕一个或几个核心旅游企业形成的专业化供应商。其中，微观旅游产业集群是最为核心的旅游产业集群。

1. 产业集中与产业集群

产业集中是指某一产业内规模最大的几个企业在整个产业内的份额，是产业组织研究的一个重点。产业集中可以通过绝对集中指标和相对集中指标来反映。绝对集中指标通常用位于某一产业内规模最大的几个企业的某项指标（如市场占有率等）在整个行业中的占比来反映，从中可以看出规模最大的几个企业对整个行业的垄断程度；而相对集中指标主要以洛伦茨曲线及以洛伦茨曲线为基础的基尼系数来衡量，可以反映整个产业内所有企业的集中程度。一般来讲，如没有特别说明，产业集中主要反映产业内企业垄断程度的高低，而与产业的空间分布没有直接关系，同时也没有对产业内企业间的联系进行特别关注。因此，产业集中与产业集群的概念相差比较远，两者没有直接联系。

2. 产业集聚与产业集群

集聚是指事物的空间集中过程，韦伯在《工业区位论》中就开始使用聚集的概念，主要是讲产业的空间集聚。产业集聚是指产业在空间上的集中分布现象，是经济地理学的研究重点。产业集聚主要是研究产业的空间分布形态，特别注重产业从分散到集中的空间转变过程。产业集聚在某一共同空间发展，可以共享基础设施，带来规模经济收益。产业集聚与产业集群关系密切，但又有区别。产业的空间集聚可以形成产业集群，但是并不是所有的产业集聚都可以形成产业集群。虽然有的产业集聚在一起，但是相互之间没有联系，就不能形成产业集群。因此产业集聚只是产业集群形成的一个必需条件，而非全部条件。

3. 产业链与产业集群

产业链是一个十分传统的概念，是指某种产品从原料、加工、生产到销售等各个环节的关联。早在1958年赫希曼的《经济发展战略》中就从产业的前向联系和后向联系的角度论述了产业链的概念。目前，与产业链相关的还有价值链、生产链、供应链、商品链等不同概念。尽管说法发生了变化，但其内容的实质没变，只不过从不同的研究角度对产业的联系进行阐述。与产业集群相比，产业链也强调产业之间的联系，但产业链主要侧重于产业间的联系，对于产业以外的机构如商会、协会、中介机构等关注较少，此外，产业链没有空间集聚的概念。产业集群的概念则要比产业链的概念丰富得多，它既包括产业间的联系，又包括产业及其他相关机构间的联系，而且还强调空间的集聚。

任务二　旅游经济发展战略及模式

任务引入

“东亚模式”和政府主导型旅游发展战略

政府主导型战略，是当今世界各国（地区）和我国许多省（自治区、直辖市）发展旅游业所喜欢选择实施的一种战略。我们通常所说的政府主导型战略脱胎于政府主导型经济发展体制或模式，而政府主导型经济发展体制，乃日本和东亚“四小龙”（韩国、新加坡、中国的台湾和香港）所创造的“东亚奇迹”（注：《世界银行·东亚的奇迹》，中国财政金融出版社 1995 年版）。这一奇迹，给世人提供了一种比西方资本主义市场经济体制更新鲜的经济发展理念和模式。最近，上海复旦大学有位叫文明的留日归国经济学博士撰文指出：日本在第二次世界大战前后分别吸收了前苏联计划经济模式和美国式的自由资本主义经济体制要素，形成了日本特色的混合经济体制——政府主导型经济体制，这种体制又被称为“政府主导的东亚模式”或日本模式。这种模式或体制有一大创造，就是坚持政府对经济发展的导向作用，其灵魂可归结为政府与企业的关系，这种关系在学术上名曰日本型政府企业关系模式。耐人寻味的是，这种模式或体制，既是战后日本“经济奇迹”的制度基础，又是导致泡沫经济产生与崩溃，酿成“平成萧条”的体制根源之一。

很明显，“东亚模式”的最大特征是政府对经济的“主导”或“导向”作用——有所为有所不为地“主导”或“导向”。换言之，政府主导型战略为日本和东亚“四小龙”所创造，相对于西方自由资本主义而言，创造了政府干预市场经济的新模式；而相对于社会主义计划经济来说，又是对自由市场经济的成功引进。其中，关键之关键在于政府主导的范围和力度。不到位不行，过犹不及也不行。

综上所述，窃以为，倘若引申开来，所谓正确实施政府主导型旅游经济发展战略，其核心应指正确发挥政府对旅游市场干预的作用，大前提是政府官员必须清醒地认识到实施这种干预的范围和力度，而时刻警惕自己的干预行为，切实做到“有所为有所不为”，切实做到适可而止。

（资料来源：邓祝仁．学术论坛）

问题：分析政府主导型旅游发展战略特点。政府应如何干预旅游产业？其职能是什么？

知识链接

一、旅游经济发展战略

（一）旅游经济发展战略概念

旅游经济发展战略是指一个国家或地区对其旅游产业的发展所作的长期谋划和指导原则。它反映了该国和该地区对发展旅游经济的基本愿望和态度，只有谋划科学、明确的发展战略，才能把握发展主动权，并由此形成一系列的政策和工作部署，从而促进旅游产业持续、快速、健康发展。旅游经济发展战略通常包括如下内容：

1. 旅游经济发展战略目标

旅游经济发展战略目标包含总体目标和阶段目标。旅游经济发展总体目标是旅游经济发展所要解决的首要问题，主要包括旅游产业增长指标、旅游产业结构调整，以及旅游经济效益和社会效益要求等。

旅游经济发展战略目标的实施是一个长期的科学发展过程，在这一个较长发展时期内一般应分成几个阶段，旅游经济发展阶段目标就是各个阶段所要实现的基本目标。

2. 旅游经济发展战略目标的实现

旅游经济发展战略目标的实现即实现旅游经济各项指标的对策、途径与手段，即战略实施步骤。其主要表现为旅游产品的开发、旅游市场的开拓、旅游设施的建设、旅游人才的培养、发展资金的筹措等。

（二）旅游经济发展战略的影响因素

由于受到社会经济水平、旅游资源赋存状况和发展潜力、旅游业所处的不同阶段等主、客观方面的影响和制约，不同的国家和地区在不同的社会经济发展时期采取不同的旅游发展战略。

1. 社会经济发展水平

社会经济发展水平是影响和决定一个地区旅游经济发展战略的基础条件。一方面，从需求角度来看，社会经济发展水平高，居民收入水平也高，旅游消费需求强烈，会有利于旅游业的快速发展；如果经济发展水平低，虽然国内居民的收入消费需求薄弱，但为了促进经济的发展，吸收外来资金以积累建设资金，加速入境旅游便成为一种较好的选择。

2. 旅游资源的赋存状况和开发潜力

一个国家或者地区的旅游资源状况是其旅游业发展的前提条件，对制定科学的旅游经济发展战略有着直接影响。旅游资源丰富，开发潜力大，旅游业的发展后劲也大。把资源优势转化为经济效益，其旅游经济发展视角就可以放宽、放远，突出当地旅游产业在整个国民经济发展中的战略地位。若旅游资源比较匮乏或单一，旅游业发展会受到一定制约，旅游经济发展战略也会区别于前一类的国家或地区。

3. 旅游业发展所处的不同阶段

不同的发展阶段意味着旅游业发展基础和水平差异，这也将直接影响到旅游经济发展战略的制定。一般来说，处于发展阶段的旅游业，发展速度较快，各项基础设施的建设投入比较大，旅游业发展表现为数量型增长。在成长阶段，旅游产业体系初步建立，其发展也从数量增长向质量提高、从速度型向效益型转换。在成熟阶段，各种旅游基础设施已健全，产业体系逐步完善，对财政的贡献率明显提高，表现出低速度、高质量和高效益产业发展特征。因此，旅游经济发展战略的制定，必须充分考虑与论证旅游业发展所处的不同阶段。

二、旅游经济发展模式

（一）旅游经济发展模式概述

旅游经济发展模式是指一个国家或地区某一特定时期旅游经济发展的方式。它是对某一类型的旅游经济系统所作的理论概括和理论抽象。

不同的国家或者地区由于政治、经济发展水平、地理位置、旅游资源条件、旅游业发展阶段不一样，发展旅游业的定位和目标也不尽相同。以下是几种具有代表性的旅游经济发展模式：

1. 按旅游业发展方式，可分为超前型发展模式与常规型发展模式

世界旅游经济实践表明，各国在旅游发展方式上可以有两种选择：一种是超前型发展模式；另一种是常规型发展模式。超前型发展模式是旅游经济超越了国民经济总体发展阶段，通过率先发展旅游业来带动国民经济相关行业的发展。常规型发展模式是指在国民经济总体发展的基础上旅游业自然发展，即在国民经济发展到一个相当高的程度，基础设施已形成较强体系后，自行带动旅游经济的发展。

超前型和常规型发展模式，是不同经济条件下的世界各国在旅游发展道路上的两种选择，具有一定的客观必然性。超前型发展模式的适应条件是：旅游的自然和环境条件较好，旅游资源拥有量大且旅游产品吸引力强。适应范围主要是：经济基础较好的沿海地区和旅游资源丰厚且开发程度较高的地区。由于超前型发展模式是建立在国民经济较低水平之上的，因此，该模式追求的不是本行业内在的经济效益，而是旅游经济产业效应，即利用旅游经济的综合性特点，通过对旅游业的高强度投入，全面带动国民经济相关行业的发展。旅游业发展的兴衰，已经不是旅游业本身的问题，而是国民经济全行业发展的问题。旅游业的作用不仅是获取外汇和回笼货币，而且已成为经济腾飞的突破口。我们常说的"旅游搭台，经贸唱戏"就是这种战略下旅游业功能的形象化说明。

2. 按旅游业发展顺序，可分为推进式发展战略与延伸型发展战略

如前所述，世界旅游业有两种发展模式：一种是国内旅游向国际旅游延伸的常规发展模式；另一种是国际旅游向国内旅游推进的非常规发展模式。所谓国内旅游向国际旅游延伸发展模式，是一种先发展国内旅游，通过国内旅游的发展，旅游地域的延伸，形成出国旅游，然后再发展国际接待旅游的模式。从社会经济背景来看，延伸发展模式的引入是内聚式生活消费方式的变化。在一些国家里，随着生产力水平的提高、科学技术的进步、工作节奏的加快，人们的生活方式也得到改变。在紧张工作和生活环境压抑下，人们需要暂时摆脱枯燥的城市生活环境，到大自然中寻求精神上的调整和体力上的恢复，于是旅游消费就成为这些国家居民生活消费的重要组成部分。最初，居民的旅游活动仅限于国内地域范围，随着国际政治经济关系的改善和旅游需求力度的增强，国内地域已不能适应旅游活动发展的需要，人们开始走出国门，去领略异国的自然风光和风土人情。发达国家以国内旅游为主的旅游结构，不仅充分满足了国内居民的旅游需要，而且伴随着国际旅游需求的增长，原先用于本国居民的旅游资源和旅游设施，也逐渐用于接待外国旅游者，从而出现了国内旅游与国际旅游协调发展的局面。

所谓国际旅游向国内旅游推进模式，是一种先发展国际接待旅游，再发展国内旅游，随着社会经济的发展和人民生活水平的提高，然后再发展出国旅游，最终形成以国内旅游为主、国内旅游与国际旅游协调发展的模式。这是一种先发展国际接待旅游，通过国际接待旅游的发展来全面带动以城市为主体范围内的旅游资源的开发、旅游设施的建设，逐渐形成以中心城市为重心的国际旅游体系。随着国内经济的发展、人民生活水平的提高，国内居民的旅游活动开始引入，成为这个体系的一个组成部分。

3. 按市场调节机制，可分为政府主导型发展模式与市场主导型发展模式

政府主导型发展模式是指政府在旅游业的发展过程中起着主导作用，政府通过制定各项旅游发展规划或旅游产业政策来确定旅游业的发展战略、目标和实现旅游经济发展的对策与措施，从而达到直接干预旅游业发展目的。当然也不排除这种模式中市场起的一定调节作用。

市场主导型发展模式是指主要通过市场自发调节机制来推动旅游业发展的一种发展模式。市场在价格、供求关系、竞争这些机制作用下实现旅游产业资源的合理配置，特别是旅游产品价格在市场调节中起着纽带、杠杆作用。政府对旅游业的调节是间接的，其主要职能是制定相关的旅游产业政策，进行宏观调控，这种模式主要用于一些旅游经济发达国家。

（二）世界主要的旅游经济发展模式

世界各国的客观情况不同，旅游经济发展的具体模式也各不相同，但归纳起来主要有以下几类：

1. 美国模式

美国模式是指以美国为代表的经济发达，同时旅游业也相应发达的国家发展旅游业的模式，主要还有德国、加拿大、日本、法国、挪威、荷兰、比利时等国家。

（1）经济发展特征

第一，人均国民生产总值高，一般在1万美元以上；

第二，服务业产值在国内生产总值中所占比例高，一般都达到50%以上；

第三，国际旅游收入小于旅游支出，旅游国际收支平衡呈逆差。

（2）美国模式特点

第一，从旅游业发展顺序上看，美国模式属于经济发展自然延伸型旅游模式；

第二，从旅游业行政管理体制上看，美国模式属于“小政府，大社会”；

第三，从旅游业经营体制上看，呈现以大企业为主导，小企业为基础的特征。

（3）发展趋势

第一，更加重视旅游业，尤其重视旅游业在政治文化方面的作用；

第二，注重国家对旅游业发展的总体规划，对国际客流的流向进行引导和控制；

第三，提倡消除旅行障碍。

2. 西班牙模式

西班牙模式是经济中等发达，而旅游业特别发达的国家的旅游发展模式，属于此种模式的还有葡萄牙、希腊、泰国、新加坡、埃及、以色列、墨西哥、土耳其、瑞士、意大利等国家。这些国家的基本状况是：地理位置优越，旅游资源丰富而独特，人均GDP一般在5000美元以上，国民经济较发达。

西班牙模式的主要特点：

第一，旅游业是国民经济支柱，呈高度发展态势；

第二，在旅游业的管理体制上，政府对旅游业的宏观管理相当重视，管理机制趋于完善；

第三，以邻国的大众客源市场为主要的目标市场。

3. 印度模式

印度模式是以印度为代表的相当一部分发展中国家和欠发达国家的旅游发展模式，包括巴基斯坦、尼泊尔、肯尼亚、坦桑尼亚和不丹等国家。这些发展中国家经济较为落后，人均国民生产总值不到500美元，国民经济中农业是主体，工业和服务业处于较低水平。

印度模式的特点为：

第一，有着特殊旅游资源；

第二，在产业发展机制上实行国家的计划调控和市场的自行调节相结合的机制，即国有经济和私营经济并举的混合发展机制；

第三，在旅游业发展阶段上，通常选择的是先入境旅游，后国内旅游的超前发展战略。

4. 岛国模式

岛国模式指那些面积较小，人口较少，历史上曾是西方某个国家殖民地的岛国所采取的模式，如斐济、巴拿马、牙买加、马达加斯加、多米尼加、海地、马尔代夫等国家。

(1)特点：有着比较充裕的客源市场，旅游业逐渐成为国民经济的支柱。

(2)存在的问题：旅游业的发展使国家经济主体倾斜，潜藏着很大危机；旅游收入的一大部分又漏出本国；旅游业的发展以文化和环境的破坏为代价。

三、我国旅游产业发展模式分析

(一) 我国旅游产业发展的战略思考

1. 政府主导型的发展战略

政府主导型战略，就是按照旅游业自身的特点，在以市场为主配置资源的基础上，充分发挥政府的主导作用，调动各方面资源来推动旅游业的发展。政府主导型战略的主体是政府，基础是市场，因此在制定和实施这一战略的过程中涉及中央政府、地方政府、各级旅游局以及与市场和企业多重交叉组合的相互关系。按照发展的实际和要求，各个层次和各个方面应有所侧重和分工，以构成完整的促进旅游产业发展的体系。

2. 经济新增长点战略

中国旅游业的发展现状和优势，完全可以成为新的经济增长点。中国旅游业的自身正从传统数量增长型朝着数量、质量、效益结合型的方向发展，符合经济新增长点集约化原则；旅游被形容为“朝阳产业”，对国民经济的贡献值大，同时在交通、通信、市政建设、环境保护等相关领域上表现出明显的“拉动效应”；我国有很多垄断性旅游资源，经过多年的发展，在接待设施、服务质量上成为我国和国际接轨的行业之一，在世界上树立了良好的旅游形象，被世界旅游组织预测为最有潜力的旅游目的地之一，国际竞争力强，创汇能力高。上述特点表明了旅游业符合成为经济新增长点的要求。

3. 可持续发展战略

可持续发展的含义是“既满足当代人的发展需要，又不对后代人满足其需求的能力构成威胁”。旅游业可持续发展战略的基础是资源永续利用，核心是旅游业发展中的经济效益、社会效益和环境效益的统一。在我国旅游产业发展过程中，其带来的环境、社会的负面效应已经显现，影响到了旅游业自身的持续发展。因此，旅游业的可持续发展必须上升到战略的高度，旅游循环经济模式给我们提供了科学、良性发展的旅游模式选择。

政府主导型发展战略、经济新增长点战略、旅游强国战略、可持续发展战略之间并不是孤立的、毫无联系的。在旅游发展体系中，政府主导型发展战略居主导地位，起着决定性作用；经济新增长点战略的实质是产业规模扩大与作用增强；旅游强国战略的实质是质量的提高和竞争力的提升；可持续发展战略的实质是效益，即三种效益的统一。在旅游产业的发展过程中，应有机地将几种战略融合和利用，就是一体化战略体系。

（二）我国旅游产业发展的实施重点

1. 健全旅游管理体制

旅游业是一个涉及面广、关联性强的综合产业，它渗透到众多部门和行业中，并与之相融合。在投资主体多元化的情况下，特别需要统一、规范的行业管理体制。在市场经济发育不完全的情况下，特别需要建立统一、高效、权威的行业管理。

2. 灵活的旅游管理机制

旅游社会投资的特点是市场化程度高、融资大、流动性快和自发性强。盲目投资会对旅游业的发展尤其是可持续发展带来巨大危害。在旅游投资机制上，一方面要进一步加大改革开放的力度，扩大引进外资，培植骨干旅游企业，组织旅游投资基金，利用股份制方式吸纳民间资金，广开旅游资金源头；另一方面要通过法规建设规范旅游投资行为，以信息与舆论手段引导资金流向，使旅游投资在宏观导向和微观运作的结合上实现旅游业的健康发展。

3. 旅游产业协调、可持续发展

要通过发展把旅游业建设成为国民经济的重要产业和新的经济增长点；要在发展中解决旅游领域存在的诸如保护与开发、产品和市场、质量和效益等问题，把旅游业的改革开放不断引向深入。同时旅游业的发展应该坚持全面协调、可持续发展道路。旅游业的发展一方面需要促进六要素的全面协调发展，另一方面要注意旅游业与其他产业的全面协调发展，特别要注意旅游主体产业、配套产业、支撑产业的全面协调发展。旅游业被誉为“朝阳产业”，其本身就体现了“可持续”的要求。当然在旅游业的发展中也要从健全体制机制入手，要在开发、经营、管理上做好环境保护；同时还要按照生态旅游的标准加强对游客的引导。还有按照统筹发展的要求，在充分发挥旅游业对调整经济结构、扩大内需、拉动消费、吸引投资、增加收入等方面作用的同时，要更加重视发挥旅游业在促进就业、提高人民生活质量、弘扬民族文化、建设社会主义精神文明等社会事业方面的作用，逐步达到加快经济发展和社会全面进步并重的目标。

4. 实施科教兴旅战略

我国要达到世界旅游第一大国、强国的目标，首先要有一支在素质上、数量上达到世界先进水平的旅游管理和服务人员队伍。现代科技是科学保护和开发旅游资源、加深旅游产品科技含量、提高旅游管理经营水平和提升旅游社会环境质量的重要手段。现代科技是旅游业可持续发展的科学基础。提高全行业“科教兴旅”的认识，加强旅游开发经营中的科技投入是保证旅游业可持续发展的关键。

思考与讨论

1. 简述我国旅游产业发展战略及其模式。
2. 旅游产业发展过程中，如何理顺政府与企业的关系？

案例回放

问题：分析政府主导型旅游发展战略特点。政府应如何干预旅游产业？其职能是什么？

政府主导型旅游发展战略，核心在于发挥政府对旅游市场的干预作用。其范围通常指向三个方面：一是建立健全旅游市场机制和完善旅游市场体系；二是制定和实施灵活的旅游产业政策及相关的配套政策；三是培育健康的政府企业关系模式。企业是构成产业的基本单位，是社会经济的主体，是政府与市场的中介。企业的兴旺发达，标志着经济发展的成功有效。政府干预旅游市场、主导型旅游经济发展是否卓有成效的试金石就是看企业能否健康发展。

政府干预旅游产业的职能宜指向下述几方面：

(1) 加强旅游经济立法，建立市场规则和实施反垄断法。这是保证市场机制充分发挥作用的关键。成熟的市场生产要素和产品价格都由市场竞争决定，政府通常不干预，这样企业可以根据价格信号和比较优势信息进行投资决策。因此，政府的作用不在于消除市场竞争和限制价格机制的作用，相反是保护这种竞争，让价格机制发挥最充分的资源配置作用。

(2) 采取积极的货币政策和财政政策，降低旅游产业经济发展过程中的过度波动。旅游经济发展很容易受价格机制和政治、灾祸等非经济因素影响而产生波动，淡旺季价格不同实属难免，但波动不宜过剧，过于紊乱，否则经营者会无所适从，消费者也会怨声载道，这时就需要政府发挥干预的职能作用了。

(3) 加强基础设施建设，加大与发展旅游业密切相关的需要较大规模初始投资的项目和需要较长建设周期的项目的投资，比如旅游教育、交通运输、城市建设、能源、环保、文化等，这样，旅游业的发展才有可能获得整个社会的有力支撑。没有这些支撑，旅游产业难以发展，旅游市场体系根本不可能建立起来。

实训题

1. 搜集我国每年的旅游主题，联系实际说明旅游主题年活动特点。
2. 运用旅游产业有关理论，分析你所在城市旅游产业的定位及发展目标。

典型案例

河北省委省政府出台关于实施旅游产业化战略建设旅游强省的意见

……

推进旅游供给侧结构性改革。以创新驱动、融合突破、转型跨越为原则，以释放新需求、创造新供给、培育新动力为重点，大力发展自驾游、康养游、乡村游、文创游、购物游、运动游、海洋游、工业游、研学游、低空游等旅游新业态，不断激发旅游产业新活力。

推进“旅游＋农业”。结合新型城镇化和美丽乡村建设，通过强化市场运作、吸引企业参与投资，每年重点改造一批村庄、脱贫一批村庄，着力提升村庄旅游服务功能和接待能力。重点发展一批特色农业观光园、乡村休闲度假基地和特色旅游小镇，加快建成一批旅游专业村，大力发展农家乐、乡村民宿、农业庄园、农业体验、养老养生等项目，形成“一院一特色、一院一风景、一院一故事”的庭院旅游经济体。

推进“旅游＋工业”。支持开发科普、博览、购物、体验于一体的工业旅游产品，重点将唐山建成中国工业旅游名城。支持中国长城葡萄酒、君乐宝、衡水老白干、华北石油、邯郸钢铁等企业开发多种形式的工业旅游，塑造一批全国知名的工业旅游品牌。鼓励旅游房车、邮轮游艇、景区索道、游乐设施等旅游装备制造业发展。

推进“旅游＋文化”。将我省丰富厚重的文化元素贯穿于旅游产业建设发展全过程，渗透到吃住行游乐购娱各环节，融入到旅游管理服务的各方面，重点规划建设文化旅游精品景区，发展一批文化主题公园。深入挖掘历史文化名城、名镇、名村等文化内涵，重点将正定古城、广府古城、暖泉古镇等建成文化旅游精品；编制实施红色旅游三期规划，提升西柏坡等国家红色旅游经典景区开发水平；实施旅游文化演艺推进计划，打造中国吴桥国际杂技艺术节、张北草原音乐节等10大节庆活动品牌，鼓励4A级以上景区策划推出常态化的旅游文娱演艺精品。

推进“旅游＋生态”。着力开发建设山地、森林、草原、沙滩、湖泊等多类型特色旅游基地和生态型度假基地，形成涵盖生态观光、生态体验等在内的综合产业体系。积极申报和推进生态文明试验区建设，评定一批生态景区、绿色饭店，推进森林公园开放，打造生态旅游区，促进旅游与生态良性互动。

推进“旅游＋体育”。充分发挥张承地缘优势，大力发展体验型和观摩型冰雪旅游，打造集冰雪艺术、冰雪体育、冰雪旅游、冰雪娱乐为一体的世界知名体育旅游品牌；支持培育一批滑雪、乒乓球训练、足球、赛车、游艇等休闲运动基地，争取国家级或国际性品牌赛事落户我省。

推进“旅游＋航空”。大力开发以通用航空、低空飞行为主的航空旅游产品，建设发展张北、三河、围场等30个通用机场。发展航空小镇、航空展馆、航空驾校、航空俱乐部等业态，开展飞行学习培训、航空工业观光、航空知识科普、航空节庆等活动，培育航空旅游综合体。

推进“旅游＋养生养老”。重点围绕京津居民养生养老需求，谋划建设和提升一批运动康体旅游区、温泉养生旅游区、避暑疗养旅游区、森林养生旅游区，支持北戴河国际健康城、以岭健康城、安国中医药养生园以及内丘、滦平等地创建国家中医药健康旅游示范区（基地），打造京津居民康养休闲首选地。

推进“旅游＋研学”。将研学旅行纳入全省学生综合素质教育范畴，支持唐山、秦皇岛、邯郸等市和雾灵山、清西陵、嶂石岩、广府古城、开滦国家矿山公园、柳江盆地地质遗址等景区创建国家研学旅游目的地和研学旅游示范基地。

推进“旅游＋购物”。着力开发一批高附加值、具有浓郁地方特色的旅游商品，形成研发、生产、销售于一体的旅游商品营销体系，塑造“河北游礼”旅游商品品牌，推荐长城葡萄酒、景泰蓝赏瓶、衡水内画、蔚县剪纸等进入国礼“后备库”。高标准规划建设时尚购物街区，打造白沟小商品、辛集皮革、清河羊绒制品、香河家具等特色购物旅游基地。支持在石家庄、张家口、秦皇岛等市设立旅游购物免税店。

……

（资料节选：河北经济网-河北经济日报）

常识补充

EPT模式和TPE模式

旅游发展模式，一般是指在特定的时期内，一个国家（地区）旅游产业发展的总体方式，它包括旅游产业发育和演进两层内容。

从旅游产业和经济发展的关系来看，基本上可以把旅游产业发展模式归结为两种：一种是经济发展促进旅游发展（Economy Promoting Tourism）模式，简称EPT模式；另一种是旅游发展拉动经济发展（Tourism Promoting Economy）模式，简称TPE模式。

1. EPT模式的内涵——经济发展促进旅游发展

这种模式多是早期经济发达国家（地区）旅游产业的发展路径。19世纪工业革命以后，社会生产力的发展促进了人们经济收入提高，闲暇时间增加，以增长见识、陶冶性情、放松身心为目的的旅游需求由此产生。经济发达国家（地区）交通、通信等基础设施和服务设施配套齐全，旅游所涉及的吃、住、行、游、购、娱等要素供给体系完备，具备满足旅游需求的条件。当旅游需求总量足够大、足够普遍并上升为国民性需求的时候，传统的基础产业中派生出满足旅游需求的供给体系，旅游产业逐渐从国民经济基础产业中相对分离出来。

2. TPE模式——旅游发展促进经济发展

经济后发展国家（地区）在经济起飞阶段实行“赶超战略”，资源配置向优先发展产业集中，通过主导产业的优先发展带动其他产业部门的发展，进而促进整体经济的发展。旅游发展促进经济发展一般是经济后发展国家（地区）政府选择的主导产业发展战略。首先，旅游业综合性强、关联度高、拉动作用突出，囊括“吃、住、行、游、购、娱”六大产业要素，涉及30多个经济部门，直接和间接影响细分行业达100多个，旅游带动就业的比例达到1∶4.3；其次，发展入境旅游，相当于服务贸易出口，可换取大量外汇，为国内经济发展提供必要的外汇资源。同时，旅游业发展所需要的生产要素不同于工业发展的条件，与生产力发展的时代性、阶段性没有必然的对应关系，因此旅游发展可以超越本国、本地区生产力发展阶段，成为拉动经济发展的动力产业。

学习情境十一　旅游循环经济

学习目标

1. 了解旅游循环经济的背景、概念、重大实践领域进展；
2. 了解旅游循环经济与旅游业可持续发展、生态旅游的联系与区别；
3. 熟悉国内外旅游循环经济发展概况；
4. 掌握旅游循环经济的发展战略。

技能目标

1. 通过专题学习，了解与旅游循环经济相关的研究热点、重大问题和发展战略；
2. 运用本章相关知识，能够对我国旅游发展进程中的循环经济进行综合分析；
3. 能够运用旅游循环经济理论进行区域景点保护和规划。

任务一　旅游循环经济概述

任务引入

垃圾岛变成旅游点：新加坡实马高垃圾埋置场

“狮城之国”新加坡位于马来半岛，总面积约640平方千米，是世界上面积最小的国家之一。新加坡市是著名的花园城市，干净、整洁又充满都市气息。自20世纪60年代独立以来，新加坡的经济和城市化发展迅速，垃圾产量随之猛增。从20世纪70年代垃圾日产量的1200吨，猛增到每日7000吨，日益增多的垃圾势必影响到空气质量和大众的生活与健康。为了解决这一问题，从20世纪90年代初起，政府开始了促进垃圾减少和废物循环的工作，力图减少焚化和填埋的垃圾数量。1995年新加坡开始动工兴建实马高垃圾埋置场。

一提起垃圾处理场，人们常常会联想到满地污浊、臭气熏天的景象。至于将垃圾处理场建成休闲娱乐的度假场所，也着实令人难以置信。但是，新加坡人将这一梦想变成了现实。实马高垃圾处理场由锡京岛和实马高岛相互连接、围海而成，位于新加坡本岛以南8千米，面积约350公顷，是世界上最大的废渣填埋场，主要填埋来自新加坡本岛焚化厂的灰烬，总投资折合约人民币30亿元，可供整个城市工业废渣和焚烧厂废渣45年的填埋。

掩埋过程

实马高岛的规划填埋总量为6300万立方米，规划分为两个阶段：第一期工程位于岛南部，规划了11个垃圾埋置区。第二期工程位于北部。在巨大的船只拖引下，新加坡每天有2000多吨的垃圾（包括建筑废渣和焚化厂运出的灰渣）倒入这个小岛。为了不妨碍正常的海事运输和白天的空气质量，垃圾运输船只能在傍晚出发。

实马高岛和锡京岛之间的围堤并没有完全合龙，预留出一个口子，以便海水流动进出。同时，各埋置区之间虽然由堤路间隔开，却以巨大的水管相通，这样海水可以循环流动。如果轮到某一区域开始埋置作业，工作人员先封闭水道，防止垃圾外溢，然后将海水抽干，其后才开始埋置工作。这种分区填埋，既能保证环保，又能节约资金。在规划埋置区沿线，每隔一二百米就有水质观测井，深达30多米，工作人员每半个月就会对那些已经埋置垃圾的区域水质进行检测，严密监控各种污染迹象。每个埋置区周围都种有红树林，不仅美化环境，而且能起到警示作用。当红树的叶子剥落或变黄时，表明水质在改变，就要采取一定的补救措施。

环保理念

20世纪90年代初，新加坡政府开始大力促进废物循环的工作，以减少送往填埋场的垃圾数量，如用垃圾焚化后的底灰来铺路等。政府还先后出台了新加坡2012年绿色计划、国家再循环计划、无垃圾行动等政策及措施，鼓励居民在日常生活中注意减少垃圾，并循环利用废物，使人们了解垃圾处理的重要性，更好地保护环境。

无论是规划设计、施工建设还是投入运营，实马高垃圾埋置场都十分重视自然环境和生态物种的保护。新加坡环境及水资源部属下的环境局要求，当垃圾填到一定高度时，在上面铺沙种草，栽种植物。岛上阳光充沛、海水清澈，拥有大片绿林空地，吸引着不少动物栖息和生长。这里不仅成功保留了大部分海草区和珊瑚礁，丰富多样的生物种群也得以继续繁衍。岛上原有的天然丛林和新种植的13.5公顷红树林成为许多海鸟的栖息乐土，巨嘴鹭等罕见鸟类也在此安家落户。

发展旅游

如今，实马高垃圾埋置场已经发展成为各种鸟类的栖息地，而且也成为环境专家研究生态环境和物种多样性的理想天地，吸引公众与学者到岛上作生态研究以及观鸟、垂钓等休闲活动。新加坡国家环境局在实马高实行了一系列发展旅游的措施。政府在岛上设立亭子、告示牌和障碍物，吸引和鼓励人们到岛上进行休闲活动。2005年7月，国家环境发展与水资源部正式向公众开放该岛（必须以团体的形式提前提出申请），邀请他们前来参与各种休闲活动，将实马高岛打造成为一个天然休闲旅游胜地。每年大约有1万多人次登岛参观，在岛上可以开展环保旅游、海上运动、天文观测等更多活动项目。

实马高垃圾埋置场可以说是世界上第一个完全从垃圾场发展而来的小岛，如今它却成了当地人休闲娱乐的好去处。新加坡政府取得成功的重要经验是发展循环经济，才能化“腐朽”为“神奇”，使得“垃圾岛”也能变成旅游区。

问题1：新加坡在高速发展经济的同时成为环境保护最好的城市的主要原因是什么？

问题 2：如何看待我国某些旅游景点存在的“旅游垃圾”？

知识链接

一、循环经济产生的背景

（一）循环经济的产生

从 20 世纪 30 年代开始，发生了震惊世界的几个典型公害事件：比利时马斯河谷烟雾事件、美国多诺拉烟雾事件、伦敦烟雾事件、日本水俣病事件、美国洛杉矶光化学烟雾事件等，敲响了环境危害的警钟。在推进工业化的初期，人类还没有深切体会到自然资源供给和环境容量的有限性。随着人口的持续增加，经济规模的不断扩大，传统的生产模式带来的资源短缺和环境污染迫使人类进行深刻反思。从 20 世纪五六十年代开始，一些西方国家开始组织专门性的环境问题调查与研究，相关的成果不断面世，其中，1962 年美国生物学家莱切尔·卡逊在《寂静的春天》中阐述了大量使用杀虫剂对人类的危害，敲响了工业社会环境危机的警钟，拉开了环境保护的序幕。同年，美国经济学家 K. 波尔丁从经济的角度提出了“循环经济”的概念，主要指在人、自然资源和科学技术的大系统内，在资源投入、企业生产、产品消费及其废弃的全过程中，把传统的依赖资源消耗的线型增长经济，转变为依靠生态型资源循环来发展的经济。他将地球比作在太空中飞行的宇宙飞船，要靠不断消耗自身有限的资源而生存，如果不合理开发资源，破坏环境，就会像宇宙飞船那样走向毁灭。其“宇宙飞船理论”可以作为循环经济的早期代表。

循环经济的产生不是偶然的。回顾世界经济发展的历史，不难发现，循环经济理念的产生和发展，是人类对人与自然的关系深刻反思的结果，是人类社会发展的必然选择。自工业革命以来，长期以来的经济增长模式所倡导的都是“人类征服自然”，其后果是使人与自然处于尖锐的矛盾之中，并不断地受到自然的报复，这条传统工业化的道路已经导致全球性的人口激增、资源短缺、环境污染和生态破坏，使人类社会面临严重困境，实际上引导人类走上了一条不能持续发展的道路。因此，寻求一种不会使资源枯竭，又不会造成环境污染和生态破坏，能循环利用各种物资的“循环式”经济发展模式势在必行。

自 20 世纪 70 年代起，多次爆发的世界性能源危机使得经济增长与资源短缺之间矛盾凸显，引发人们对经济增长方式的深刻反思。1970 年 4 月 22 日，美国举行了大规模的要求保护环境的游行，这一天后来被确定为“地球日”，标志着人类开始高度关注地球环境问题。1972 年，美国丹尼斯·L. 米都斯博士的《增长的极限》首次向世界发出了警告：“如果让世界人口、工业化、污染、粮食生产和资源消耗像现在的趋势继续下去，这个行星上的增长极限将在今后一百年中发生”，引起了巨大反响，同时引起了世界各国学者专家们对全球性问题，如人口、粮食、资源和环境污染（生态平衡）等问题的关注。同年，联合国发表了《人类环境宣言》，提出了人类在开发利用自然的同时，也要承担维护自然的责任和义务。1987 年，联合国世界环境与发展委员会提交了《我们共同的未来》的研究报告。报告着重指出了按生态系统的自然规律，循环使用自然资源，解决可持续发展的问题。1992 年，在巴西里约热内卢召开的联合国环境与发展大会，通过了《里约宣言》和《21 世纪议程》，标志着一种全新的经济发展模式——循环经济的诞生。作为一种全新的经济发展模式，循环经济强调自然资源的低投入、高利用、低排放，它能有效地解决可持续发展的两大障碍：环境污染和资源短缺。从此以后，世界各国陆续开始积极探索实现循环经济和可持续发展的道路。

（二）循环经济的内涵及原则

1．循环经济的内涵

循环经济的理念是在全球人口剧增、资源短缺、环境污染和生态蜕变的严峻形势下，人类重新认识自然界、尊重客观规律、探索新经济规律的产物。与传统经济相比，循环经济的不同之处在于：传统经济是一种由“资源—产品—污染排放”所构成的物质单向流动的经济，其特点为两头（开采、排放）高、中间（利用）低。在这种经济中，人们以越来越高的强度把地球上的物质和能源开发出来，在生产加工和消费过程中又把污染和废物大量地排放到环境中去，对资源的利用常常是粗放的和一次性的，通过把资源持续不断地变成废物来实现经济的数量型增长，导致了许多自然资源的短缺与枯竭，并酿成了灾难性环境污染的后果。与此不同，循环经济倡导的是一种建立在物质不断循环利用基础上的经济发展模式，它要求把经济活动按照自然生态系统的模式，组织成一个“资源—产品—再生资源”的反馈式流程，使得整个经济系统以及生产和消费的过程基本上不产生或者只产生很少的废弃物，只有放错了地方的资源，而没有真正的废弃物。因此，循环经济是对“大量生产、大量消费、大量废弃”的传统经济模式的根本变革，其特征是自然资源的低投入、高利用和废弃物的低排放，从根本上消解长期以来环境与发展之间的尖锐冲突。

2．循环经济的原则

循环经济倡导以环境友好的方式利用自然资源和环境容量，实现经济活动的生态化，希望从根本上消除长期以来经济发展与环境保护之间的强烈冲突。循环经济是以低消耗、低排放、高效率为基本特征的社会生产和再生产方式，符合可持续发展理念的经济增长模式，其实质是以尽可能少的资源消耗和尽可能小的环境代价实现最大的发展效益。

循环经济运用生态学规律来指导人类社会的经济活动，是以资源的高效利用和循环利用为核心。最初，循环经济以“3R”，即减量化（Reduce）、再利用（Reuse）、再循环（Recycle）为原则，2005 年被拓展为“5R”理念：增加了再思考（Rethink）与再修复（Repair）的新理念，并把原来“3R”的理念进行了延伸与拓展。

减量化（Reduce）是指减少进入生产和消费过程中物质和能源流量，从源头上节约资源使用和减少污染物排放；对废弃物的产生和排放实行总量控制，通过预防的方式而不是末端治理的方式来避免，最大限度地减少对不可再生资源的耗竭性开采和利用，并应用替代性的可再生资源。在生产中，生产者可以通过减少每个产品的原料使用量、通过重新设计制造工艺来节约资源和减少排放。对消费群体而言，应通过优先选购包装简易、循环耐用的产品，减少废弃物的产生。减量化属于输入端，旨在减少进入生产和消费流程的物质资源量。

再利用（Reuse）是指产品多次使用或修复、翻新或再制造后继续使用，尽可能地延长产品的使用周期，防止产品过早地成为垃圾；针对产业链的中间环节，对制造商和生产者而言，应采取产业群体间的精密分工和高效协作，加大“产品—废弃物”的转化周期，实现资源使用效率最大化；对消费而言，应采取过程延续方法，最大可能地增加产品使用的方式和次数，有效延长产品和服务的时间。再利用属于过程，旨在延长产品和服务的使用时间。

再循环（Recycle）是指将废弃物最大限度地转化为资源，变废为宝、化害为利，这样既可减少自然资源的消耗，又可减少污染物的排放。要求物品完成使用功能后能够重新回收并变成再生资源。再循环属于输出端，旨在把废弃物再次资源化以减少最终处理量。输出端能把废弃物再次变成资源以减少最终处理量，也就是我们通常所说的废品的回收和综合利用。与资源化过程相适应，消费者应增强购买再生产品的意识，促进整个循环经济的实现。

再思考(Rethink)是指改变旧经济理论，传统经济学研究的是资本循环和劳动力循环，而新经济理论的重点是除了研究资本循环、劳动力循环，还要研究资源循环，生产的目的除了创造社会新财富以外，还要保护被破坏的最重要的社会财富，维护生态系统，充分挖掘资源节约的潜力。

再修复(Repair)是指不断地修复被人类活动破坏的生态系统与自然系统，实现人与自然的和谐发展。

循环经济的核心是提高资源利用效率，从根本上解决长期以来环境与发展之间的尖锐矛盾，推动传统经济向集约经济转变的有效实施，是实现经济与环境"双赢"的一种全新的经济发展模式。因此，发展循环经济是实现可持续发展的重要途径，同时也是保护环境、消减污染的根本手段。

（三）国内外循环经济的发展

1. 国外循环经济的发展

20 世纪 90 年代，随着可持续发展战略的普遍采纳，发达国家开始把发展循环经济、建立循环型社会作为实现环境与经济协调发展的重要途径。随着环境意识的强化，人们逐渐以资源利用最大化和污染排放最小化为主线，将清洁生产、生态工业和可持续消费等视为一套系统即循环经济体系。放眼世界，走循环经济之路已经成为综合国力竞争和争夺国际发展制高点的一场新竞赛。在日本、德国、美国等发达国家，循环经济已经成为一股潮流和趋势，并且已取得了实质性进展。目前，从企业层次的污染排放量最小化实践，到区域工业生态系统内企业间废弃物的相互交换，再到产品消费过程中和消费后物质和能量的循环，都有许多很好的成功实例。据统计，当前发达国家再生资源的回收总值每年可达 2500 亿美元，并且以每年 15%～20%的速度增长。各发达国家相继制定了鼓励产品回收、绿色包装等法律，同时还规定了包装废弃物的回收、复用或再生的具体目标。

发展循环经济没有固有的模式，因国情不同，各国在发展循环经济的具体方式上也有所区别。目前，发达国家循环经济的发展大致分为四个方面：一是企业内部的循环利用，最具代表性的是美国杜邦化学公司模式，通过厂内各工艺之间的物料循环，减少物料的使用，达到少排放甚至"零排放"的目标；二是企业间或产业间的生态工业网络，如著名的丹麦卡伦堡生态工业园，把不同的工厂联结起来，形成共享资源和互换副产品的产业共生组合，使一个企业产生的废气、废热、废水、废渣在自身循环利用的同时，成为另一企业的能源和原料；三是废物回收和再利用体系，如德国的包装物双元回收体系(DSD)和日本的废旧电器、汽车、容器包装等回收利用体系；四是社会循环经济体系，如日本政府为推动循环经济的形成，提出了到 2010 年要达到的三个方面的目标，包括资源投入产出率比 2000 年提高 40%，资源循环利用率提高 40%，废弃物最终处置量减少 50%，为实现这些目标，日本政府制定和实施了一系列政策措施。

2. 中国循环经济的发展

我国人口众多，人均资源相对贫乏。新中国成立以来，经济增长在很大程度上仍是依赖高消耗资源、粗放式经营来实现，存在着高投入、低产出的现象。20 世纪 90 年代中期，我国单位 GDP 的资源消耗远远高于世界平均值，能源利用效率十分低下，每年由生态和环境破坏带来的损失占到 GDP 的 8%以上。这种传统的发展模式造成的自然生态恶化、环境污染触目惊心。“地大物博”的中国，自己早就难以满足日益迅速膨胀的资源需求。如果不寻求新的经济增长方式，失去资源和环境为依托的经济增长就会后劲乏力。很显然，如果我们不解决资源对经济增长的制约问题，中国经济的高增长是难以为继的。

在借鉴了日本、德国等发达国家的经验后，中国于 20 世纪 90 年代引入循环经济的思想，此后对于循环经济的理论研究和实践不断深入。1998 年引入德国循环经济概念，确立“3R”原理的中心地位；1999 年从可持续生产的角度对循环经济发展模式进行整合；2002 年从新兴工业化的角度认识循环经济的发展意义；2003 年将循环经济纳入了正式的发展战略，确立物质减量化的发展战略；2004 年从城市、区域、国家层面大力发展循环经济，建设资源节约的循环型社会，加快发展低耗能、低排放的第三产业；同年 11 月 7 日在上海召开的中国循环经济发展论坛上通过了《上海宣言》，呼吁将循环经济纳入政府政绩考核，并着眼于研究循环经济立法和抓紧制定各类相关法律法规等。

我国在不断深化循环经济理论研究的同时，开始加快循环经济实践的步伐，范围也不断扩大，通过试点，探索循环经济发展模式，形成若干发展循环经济的示范企业、示范园区和示范城市。我国发展循环经济的重点领域包括资源瓶颈领域、战略矿产领域、优质资源领域；高耗能、高污染、废弃物回收再利用领域；参与国际竞争的生产领域；对公共生活和社会稳定有重大影响的领域等。目前，我国循环经济的实践也已经起步，并取得了可喜的成绩，自 2001 年起国家已经批准了广西贵港、新疆石河子等 10 个生态工业园区的建设试点。自 2002 年我国颁布了《清洁生产促进法》后，陕西、辽宁等省以及沈阳等城市相继制订了地方清洁生产的政策和法规。自贵阳市成为全国首个循环经济生态城市试点之后，目前海南、吉林等 7 个省和绍兴、扬州、上海、北京、深圳等近 30 个城市以循环经济为核心，正在建设循环经济生态省和循环经济生态城市。但是我国和发达国家相比，在循环经济立法、技术手段以及循环观念等方面都有一定的差距，要构建完整的循环经济体系，依然任重而道远。

二、旅游循环经济产生的背景

(一) 旅游循环经济的产生

19 世纪中期，英国人托马斯·库克创办了世界上第一家旅行社——托马斯·库克旅行社，标志着近代旅游业的诞生。旅游业自诞生以来，虽然不过短短的 100 多年，但其发展速度惊人，已成为当今发展最为迅速、产值最高、吸纳就业人数最多的产业类型。由于旅游业的高度关联性和显著的经济效益能够对国民经济的发展产生巨大而持久的推动作用，因此普遍受到世界各地政府的高度重视，成为许多国家的重要经济增长点，旅游业一时成为最具发展前景的“朝阳产业”。

旅游业在经济方面的成功掩盖了其对自然资源、环境的影响和破坏。长期以来，旅游业素有“无烟工业”之称。但是我们也应该看到，旅游业本身是以旅游资源为凭借，以旅游设施为基础，通过提供旅游服务来满足旅游消费者各种需求的综合性产业，具有依赖环境和资源的特性，而大多数自然旅游资源是不可再生资源。随着旅游经济的不断发展，尤其是在眼前利益的驱使下，传统旅游业继续遵循工业革命的管理思想和发展模式，对旅游资源进行掠夺式的开发利用，旅游基础设施盲目建设以及无节制的交通运输和旅游活动产生的污染和浪费，使得旅游业已不再是“无烟工业”，同其他行业一样，旅游业同样会产生环境污染，尤其是对生态环境的影响。国内外许多旅游区都不同程度地存在着生态环境恶化现象。如被视为中国民族精神象征的万里长城，随着游客的大量涌入，现在它所遭受的人为破坏速度已经远远超过了自然风化的速度；阿曼阿拉伯羚羊保护区，由于捕猎及生态环境恶化，面积缩减了九成，成为第一个被教科文组织除名的世界自然遗产。

在20世纪90年代，一些政府和国际旅游组织已经指出了旅游业发展所带来的负面效应，包括就业环境的恶化、传统文化价值的衰退、对景区自然景观的环境破坏等。近年来随着世界范围内旅游业的快速发展，由旅游业引发的资源浪费、环境污染问题不断出现。如何解决旅游景区发展和资源环境保护之间的矛盾；如何实现旅游业发展与环境相协调、确保旅游资源的可持续利用；如何实现旅游行业中现行的资源节约和利用效率最大化等已成为我们亟待解决的问题。因此，深入研究促进旅游业可持续发展的战略对策，寻求区别于传统旅游发展模式的新途径势在必行。旅游的可持续发展要求旅游资源的开发必须与环境保护理念相结合，促进旅游资源的保护与循环利用。旅游循环经济理念是在当代旅游资源环境问题日益严重的情况下出现的一种全新的旅游经济发展理念，它倡导的是一种资源环境友好型的旅游经济发展模式，强调最有效地利用资源，最大限度地减少废弃物排放，从而把旅游活动对资源环境的影响降低到尽可能小的程度。国际上普遍认为，发展旅游循环经济是实施旅游可持续发展战略的重要载体和最佳模式，也是21世纪旅游资源开发保护的战略选择。

（二）旅游循环经济的基本概念

旅游循环经济的概念是从循环经济理论中衍生出来的，是建立在生物学、景观学、能源学、建筑学等多个学科之上的一种新的旅游经济形式，按照“资源—产品—消费—再生资源”反馈式循环模式，它要求把旅游活动组成一个“资源—产品—消费—再生资源”的反馈式循环模式，使各种介入要素都得到最有效的利用，从而实现环境和经济的共赢，是人类不断探索旅游可持续发展的现实途径的结果。

所谓旅游循环经济，是指运用生态学原理及其基本规律来指导旅游经济活动，实现旅游经济活动的生态化，将旅游业中的各项经济活动与自然环境和社会环境相结合并加以整体考虑，把旅游业清洁生产、旅游资源综合利用、旅游产品的生态设计和旅游者的可持续消费融为一体，从而使旅游经济系统和谐地纳入到旅游系统的物质循环过程中来，以实现旅游经济数量的增长和整体环境质量的改善协调一致，是建立在旅游资源持续利用、旅游环境保护、物质与能源循环利用基础上的旅游经济发展方式。

（三）旅游循环经济的原则要求

1.“6R”原则

所谓“6R”原则，其实质是在减量化（Reduce）、再利用（Reuse）、再循环（Recycle）、再修复（Repair）、再思考（Rethink）、再整合（Reorganize）的指导下，以低消耗、低排放、高效利用、真实体验为基本特征，以尽可能少的资源消耗（包括物质、能源、旅游资源）和尽可能小的环境影响实现旅游可持续发展。旅游循环经济要求树立新系统观、新经济观、新伦理观、新生产观、新消费观，构建由动力系统、运行系统、多层面参与系统、支持保障系统、目标实现系统等组成的旅游循环经济系统。

2. 系统化原则

由于旅游业与其他行业的关联性，在发展中形成了与相关产业协同发展的产业网络。循环型旅游业要求旅游业中的各项经济活动与自然环境和社会环境的各种资源要素成为密不可分的整体，从而成为一种崭新的发展途径和模式。在进行旅游循环经济体系设计时，要整体地系统考虑旅游业生态产业链，另外除考虑短期的经济成本外，更要把长期表现出来的生态成本考虑进去，形成系统化链条。

3. 利用高科技的原则

科学技术是第一生产力，科学技术在旅游循环经济的发展中起关键性的作用，如清洁生产技术、废弃物处理技术、新能源和可再生技术、管理科学技术、资源循环生产和综合利用技术等。旅游循环经济的发展必须以科学技术作为支撑，依靠科技进步、管理创新和技术创新，构建资源节约的技术支撑体系，努力创建节约型、环保型循环旅游系统。

4. 推行旅游绿色消费的原则

以公众参与为主，完善市场机制，加强政府宏观调控，积极倡导旅游绿色消费，做到旅游消费文明化、物质消费减量化和无害化。通过旅游垃圾的分类和处理、建设绿色旅游设施、构建区域旅游循环系统、开发绿色旅游食品、使用可再生能源等方式，努力做到消费行为不破坏旅游循环经济生态系统的良性循环，使人与自然间建立起亲密的伙伴关系。

5. 旅游绿色 GDP 核算原则

世界银行在 1997 年推出了“绿色 GDP 核算体系”。所谓绿色 GDP 核算，就是从现行统计的 GDP 中，扣除由于环境污染、自然资源退化、教育低下、人口数量失控、管理不善等因素引起的经济损失成本。和通常的 GDP 相比，绿色 GDP 可以理解为“真实 GDP”，不但反映了经济增长的数量，更反映了质量，能更为科学地衡量一个国家和区域的真实发展和进步。国内很多省市已开始用旅游卫星账户来测量旅游业产业贡献率，但没有考虑经济收入的背后是环境代价的付出。在旅游行业中实行绿色 GDP 核算体系，可以克服传统 GDP 核算中将环境成本外部化的弊端，这样核算出的绿色 GDP，是传统 GDP 减去生产过程中所消耗的自然资源价值和污染损害生态环境的补偿价值之后的产品（服务）的净价值。只有实行旅游绿色 GDP 核算制度，才能实现旅游经济数量的增长和整体环境质量的改善协调一致，促进经济与环境的协调发展，实现 GDP 的“绿化”。

三、旅游循环经济与旅游可持续发展、生态旅游之间的关系

（一）旅游循环经济与旅游可持续发展

旅游业是一个以资源为基础的产业，是一个对自然禀赋和社会遗赠依赖最强的产业。相对于很多其他产业而言，维护自然生态环境和保护旅游资源不受破坏，对于旅游业的长期生存尤其具有重大意义。旅游资源应该在加强保护的前提下，科学合理地开发利用，这是实现旅游业可持续发展的基础，可持续发展可以促进旅游业的合理发展，也有助于改善产业结构、改变开发和利用生态环境的方式，减轻经济发展对环境和资源的压力，增强人们保护旅游资源和环境的自觉性和积极性。

1980 年，国际自然资源保护联盟在《世界自然资源保护大纲》中首次初步提到可持续发展的概念，要求把保护与发展结合起来，在发展经济满足人类需要，提高人类生活质量的同时，合理利用生物圈，使之既满足当代人的需要，又满足后代人的需求，改变了过去保护环境与发展相对立的观点。1990 年加拿大召开的 Globe’90 世界大会文件《可持续旅游发展行

动战略》对旅游可持续发展概念所作的阐述在目前应用最广泛、影响最大，即“旅游可持续发展被认为是在保持和增强未来发展机会的同时，满足外来游客和旅游接待地区当地居民的需要，在旅游发展中维护公平，它是对各种资源的指导，以使人们在保护文化的完整性、基本生态过程、生物多样性和生命维持系统的同时，完成经济、社会和美学需要”。1992 年在里约热内卢召开的联合国环境与发展大会又进一步阐述了可持续发展的概念，全球的 100 多个国家首脑共同签署通过了《21 世纪议程》这一未来环境与发展的行动纲领，将可持续发展由概念转变为各国政府和国际组织在共识的基础上的发展战略。这是人类转变传统发展模式和生活方式，走可持续的发展道路的一个里程碑。20 世纪 90 年代以来，可持续发展战略日益普遍地被广泛接受和实施。

可持续发展的核心是谋求人口、资源、环境的协调、和谐发展，在兼顾人类长远利益和现实利益的前提下，科学地开发资源，合理地配置和利用资源。要使旅游资源和旅游产品长时间地产生效益，就必须精心保护生态环境，开展生态旅游，而且生态旅游已经成为世界旅游业发展的主要趋势。可持续发展的核心是发展，即发展经济；资源的永续利用和生态环境的改善是标志；社会有序地不断全面进步是目标。简而言之，可持续发展就是以最小的资源环境代价，来获取最大的发展效益。

旅游的快速发展与资源环境之间的矛盾严重影响到旅游经济的可持续发展，旅游循环经济为旅游可持续发展找到了新的出路。旅游业循环经济以循环经济理念为指导，是循环经济思想与可持续发展思想在旅游业中的具体体现，发展循环经济是实现旅游业可持续发展的根本保证。循环经济本身是符合可持续发展理念的新型经济增长模式，在倡导全面预防对环境的消极影响、保持良好的生态环境和物种多样性的同时，满足游客和旅游区居民的需要，最终实现旅游业的可持续发展。实施循环经济是协调旅游与环境间矛盾、实现持续发展的重要途径。旅游循环经济作为一种崭新的实施旅游可持续发展战略已经被世界各国普遍接受和重视。旅游循环经济是实现旅游可持续发展、推进循环经济全面深入发展的重要路径，是实现旅游可持续发展的最为现实的必由之路。

（二）旅游循环经济与生态旅游

生态旅游（Ecotourism）由国际自然保护联盟（IUCN）特别顾问谢贝洛斯·拉斯喀瑞（Ceballas-Lascurain）于 1983 年首次提出。1993 年，国际生态旅游协会把生态旅游定义为：具有保护自然环境和维护当地人民生活双重责任的旅游活动。生态旅游的内涵更强调的是对自然景观的保护，是可持续发展的旅游。在全球人类面临生存的环境危机的背景下，随着人们环境意识的觉醒，绿色运动及绿色消费席卷全球，生态旅游作为绿色旅游消费，一经提出便在全球引起巨大反响，生态旅游的概念迅速普及到全球，其内涵也得到了不断的充实。一般认为生态旅游是一种在生态学原理和可持续发展理论指导下，以最大限度地减少对自然环境和社会文化造成负面影响为目的，协调旅游活动和社会环境的关系，并带动当地社会与经济良性发展的旅游方式。

旅游循环经济根据生态效率的理念，提倡物质的适度消费、层次消费、绿色消费，生态旅游等，提高资源的利用率，同时减少污染物产生量与排放量，使有限的旅游资源得到最大限度的充分合理的利用，建立循环生产和消费的观念。它考虑到旅游目的地的资源和环境容量有限，实现旅游业经济发展生态化、无害化，在给当地带来经济效益的同时将旅游开发对当地造成的各种环境影响减小到最低限度。循环经济本质上是一种生态经济，要求运用生态学规律来指导人类社会的经济活动。这种要求与以旅游资源为依托的旅游业的发展模式是一致的，旅游业是发展循环经济的最佳载体。

（三）三者之间的关联

旅游循环经济与旅游可持续发展、生态旅游的关系甚为密切，可以说旅游循环经济与生态旅游因为贯彻可持续发展而联姻，同时生态旅游已经在一定程度上走着循环经济之路。可持续发展理论又是生态旅游的核心理论，也是生态旅游的灵魂之所在。旅游循环经济和旅游可持续发展实质都是实现旅游业发展的真正生态化，而旅游循环经济和生态旅游发展的终极目标都是为了实现旅游资源的可持续发展。三者的发展都要求保护环境，目的都是为了实现经济、社会效益的双赢。

生态旅游、旅游循环经济与旅游可持续发展之间有相同之处，但它们对环境关注的时间、空间程度和在运行方式上是不一样的。生态旅游是关注旅游景区、景点和旅游活动一切有关领域，旅游循环经济延伸到旅游的一切有关的经济领域，这两者都是关注一代人或几代人的发展。旅游可持续发展是关注旅游的所有方面，并一直延续到文明的终止，地球的毁灭。与生态旅游相比较，旅游循环经济从比较系统、经济的高度和广度将环境保护引入旅游发展运行机制，使得旅游发展运行和谐地纳入生态系统的物质循环中，形成一种新系统的旅游经济发展模式。在运行方式上，生态旅游通过生态设计、生态管理、生态教育、旅游活动和生态补偿等形式开展生态旅游活动；旅游循环经济在绿色技术的保障下，倡导绿色消费，进行保护性开发、清洁生产、生态旅游和物质循环利用等，实现旅游发展和环境保护双赢的运行方式；旅游可持续发展则涵盖了生态旅游和旅游循环经济，同时兼顾代际和代内公平发展。当继续这样的趋势，发展到更长的时间、更大的空间范围和更广的社会系统——整个全球范围内，社会文明的可持续发展才能最终实现。

总之，在旅游发展中，遵循循环经济理论，履行循环经济实践，以生态效率为目标，把旅游资源纳为一种稀缺性资源，按照生态规律，利用自然资源、环境容量和生态技术来组合和设计旅游产品，可以减少旅游环境污染，从根本上解决旅游、环境之间的矛盾，保护旅游资源与环境，实现旅游业持续发展。实施循环经济是旅游业持续发展的战略选择。旅游循环经济是在生态旅游和旅游可持续发展的基础上提出来的一种旅游发展模式，在旅游资源的基础、旅游者的需求和旅游方式等方面，旅游循环经济与上述二者相似，三种旅游发展模式的宗旨都是强调环境保护。生态旅游是旅游循环经济和旅游可持续发展的途径和工具，旅游循环经济涵盖了生态旅游而且内容更广泛，是实现旅游可持续发展的最佳模式。旅游可持续发展是生态旅游和旅游循环经济的最终目标。旅游发展由生态旅游向旅游循环经济推进，最终实现旅游可持续发展。

四、国内外旅游循环经济的发展

（一）国际旅游循环经济的发展经验

20 世纪 80 年代以来，不论是发达国家还是发展中国家都十分重视旅游循环经济的推广和实践，根据本国的资源特色和实际情况开展了各种形式的旅游循环经济活动，如美国的国家公园游、肯尼亚的野生动物生态游、哥斯达黎加的热带雨林之旅等。国外很少有专门的旅游循环经济理论研究，但是结合生态旅游、绿色旅游、自然旅游等的研究很多，在旅游资源利用与保护、旅游设施建设、工业旅游生态园区、旅游活动管理等方面体现了一些旅游循环经济的思想。旅游循环经济已在世界各国实践多年，特别是许多发达国家已把发展旅游循环经济认为是实施旅游可持续发展战略的重要途径和实现方式。主要有以下经验：

1. 观念更新

改变传统的旅游发展观念和旅游经营观念，培养和强化循环意识，树立旅游循环意识，运用循环经济的理念来发展旅游业。政府及旅游部门重视通过宣传教育的方式来培养国民的旅游环保意识，引导其参与生态环境保护和建设，相关部门经常开展旅游循环教育和推广计划，提高社会各界对旅游循环经济的认识和参与。如英国有一个世界著名的旅游与环境论坛向旅游企业推广绿色经营理念，鼓励旅游企业参加绿色旅游企业计划，并且经常召集一些相关人士就"绿色旅游循环经济产业"开展论坛讨论，交流彼此的思想和经验；日本旅游业协会(JATA)也多次召开旨在促进生态旅游的研讨会；澳大利亚堪培拉市的"无垃圾城市"计划教育中心为居民免费提供垃圾回收再利用的知识和技术培训。

2. 立法保障

健全的环保法规与严格的执法为旅游循环经济的发展奠定了法律基础。在发达国家，旅游开发遵循旅游循环经济已经成为一股潮流和趋势，有的国家甚至以立法的方式推进旅游循环经济的发展。如1996年德国颁布了《循环经济与废物管理法》，第一次把固体废弃物的回收利用和再资源化上升到循环经济的认识高度，并用法律形式加以确定；丹麦率先在欧洲出台垃圾处理罚金制度，强制实施《废弃物处理和回收法》，强制当地政府分类回收玻璃、报纸、餐馆业的有机废弃物，分开收集或作堆肥之用；日本先后颁布了《环境基本法》、《国家公园法》和《自然公园法》等与旅游循环经济相关的法规，2000年的《循环型社会形成推进基本法》提出了建立循环型经济社会的根本原则，从法制上确定了21世纪经济和社会的发展方向，标志着日本在环保技术和产业上迈入了新阶段；加勒比岛国巴巴多斯政府的《旅游发展法》规定，凡是通过绿色环球21认证的企业，均可以享受减免税收政策，不仅激发了企业自律，而且政府也减少了每年用于环保治理方面的大量投入。

3. 科技创新

政府加大财政投入，鼓励旅游循环经济相关科技，如清洁生产、废弃物处理、可再生资源循环生产和综合利用等技术的研发，围绕节能降耗、资源利用等方面加强与高等院校、科研院所的合作，加大创新力度，降低生产和消费过程资源、能源的消耗及污染物的产生和排放。如美国、加拿大等国家通过科技进步和科技创新来促进旅游循环经济的发展。1995年美国政府设立了"总统绿色化学挑战奖"，意在奖励个人、团体和组织为推动传统化学化工向更安全、更洁净、更经济、更友好、更绿色的方向发展而作出的贡献；此外还积极探索工业生态学或生态工业学，并组织多学科联合打造现代生态旅游工业园等。

4. 政府主导

在发展旅游循环经济的过程中，政府处于主导战略地位。政府应从搭建良好的软、硬环境平台和制定有效的激励机制等方面推动旅游循环经济战略发展，由专门的政府部门负责指导环境保护与生态旅游发展，建立以政府各级环境保护机构为主，引导其他相关政府部门、民间绿色团体、大众传媒以及社区居委会共同参与的公众教育网络，在全社会广泛开展节约资源、保护环境的教育。像瑞士、新加坡这类资源贫乏的国家，选择适合本国国情的循环经济发展模式，优先发展以旅游业为主的第三产业，同时提倡节约资源、保护环境，鼓励投资循环经济；澳大利亚维多利亚州的自然资源与环境厅，由厅长办公室对下属的环保局、自然资源局和生态再循环局进行协调。

5. 公众参与

由于旅游业具有综合性和较强的关联性，涉及多个行业和多种人员，因此应引导包括旅游企业在内的旅游业内部以及旅游业与其他相关产业之间的相关利益群体，积极主动地参与到旅游循环经济发展中来，通过建立相关利益群体的参与机制与模式，使公众成为旅游循环经济发展的推动力量。不少发达国家注重培养全员绿色旅游观，加强对游客的宣传引导，大力倡导进行绿色旅游消费模式。如日本大阪市结合城市美化宣传活动，每年 9 月发动市民开展公共垃圾收集活动，并向 100 万户家庭发放介绍垃圾处理知识和再生利用的宣传小册子，鼓励市民积极参与废旧资源回收和垃圾减量工作；在韩国首尔，为了创造优美的城市旅游环境，通过实施“垃圾终量制”，推行法定卫生塑料袋，加强对生活废弃物和垃圾的管理；新加坡政府更是将环保教育视为民众终生教育，环境教育成为学校课程的一部分，政府环境局通过订立保持健康生活环境的十年规划及推出无垃圾标志等活动，培养公众的环保意识，公众积极参与使垃圾减少和废物循环等工作卓有成效。

(二) 我国旅游循环经济发展现状分析

改革开放以来，我国旅游业快速崛起。1993—2008 年的 15 年间，旅游总收入从 1133 亿元迅速增长到 1.16 万亿元，平均增幅达到 17.6%，高于同期按现价计算的 GDP 增速 2.8 个百分点。2008 年，我国年接待境外游客 1.3 亿人次，旅游外汇收入 408 亿美元，占我国服务贸易出口总额的 1/3。国内旅游达到 17.1 亿人次，国内旅游收入达到 8749 亿元。旅游总收入与我国 GDP 的比值已经达到 3.9%。从总体上看，旅游业受到国家和地方政府的广泛重视，并将其列为新的经济增长点，各地纷纷将旅游业作为经济发展的支柱或先导，已有 27 个省(自治区、直辖市)市把旅游业确立为支柱产业、先导产业或第三产业的龙头产业，进一步加大旅游资源的开发力度。目前，旅游业已经成为我国国民经济的重要产业。

伴随着我国旅游业的快速发展，游客的大量涌入也给旅游地的社会环境、经济文化带来了不少问题。旅游资源开发与保护不力在一定程度上造成的环境污染、生物圈破坏、旅游资源利用率偏低等问题，影响了旅游业的可持续发展。至 2009 年 7 月，中国作为第三大世界遗产国，已有 38 处世界遗产。这些世界遗产地都不同程度地存在着人工化、城市化、商业化的倾向。由于对遗产资源的过度开发和掠夺性索取导致遗产资源破坏严重，个别地方甚至曾濒临被“摘牌”的境地。丽江古城由于出现过度的商业化、原住民大量流失等现象，在新西兰举行的第 31 届世界遗产大会上，被要求同我国的故宫、长城、圆明园、布达拉宫以及云南三江并流一起就管理上出现的问题做出解释。武陵源和张家界为了保住“世界自然遗产”的金字招牌，不得不耗费亿元巨资拆除违规建筑，恢复自然生态，为此付出了沉重的代价。

自 20 世纪 90 年代循环经济思想引入到中国，逐渐引起学术界和政府有关部门的广泛关注，并引入到旅游业的可持续发展实践活动中。2005 年 6 月，国家旅游局和国家环保总局联合发出通知，更是提出环境兴旅，加强旅游与环境产业协调发展。大力发展旅游循环经济，可将经济社会活动对自然资源的需求和生态环境的影响降低到最小限度，遏制旅游资源各自为政的盲目开发，从根本上解决经济发展与环境保护之间的矛盾，减少甚至消除旅游开发建设及旅游活动对旅游景区资源环境造成的直接或间接的负面影响，从而实现旅游景区的可持续发展。

目前，我国旅游循环经济的发展尚处于探索起步阶段。在借鉴外国立法经验的基础上，我国也建立了相应的循环经济保护法，诸如《清洁生产促进法》《可再生能源法》《节约能源法》《环境影响评价法》《循环经济促进法》，以及国家旅游局《绿色旅游饭店》标准等，用法律武器约束开发者和旅游者的行为，达到对旅游循环经济保护的目的。国内旅游循环经济理论方面的研究主要集中在探讨旅游循环经济相关概念、体系构筑、实现途径、发展战略及发展模式、区域旅游循环经济管理、可再生技术等方面。在实践领域，逐步出现了绿色饭店、绿色景区、旅游循环经济园区、环境友好型旅游城镇、循环经济工业示范区、循环经济农业示范区等旅游循环经济的实现形式。

在国内，浙江省早在1999年就发起了“创建绿色饭店、倡导绿色消费”活动；2004年《上海宣言》之后，神农架成为中国绿色GDP核算体系研究确定的试点地区之一，并顺利地通过了评审验收；2005年云南省以普者黑作为全省首批旅游业循环经济示范区；同年，四川省第三届旅游发展大会提出要把循环经济理念贯穿于旅游发展的全过程；深圳市在2006年开始实施绿色景区、绿色酒店建设，全面推进旅游循环经济活动；同年，贵阳市作为国家循环经济试点城市，开展旅游和循环经济服务产业体系建设；此外，北京、广东、辽宁、浙江等地区按照循环经济模式在开展生态循环旅游区、绿色酒店等方面进行了积极探索，比较有代表性的主要有北京蟹岛度假村、深圳华侨城、南昌宝葫芦农庄、南京中山陵、安徽黄山、江苏周庄、云南普者黑等成功案例，为我国进一步发展旅游循环经济奠定了基础。

思考与讨论

1. 什么是旅游循环经济？发展旅游循环经济的原则有哪些？
2. 简述旅游循环经济、旅游可持续发展和生态旅游之间的关联。
3. 国际旅游循环经济发展有哪些成功经验？

案例回放

问题1：新加坡在高速发展经济的同时成为环境保护最好的城市的主要原因是什么？

(1) 国家非常注重环保宣传。

新加坡政府将环保教育视为民众终生教育，鼓励人人参与环保，向群众灌输环境意识和社会责任感。自1990年以来，新加坡每年都展开“清洁绿化周”活动，推动环保团体、学校与公司参与环境保护，鼓励每个人对环境负责。新加坡政府把新生水厂、垃圾岛等环保工程作为环保教育基地，要求所有机构组织员工、所有学校组织学生进行参观，接受教育。

(2) 国家在环保基础建设和能源使用方面投入大量资金。

新加坡整个城市的生活污水、工业污水都做到全部集中收集处理、达标排放。城市生活污水处理后成为可饮用的新生水，工业污水处理达标后排入距离新加坡5千米以外的外海。新加坡实行“全民水源”政策，并出台“四大水喉”计划，即收集天然降水、从马来西亚进口水、新生水和淡化海水，保证了符合标准的高质量生活用水和工业用水。新加坡工业和民用燃料都使用天然气和电，有效控制和减少了大气污染。

(3) 合理规划，严格审批。

新加坡政府很注重规划，严格按环境功能分区和环保法律、法规审批，任何人也没有特权，目前新加坡仍然留有60%的土地没有开发利用。政府长期坚持经济发展与环境保护并重的政策，所有排放的污染物都必须经过治理达标，不会因为引进某大企业而降低环保标准和要求。新加坡在高速发展经济的同时，也成为环境保护最好的城市之一。

(4) 严格的标准和先进的监督手段。

新加坡借助在线监测系统对污染源实施监控，在主要马路上设立了汽车尾气监测体系，不符合“欧洲2号”废气标准的车辆已被禁行，进口到新加坡的汽车都必须安装机动车尾气处理装置。因此，在新加坡的马路上不会看见冒黑烟的车辆。

(5) 严格且严厉的环境执法。

廉洁、高效的政府是新加坡循环经济发展的主导力量，廉洁的公务员队伍保证了新加坡各类环境法律、措施与循环经济措施的落实，使循环经济在新加坡有良好的执法环境。新加坡法制以严厉举世闻名，其环境法制也不例外。对于信手涂鸦、破坏环境者，其法律甚至规定了严酷的鞭刑。对于一些破坏环境与公共卫生者，其罚金之高居世界之最。可见，严格而且严厉的法制是新加坡政府环境保护的重要举措。

问题2：如何看待我国某些旅游景点存在的“旅游垃圾”？

一是旅游者缺乏环保意识，大多数游客没有养成将“旅游垃圾”回收带走的习惯；二是景点缺少处理“旅游垃圾”的设施；三是旅游、环保等部门对“旅游垃圾”未建立起监督机制，缺乏对游人乱扔垃圾的有效管理。

实训题

一、活动名称：角色扮演——酒店垃圾分类与循环再利用。

二、活动目标：通过角色扮演活动，了解我国酒店垃圾分类与循环再利用的现状和问题，比较我国与其他国家(如日本、欧美)在该领域实践的差距与原因，并提出改进目标与对策。在此基础上，了解旅游循环经济的背景、概念、重大实践领域进展情况。

三、活动材料：

1. 围绕酒店垃圾分类与循环再利用主题，搜集相关资料，如市民垃圾分类意识、家庭垃圾分类实践(以日本为例)、垃圾回收利润及其利益相关者、环卫系统装运垃圾方式、垃圾回收处理技术的现状与进展、旅游垃圾处理对旅游地环境的影响、国家相关政策、垃圾循环利用产业链的发展等。

2. 大白纸和彩笔若干。

四、活动步骤：

1. 教师介绍主题的相关背景知识。

2. 确定角色类型：小组主持人、旅游地居民代表、拾荒者、酒店客房服务员、环卫工人、垃圾处理技术专家、政府主管部门代表、媒体记者、酒店管理层代表、律师、经济学家、社会学家等(根据需要增减角色类型)。

3. 活动要求：每组6～8人，按角色发言讨论，时间约1小时，小组主持人做会议记录。各组以多种形式(文字列举式、结构图或流程图等)将本组主要观点写在大白纸上，由小组主持人做3～5分钟的发言。发言完毕，其他各组同学提问，本组成员集体作答。教师对各组表现进行点评。

4. 教师引导全班辨析重要概念与主要的逻辑关系，归纳核心观点。

典型案例

“零排放”酒店

地处光福冲山半岛的苏州太湖阳光酒店，2009 年成为了吴中区旅游业首个污水“零排放”酒店，也是吴中区沿太湖第一家污水实现“零排放”单位。所有生活废水全部回收净化，用于园林绿化、景观瀑布和卫生间冲洗，生活废水全部自产自“消”，没有一滴排入太湖。

苏州太湖阳光酒店是中国石油旗下的一家集会议、培训、度假功能于一体的酒店，为进一步贯彻《江苏省太湖水污染防治条例》，努力营造“美丽太湖·生态太湖·和谐太湖”的太湖环境和酒店绿色氛围，原本就是“国家银叶级绿色旅游饭店”的苏州太湖阳光酒店，积极响应太湖环保综合治理，自 2006 年起，就投入 70 万元，采用地面钢混 CASS 生物池建造结构和脱氮除磷处理工艺，使污水达到了稳定排放标准。2008 年，苏州太湖阳光酒店投入上百万元，针对每天经营过程中产生的 100 吨生活污水，由苏州苏净环保公司设计施工，采用砂过滤器和超滤装置作为该系统的预处理单元，用 RO 装置作为该系统的深度处理单元，确保了系统产水水质和水量、设备运行的稳定性；确保了最大限度提高系统运行的经济性，达到了废水零排放和节省自来水的用量。实现了“一级保护区内禁止设置排污口，已经设置的排污口应限期关闭的规定”，原通向太湖的排水口封堵，实现零排放，每天可节约自来水费用 200 多元，取得很好的社会效益和经济效益。项目达到了设计技术要求，顺利通过了吴中区环保局的验收，成为苏州吴中区沿太湖第一家“污水排放实现‘零排放’的单位”。

今后，吴中区沿太湖的旅游饭店都将改建污水处理零排放装置，沿太湖一级保护区内禁止设置排污口，已经设置的排污口也会在限期内关闭，并积极创建国家银叶级、金叶级“绿色旅游饭店”，保护太湖绿色生态环境，实现旅游“绿色行业”，真正实践科学发展、可持续发展理念。

案例解析：

我国旅游饭店经营浪费情况严重，苏州太湖阳光酒店为我国建设绿色饭店，采取节能措施做出了有益的探索。如可尝试取消房间中的一次性用品，以可持续使用的固定肥皂液、洗浴液容器来替代；倡导绿色消费，发展生态旅游，引导消费者转变消费观念，在追求生活舒适的同时，注重环保、节约资源和能源；采取循环处理装置，最终实现可持续消费。

常识补充

建设资源节约型、环境友好型社会

必须加快转变经济增长方式。我国土地、淡水、能源、矿产资源和环境状况对经济发展已构成严重制约。要把节约资源作为基本国策，发展循环经济，保护生态环境，加快建设资源节约型、环境友好型社会，促进经济发展与人口、资源、环境相协调。推进国民经济和社会信息化，切实走新型工业化道路，坚持节约发展、清洁发展、安全发展，实现可持续发展。

大力发展循环经济。发展循环经济，是建设资源节约型、环境友好型社会和实现可持续发展的重要途径。坚持开发节约并重、节约优先，按照减量化、再利用、资源化的原则，大力推进节能、节水、节地、节材，加强资源综合利用，完善再生资源回收利用体系，全面推行清洁生产，形成低投入、低消耗、低排放和高效率的节约型增长方式。积极开发和推广资源节约、替代和循环利用技术，加快企业节能降耗的技术改造，对消耗高、污染重、技术落后的工艺和产品实施强制性淘汰制度，实行有利于资源节约的价格和财税政策。在冶金、建材、化工、电力等重点行业以及产业园区和若干城市，开展循环经济试点，健全法律法规，探索发展循环经济的有效模式。强化节约意识，鼓励生产和使用节能节水产品、节能环保型汽车，发展节能省地型建筑，形成健康文明、节约资源的消费模式。

加大环境保护力度。坚持预防为主、综合治理，强化从源头防治污染和保护生态环境，坚决改变先污染后治理、边治理边污染的状况。各地区、各部门都要把保护环境作为一项重大任务抓紧抓好，采取严格有力的措施，降低污染物排放总量，切实解决影响经济社会发展特别是严重危害人民健康的突出问题。尽快改善重点流域、重点区域的环境质量，加大"三河三湖"、三峡库区、长江上游、黄河中上游和南水北调水源及沿线等水污染防治力度，积极防治农村水源污染，特别要保护好饮用水源。综合治理大中城市环境，加强工业污染防治，加快燃煤电厂二氧化硫的治理，重视控制温室气体排放，妥善处理生活垃圾和危险废物。进一步健全环境监管体制，提高环境监管能力，加大环保执法力度，实施排放总量控制、排放许可和环境影响评价制度。大力发展环保产业，建立社会化、多元化环保投融资机制，运用经济手段推进污染治理市场化进程。

切实保护好自然生态。坚持保护优先、开发有序，以控制不合理的资源开发活动为重点，强化对水源、土地、森林、草原、海洋等自然资源的生态保护。继续推进天然林保护、退耕还林、退牧还草、京津风沙源治理、水土流失治理、湿地保护和荒漠化石漠化治理等生态工程，加强自然保护区、重要生态功能区和海岸带的生态保护与管理，有效保护生物多样性，促进自然生态恢复。防止外来有害物种对我国生态系统的侵害。按照谁开发谁保护、谁受益谁补偿的原则，加快建立生态补偿机制。

（资料来源：中共中央关于制定"十一五"规划的建议）

任务二　旅游循环经济发展战略

任务引入

神农架"旅农林"发展战略

神农架位于鄂西北，北顾武当，南眺三峡，西望陕渝，东瞰荆襄。据传，中华民族的伟大始祖炎帝神农氏曾在这里尝草采药，架木为梯，以助攀缘；架木为屋，以避风寒；架木为坛，跨鹤升天，后人遂以"神农架"名其地。作为全国首批绿色GDP试点，神农架牢固树立"保护就是发展、绿色就是财富"的理念，以"旅农林"生态经济产业链和"矿电化"循环经济产业链建设为抓手，经济社会尤其是旅游取得显著发展。2008 年实现旅游综合收入 1.8 亿元，接待海内外游客 1500 万人次，成为全国最受欢迎的 50 个旅游景区之一。

神农架的开发与建设，经历了一个曲折而艰难的历程。新中国成立初期，直到 20 世纪末，这里进行伐木取材，累计为国家提供商品木材 300 余万立方米。森林资源的急剧减少和环境的退化令人忧心。1999 年 4 月，时任国务院副总理的温家宝同志亲笔批示，“神农架林区生态地位重要，应当纳入天然林保护范畴”。2000 年 3 月，神农架全面停止天然林采伐，关闭了 80 多家森工企业。长期形成的“一木独大”的产业格局彻底终结。此后神农架开始把生态旅游作为主导产业加以培育，推动神农架生态旅游产业较快发展。“天然神农架，世界生态园”的旅游形象得到彰显。从生态品牌推介的角度看，神农架正成为湖北乃至全国的一个生态窗口。2005 年，这里成为全国 12 个天然林资源保护工程示范区之一；2007 年，神农架着重发展以生态旅游为主导的“旅农林”生态产业链，生态保护成效显著，被授牌“全国旅游强县”，其中木鱼和红坪两个乡镇被国家环保总局评为“环境优美乡镇”；2008 年神农架林区在全国首度发布《神农架绿色责任蓝皮书》，对履行绿色责任，保护好神农架的每一片绿做出庄严承诺，该书的发布在国内外引起强烈反响。目前，神农架以生态旅游为主导的产业布局初步确立，初步探索出了一条符合神农架实际，自然有效保护、生态有序恢复与经济社会协调可持续发展之路。充分发挥好神农架的生态窗口和形象名片作用，对构建“鄂西圈”、促进圈内经济又好又快发展具有积极的推动效应。

神农架建立了“旅农林”生态经济产业链，以旅游为龙头，农业为基础，林业保护为核心，以农民增收、林业增效为重点，让旅游进乡村、入万户，形成旅农林复合经营体。主要有以下模式：

（一）富集型生态旅游形象品牌模式

依托神农坛，大、小神农架，湿地公园，地质公园等丰富的旅游资源，建立古老人文生态旅游胜地。在充分保护自然景观和自然资源的前提下，进行人为装点，旅游资源的形象建设和品牌开发，重点是景区与文化发展相结合，把奇峰、怪石、异洞、峡谷、湖泊（大九湖）、温泉和瀑布建设成丰富多彩、各具特色的炎帝文化摇篮。利用野生物种资源文库，在受人为干扰较小的中部，建立国家级动植物公园、科研基地和原始森林观赏区，研究濒危动植物、孑遗植物的生存环境，使小龙潭和金猴岭一带成为金丝猴之乡。尽快使神农架主要旅游景区成为世界自然文化遗产、世界生物圈多级保护区、国家重点名胜的旅游开发区、国家森林公园、生态经济示范区、炎帝文化保护区。

（二）湿地草业共生型生态模式

大九湖，被誉为湖北的“呼伦贝尔”，盆地总面积 2.9 万亩，其中湿地近 1 万亩，周围以草地、半湿地、畜牧业为主，建设湿地公园，整治落水孔，拦坝蓄水养冷水鱼，形成观光湖泊。在保护天然草场的基础上，适度引种优良牧草，有利于保障生态安全、食物安全和推动现代旅游观光农业的建设，有利于农民增收和产业结构调整。据实践证明，每 100 公顷优质牧草可饲养 120 头牛或 1300 多只羊，效益可达 7.5 万～15 万元；在种植模式上，选择多年生、高产、优质、适应性强的品种，推广少耕免耕种植技术；在草地利用方式上，要以生态效益优先、增加农民收入为目的，实行圈养和轮牧方式，降低生产成本；在产品定位上，应以绿色无公害牛羊肉产品为主；在运行机制上，用工业理念谋划草业发展；对周边的林区在以保护为核心的基础上，有计划地开展林药间作。

（三）南部旅农林有机生态模式

位于南大门的木鱼镇，是神农架林区旅游明星镇和生态经济的发展核心区，依托旅游产业抓配套服务，以旅游市场为导向，以农户家庭经营为基础，以有机茶生产为重点，以品牌开发为取向，把生态旅游和观光农业有机结合起来，走集约化、工业化、产业化经营道路。建立“旅游农庄＋休闲农业＋地方民俗”模式，整合茶叶品牌，利用茶文化，做大做强茶产业，形成优势板块，充分利用神农坛这张王牌，深入挖掘、整理和传播炎帝文化，建特色现代茶馆和茶艺楼，普及茶知识，拉动茶消费。举办茶叶节、茶交会和品茶游等活动，通过茶文化、茶品牌的建设和宣传，提升神农架茶叶的社会影响力和市场竞争力。争取在5～10年内建成林区南部旅游观光农业示范区。

（四）原生态休闲观光旅农林生态模式

该区以红坪为中心，生态完整，旅游景地多，农业受气候、土壤、水分、阳光等多种自然因素的制约。要避免新一轮的结构趋同和低水平的重复建设；摒弃对抗性农业，扩大森林保护面积；适宜发展林下药材、草食畜牧业、原始小杂粮和无公害蔬菜基地建设；要发挥市场中特色农业的配置优势；以市场为导向，以效益为中心，以科技为支撑，以品牌为重点，克服“小而全”“小而散”“小而杂”的传统生产模式，把生产要素聚集到优势产业、优势品种、优势品牌上来；依托资源培植出“人无我有”“人有我优”“人优我特”的原生态休闲农业示范区；牢固树立“不求其多，但求其特；不求其全，但求其精”的特色经济新理念。

（五）燕天生态民俗文化新模式

以燕天风景为依托，重点开发桂竹园、黄龙堰、蛇草坪、大岩屋等旅游新景地，选择具有独特地位的优势，新建炎帝陵园。在现阶段农业发展的基础上，要以生态家园为重点加快农田水利和能源建设，实施“五改三建”工程，普及区、乡、村路网建设，消灭“毛坯路”。发展现代农业是旅农林建设的首要任务，它既是根本，也是前提，更是基础。必须紧紧围绕新农村建设总目标，培养造就大批有文化、懂技术、会经营的新型农民。

（六）城郊旅农林生态经济模式

建立木鱼、松柏、阳日和红坪城（镇）郊生态经济模式，统筹城乡发展，实施“以工哺农、以城带乡”的发展战略，减粮增菜抓经，营造城（镇）郊农业市场，从根本上改变“就农业论农业、就农村抓农村”的传统思维，把城镇和农村经济发展作为生态经济载体，统一规划、通盘考虑，利用农业产业化，构建相关产业联合经营体，建立风险共担、利益共享的联合机制，以超市、宾馆、购物一条街为核心，重点开辟市场农业和外向型农业，彻底解决小生产与大市场的矛盾，探索“公司＋基地＋农户”“协会＋基地＋农户”“流通大户＋农户＋基地”的经营模式，创办民营公司，带动农业产业化和规模化经营。

（七）农村循环经济可再生模式

统筹城乡发展，构建和谐旅农林生态产业链，要大力发展以沼气为重点的农村生态家园建设，用循环经济理念，在“十一五”期间发展5000户农村循环经济。同时探索卫生校园、养殖小区的农村循环经济模式。一是生态农业模式，即以沼气为纽带，将养殖业与种植业紧密结合起来，前推种植业，后拉养殖业，实现物质流的良性循环；二是资源转化模式，通过实施“一建三改”，彻底改善农村卫生环境，而且通过厌氧发酵，变废为宝，把污染物变为商品源，增加农业附加值；三是农家乐模式，从木鱼、松柏218家生态家园示范户来看，它体现休闲农业、观光农业和生态旅游，促进三产业的发展；四是特色民居模式，以生态家园带动地方民居改造和建筑风格，用现代文明成果改善农村基础设施，把农村循环经济与神农架人文环境、地理地貌相协调；五是文明新村模式，将"一池三改"与乡村道路、饮水工程、精神文明建设相结合，让受益农户村容村貌巨变，院落整洁，厨房洁净，厕所卫生和乡间小路硬化。结合新农村建设，大力实施乡村清洁工程，创建资源节约型、环境友好型农村循环可再生体系，扶持壮大"一村一品""多村一业"。走产业化之路，实现清洁家园、清洁田园和清洁水源的自然社会环境。

问题：神农架"旅农林"发展战略对我国发展旅游循环经济带来哪些启示？

知识链接

改革开放以来，我国旅游业无论从规模上还是地域空间范围上都得到了极大的拓展。但是由于旅游环境保护工作没有得到充分重视，只注重开发的经济效益，缺乏科学规划和管理机制，无序开发旅游资源，超容量接待游客，结果造成旅游资源破坏，更加剧了旅游地的环境恶化，给旅游业的持续发展造成了极大的负面影响。这些问题的解决有待于运用旅游循环经济的原理与方法。21世纪以来，旅游业在我国未来经济与环境发展中将占有越来越重要的地位，发展旅游循环经济是旅游目的地实现环境和经济双赢战略目标的有效途径和重要保障，是促进我国旅游业可持续发展的重要战略方针。

一、发展旅游循环经济的战略意义

（一）发展旅游循环经济是现代旅游产业发展的必然趋势

当旅游经济增长达到一定阶段时，对生态环境的无偿使用必然达到极限，客观上要求我们用新的模式发展旅游经济，切实转变过度消耗旅游资源、破坏旅游生态环境的传统旅游方式，要求把旅游资源归为一种稀缺性资源，并将环境保护理念置于资源的开发利用中，有效地利用各种资源，促进旅游活动的健康发展。在现代旅游产业发展中，良好的旅游环境是旅游生产力的组成要素和重要基础，是体现旅游产业竞争力的重要标志。旅游循环经济应该在充分考虑环境容量的基础上，做到合理循环、可持续地利用资源，从而保护旅游资源、维护生态环境。以"低消耗、低排放、高效率"为基本特征的旅游循环经济，能够实现环境与经济的共赢，已成为现代旅游产业发展的必然趋势。

（二）发展旅游循环经济是实现旅游可持续发展的重要途径

实施旅游循环经济战略是旅游业实现可持续发展的重大举措。旅游业既是生态环境与旅游资源的利用者，又是生态环境建设者和资源持续利用的维护者。旅游循环经济不是简单的开发自然资源以满足当代人类发展的需要，而是在开发旅游资源的同时保持资源的潜在能力，充分考虑资源与环境对旅游开发的承受力，以满足未来人类发展的需要。可以说，实现旅游可持续的发展是发展旅游循环经济的基本目标和基本任务。把旅游经济建设建立在维护旅游生态可持续发展的基础上，不但可以充分提高资源和能源的利用效率，最大限度地减少废物排放，保护生态环境，实现社会经济和环境的共赢，而且在不同层面上将生产和消费纳入可持续发展的框架中，切实转变过度消耗资源、不断恶化环境的传统旅游方式，保护旅游资源与环境，实现旅游业可持续发展，使我国旅游业全面、快速、健康发展。

(三) 发展旅游循环经济是旅游业及其关联产业实现共赢的主要方式

旅游业是一项综合性极强的服务行业，涉及关联产业广泛，涵盖“食、住、行、游、购、娱”众多行业。发展旅游循环经济，有利于培育和开拓旅游市场，引进资金、技术、人才，提高当地知名度。同时随着游客数量的增长，又可以带动餐饮、旅馆、交通运输业，以及旅游纪念品、农副产品和房地产等行业的发展，而这些相关产业的发展又可为旅游业注入资金、技术，从而实现良性循环。通过发展旅游循环经济能够为旅游业及其关联产业提供更多商机，可使相关产业链导入循环经济发展圈，从而促进旅游生态保障体系的构建与优化，营造优美的生态旅游景区环境，提升旅游业的核心竞争力，实现旅游业及其关联产业的共赢，这就使得旅游业成为发展循环经济的最佳载体之一。

(四) 发展旅游循环经济是提升公众环保意识的重要举措

旅游业同公众直接接触和交往的经营特点，使其成为教育和培育公众环境保护意识和可持续发展意识的阵地。领队和导游通过现场方式对游客的不当行为有针对性地加以纠正和引导，使公众了解旅游循环经济理论与实践。旅游者在尽情体验旅游循环经济所带来的全新物质享受和精神享受的同时，也在增强着环保意识，缓解旅游资源对经济社会发展的约束，减少环境污染。随着社会公众参与旅游活动者的日益增多，在旅游业树立循环经济思想、推广循环经济的科学技术、强化旅游消费者绿色或循环型消费行为，既改善了生态环境，又提高了民众的资源和环境意识，大力提倡生态旅游、绿色消费，使社会各阶层人群了解并认可旅游循环经济，自觉选择有利于节约资源、保护环境的旅游方式、生活方式和消费方式，从而促进人的全面发展。旅游循环经济是在全社会范围内广泛宣传旅游可持续发展战略的一种有效途径，是提升公众环保意识的重要举措。

二、我国旅游循环经济发展中存在的障碍

目前，我国旅游循环经济的发展还处于起步阶段，还存在诸多制约旅游循环经济健康、持续、快速发展的问题。由于观念落后、过于重视 GDP 增长率和短期的经济效益、缺乏循环经济生产模式的大环境等原因，旅游循环经济的发展面临重重障碍，主要表现为：

(一) 理念障碍

人们的思想观念还停留在传统旅游经济发展模式上，在对旅游业的认识上仍然停留在旅游业是“无烟工业”，旅游资源属于“非耗竭性资源”的层面上。对旅游循环经济的发展缺乏足够的认识和重视，具体表现在旅游规划缺乏旅游循环经济意识，盲目开发，新设项目与旅游区景观不协调，改变或破坏了旅游区所有的生态环境；绿色饭店认证推行效果不太理想；旅游开发商的生态道德薄弱，交通、旅游基础设施建设滞后；游客环境保护意识不强等方面。理念上的误区严重限制了我国旅游循环经济的发展。

(二) 政策障碍

旅游循环经济还未得到我国政府各部门的足够重视，缺少资金和具体政策落实的保障，一些具体工作无法落实到位；突出表现在旅游循环经济法规的缺失，相关配套扶植措施、优惠政策缺位，缺乏完善的激励—约束机制等方面。政府在旅游业发展中的角色定位不清晰，对旅游资源盲目进行探索式、粗放式甚至过度性、掠夺性开发，造成许多不可再生的珍贵旅游资源的损害与浪费。在旅游目的地开发过程中，当地政府为了吸引投资、增加税收，往往存在着旅游资源的粗放开发和盲目利用。一些地方缺乏深入的调查研究和全面的科学论

证、评估与规划，急功近利，旅游体制改革相对滞后，产品创新滞后于旅游需求；缺乏完善的旅游循环经济政策法规保障，在我国目前还没有专门的旅游循环经济法规，相应的政策引导体系也远未建立起来。因此，要促进旅游循环经济的发展，就应加快制定这方面的法律和制度。

（三）技术障碍

发展旅游循环经济，重点在于对环境的保护和资源的合理利用，减少污染物的排放，及时回收利用废弃物，以对环境友好的方式处理残余的废弃物，加快新技术、新工艺和新设备的推广应用。如今我国尚未形成促进旅游循环经济发展的技术支撑体系，只是在一些旅游循环试点单位和景区获得了初步经验。我国旅游资源节约综合利用技术装备水平亟待提高，普遍存在着旅游资源消耗浪费严重，综合利用率低，环保型企业和先进适用技术偏少，相关旅游企业工艺、技术装备落后，产业关联度不高等问题，导致旅游循环经济增长的质量和效益不高，与旅游循环经济要求的资源高效配置有较大差距，从而严重制约了我国旅游循环经济的深入发展。

（四）成本障碍

我国目前普遍存在原材料价格和旅游循环经济过程中的成本障碍，各种废旧产品和废弃物的集中回收成本高，再利用和再生技术发展滞后，规模效益差。许多旅游循环经济投资项目周期长、投资大、比较效益不明显，大多数企业尤其是那些资金比较薄弱的中小企业自觉发展旅游循环经济的意愿不高，企业发展旅游循环经济的内在动力不足。许多旅游业相关企业愿意继续走“高投入、高消耗、高排放”粗放型增长方式的老路，因而对资源循环利用的积极性不高，以致在现行市场条件下旅游循环经济生产方式很难形成并发展。如有些旅游饭店只顾接待人数和经济效益，对于饭店易耗物品，特别是提供游客使用的一次性物品，很少考虑重复使用和回收利用。对于接待过程中产生污染的治理和废弃物的回收利用，由于前期成本耗资巨大，很多饭店也是难以承继。

三、旅游循环经济的战略思路

（一）坚持政府主导旅游发展战略

旅游资源具有稀缺性，单纯的市场运作完全受利益驱使，必然会造成资源的过度利用以至于掠夺性开发，最后严重破坏旅游资源。同时旅游是一个系统性、全局性、拉动性很强的工程，旅游循环经济是涉及多行业、多区域的一种经济发展模式，各个相关行业的协调运作，有关资源、产品价格机制的形成，各种社会资源的市场配置等，都必须坚持发挥政府宏观调控的主导作用。大力实施政府主导、市场化运作的大旅游发展战略，拓宽发展空间，扩大产业规模，才能形成强大的旅游发展合力。政府主导型旅游发展战略的核心要旨是按照旅游业的自身特点，以市场为主要基础来配置资源，充分发挥政府的主导作用，争取旅游业更大的发展。旅游资源的保护性开发和循环可持续利用，用旅游循环经济理念指导区域旅游发展，必须通过政府的科学规划、政策指导，调整产业结构，优化经济布局，引导经济结构的战略性调整。为此，政府应充分发挥宏观调控职能，加大循环经济理念的宣传力度，加大政策支持。可通过以下手段：① 通过产业政策、法规标准、发展规划、宣传促销、基础建设等手段，组织编制规划，加强宏观调控，为企业和市场做好服务，按照市场经济规则的要求，创造公平的竞争环境，实现旅游发展环境的不断优化；② 完善旅游循环经济发展的政策体系，综合运用财政、税收、金融、价格、投资等政策，促进旅游循环经济的发展；③ 政府充分发挥宏观调控职能，加大政策支持，制定各种推动旅游循环经济发展的激励政策，强化政策导向，坚持鼓励与限制相结合，建立促进循环旅游经济发展的激励机制，如加大财政支持力度，制定激励发展旅游循环经济的融资和利用外资措施，采取包括减免税收、价格补贴、低息贷款、信贷担保等经济激励和惩罚手段，推动旅游循环经济的发展；④ 通过旅游循环经济相关法规政策的建立与实施，以及对旅游区资源、环境友好的宣传、教育和培训，提倡绿色旅游、绿色消费、理性消费等循环经济意识，建立健全绿色保障制度和循环经济信息咨询支持服务系统等来加以维护。

（二）坚持资源节约与物质循环利用战略

旅游循环经济是从传统的资源依赖过量消耗型、粗放经营的经济增长方式向资源节约循环型、集约经营的经济增长方式转变，以资源的高效利用和循环利用为核心，以“协调”、“减量”和“循环”为主要手段，落实到各个环节，从而达到最大限度地节约资源和保护环境的目的。旅游资源循环利用不仅包括少用资源、降低消耗，而且包括资源的综合使用、多次使用、循环使用，提高资源的利用效率和再生化率。发展旅游循环经济，各级政府必须彻底转变 GDP 至上的倾向，把发展旅游循环经济、推进可持续发展作为发展目标，加强“三废”治理，控制污染物排放总量，按照减量化、再利用、资源化的原则，推进资源节约、资源综合利用和清洁生产。在旅游开发中，尊重自然规律，按照自然环境的特点，科学选择开发模式，合理选择旅游线路，严格监控旅游负荷，加强旅游区污染防治与生态保护，提高旅游管理和环境管理的能力。此外，特别注意生态脆弱区、环境敏感区和特殊自然景观与人文景观区的保护，分区管理，严格控制自然保护区内的旅游活动。在旅游业及相关产业中促进形成循环型清洁生产环节，运用财政、税收手段鼓励企业积极开展节约资源和废弃物循环利用，对生产再生资源的产品实施税收优惠政策，明确生产商、销售商和消费者对废弃物回收、处理和再利用的义务。

（三）坚持协调发展战略

在发展旅游循环经济的过程中，我们要以科学发展观为指导，树立协调发展的战略思路，以“保护优先，开发有序”为原则，调整产业结构，转变经济增长方式，搞好旅游资源的保护与开发，促进人与自然的和谐发展，实现经济社会和环境保护的共赢。具体应该做到：① 在旅游规划中应用循环经济理念，将循环经济的原则贯彻到旅游规划的方方面面，要从各个环节、细节入手，协调旅游业以及关联行业的发展；② 旅游开发必须考虑与周边景区保持形象统一、产品互补、保障设施共享、协调发展，以提高整体旅游竞争力；③充分考虑与周边地区的城市产业结构功能相互协调，以旅游为突破口，实施旅游业协调发展战略，在更为广阔的空间和更高的层次上，提升旅游产业的整体素质。

（四）坚持可持续发展战略

如今，可持续发展已经成为全世界旅游开发的共识。可持续发展战略强调对自然和文化、生态的保护和延续，在为当前的游客和当地提供旅游和发展机会的同时，保留并强化后人享有同样的机会，可以满足经济、社会和文化的需求。旅游循环经济就是要以人为本，坚持可持续发展观，在保护的基础上开发，坚持资源的合理开发利用与全面保护相结合，加快产业化进程，大力发展环境友好型的旅游循环经济，实现人文景观、自然景观与环境保护的和谐统一，使旅游资源得到永续利用，对于保护环境和实现旅游业的可持续发展都具有重大的现实意义。

（五）坚持科技创新战略

科学技术是第一生产力。旅游循环经济的发展，应遵循技术思路，最终要靠科技创新，大力发展以高新技术产业为代表的低消耗、低影响、高产出行业。发展旅游循环经济必须有高新技术的介入，政府应制订和发布相关技术政策，采取切实可行的措施，从观念、管理、机制、模式、技术、消费等层面上进行创新，寻求突破，加快新技术、新工艺和新设备的推广应用，通过对旅游系统进行物流和能流分析，使尽可能多的物质和能源在不断进行的经济循环中得到合理和持久的利用，使用回收处理和再生能源等技术，实现物尽其用，大幅度降低旅游消费过程的资源、能源消耗及污染物的产生和排放，最终达到资源节约和保护环境的目的。

（六）坚持特色竞争战略

树立特色竞争的战略，建设一批旅游精品，有助于提升旅游目的地的整体形象。一个旅游目的地如果没有自己的品牌，不仅难以占领市场，也难以在竞争中生存和发展。当前，国内旅游市场的竞争已逐渐开始向国际竞争靠拢，即进入了实力竞争阶段。在激烈的竞争面前，如果不能从传统的“资源观”中解脱出来迎接挑战，只能意味着落后、被动和失败。旅游资源的品牌化在旅游者与潜在旅游者的心目中已成为一种旅游品牌，能直接影响旅游者的旅游决策。坚持特色竞争战略是未来旅游业发展必然的战略选择，体现了集约化的旅游经济发展方式。按照旅游循环经济的理念，利用知识、人力、资金、技术等推进要素对旅游资源本身竞争优势的提升，充分挖掘资源潜力，高起点、高品位、高水平地开发和组合设计旅游产品，创造出内容丰富、独具特色、质量上乘、富有竞争力的旅游精品，才能在竞争中处于不败之地。

思考与讨论

1. 我国旅游循环经济发展中存在哪些主要障碍？
2. 旅游循环经济战略主要包括哪些？

案例回放

问题：神农架“旅农林”发展战略对我国发展旅游循环经济带来哪些启示？

神农架依托本区内资源优势，结合神农架实际情况，探索神农架旅游产业“旅农林”发展战略，通过创建畅达旅游，构建旅游交通立体网络体系；创特色旅游，打造原生态旅游精品，深度开发神农顶景区；创文化旅游，提升旅游文化品位；创魅力旅游，提升旅游吸引力，突出原生态旅游主题，强化旅游形象宣传等方面，强化旅游的关联带动作用，将旅农林产业作为促进保护与经济和谐发展的战略产业，作为建设社会主义新农村的动力产业来培育和打造，推动旅游产业集约化、一体化、特色化，促进旅游服务向休闲、度假、健身产品的转型。为贯彻落实科学发展观提供理论指导，为构建社会主义和谐社会贡献力量，对于我国进一步大力发展旅游产业，积极扶植旅游服务业，努力拓展旅游层次领域，延伸旅游服务产业链，促进产业的繁荣具有深刻意义。

实训题

一、活动设计：研讨会——讲述丽江古城申请世界文化遗产成功前后的变迁。

活动目标：通过研讨的方式，对比世界文化遗产丽江古城申请世界文化遗产成功前后的变迁，了解旅游开发带给丽江土著文化、旅游环境、经济生活等方面的改变，探讨旅游循环经济改善丽江旅游业的积极启示。

活动材料：收集有关丽江古城申请世界文化遗产成功前后变迁的图片、资料、视频等。

活动步骤：

1. 教师简单介绍丽江古城申请世界文化遗产成功前后的变迁，提出活动要求；
2. 以小组为单位搜集资料，制作 PPT，在全班展示（各小组选择一个时期的内容讲解）；
3. 全班讨论，教师点评；
4. 引导学生从旅游循环经济思路出发，思考有利于丽江旅游可持续发展的战略理念与方式。

二、以某一乡村旅游景点为例，搜集相关资料，提供理解和实现该区域旅游循环经济的现实路径。

典型案例

婺源县采取措施打造绿色旅游循环经济

近几年，婺源县坚持“生态立县”，大力发展生态旅游、生态农业、生态工业循环经济，调整产业结构，转变经济增长方式，促进人与自然的和谐发展，实现经济社会和环境保护的共赢。生态循环经济成了该县新的经济增长点。

婺源县采取一系列措施打造绿色旅游循环经济。一是各大景区、酒店、农家乐开展绿色行动，使用节能环保工具，告别一次性筷子等“一次性”用品。秋口镇李坑景区为保护环境，还改用了电瓶车、马拉车，受到游客称赞。二是在封山育林 170 万亩的基础上，将公路沿线 200 米以内的风景林、水口林等列为地方公益林保护。同时，对 6000 多棵古树建档挂牌，建立自然保护小区 193 处，面积达 65.4 万亩。三是实施“花开百村”工程，打造全国花海。在全县 130 多个村庄、重点景区点、县城和中心集镇，连续三年每年种植桃、梨、李、梅等花果树木 1 万亩。四是加大环境保护，关停并转百余家高耗低效企业，关闭改造搬迁了公路沿线几千座坟墓、43 座矿山企业。关闭了群众反响特别强烈的吃林大户“迈尔泰木业”，保护了生态环境。五是出台相关办法保护散落在乡村的古民居、文物古迹。六是推行“服务区”与“游览区”分开的“双区结构”，让游客“乡下游、城里住”。目前白石、老虎滩等三个旅游休闲度假区已被列入省调度项目。

在旅游带动下，该县生态农业循环经济正推动传统农业向生态农业、观光农业转移。推广沼气工程，建立沼气池 7000 多座，减少生活垃圾排放，促进了“猪—沼—茶”（鱼、菜、果、稻）等立体种养模式的发展。如今沼液成了婺源农民种养的“好帮手”。中云镇农民叶劲松

2002年办青松养鸡场后，一直苦于鸡粪的处理，经过市场调查，发现通过循环经济不但可增收，还可以解难题。于是他承包了800亩晓林石井水库，建立“稻壳+鸡+鸡粪+鱼(玉米)”等发展模式，年出栏商品鸡50万羽，成品鱼15万斤，年产值800万元。赋春镇农民金林生在茶叶生态观光园中放养鸡，不仅灭了害虫，而且肥了鸡和茶地，架起茶—园—鸡和有机茶的生态产业链。茶园告别化肥和农药，茶叶价格成倍增长，前来观光的游客也与日俱增。该县建立25个有机农业示范村，建成各类生态农业生产基地50余万亩，成为全国首批5个无公害产品(茶叶)生产、出口示范基地达标单位之一。同时按照循环经济示范区要求，该县建立全省首家生态工业园，重点发展服装加工、有机农产品深加工、微电子、环保设备等无污染、高科技型企业。循环经济已成为全县上下共识，并推动该县经济健康发展。

(资料来源：詹帮祥.婺源县加快生态环境建设，发展生态旅游循环经济，建设绿色生态县)

常识补充

清洁生产

清洁生产从本质上来说，就是对生产过程与产品采取整体预防的环境策略，减少或者消除它们对人类及环境的可能危害，同时充分满足人类需要，使社会经济效益最大化。具体措施包括：不断改进设计；使用清洁的能源和原料；采用先进的工艺技术与设备；改善管理；综合利用；从源头削减污染，提高资源利用效率；减少或者避免生产、服务和产品使用过程中污染物的产生和排放。清洁生产是实施可持续发展的重要手段。清洁生产的观念主要强调三个重点：

(1) 清洁能源。包括开发节能技术，尽可能开发利用再生能源以及合理利用常规能源。

(2) 清洁生产过程。包括尽可能不用或少用有毒有害原料和中间产品。对原材料和中间产品进行回收，改善管理、提高效率。

(3) 清洁产品。包括以不危害人体健康和生态环境为主导因素来考虑产品的制造过程甚至使用之后的回收利用，减少原材料和能源使用。

参考文献

[1]罗明义.旅游经济学.天津:南开大学出版社,2004.
[2]李肇荣,高原衡.旅游经济基础.北京:旅游教育出版社,2006.
[3]林南枝,陶汉军.旅游经济学.天津:南开大学出版社,2000.
[4]吕宛青.旅游经济学.北京:科学出版社,2008.
[5]黄辉实.旅游经济学.上海:同济大学出版社,1990.
[6]王大悟,魏小安.新编旅游经济学.上海:上海人民出版社,2004.
[7]田里,牟红.旅游经济学.北京:清华大学出版社,2007.
[8]胡小武.传承与升华——城市旅游开发与营销战略.南京:东南大学出版社,2008.
[9]沈祖祥.旅游策划——理论、方法与定制化原创样本.上海:复旦大学出版社,2007.
[10]李蕾蕾.旅游地形象策划理论与实务.广州:广东旅游出版社,1999.
[11]邹树梅.现代旅游经济学.青岛:青岛出版社,2001.
[12][英]M.瑟尔·辛克莱,麦克·斯特布勒.旅游经济学.北京:高等教育出版社,2004.
[13]厉新建,张辉.旅游经济学.北京:中国人民大学出版社,2006.
[14]陶汉军.新编旅游学概论.北京:旅游教育出版社,2001.
[15]陶留雄.旅游产业经济学.广州:广东旅游出版社,2001.
[16]王鹏飞.旅游产品设计基础.北京:首都师范大学出版社,2005.
[17]慎丽华.旅游经济学导论.北京:中国经济出版社,2002.
[18]田孝蓉.旅游经济学.河南:郑州大学出版社,2006.
[19]邹海梅.现代旅游经济学.青岛:青岛出版社,1998.
[20]张建春,金世胜.旅游经济学.北京:高等教育出版社,2001.
[21]明庆忠,李庆雷.旅游循环经济学.天津:南开大学出版社,2007.
[22]姜若愚.旅游投资与管理.昆明:云南大学出版社,2007.
[23]许南垣.旅游投资研究.天津:南开大学出版社,2008.
[24]邓新华.饭店投资的可行性研究.长沙:湖南师范大学出版社,2005.
[25]张玉凤.旅游企业财务管理.北京:北京大学出版社,2006.
[26]张卫红.旅游管理.北京:中国金融出版社,2006.
[27]李炳义.旅游经济学.福建:东南大学出版社,2008.
[28]刘晓鹰.旅游经济学.北京:科学出版社,2008.
[29]贝凤岩.旅游经济学.大连:大连理工大学出版社,2005.
[30]李伟清.旅游经济学.上海:上海交通大学出版社,2004.
[31]罗明义.旅游经济学分析方法·案例.天津:南开大学出版社,2005.